国家社科基金成果文库

SELECTED WORKS OF THE CHINA
NATIONAL FUND FOR SOCIAL SCIENCES

重识老子与《老子》
——其人其书其术其演变

尹振环 著

商务印书馆

尹振环 男，河北沧州人，1934年生，贵州省委党校教授。主要从事《马王堆帛书老子》的研究工作，发表研究《老子》的论文150余篇。1998年、2000年、2006年先后由贵州人民出版社出版了《帛书老子辨析》、《帛书老子与老子术》、《今本〈老子〉五十七个章中的模糊点》。2001年由中华书局出版了《楚简老子辨析》（获国家哲学社会科学基金立项）。2003年《帛书老子再疏义》、《重识老子与〈老子〉》再次获得国家哲学社会科学基金立项，前者2007年由商务印书馆出版。

《国家社科基金成果文库》
出版说明

  国家社科基金研究项目优秀成果代表国家社科研究的最高水平。为集中展示这些优秀成果，全国哲学社会科学规划领导小组决定编辑出版《国家社科基金成果文库》。《文库》将按照"高质量的成果、高水平的编辑、高标准的印刷"和"统一标识、统一版式、统一封面设计"的总体要求陆续出版。

全国哲学社会科学规划领导小组办公室
2005 年 6 月

目　　录

自序——与新史料俱进，重识老子与《老子》 ……………………………………… 1

第一篇　老子其人

第一章　《史记》中的老聃与太史儋 ……………………………………… 15
一、老莱子绝非老子 …………………………………………………………… 15
二、出土楚简进一步确证"仲尼学乎老聃"之老子 ………………………… 16
三、周太史儋即战国时"老子"研究的突破 ………………………………… 18
四、司马迁直笔明文肯定老聃，暗里曲笔肯定太史儋 ……………………… 22

第二章　《老子》非成于一时，作于一人的自证 ……………………… 27
一、简本非节选本之十条证据 ………………………………………………… 27
二、简本、帛书《老子》成书于不同时代的八点印记 ……………………… 30
三、思想理论发展的八条证据 ………………………………………………… 34
四、《老子》非精语汇编 ……………………………………………………… 37
附：司马谈、迁与老子年代（何炳棣） ……………………………………… 39

第二篇　帛书《老子》考释

第三章　帛书《老子》的篇名与篇次 ······ 61
- 一、名不副实的篇名 ······ 62
- 二、从《老子》最古本看其篇次原型 ······ 63
- 三、《道藏》颠倒《老子》篇次的铁证 ······ 64
- 四、王弼注本的篇次也是"德"上"道"下 ······ 65
- 五、唐玄宗固定了《老子》"道"上"德"下的篇次 ······ 66
- 六、主证：从行文、文义看《老子》的篇次 ······ 68

第四章　依据今帛简三本《老子》的分章完善帛书《老子》的分章 ······ 72
- 引论 ······ 72
- 一、帛本证明今本《老子》大部分分章正确 ······ 74
- 二、简本证明今本《老子》大部分分章正确 ······ 74
- 三、帛本证明今本一些章由两章合并而成 ······ 75
- 四、简本证明今本一些章为两章合并而成 ······ 76
- 五、帛本、简本证明今本许多章由多个章组成 ······ 77
- 六、简本证明帛本扩充的文句多为独立之章 ······ 78
- 七、简本证明部分章为另一种形式的多章合成 ······ 79
- 八、简、帛本与先秦文献证明许多章只是一两句话 ······ 80
- 九、简本还有意想不到的分章点 ······ 80
- 十、简本还证明今本有两个章应合为一章 ······ 81
- 十一、应该承认异形之分章符号 ······ 82
- 十二、不要将断句符号误认为分章点 ······ 82
- 结语 ······ 83

第五章　关于帛书《老子》的章次 ······ 84
- 一、今本《老子》八十、八十一章 ······ 84

二、今本《老子》四十一、四十、四十二章 ………………………………… 85

三、今本《老子》二十四、二十二、二十三章 ……………………………… 86

第六章 关于帛、简《老子》假借字的释读 ……………………………… 87

一、从一个古文字专家也犯难的例子谈起 ………………………………… 87

二、为什么假借字多？为什么假借字极易出错？ ………………………… 88

三、假借字有哪几种类型？ ………………………………………………… 89

四、释读假借字的"三法"、"六戒" ………………………………………… 93

第七章 从简、帛本看今本《老子》五十七个章中的模糊点 …………… 96

一、对侯王谦下说教的章不该再含糊 ……………………………………… 98

二、故意强称贤良不会有好结果 …………………………………………… 100

三、改"王大"为"人大"，硬伤不轻！ ……………………………………… 102

四、改"今"为"古"，损伤"道可道，非恒道"之义 ………………………… 104

五、被严重模糊的"吹者不立" ……………………………………………… 106

六、"唯道是从"哪能离得开人情人性 ……………………………………… 107

七、重新诠释"学者日益，为道者日损" …………………………………… 109

八、最好是降低智者的声望 ………………………………………………… 111

九、被误释误解的今本《老子》五十章 …………………………………… 114

十、一律改"弗"为"不"，必伤文义 ………………………………………… 116

第八章 用简本校订后的帛书《老子》，必真于、胜于今本 …………… 120

一、帛书《老子》掩饰的文字甲、乙本可以互补 ………………………… 120

二、帛书《老子》许多文句胜今本《老子》 ……………………………… 121

三、帛书《老子》利于判误决疑 …………………………………………… 122

四、简本可纠正帛本之讹误，简帛佚籍可化解帛今本之疑团 …………… 123

五、可有条件地汲取今本《老子》之长 …………………………………… 124

第三篇 老子术

第九章 老子术产生的历史背景 ·········· 127
- 一、为君人者设计的政治道德 ·········· 127
- 二、取代"隆礼义,崇道德"的一种新的政治哲学 ·········· 129
- 三、老子术不能等同于商韩之术 ·········· 134

第十章 敦厚朴实,利天下而不敢自利 ·········· 136
- 一、何谓"上德不德" ·········· 136
- 二、何谓"无为而无以为" ·········· 138
- 三、何谓"下德不失德,是以无德" ·········· 138
- 四、再从其它先秦文献看此章 ·········· 139

第十一章 德要纯,要一以贯之 ·········· 142
- 一、多义之"一"与"得" ·········· 143
- 二、《尚书》的"一" ·········· 145
- 三、《诗经》与简帛佚籍的"一" ·········· 146
- 四、《管子》的"一" ·········· 147

第十二章 时时提醒自己的无德与不善 ·········· 149
- 一、自知之明的称谓 ·········· 149
- 二、自谦的背面是自责 ·········· 152
- 三、古训早被遗忘 ·········· 154

第十三章 安于无名,勿求名取辱 ·········· 157
- 一、强称贤良不会有好结果 ·········· 157
- 二、要质朴,勿求名取辱 ·········· 159
- 三、好名的弊端 ·········· 162
- 四、无名之功效与目的 ·········· 164

五、无名思想何以模糊了 ·· 166

第十四章　立于反弱，以愚自处 ·· 167
一、图难于易，为大于细 ·· 168
二、不争之争，无积之积，无私之私 ···································· 168
三、欲刚以柔守，欲强以谦保 ··· 170
四、绝圣而圣，绝仁而仁 ·· 171

第十五章　"导"之以德与和谐社会——《老子》其书的主题 ········· 173

第十六章　直面"善者不多" ·· 182
一、今本《老子》篡改的痕迹 ··· 182
二、历史事实如此 ··· 183
三、孔子的"善者不多"观 ·· 185
四、诸子的继承发展与改造 ··· 189
五、世袭制的必然结论 ·· 190
六、"善者不多"论的命运 ·· 191

第十七章　"可以有国"是靠重农富民还是靠啬啬精神 ················· 193

第十八章　防止对权力的争夺 ·· 197
一、国家的权道不可示人 ·· 197
二、为无形，事无声，味无味 ··· 198
三、欲人之所不欲，学人之所不学，知人之所不知 ···················· 199
四、勿轻浮，勿妄动 ·· 201
五、忘战必危，大小国皆宜谦下 ·· 201
六、微妙明智的胜强术 ·· 202

第十九章　"绝智弃辩"方略的发展演变 ································· 204
一、楚简《老子》抑制智者、学者的思想 ······························· 204

二、太史儋的发展 ………………………………………… 211

　　三、道家、法家对"不上贤"的改造 ……………………… 213

第二十章　防止"正复为奇,善复为妖"的方略 …………… 216

第二十一章　处理政治危机的方略 ………………………… 220

　　一、今本《老子》的篡改 …………………………………… 221

　　二、"民之不畏威"的历史背景 …………………………… 222

　　三、处理"民之不畏威"的方案 …………………………… 223

第二十二章　防止片面、上当、僵化的"见知之道" ………… 228

　　一、见知其美,又见知其恶 ……………………………… 228

　　二、见知吹嘘、巧言、过分与差别 ………………………… 231

　　三、防僵化:道可道,非恒道 ……………………………… 232

第二十三章　"绝学无忧"与"稀言自然" …………………… 236

　　一、绝什么学 ……………………………………………… 236

　　二、何谓"稀言自然" ……………………………………… 238

第二十四章　老子术的实践与认定 ………………………… 241

第四篇　老子术之源流

第二十五章　《尚书》是《老子》的源头 ……………………… 247

　　一、稽于众,舍己从人 …………………………………… 248

　　二、"明德"与"玄德" ……………………………………… 249

　　三、左右惟其人 …………………………………………… 251

　　四、向谁进言 ……………………………………………… 252

　　五、《尚书》可断《老子》之疑 ……………………………… 254

　　六、《老子》对《尚书》的发展 ……………………………… 256

第二十六章 《易经》对《老子》的影响 ………………………… 258
一、《易经》、《老子》的写作目的 ……………………………… 258
二、"夬夬"与"其邦夬夬" …………………………………… 259
三、"潜龙勿用"与"无为" …………………………………… 261
四、临民之术:恩、威、慎、谦 ………………………………… 263
五、明晰的政治思想 …………………………………………… 265
六、通反、弱之变 ……………………………………………… 268

第二十七章 《老子》对《孙子兵法》的借鉴 …………………… 270
一、"兵家圣典"是否先于"政家圣典"? ……………………… 270
二、从基本战略相通看《孙子》与《老子》 …………………… 272
三、从战术、策略相通看《孙子》与《老子》 ………………… 274
四、从"诡道"的移植看《孙子》与《老子》 ………………… 275
五、从防止"奇正之变"看《老子》对《孙子》的改造 ……… 276
六、《孙子》先于《老子》倡导"无名" ……………………… 278
七、《孙子》与《老子》比较的启示 …………………………… 279

第二十八章 道家的"无为"论 …………………………………… 281
一、"无为"论形成的历史文化背景 …………………………… 281
二、几种含义不同的"无为" …………………………………… 286
三、"无为"的意义 ……………………………………………… 291
附:虚君制与"无为"论 ………………………………………… 292

第二十九章 发展改造了"善者不多"观 ………………………… 297
一、"善者不多"观与人性的论争 ……………………………… 297
二、庄子对"善者不多"观的发挥 ……………………………… 299
三、转变了立足点及目的的"善者不多"观 …………………… 300
四、"贤者寡"的种种常情 ……………………………………… 301

第三十章　从"势大天下从"到"执柄以处势" ············ 306
　一、"非威不立,非势不行" ························ 306
　二、由任势造势,到"执柄以处势" ·················· 309

第五篇　老子与《老子》之演变

第三十一章　帝王、帝王文化与《老子》——
　　　　　　唐玄宗变《老子》南面术为人生哲学 ········ 317
　一、汉文帝用自己的言行为《老子》作注 ·············· 317
　二、唐玄宗对《老子》的两大负面贡献 ················ 320
　三、未被帝王改造的帛书《老子》 ···················· 326

第三十二章　《老子》的道教转变与老子的神化 ········ 328
　一、《想尔》:想想你自己吧 ························ 328
　二、想尔注还有哪些教诫 ·························· 330
　三、《想尔》是如何将《老子》改造为道教神学诫条的 ··· 332
　四、老子其人的神化 ······························ 333

附录:四部最古本《老子》对照篇
　(楚简《老子》、帛书《老子》甲、乙本与傅奕本《老子》之对照表) ············ 337

主要参考书目 ···································· 379

旧版后记 ·· 381

新版后记 ·· 383

Contents

Preface: The Further Exploration of Lao Tzu and *Lao Tzu* in Terms of New Historical Materials ·· 1

Part I Lao Tzu the Man

Chapter 1   Lao Dan and Historian Dan in *Shi Ji* ··· 15
Chapter 2   Self-contained Proof in *Lao Tzu*: Being not Written by one Single Writer or Finished in One Short Period ·· 27

Part II An Intensive Study of Silk Texts of *Lao Tzu*

Chapter 3   Titles and Sequencing of Parts in Silk Texts of *Lao Tzu* ···················· 61
Chapter 4   The Improved Division of Chapters in Silk Texts of *Lao Tzu* According to that in Modern Versions, Silk Texts and Slip Texts ·············· 72
Chapter 5   Sequencing of Chapters in Silk Texts of *Lao Tzu* ···························· 84
Chapter 6   Interpretation and Pronunciation of the Phonetic Loan Characters in Silk Texts and Slip Texts of *Lao Tzu* ·· 87
Chapter 7   On Ambiguous Points in Fifty-seven Chapters in Modern Versions of *Lao Tzu* from the Perspectives of Slip Texts and Silk Texts ··············· 96
Chapter 8   The Revised Silk Texts of *Lao Tzu* with the Help of Slip Texts Will be More Authentic and Better than Any Modern Version ·············· 120

Part III Lao Tzu's Art of Leadership

Chapter 9   The Historical Background of the Genesis of Lao Tzu's Art of Leadership ······ 127
Chapter 10 Honest and Sincere, not Selfish but Unselfish ································ 136

Chapter 11	The Morality Should be Pure and Coherent Like "Yi" (One)	142
Chapter 12	Constantly Remind Oneself of not being Moral or Good	149
Chapter 13	Keeping Oneself from Fame Avoids Disgrace	157
Chapter 14	Standing on the Side of Cycling and Weak, Living by Humility	167
Chapter 15	Instilling Virtue into Leaders and Setting up Harmonious Society: the Theme of *Lao Tzu*	173
Chapter 16	Looking Squarely at "Good Men are Few"	182
Chapter 17	How Can One be Entrusted with the Responsibility of the State: To Attach Importance to Agriculture and Enrich People or to Stinginess	193
Chapter 18	Preventing People from Scrambling for Power	197
Chapter 19	Evolvement of the Great Strategy Named "Abstinence from Wisdom and Eloquence"	204
Chapter 20	How to Prevent "The Upstanding May Change into the Treacherous, the Good May Change into the Evil"	216
Chapter 21	Strategies of Handling Political Crises	220
Chapter 22	"Epistemological Method" of Preventing Oneself from being Biased, Misled and Stereotyped	228
Chapter 23	"Discard Knowledge and Worries will be Disappear", "To be Taciturn is in Accordance with Nature"	236
Chapter 24	The Practice and Confirmation of Lao Tzu's Art of Leadership	241

Part IV Source and Course of Lao Tzu's Art of Leadership

Chapter 25	*Shang Shu* is the Source of *Lao Tzu*	247
Chapter 26	How *I-Ching* Had Impact on *Lao Tzu*	258
Chapter 27	What *Lao Tzu* Drew from *Sun-tzu's Art of War*	270
Chapter 28	Idea of "Non-influence" in Taoism	281
Chapter 29	The Evolved View of "Good Men are few"	297
Chapter 30	From "He Who Has Great Power will Draw All the People to Him" to "He Who is the Authority Will Use His Power and Hold His Position"	306

Part V Evolvement of Lao Tzu and *Lao Tzu*

Chapter 31 Chinese Emperors, the Culture of Emperors and *Lao Tzu*: How Emperor Tang Xuan-

| | | zong Changed *Lao Tzu* from the Art of Leadership to A Philosophy of Life | ⋯ 317 |

Chapter 32   How *Lao Tzu* Was Used by Taoism and The Deification of Lao Tzu ⋯⋯⋯ 328

Appendix: The Paralleled Studies of Four Oldest Versions of *Lao Tzu*:
Chu Bamboo Slip Texts of *Lao Tzu*, Silk Texts of *Lao Tzu*(A),
Silk Texts of *Lao Tzu* (B) and *Lao Tzu* Edited by Fu Yi ⋯ 337

Bibliography ⋯⋯⋯⋯⋯⋯⋯⋯⋯⋯⋯⋯⋯⋯⋯⋯⋯⋯⋯⋯⋯⋯⋯⋯⋯ 379

Epilogue ⋯⋯⋯⋯⋯⋯⋯⋯⋯⋯⋯⋯⋯⋯⋯⋯⋯⋯⋯⋯⋯⋯⋯⋯⋯⋯⋯ 381

Epilogue for the Revised Edition ⋯⋯⋯⋯⋯⋯⋯⋯⋯⋯⋯⋯⋯⋯⋯⋯ 383

自　序

——与新史料俱进，重识老子与《老子》

一、关于拙著《帛书老子与老子术》

刘向、刘歆并没有见过帛书《老子》，刘歆之后的历代帝王和学人，更是闻所未闻，见所未见（个别人也许见过）。所以有的学者早就指出，帛书对于《老子》的研究"具有划时代的意义"。20世纪30年代兴起的关于老子其人、《老子》其书的争论，在帛书出土后，似乎趋于平息：老子乃春秋时人，其书成于春秋末战国初，似乎也得到认同。但岂料二十多年后，楚简《老子》出土了。此种《老子》连司马谈、司马迁也没见过。如果说帛、今本《老子》有许多差异，但就内容来看，还是"基本相同的"，而楚简本与帛、今本比，不仅字数仅及帛今本之五分之二，而且内容与分篇、分章、章次排列上也有重大差别。这一来，《老子》成书于一人还是两人、多人？老子其人究竟是谁？《老子》的雏形与形成，《老子》文字的诠译，以及如何用楚简《老子》校订帛书《老子》……一系列的重大问题重又凸显出来了：必需根据楚简《老子》及简、帛佚籍再次考订帛书《老子》，重新认识老子其人。尽管简、帛《老子》还不是《老子》的祖本，但毕竟是比今本《老子》更早、更接近祖本，是较少篡改、误解，较真的本子。当然，如果有新的更早的《老子》出土，那又另当别论了。这就是撰写《重识老子与〈老子〉》的原因。

呈献于读者面前的这本书，是拙著《帛书老子与老子术》（贵州人民出版社2000年版）的重写、扩写与改写。所以有必要对原书作某些交待。1994年初，我向贵州省社会科学出版资金资助委员会申请这本书的出版资金。书稿分送给安徽大学、山东大学哲学系主任孙以楷教授、周以昇教授和贵州大学中文系主任张启成教授审读。这三位教授精于道家、易经、诗经方面的研究，造诣深，著述丰，享誉学界。他们一致同意予以资助，拨款2.5万元给贵州人民出版社。

张启成先生评论拙著"在老子学术研究方面具有开拓性与领先性的特点"。周立昇先生评语大致相同。孙以楷先生的评语是："尹振环先生对帛书《老子》的考释水平，可以说居学界前列，且独具特色。本书对《老子》思想的把握及阐释，坚持从《汉书·艺文志》对道家特点的论述出发，坚持老子术是君人南面之术，与当前学术界许多人转向阐释《老子》的本体论哲学不同。他在这方面取得的成就，可以看作是对前人此类观点的继承与新发展，把张舜徽先生《先秦道论发微》中的观点阐释得更准确了（也可能是一种不谋而合，或所见略同）。尹振环先生这方面取得的成就，在学术界也居领先地位。此书如获出版，当为学术界之幸事！"当然，他们也提出部分修改意见。由于修改及其它原因，此书一直到2000年3月才出版。

出版后反响冷淡。在商潮汹涌的形势下，这并不意外。当然有些人予以热情鼓励。而对我来说，最珍贵的评价是世界著名历史学家、美国艺文及科学院院士何炳棣先生的评价。在美国学术界，通过不懈努力获得院士头衔的美籍华人为数不多，大多属理工方面的专家，在艺术和人文科学方面能获得美国学术界肯定的很少，1979年美国有两位获得院士头衔的华人，一位是建筑艺术大师贝聿铭，另一位就是何炳棣教授。何老从童稚、初中时就开始接触《左传》、《史记》。17岁考入清华大学历史系，曾受教于第一流学者陈寅恪、冯友兰、俞平伯、朱自清……从此开始了长达六七十年的治史生涯。1944年他与杨振宁一同考上中美庚款赴美留学生，先后在多所著名美、英大学任教授，并被聘为香港中文大学、新加坡大学校长顾问，美国亚洲学会首位亚裔会长。1979年回国时受到邓小平、姚依林亲切接见。并接受中国科学院名誉院士称号。何老长期执教中国史，从退休前几年起就开始做中国史的"画龙点睛"工作（其师冯友兰曰：叙述一时代、一民族的历史而不及其哲学，则如画龙不点睛）。退休后即转向全力研究中国思想史。他与新儒家相反，集中注意力于兵家、道家，本着"千万不作第二等题目"的志向，写出了一系列惊世骇俗的翻案文章：《孙子兵法》是中国最早的私家著作，早于《论语》、《老子》；《老子》之辩证思想源于《孙子》……，考证老子世系的思路与史料也令人意外。这期间何老翻阅大量古今中外研究《老子》的著述，如任继愈、张舜徽、刘殿爵、严灵峰、张松如、陈鼓应、古棣、周英等专家的著述。但他看中了拙著《帛书老子释析》，在其论文中对毫不相识的我表示"隔洋深谢"。2001年5月10日何老赐函给我："尊著

《帛书老子释析》数月前始获读,考诠每旨玑珠,极惬吾心,钦倾何似!"(此信因是寄到出版社的,我直到12月才收到。)从此我开始了与何老的通信联系。何老2002年1月19日的第二封信说:"欣接惠书及大作《楚简老子辨析》。此书当日即速读一通,翌日又选若干章节细细玩味,深佩功力深重,见解超卓,嘉惠士林多之矣!过了十天,第三封信就谈到了拙著《帛书老子与老子术》:"《帛书老子与老子术》极精彩,95/100皆同意。"

"极精彩"的话,我愧不敢当。这只是一种鞭策鼓励与希望,真要达到"精彩",还有很长的路要走。第一,根据何先生的研究,《孙子兵法》早于《老子》、《论语》,这是原来根本没有去想的大问题,而何先生的论据令人不得不信,这一来许多思想源头都要重新写,《老》对《孙》是否有借鉴关系?如何借鉴?是否移植到政治、政治道德方面?是否有所改造?自然还有《孙》、《商》、《韩》,《孙》与儒家,《孙》与道家的关系,等等。这些问题哪能回避,只能重新思考,重新认识,重新撰写。第二,楚简《老子》与帛本相比,帛本既继承了简本,也改造和发展了简本。同时,它也证明帛本已经出现了某些讹误。简本与其它郭店简的分篇分章符号,为审定和恢复帛书《老子》的分章,提供了大量最原始的证据,这些也说明必须重写。第三,今本《老子》对于传播老子的思想,影响巨大而深远,功不可没。它已经是一种历史的结晶,与世长存。过去拙书贬今本褒帛本,似乎有失偏颇。何必纠缠今本之长短,使某些人不快呢?用以考证帛本为主就可以了。这也是重写的一个原因。但是如果只就帛本论帛本,没有比较,就没法说清孰长孰短,孰真,孰失真。所以,必要的比较研究,确不可少。同时 帛本毕竟也是传抄本之一,它不可能处处字字正确,也难免有讹误,这已为楚简《老子》所证实。同样,今本经历代学人的校勘、考证,乃至个别文句的润色修饰,也有不少优于帛本的地方。因此,今、帛本的比较研究不可少,但一般只是以帛本之是为是,很少以今本之非为非,肯定今本之长,以补帛本之短,因为本书主要谈帛书《老子》。

二、据老子世系与楚简《老子》重写老子其人

重写老子其人,这是《帛书老子与老子术》中所没有的。

何炳棣对于《孙子兵法》和《老子》的研究有两项突破性的贡献。其一,过去也有不少学者认为《老子》成书于战国,作者可能是太史儋。但是证据不过硬,只能

将信将疑。何老不直攻,而是迂回进攻、出奇制胜。即从考察司马谈、司马迁的年代及他们父子两人的学术师承关系入手,弄清《史记·老子列传》中"老子"后裔世系何以那么具体,言之确凿,它是从何而来的,为什么突然九世而断。"老子不但被北魏君主所尊崇,更为李唐皇朝奉为直系远祖,北宋真宗、徽宗等帝对老子的尊崇不亚于李唐。老子既在思想、宗教、政治等方面享有崇高地位,何以自司马迁以后从未有任何官方文献及私人著述言及老子后裔这一长期困惑,事实上奉李耳为远祖的李唐皇朝曾一再对访求老子后裔作出最大努力"。但,老子后裔已不复存在。为什么它不像孔子的后裔世谱一直延续至今,为什么司马氏不敢直书老子后裔世谱的来源?原来是司马谈与吴楚七国之乱实居第二领袖地位的胶西王之"太傅"——老子九世孙"解"有过交往,"解"遭灭族之祸,司马谈自然担心自己也会遭到灭族之灾,不得不对老子世系来源讳莫如深,并且有意对老子其人散布疑云迷雾。揭开了这个谜,从而得出一个结论:老子"就是周太史儋",这一来使人恍然大悟。不能不信服这个结论。尽管最后何炳棣又说:"太史儋很可能是老子,但不可能铁定他必是老子",这并不能影响《老子》成书于战国初期的结论。这样诠释《老子》就可以大胆使用战国前期的史料了。如果说,前些年还可以避而不谈老子其人的问题,现在却非谈不可了。此书专辟老子其人篇,其中有两篇考证老子其人的文章。一是考证分析楚简与帛书《老子》的时代印记,参考其它简帛佚籍,看能否得出楚简《老子》乃春秋时老聃的思想,此文是拙著《楚简老子辨析》中有关文章的修改与补充。二是关于老聃、老莱子的考证。首先排除老莱子即老子的可能性,同时看看能否证实还有一位孔子曾问礼、求教过的老子。这两篇文章当然不能作为定论,但力求能成为走近老子弄清老子其人的铺路石。在征得何老的同意后,专附何老的《司马谈、迁与老子年代》一文使更多人了解何老精细、独到而惊人的考证。

三、重释帛书《老子》

除上述对于老子其人的考证外,拙著另有两项任务:一是根据楚简《老子》与简帛佚籍重新订证帛书《老子》的结构布局,重新诠释文字;二是根据《孙子兵法》早于《论语》与帛书《老子》,重写《老子》之主题:老子术。下面先说第一项内容。

过去,我国大陆流行的观点是:"帛书《老子》是一种从来最古的本子,但却不是最好的本子。"而在台湾则更甚:"帛书两本《老子》贡献并不太大。""大陆整理人员对于此书之过分揄扬并夸张其功绩,有失客观态度。"这些观点自然是说,《老子》的好本子依然是今本。诚然,帛本出土不久,研究起步伊始,绝对不能马上成为"最好的本子",这不言而喻。就"贡献"而言,帛书《老子》对于老学研究,则具有划时代的意义。楚简《老子》的出土问世,又是一件里程碑的大事!岂能小瞧了它!

1974年,当高亨、池曦朝先生见到帛书《老子》的照片以及整理者所写的释文后,仅仅与今本略加对勘,尚未详校,便喜出望外,指出帛书《老子》对订正今本《老子》的错误将起重大作用。最后他们说:

> 帛书《老子》是《老子》原书的面貌吗?处处比今本好吗?不是这样,也不可能是这样。但是,以全书来说,帛书多胜于今本。(《马王堆汉墓帛书老子》,文物出版社1976年版,第102页)

高亨、池曦朝先生只是"略加对勘",所以说话十分谨慎,还有很多保留,就这样,还是断言帛书《老子》"多胜于今本"。

无独有偶,在1974年,徐复观先生将帛书《老子》与今本《老子》略加比勘,写了一篇《帛书老子所反映出的若干问题》(《明报月刊》114期,1975年6月)。他尖锐地指出:"《老子》的文字校勘与考据工作,后人做得很多,其中亦有高手。但由甲、乙本加以对照则有效的只有十之一二,其余十之八九,都是枉费精神,且愈离愈远。"

真是一针见血之快人快语。高、徐先生之话说了三十多年了,拙著力求避免"枉费精神","愈离愈远",而是站在距祖本《老子》最近的简、帛本基础上从事以下研究:

第一,考证帛书《老子》之篇名、分篇。基本上保留了拙书《帛书老子与老子术》中有关内容。

第二,用楚简《老子》的分章符号,并参照其它简帛佚籍的分章符号重新考证、审定帛书《老子》的分章。

第三,论证帛书《老子》之章次排列。保留过去的观点,略作修订与补充。

第四,专攻简、帛本之假借字。由于秦汉通用字仅三千余字,大量使用假借,一字多借。今本《老子》文字上的讹误,大多产生于假借字释读之误,因此有专文《论帛、简〈老子〉假借字之释读》。

第五，专辟《从简帛〈老子〉看今本〈老子〉四十多个章中的模糊点》专栏，对此我深知它会招致一些人不快，甚至反感，但是这里为了求真，不得不据实而论。

通过上面这些工作，看来今天我们可以更自信地说："帛书《老子》有两得五真。"

帛书成书于秦与汉初，以帛书《老子》为底本，这样即可"首战告捷"：一是帝王文化尚未来得及对秦汉本帛书《老子》进行淡化。模糊其限制王者权力、约束王者政治道德的部分；二是道教还不可能对《老子》进行某些宗教处理。是为一举两得？再看五真：

1. 篇名真

《史记》只是说"老子修道德，著书上下篇"，所以如用"道德"二字命名《老子》这部书，并不走调；但用"道"、"德"或"道经"、"德经"来命名上下篇，则大大离谱了。因为上篇下篇都是通论道德的，并非哪一篇专门论道或专门论德。用古人的话说则是："道德混说"，"道中有德，德中有道"，"夫道德连体，不可偏举"。如上篇"德"、下篇"道"各有十八个章谈到道，为什么偏偏要将哪一个篇专门定为论道篇或论德篇呢？《论语》的《学而》篇是取首句"子曰：学而时习之"中的"学而"二字，并非通篇论"学而"。同样，帛书《老子》乙本末篇所标"德"、"道"二字，不过是取首句"上德不德"、"道可道"中的一个字罢了，并非实指。而帛书《老子》甲本连这样的标题都没有（楚简《老子》也无篇名）。后来才在"德"、"道"二字基础上又加上了"经"字，成了篇名。这不仅名不副实，而且是否由此误导出另一种"道"上"德"下的传本同时传世，进而导致不少文字的篡改呢？很可能。因此帛书《老子》甲本无篇名才是古之原型。

2. 篇次真

帛书《老子》出土前，人们并不清楚还有"德"上"道"下的篇次（民国之前，偶有记载：看到过德上道下之传本）。帛书《老子》甲、乙本不是互抄本，而是抄写于秦汉两个不同朝代的不同传本。这两个传本居然都是"德"上"道"下的篇次，这才使人们清楚地意识到韩非的《解老》、《喻老》所据本以及严遵本（乃至王弼古本）也是"德"上"道"下的。破除"道经"、"德经"乃实指的概念，再寻绎文意，即可发现帛本篇次才是不走样的始初模式。篇次颠倒，就像一幅画、一件艺术品的颠倒那样变形。《老子》上下篇颠倒，也会改变《老子》整个结构布局，模糊《老子》的导语、结语(序)、主题、进说对象,帛书《老子》的篇次正置,是件极其重要的事!

3. 章次没有错乱,章次真

篇次颠倒,自然章次跟着全部错乱,比如今本《老子》中,三十八、三十七章属于中间章,而在帛书《老子》篇次正置的情况下,这两个章则成了第一章与结尾最末之章。错乱之大,由此可见一斑,出于人为的调整,尤其今本有十个章"站错了队",这自然要损伤甚至破坏文义。寻绎文义,帛书《老子》章次排列是合理的,乃古之原型。

4. 简、帛本《老子》分章真

帛书《老子》乙本无分章,甲本则有一百一十多个点点钩钩。其中有19个点点是毫无疑问的分章点。另外13个钩钩点点,可能是分章的符号。这些分章符号,证明今本《老子》四分之三的分章是正确的;四分之一的分章是错误的,不符古貌。而楚简《老子》证明连帛书《老子》也已出现分章的错误,同时楚简《老子》分章点多于帛本,它完全可以审订帛本之分章。总的来看,《老子》绝非目前的八十一章,乃在百章以上。两个章或多章并为一章,一个章分作两个或多个章,其含义不同,甚至大相径庭。今本《老子》许多章之分章是两个或多个章合并而成的,它模糊或掩盖了老子的某些思想。帛本《老子》分章当真于今本。

5. 文字谬误少

粗读帛书《老子》,似乎与今本《老子》出入不大。但如果逐字研读,就会发现差别不小。不算那些文句有异但文义相同的文句,单含义不同的文句就有百余句。五千言《老子》,不过千余句,今本《老子》与帛书《老子》竟有一百多句不同!而且更令人诧异的是楚简《老子》证明传至秦汉时,连帛书《老子》也出现不少差异,乃至讹误。有的只差一字,但文义全非;有的或衍或脱或增一字,意思尽失;有的则是整句或数句之误。其中既有后人明显的篡改,也有许多是假借字的辨认问题。这自然影响到老子的许多论断,乃至掩盖其重要思想。古人早就认识到:"书三写,鱼成鲁,帝成虎"的情形。50年前,高亨先生说:"古文以简载,字以声传,义以口授,其书传者益多,异文异义亦益繁。""《老子》原书,当无二本,其异文间出者,或由于字音之遭转,或由于移写之歧误,或由于读者之擅改,历时远,难溯其初。"(《老子正诂》)所谓"当无二本",是指祖本,定稿本。流传开来,必然出现许多抄本。文字的脱衍与传讹,篇章的错乱,异本、异句、异文、异说、异化,绝难避免。再说秦及汉初,通行文字较少,许多字用假借字,这些假借字复原为本字时,不少走了样,改变了文义之初衷,增多了异文异义。而帛书与楚简《老子》改变了"益繁"的程度,也大大缩小了"难溯"的距离,它能成为"溯源"的一个新起点。

经过历代的校勘、注释与文饰,今本《老子》文字流畅、规范,不少胜于帛书《老子》,帛本如果再用某种形式,吸收今本《老子》之长,岂不就能成为最古、最真,胜过今本的《老子》吗?

四、重写老子术

帛书《老子》问世,就已经提出重写老子术的问题,而何炳棣院士论证《孙子兵法》之成书早于《论语》、《老子》……"《孙》为《老》祖","《老子》的辩证思维源于《孙子》",更说明老子术需要重写。过去一直以为孔子、老子年长于孙子,所以《论语》、《老子》自然早于《孙子兵法》。而何炳棣通过多方面的考证,证明《史记》的记载正确无误。"现存的《孙子兵法》和《吴问》都是撰成于阖庐召见孙武之年——公元前512年;不过《孙子》撰就于召见之前,而《吴问》所记则成于召见之后。"[①]《论语》的著笔当开始于春秋末期,而编辑成书于战国前期,公元前436至前402年之间。《孙子兵法》成书早于《论语》、《老子》百年左右,也早于《墨子》、《庄子》、《孟子》、《荀子》。这一来如何从孙、老传承关系,重新考订、分析、界定、诠释《老子》就有许多工作要做了。"老子术"的形成与《孙子兵法》有哪些关系,就是本书第四部分需要考虑与试图解决的问题。

在未读楚简《老子》之前,我们仅就帛书《老子》看,发现今本《老子》的有意无意的失实与篡改,致使被大大模糊和掩盖的"老子术"有六:第一,安守无名的说教;第二,"善者不多论";第三,自谓孤、寡、不穀的谦下之教;第四,处理政治危机的方略;第五,重农思想;第六,吹嘘是站不住的。被部分模糊的"老子术"有四:第一,对待智者的方略;第二,"绝学无忧"的含义;第三,"稀言自然"的含义;第四,由于上述对老子思想的掩盖与模糊,使得《老子》某些文字的诠释失真。以上除根据楚简《老子》等新史料作个别修改补充外,大多保留原来的面貌。

除楚简《老子》更能证明今本《老子》的确模糊了老子的无名说教与老子的重农主张,再从《孙子》为《老子》祖看,以下"老子术"也被模糊,必须重写:第一,防止"正复为奇,善复为妖"的方略被模糊;第二,是道尊?还是势尊?老子关于势的

---

① 《有关〈孙子〉〈老子〉的三篇考证》,第67页,台湾,天翼电脑排版印刷公司,2002年8月版。

思想被模糊;第三,需要据简本重新诠释"学者日益,为道者日损";第四,简本再次证实改"王大"为"人大",删"安"字的硬伤不轻;第五,唯道是从,哪能离开人情人性。

如果逐一将上述思想恢复,那么,《老子》的"反者道之动,弱者道之用"何指;《老子》的主题是什么;如何"导"之以德也就会大白于天下,而"老子术"的全貌就会更为清晰。因此,拙著第四篇以探讨帛书《老子》凸现出的"老子术"为主。

五、侧重约束君上的道德

一旦有了《孙》早于《老》的提示,再细审、比较《孙》、《老》,即可看到《老子》在许多方面是借鉴《孙子兵法》的,即战略、战术、诡道、辩证思维诸方面的借鉴。但《老子》是大加改造、发展,并且是从政治哲学方面改造发展的。同时《老子》力主"以正治国",力求避免"正奇之变"。所以帛书《老子》的某些权术是顺理成章的,如愚民、反智、不尚贤。但远非《老子》之要。

"老子术"虽然也属《汉书·艺文志》中认定的"君人南面术",但与申、韩的南面之术大不相同。韩非说:"术者,因任而授官,循名而责实,操生杀之柄,课群臣之能者,此人主之所执也。"(《韩非子·定法》)可见韩非所说的"术",是君王驾御群臣的一种方法。"老子术"则不属此类,或不完全属于此类。而且韩非对"术"的界定,也只是就其狭义而言,广义之"术"乃是指商(鞅)、申(不害)、韩(非)之术,法术势三位一体,它不仅指御制群臣之术,而且还是一套政治制度与统治方法。老子术却不涉及政治制度。在政治制度方面,无论秦汉,乃至明清,都是法家理论指导下形成的政治制度,并无两样。而《老子》形成时的战国时代的政治制度已经粗具形态了,老子术不过是这种政治制度下的一种政治道德与领导方法。这种统治方法与法家有某些相通之处,但总的来说,老子术与申、商、韩之术不同。准确地说,老子术不是针对臣民的,而是约束君上的;老子术不是一种统治方法,而是一种政治道德、领导方法和领导艺术。商、韩之术是一套政治制度、统治方法及种种权术;老子术则是静化、净化、淡化此种政治制度及其权术的政治道德。商、韩之术是严刑峻法的专制制度;老子术则是返璞归真、回归自然。商、韩之术施之于耕战、兼并、取天下,可收富国强兵、立竿见影之效;老子术则是约束巧取豪夺、兼并天下,反对不义之战。商、韩之术施之于治天下,往往多欲政治横行,使得人口减半(如汉武帝)或人亡十之七八(如秦始皇);老子术施之于治天下,君主寡欲,休养生息,又往往天下太平、人寿财丰(如文景、贞观之治)。不过这时所谓的"老子术"是与"黄学"结合了的。单就老子而言,《史记·老子韩非列传》还是说:"老子修道德,其学以自隐无名为务。"①这里说的是"学",并未称"术"。而"修道德"之道德,并非为平民百姓所设的道德,而是替为君为政者设计的道德。因此,它首先是一种政治道德,也是一种领导方法。今天所谓的领导学,看来不应单单指领导方法、领导艺术,更基本与首要的应该是政治道德。所以,老子的"修道德",作为世界上较早的领导学之一,又熔政治哲学、政治道德、领导方法与权谋于一炉。只不过它不同于今天的领导学,多了些糟粕与毒素,如上面已提到的愚民、抑智、仇智等。因此,本书所谓的"老子术"还具有领导学的含义。

到了战国中后期,老子的学说被庄子及其学派改造成一种不与统治者合作的出世哲学,显然这并非老子的初衷。但是"黄学"却大大发展了老学的治世部分,成为"黄老之学",其"采儒墨之善,撮名法之要",深刻影响了西汉初期之政治。河上公注《老子》,一方面点明《老子》的进言对象乃君王,另一方面开始引向养生术。而从东汉后期起,由于政治、宗教等种种原因,《老子》的政治道德逐渐模糊,想尔本《老子》明显将其变为宗教经典。进而变为如《论语》一样的士人读物,成了处世智慧、养生哲学。今天又有了"兵书"、宇宙本体论诸说。《老子》说教的主要对象、主要内容反而模糊了。《马王堆汉墓帛书老子》成为一个分水岭:诠释《老子》以秦、西汉的《老子》与史料为主,因为这时的《老子》是以治国、以君人南面术为主的。东汉之后的《老子》向宗教、玄学方面转,对于研究老子术的原貌而言,东汉后的《老子》与史料一般可以从简、从略,乃至不计,如此才能使老子术变得更加清晰。但是,这需要扎扎实实地弄清帛书《老子》的文字、篇名、篇次、分章与章次;同时认认真真地利用楚简《老子》与帛、简佚籍校订帛书《老子》;还要弄清老子术的源流,即《老子》与《尚书》、与《易经》、与道家其它著作的关系,而《老子》与《孙子兵法》的关系则需重新认识;此外,必要时还需与法家思想,甚至与西方某些思想作些比较,如此才有可能彻底弄清老子的哲学。所以拙著的第四篇,就是专门探讨老子术源流的。而考释帛书《老子》、老子术及其源流,三者密不可分。

---

① 到《汉书·艺文志》时,依然称学"邻氏经传四篇","老子傅氏经说"。班固分别自注曰:"邻氏传其学","述老子之学"。

六、老子与《老子》的演变

《老子》本来是战国时史官向侯王献上的南面术,或者说,献上的是"圣人之治"的设计书。至西汉初建,汉文帝可谓亦步亦趋地照着办。到汉武帝时《老子》已经淡出政治。河上公注《老子》,尽力将经世治国引向重生、贵生、养生。到了东汉后期,老子其人其书其术开始发生变化,随着道教的形成,老子变成教主,《老子》则转化为宗教圣典,到了魏晋,老子被神化为腾云驾雾、教化过三皇五帝的天神。这种演变如不能详加研究与论述,起码也应有所交待。而帝王文化系儒、佛、道三大传统文化的主宰文化。儒、佛、道为了自己的生存,只能乖乖听帝王"圣旨",唐太宗尊老子为自己之远祖,而唐玄宗更是对《老子》原貌作出巨大的负面"贡献",使《老子》结构布局变形,错讹文字被"一宁辞错"所掩盖。所以帝王文化与《老子》也必须有所交待,即使不够全面、详细,也应择其代表者以为介绍。于是又专辟了第五篇《老子与〈老子〉演变篇》。

七、帛书《老子》将会成为主要传本

写到这里,突然想起任继愈先生曾说过的话:哲学遗产是前人用极高代价换来的,它是人类克服大量错误认识,走过许多弯路取得的;医学遗产是积累众多临床实践,用无数患者的痛苦和生死代价换来的;军事科学遗产是总结无数实战得来的,也可以说是用鲜血和生命换来的。同样,老子的政治哲学又何尝不是这样呢?它是三代以来无数政治上的成败、存亡、兴衰、祸福转化积累而来的。这里不也有上千亡国、成百君王的头颅为代价吗?而且军事斗争的血流成河、尸横遍野、易子而食、折骨而炊以及饿殍遍野,又往往源于政治,这也是老子哲学之源。

与帛书《老子》同墓出土的、也是抄编于秦汉的(秦末的可能性大)另一部帛书《战国纵横家书》就有"重写"的问题。这部帛书的百分之六十不见于《史记》,也不见于《战国策》。或者换句话说:其中六成为司马迁与刘向所未见。唐兰先生研究了《纵横家书》之后,就提出了《纵横家书》"重写"的问题。他说:"旧有史料既不完备,又真假混淆,杂乱不易整理。"而《纵横家书》"几乎是当时第一手资料,使我们能够比较看清楚当时各国的实际情况和瞬息万变的形势"。因此"这段历史,也相应地需要改写了"。而唐兰先生首先提出苏秦的传记"需要重写"①。杨宽、马雍指出：《史记·苏秦列传》"全是后人虚构的游说词"，"可凭信者，十无一二"②。《史记》将苏秦之死列于张仪之前，过去就有史家提出异议，而《纵横家书》印证了张仪比苏秦早死25年左右。张仪在秦国当政时，苏秦还不过是个年轻的游说者。"五国伐秦"，《史记》错成了"六国合纵"，而且时间还提早了45年。过去以为苏代乃苏秦之弟，其实为苏秦之兄，苏代活动要早于苏秦。凡此种种，帛书《纵横家书》大有"补缺订误之功"。更重要的是《纵横家书》使史家弄清了苏秦一生活动的主要内容及其真面目，即与燕昭王合谋用计，助燕弱齐，成为当时最大的也是最为成功的"间谍"身份的大政客。不仅如此，公元前3世纪初，齐、秦作为东西两霸，势均力敌；由于苏秦助燕到齐进行反间活动，从而使乐毅伐齐攻取齐七十余城，只剩二城未下，齐国几亡，国力由此削弱。这在客观上为秦灭六国，一统天下创造了有利条件。如此重大的历史事件、重要人物和"爆炸性"材料，自然要改写、重写相应的历史了。果然，80年代以来有关战国史以至辞书，对此大多作了改写与订证。也就是说充分利用了帛书《纵横家书》的研究成果，重写了该重写的历史。那么，帛书《老子》之命运又如何呢？因为它关系到《老子》之关键、要害、全局。如果说《纵横家书》中百分之六十的内容为司马迁、刘向所未见，那么楚简《老子》则百分之百为司马迁所未见，帛书《老子》甲、乙本百分之百的为刘向所未见③，不然通行的今本《老子》绝不会是今天这个样子，如果说帛书《纵横家书》使史家改写了该改写的部分，那么今本《老子》早已定型，已经不可能"改写"，不可能去更动它了。但是对于帛书《老子》则应另当别论，它问世仅三十年，不存在"改写"问题，只存在用简、帛佚籍重新诠释的问题。拙著就是一个考证、校正帛书《老子》结构布局与思想内容的尝试。由于才疏学浅、孤陋寡闻，自然偏颇与错谬难免。但如果此砖可以引玉，得到批评指正，甚至引起争论，幸莫大焉。

总之，我们有两点深信不疑：研究帛书《老子》会像研究《孙子兵法》那样热烈，此其一。其二，帛书《老子》必将成为《老子》的主要传本，只不过迟早罢了。

---

①② 《战国纵横家书》，文物出版社1976年版。内中附有唐兰、杨宽、马雍《司马迁没有见过的珍贵史料》等三篇文章。

③ 《混元圣纪》引《七略》："刘向雠校《老子》，凡中外书不过五篇"，一百四十二章，除重复三篇、六十二章，定著二篇，八十一章。仅仅校五篇，何其少啊！

第 一 篇

老子其人

第 一 章

《史记》中的老聃与太史儋

读《老子》,不知老子究竟是谁,是春秋还是战国时代人,自然是会感到遗憾。因为它对深入理解《老子》会有影响。《史记·老子韩非列传》列举了三位"老子":一、春秋时代的周守藏室之史的老聃;二、春秋时的老莱子;三、战国时的太史儋。究竟是谁,看起来司马迁无定论,只不过对前者执肯定无疑的笔调。对中间的"老子"则执否定的笔调,唯独对后者是用两可之词:"或曰,太史儋即老子,或曰非也。"这一来,老子何许人?成书于何时?成了千古尤其是近百年来聚讼纷纭莫衷一是的奇谜。而今这个亘古之谜因楚简的出土问世与何炳棣先生的研究,有了突破性的进展。

一、老莱子绝非老子

这一点已经成为共识。

《老子列传》曰:"或曰:老莱子亦楚人也,著书十五篇言道家之用,与孔子同时云。"这里司马迁并没有像"或曰儋即老子"那样说"或曰老莱子即老子",他只是说"亦楚人也",同时"著书十五篇"一词,已明显将老莱子排除在"著书上下篇"的老子之外。是否因老莱子前面的"老"字会造成误解,所以才使司马迁提出来呢?《史记·仲尼弟子列传》曰:"孔子之所严事,于周则老子,于楚则老莱子,于卫,蘧伯玉,于齐,晏平仲,……孔子皆后之,不并世。"这里又十分肯定老子非老莱子。而且肯定老子、老莱子,都是孔子的前辈。1934年高亨就曾指出:不仅司马迁视老子与老莱子为两人,而且从战国到两汉,学者们都把老子与老莱子区分得很清楚。

如(1)《大戴礼记·卫将军文子》中的老莱子与《礼记·曾子问》中的老聃;(2)《庄子·外物》中的老莱子与《庄子·天下》等篇的老聃;(3)《战国策·齐策》中的老莱子与《魏策》、《齐策》中的老子;(4)《汉书·艺文志》中的《老子》与《老莱子》;(5)《尸子》;(6)《烈女传》;(7)《高士传》;(8)《孔丛子》;(9)刘向的《别录》等,都是把老子与老莱子①明确视为两人的。

二、出土楚简进一步确证"仲尼学乎老聃"之老子

章太炎肯定孔子受学于老子,老子某些思想是儒家思想的先导。王国维也肯定老子长于孔子。胡适认为老子比孔子年长二十岁左右,孔子至周问礼于老子的记载可信。1929年唐兰曾以五条证据证明《礼记·曾子问》所记的孔子问礼于老聃是靠得住的,所以老子比孔子年长,"是必须承认"的②。郭沫若则把老聃其人与《老子》其书分开。肯定老聃乃春秋时人,而集成《老子》之书则是战国时"黄老之术"的环渊,即关尹。而高亨自始至终肯定春秋时的老聃著《老子》,不过也说,书传之后有战国时人增益的文字。但是所有这些论证并未得到确证,以说服把老子排在孔墨之后的反方。幸运的是,今天我们能看到大批前辈们所没能看到的"地下之新材料",所以可以用王国维的"二重证据法来证实纸上之材料"。现在能进一步确证春秋时老聃的,一是《礼记·曾子问》,二是楚简《老子》。下面先说《礼记·曾子问》。

前几年出版的《郭店楚墓竹简》有《缁衣》。《上海博物馆馆藏竹简》(一)与郭店楚简不是一个墓,不仅有《缁衣》,而且还有《孔子诗论》。将这两件战国前期的文献《缁衣》与传世的《礼记·缁衣》比较,尽管个别地方稍有不同,但基本相符或几乎完全相符,因此传世本《礼记·缁衣》的真实性得到确证。它是子思的作品已无容置疑。同时,《孔子论诗》使《史记·太史公自序》的"孔子修旧起废,论《诗》、《书》……"得到实证。换句话说,上证孔子之论诗,下证子思之《缁衣》,这样一来岂不也同时中证《礼记·曾子问》也非伪托吗?因为《缁衣》是谈为人为政的,而《曾子问》是曾子与孔子关于丧礼的问答记录。它毫无伪托的必要与可能性。它

---

① 高亨:《老子正诂·史记老子传笺记》,中国书店1988年据开明书店1943年版影印。
② 《古史辨》第四册,上海古籍出版社1982年版,第332页。

极可能是曾子的作品,也可能是子思整理其师的作品。这篇作品有四次孔子曰:"吾闻诸老聃曰",一次"老聃云",还有一次"孔子曰:'昔者吾从老聃助葬于巷党,及堩(墓道),日有食之',老聃曰:'丘!止柩就道右,止哭以听变。'"①这些话,不像伪托,尤其不像出于儒家的伪托。由此再看《孔子家语·五帝·执辔》中的"昔丘也闻诸老聃曰"以及《弟子行》中所说的"国有道,处贱不闷、贫而能乐,盖老子之行也",也应该是信史。这些为出土文献所间接证明的材料,十分重要,起码可以说明:

第一,必须承认"老聃"实有其人。

第二,从直呼孔子之名"丘"以及孔子的"吾从老聃"等字句看,老子必为孔子之前辈。

第三,孔子不是间或问一下老聃,而是长时间内经常向老聃问礼学道。

再说《郭店楚简老子》。楚简《老子》的结构布局即分篇、分章、章次,大异于帛、今本。如果说帛、今本《老子》的文字还"基本相同"的话,那么简本的文字仅及帛、今本十分之四,而且许多文字文句异于今本。楚简《老子》并没有反礼的文字,同时没有"绝仁弃义,绝圣弃智"等太自由太激烈的话,也没有"万乘之主"等不尚贤的话,这正是那些力主《老子》成书于战国的铁证。而五千言《老子》有否定圣智仁义礼的文词,反战言辞多了,权术多了,兵家言多了,直倡愚民,而且道论德论深化了。这绝非偶然,说明今本与帛本《老子》并非出于一人之手,它能否证明下述论断正确不正确呢?"老聃至少是《道德经》其中一部分的传授者"(唐兰语),想

---

① 高亨认为助葬巷党当在鲁昭公七年。《左传》记此年"四月甲辰朔,日有食之",是年孔子十七岁。边韶《老子铭》、《水经注·渭水》均言孔子年十七问礼于老子。2004年1月出版的孙以楷教授的《老子通论》,在已故詹剑峰教授《老子其人其书其道》的基础上,又对老子之乡里、姓氏、老子其人、老子与孔子的交往,作了详尽而令人信服的考证。孙之见解与高亨同:即边韶、《水经注》所说的孔子十七岁之年。

《孔子家语·观周》还有一些文字是确证春秋时孔子的铁证,无妨抄录于后:

其一,"孔子谓南宫敬叔曰:'吾闻老聃博古知今,通礼乐之原,明道德之归,今将往矣。'对曰:'谨受命',遂言于鲁君。……敬叔与孔子俱至周,问礼老聃,访乐于苌弘,历郊社之所,考明堂之则,察庙朝之度。于是喟然曰:'吾乃今知周公之圣与周之所以王也。'及去周,老子送之,曰:'吾闻富贵者送人以财,仁者送人以言,吾虽不能富贵,而窃仁者之号,请送子以言乎?凡当今之士,聪明深察而近于死者,好议人者也,博辩宏达而危其身,好发人之恶者也,无以有己为人者也,无以恶己为人臣者也。'孔子曰:'敬奉教。'自周及鲁,道弥尊矣,远方弟子之进,盖三千焉"。以上与《史记·孔子世家》所记大致相同。

其二,"……孔子见老聃而问焉,曰:'甚矣,道之于今难行也,吾比执道,而今委质以求当世之君,而弗受也,道于今难行也。'老子曰:'夫说者流于辩,听者乱于辞,如此二者,则道不可以妄也。'"此段与《说苑·反质》篇大致同。

来这已由楚简《老子》证实。

再看《史记·老子列传》中老子对孔子之赠言,验之楚简《老子》也是一致的。"去子之骄气与多欲,态色与淫志",岂不就是楚简《老子》"绝智弃辩"、"绝伪弃虑"的体现？司马迁判定老子是位"隐君子",岂不就是老子赠言的"君子得时则驾,不得其时则蓬累而行"？这是春秋时"仲尼学乎老聃"的老子,并非战国时千里迢迢去见秦献公以求功名的周太史儋。

可见,先于孔子的老聃,应该先肯定下来。他是春秋时楚、苦县、厉乡、曲仁里人,"周守藏室之史也"。即有国、有县、有乡、有里、有明确官职的人,写得如此具体,必有所确据。至于《墨子》、《礼记》、《庄子》、《荀子》、《韩非子》、《吕氏春秋》、《战国策》这些书中大量引用老聃之言,其中有的由楚简《老子》可证确是老聃之言,也有的已是另外一位"老聃"之言了。

三、周太史儋即战国时"老子"研究的突破

关于老子其人的最大疑点与争论的是《史记·老子韩非列传》中老子的世系：

> 老子,隐君子也。老子之子名宗,宗为魏将,封于段干。宗之子注,注子宫。宫玄孙假。假仕于汉文帝。而假之子解为胶西王卬太傅,因家于齐焉。

历来执"太史儋即老子",即是根据这个世系。他们也都是当时的第一流学者。宋叶适就曾指出:"然则教孔子者必非著书之老子,而为此书者必非礼家所谓老聃。"(《习学记言》)钱穆也一口认定孔前老后。其中梁启超的论证最为有力:"魏列于诸侯,在孔子卒后六十七年,老子既长于孔子,其子能为魏将,已是奇事。再察孔子十代孙襄为汉高祖将,封蓼侯,十三代孔安国当汉景武时,老子八代孙与孔子十三代孙同时,不合情理。"……"老子的八代孙与孔子的十三代孙同仕于汉,不合情理。"[1]有人提出"宫玄孙假"之"玄孙",只能指"远孙",并不是儿子、孙子、曾孙、玄孙之"玄孙"。这一来一个"远"字就解决了相差几代人、百多年历史差距了。其实,正如何炳棣先生所说的:"宗为魏将",这"魏将"就卡住了脖子,无法将

---

[1] 高亨:《老子正诂》,中国书店1988年据开明书店1943年版影印,第179页。

老子拉到春秋。所以一直到建国前后,侯外庐的《中国古代思想学说史》、《中国思想通史》,范文澜的《中国通史简编》,杨荣国的《中国古代思想史》,以及冯友兰在帛书《老子》出土后撰写的《中国哲学史新编》,都把《老子》排在孔、墨之后,杨宽的《战国史》则把老子其人排在春秋,而将《老子》其书成于战国。这些都说明视太史儋为老子,或视《老子》其书之作者为太史儋的重要学人,大有人在。最重要的是清代著名学者汪中,他说:"孔子所问礼者,聃也,其人为周守藏之史,言与行,则《曾子问》所载是也。周太史儋见秦献公,本纪在献公十一年。去魏文侯之殁十三年。而老子之子宗为魏将,封于段干,则为儋之子无疑。而言道德之意,五千言者,儋也。其入秦见秦献公,即去周至关之事。或曰,儋即老子,其言是也矣。"(《述学》补遗《老子考异》)这里汪中显然认为有两位老子,第一个是春秋时孔子问礼的老聃,第二个是战国时的太史儋,他是五千言《老子》的作者。这个考证得到梁启超、罗根泽、钱宾四等人的赞赏①。1934 年,高亨也得出"宗者,太史儋之子也"这又是两位老子论。楚简《老子》问世,郭沂又再次首先提出两位老子:老聃与太史儋。不过这时就剩下两个最关键的问题了:第一,正如高亨等人提出的:《史记》中老子世系不知何据?为什么不加说明?第二,"周太史儋见秦献公",据《史记·周秦本纪》所记在秦献公十一年,时在公元前 374 年。老子之子名宗,宗为魏将。何时的魏将?是不是公元前 273 年华阳之战的魏将"段干子"或"段干崇(宗)"?如果是,那么就是太史儋见秦献公、一百年之后的"其子"为魏将,这也太不合情理。第一个问题已由何炳棣的《司马谈、迁与老子的年代》一文(《燕京学报》2000 年新 9 期),突破性地解答了这个千古奇谜。可惜很少有人知道何炳棣的观点,后面我们将附录其全文,这里先简略说一下何老的论点:

《老子列传》中的老子后裔世谱,陈述"清晰平实"、"具体确凿"。措辞毫不犹豫、游移。问题在于它是怎样得来的,可信程度有多大?为回答这个问题,何老根本没有谈什么思想线索、文字文体、时代术语,更没有重复已有的议论,而是独辟蹊径,从考证司马谈、司马迁的年代,然后由此"包抄"老子后裔世系的年代,进而弄清此"老子"何许人。

司马谈本人约生于公元前 180 年,次年即汉文帝元年,所以司马谈的青少年

---

① 《古史辨》第四册,钱说见《先秦诸子系年考辨》。

(约前 165—前 155 年),正值黄、老"道德"之学政治影响鼎盛的文、景之世。司马谈"受《易》于杨何,习道论于黄子"。"汉惠帝曾亲幸(田何)其庐受业"。司马谈非亲到淄川留学拜师,无法成为杨何的入室弟子。淄川与胶西"在文、景之世不但是《易》和道论的中心,而且还可以认为是汉朝新的帝国稷下第一学术重镇。司马谈《易》学的老师杨何,在前 134 年被召至长安以前,一直在淄川讲学收徒。青年司马谈之所以能打下深厚的学术基础正是由于他师从名师与身处学术重镇。可以想象司马谈留学淄川期间,以周秦汉世宦之裔的身份,晋谒老子八代孙——当时胶西王卬太傅李解,当面聆教是必然的,甚至有可能直接从李解那里获得李氏谱系(或得自当地盖公嫡传或再传弟子的)。

何炳棣说:

> 景帝三年(公元前 154 年)吴、楚七国叛乱是西汉划时代的大事。叛乱的主谋是吴王濞,但胶西王卬实居第二领袖的地位,正月间已"诛汉吏两千石以下"。二月中,吴王兵既破,败走,于是天子制诏将军曰:"……今卬等又重逆无道,烧宗庙,卤御物,朕甚痛之。朕素服避正殿,将军其劝士大夫击反虏。击反虏者,深入多杀为功,斩首捕虏比三百石以上者皆杀之,无有所置。敢有议诏及不如诏者皆要(腰)斩。"这是最严酷、牵涉最广的一次诛杀。负有辅导胶西王卬责任的太傅李解之遭族诛应是不辩的事实。凡与李解生前有过交往的人,为自全计,惟有讳莫如深。当司马谈任太史令间,先有主父偃那样专事刺探诸侯王以至儒臣如董仲舒等私隐冀兴大狱的阴谋家,继有赵禹、张汤那样酷急刻深,寻端穷治的执法大臣,和一系列阴鸷嗜杀如宁成、义纵、王温舒等酷吏型的太守。……在帝王专制不断深化的过程中,司马谈不得不谨言慎行,对青年时代与李解的交往长期保持缄默。

司马谈不仅对"老子"世系之来源噤若寒蝉,闭口不提,而且还"并列种种自我怀疑,令人迷惑的传奇",以为障眼法,千古奇谜的谜底竟然如此。这真是驱散疑云迷雾之妙答!

再从司马迁来看。司马迁约生于武帝建元六年(公元前 135 年),其父司马谈时年 46 岁。迁少年早慧,加之其父精心培养,细心讲授,"年十岁则诵古文矣"。其父又介绍司马迁向京师权威的学者请教,如名重天下的董仲舒和孔安国。孔安国是孔子十二代孙,明达渊博,孔安国比司马谈约年轻23岁,比司马迁约大22岁。司马迁在10至20岁之间,有充分的机会师从孔安国,不仅专业水平大为提高,同时也会了解许多孔子及其后裔的事迹。关于《史记·仲尼弟子列传》,何炳棣说:"这个传中,仲尼弟子记有具体年龄者共22人。内中子路'少孔子九岁'为最长,公孙龙'少孔子五十三岁'为最幼。司马迁还特别说明,'自子石(公孙龙)以右三十五人,颇有年、名及受业闻见于书传,其四十有二人;无年及不见书传者纪于左。'这不仅显示出司马迁对资料来源分类的异常谨慎,全部存真。"以上说明《史记》所保留下来的六艺传承学统,黄老学统和老子后裔世系……都是司马氏父子所亲闻亲记、价值极高的史料。

何文说:据《孔子世家》至孔安国十二代,平均整整三十年一代,"老子"八世孙李解于胶西开国时(公元前165年)年三十五计,则其生年应在前200年左右。上溯八代,"老子"生年应在前440年左右,太史儋见秦献公是在公元前374年,上距孔子之死106年,如果太史儋即"老子",他见秦献公时年六十六、六十七岁,即便"老子"生年上下各伸缩十年,年在五十六与七十六之间,也还是在情理之中的。所以太史儋就是"老子"。只不过他是托名老聃继续撰写《老子》罢了。

何文"补充意见"一节说道:

老子不但被北魏君主所尊崇,更为李唐皇朝奉为直系远祖,封为"太上玄元皇帝"。北宋真宗、徽宗等帝对老子的尊崇不亚李唐。老子既在思想、宗教、政治等方面享有如此崇高的地位,何以自司马迁以后从未有任何官方文献及私人著述言及老子后裔?……《史记·老子列传》:"解为胶西王卬太傅,因家于齐焉"……公元前154年春吴楚七国叛乱尚未敉平之际,景帝已制诏将军对胶西王卬的臣属"……三百石以上者皆杀之,无有所置……"太傅李解及其家属焉能幸免?!汉唐八百年间有关史料的结合不啻明示后世:老子之泽,九世而斩!

何老这些论点,多属严密推论,且其史料价值极高,是可以肯定的。令人不能不信服的是,何文使老子之世系族谱因何而来,又因何九代而断的千古之谜大白天下,使另一位"老子"其人的研究获得重大突破!

四、司马迁直笔明文肯定老聃，暗里曲笔肯定太史儋

至此，我们不能不再回到高亨先生过去的一些见解，并由此再研究《史记·老子列传》中的直笔与曲笔。

1934年，高亨在《〈史记·老子传〉笺证》一文中说："'老子之子名宗'，乃是太史儋之子"，而"太史儋者，老聃之后"。"盖老聃为周史，老而免官，去周适秦。古者官以世及，其子赓（继）为周史，一传或再传历百年许，至儋为周太史，又去周适秦。因其为一家人，姓同官同，行踪又同，儋、聃音又相近，故后世传为一人耳"①。高亨虽然一直坚持老聃先于孔子，同时，又充分考虑到其师梁启超与反方的意见，进而承认战国时的另一位"老子"，即太史儋，可谓高见卓识。司马迁之祖先就"世典西周史"。老聃世典东周史，不是不可能的。一直到1956年，高亨仍然认为太史儋的儿子是宗②。这说明高亨的结论与何炳棣不谋而合，但获得结论的途径、方法及令人信服的程度不同而已。

到了1979年，高亨《关于老子的几个问题》③，又提出关于老子其人的两个重要观点。其一是"'老子者，姓李氏名耳'，先秦人无此说，绝不可信。至于'老子之子名宗，宗为魏将，封于段干'，这段干崇（宗、崇古通），见于《战国策·魏策》，出于孔子死后206年，他不是老聃的儿子，可能是李耳的儿子，而李耳是老聃的后代"。这"可能"二字似乎比三十年代的话伸缩性大了点。其二，认为老聃是东周王朝的老阳子。为什么说是老阳子呢？因为老聃字伯阳的说法由来已久，与《左传·昭公十二年》称"老阳子"相合。《索隐》司马贞注"有本字伯阳"。"老子号伯阳父，此传不称也。"这些说明唐本《史记》有老子字伯阳与伯阳父之说④。所以老聃、李耳并非一人，那"名耳，字聃"之说，根本是错误的。刘向《列仙传》（《文选·反招隐诗》李善注引），《老子铭》（《隶释》卷三）都说老子字伯阳，足证此乃汉人相传的说法，应是有来历的。

---

①② 《古史辨》第六册，第558—566页。
③ 《文史哲》1956年第八期。
④ 《列仙传》、《老子铭》、《老子音义》皆曰："字伯阳。"《吕氏春秋·重言》注曰："老聃学于无为而贵道德，周史伯阳也，三川竭，知周将亡，孔子师之。"《当染》注曰："伯阳盖老子也。"但与唐虞、西周的伯阳相混淆。因此1979年高亨不再提此事了。

以上引证说明高亨研究老子其人历尽半个世纪而不懈,这是极罕见的持之以恒的精神,令人由衷敬佩。可惜高亨先生只看到帛书《老子》,未能看到楚简《老子》,更没有看到何炳棣的考证与结论,不然的话,会欣然接受何院士之考证的。高亨的论点对完善何院士已有的结论、扩大其突破成见的影响,大有好处。不过,还有两大误解需要澄清。一是绝不能把"老子之子名宗,宗为魏将,封于段干",认为是《战国策·魏策·华阳军之战》的"段干子"。或《史记·魏世家》安厘王四年的"段干子"。因为首先,上述两书皆未明言此段干子即老子之子;其次,年代相差太远,秦昭王三十四年(前273年),秦将白起击华阳军,大败韩、赵、魏,斩首十五万,"魏将段干子请予秦以南阳以和",此事发生,距孔子之死已206年,距太史儋入秦也已101年。怎么可能是老聃之子?也不可能是太史儋之子。其三,以老聃年长孔子20年计,即生于公元前571年,太史儋入秦见秦献公事在公元前374年。何老估计太史儋约生于公元前440年,华阳之战的段干子,其事发生在公元前273年。七国之乱,老子九代孙卬被灭族,此事发生在汉景帝三年(公元前154年)。现在我们就以这四个年代为坐标,即可看出,如果"老子之子宗"为老聃之子,那么老聃—宗这两代是由公元前571年延续至公元前273年,相隔近350年,那是绝不可能的;如果是太史儋之子,那么两代也是相隔167年,这也太长了,也不可能;再由宗到卬共八代,即公元前273年至公元前154年,八代只相隔119年,每代平均才15年。这三个数字都不太合情理。显然,段干子或所谓段干宗、段干崇既非老聃,也非太史儋之子。其四,魏文侯时就有位"段干木",他被魏文侯视之为师,并欲以为相的人物,过了一百多年,会有若干个段干×的,怎么就必定是段干宗呢?所以这位"宗",绝非与白起作战的段干子。弄清这一点,对于完善汪中、高亨的观点是很重要的。至于"宗"是何时的"魏将",还待以后考证,目前只能存疑了。

二是还有一个问题也是需要澄清的。在反对太史儋即战国时老子的呼声中,有力的材料是:太史儋说词类"术士",是位追求功名者,哪里是个隐君子!是的,太史儋见秦献公说:"始秦与周合,合五百岁而离,离七十岁而霸王者出焉",据此认为这完全是术士的口吻,它与《老子》思想相抵触,把他视为老子,"全属无稽之谈"。其实司马谈父子在其《自序》中就说过:"自周公卒五百岁而有孔子,孔子卒后五百岁,有能绍明世,正易传,继春秋,本诗书礼乐之际?"孟子也说过:"尧舜至汤五百余岁,汤至文王五百余岁,文王至孔子五百余岁。"这些恐怕不能归之于"术士"之类的吧？至于老聃在任守藏史时，不能说"隐"，所谓隐是指免官后，而太史儋就不同了，见秦献公，将两千言变为五千言的南面术，已经不同于老聃与楚简《老子》了，当然不能视为"隐君子"而是"史官"。

澄清以上两点，再根据何老所揭示的司马氏父子学术思想渊源及所处的具体历史背景，进而探索司马迁撰写《老子列传》的内心世界，即可以发现一系列疑点，并由此窥探司马迁的直笔与曲笔何在了。

第一，刑余之人，余悸犹深。天汉三年（前98年），司马迁的父亲死后12年，司马迁任职太史令刚9年，就因"举李陵，李陵降"而"幽于缧绁"，受了宫刑，这是人们熟悉的。汉武帝早已以言治罪，甚至以腹非治罪，司马迁哪能不顾忌重重？他对老子世系的来源，对父亲与另一位老子的后代的交往，不仅只能闭口不提，而且还得设法掩盖，这是情理之中的事。

第二，灭族与事业毁灭之恐怖。如果说司马谈因为灭族的恐怖不得不谨言慎行，对外人不得不保持沉默，三缄其口。但对其亲子，又是付以厚望与寄以重任的亲子，不可能讳莫如深，严加保密。因此司马迁同样也有灭族的恐怖，及整个事业遭到毁灭的顾虑。

第三，尊孔而不尊老之异常。司马迁作《孔子世家》，最后的结语是："诗有云：'高山仰止，景行行止。'虽不能至，然心往之。余读孔氏书，想见其为人。适鲁，观仲尼庙堂车服礼器，诸生以时习礼其家，余祗回留之不能去云。天下君王至于贤人众矣，当时则荣，没则已焉。孔子布衣，传十余世，学者宗之，自天子王侯，中国言六艺者折中于夫子，可谓至圣矣！"由衷敬仰之情，溢于言表。司马氏父子，对于孔子曾师事过的老聃的景仰，在《老子列传》中已借孔子之口，作了表述，也许不在孔子之下，而《论六家要旨》，司马谈对道家的尊崇更在儒家、诸家之上。为什么不见司马迁南游造访老子之故里？甚至连提及只言片语也没有？老子之"传"，不仅比孔子之"世家"次之，而且与庄、申、韩同传，更等而次之。其中之异常有什么含义？

第四，一个是隐君子，一个是王官。司马迁一方面肯定老聃"将隐也"、"隐君子"，不用说，他是指老聃，但司马迁在"隐君子"前又说太史儋见秦献公；这里司马迁明明知道这是求功名的"王官"，而不是隐君子。所以司马迁是不是在有意布"迷魂阵"？

第五，不可能的忽略。孔子之十四（三？）代孙卬与骧，迅速见于《史记·孔子世家》，而《老子列传》中的"老子"世系至九世就戛然而止。何况老子还是孔子前辈。难道司马迁一点也没有觉察出来？看来也不可能。《老子列传》中的疑问是出于有心散布疑云，还是真的拿不准？比如司马迁说："孔子之所严事，于周则老子，于楚则老莱子……孔子皆后之，不并世。"可见，司马迁非常清楚老子、老莱子绝非一人。但在《老子列传》中为什么又列出了老莱子？是否也是"迷魂阵"的陪衬？而老子之世系，孔子之世系，司马迁应该一清二楚，起码他应该知道，所谓"老子之子名宗……"的世系，司马迁自然明白此乃太史儋之世系而非老聃之世系的吧？难道司马迁竟然会有如此之疏忽？显然他有难言之苦衷。

第六，条件的限制。受当时传媒的限制，司马迁所能见到的史料有限，比如出土的帛书《战国纵横家书》与两千言的楚简《老子》等等，就是司马迁没有见到的。司马迁只读过五千言《老子》，这不能不使他的视野受到限制，如果他能见到两千言《老子》，他的《老子列传》也许不得不是另外的样子。很可能不得不同时明确地肯定两位"老子"，另觅免祸之途。

"信则传信，疑则传疑"，固然如此。但"深入多杀以为功"，"寻端穷治"的威慑力量太可怕了！它造成司马迁不得不信以疑传，以求保全。总之，是形势逼使司马迁用"或曰"之语肯定了"儋即老子也"，那"或曰非也，世莫知其然否"，不过是障眼法、免祸法。《老子列传》中的三位"老子"，事实上司马迁在直笔明文肯定老聃，曲笔暗里肯定太史儋。

是否如此？还是司马迁压根就不知道老子世系族谱的来源？

何老仔细严谨地考证司马氏父子以至孔安国的生卒年代、学术思想的师承关系、卓绝古今的治史才、德之历史渊源，进而确证《老子列传》中老子谱系的确凿，这是前无古人的。而且对"老子"之世系为何九世而斩的揭示，也是天下第一人。它说明言道德之意的五千言《老子》，最终是成于太史儋的，不是春秋时的老聃，尽管相差不过百余年，但这百年的历史变迁，要胜过春秋前的上千年：生产力、生产关系发生了巨大变化，更重要的是兼并战争开始愈演愈烈。确证了五千言《老子》成于太史儋，那么就应该以此为坐标，重新定位和诠释《老子》的思想。比如过去常常认为《老子》成书要早于《孙子兵法》，如此一来，《孙》要早于《老》。何炳棣院士考证《孙》当成书于公元前510年以前，这就比五千言《老子》早了一百年左右。楚简《老子》出土问世，更说明需要在两千年来闻所未闻的史料基础上,重新认识老子其人,重释《老子》其书。可见,对太史儋其世系研究上的突破,虽不如楚简《老子》出土那样重要,但也不失为老学史上划时代的大事。

刊于《贵州社会科学》2004 年第五期,2007 年修订

第 二 章

《老子》非成于一时,作于一人的自证

目前楚简本《老子》是不是一种节选本？或者是不是陪葬时象征性地选择了部分入葬的本子？看来还值得研究。一些学者认为《老子》一书一开始就是"五千言"之"足本"，即帛书、今本类的《老子》，作于老聃一人，成于春秋末战国初。而之所以出现了楚简本《老子》，这是因为有人为了用儒道合流的观点教育楚太子，所以进行了节选、改编、改写。有没有这种可能呢？弄清楚这个问题，对于弄清老子其人与《老子》其书大有帮助，所以一方面我们在第一章中，重点分析老聃与太史儋这两个人物，即从人物考证方面分析了《老子》非一人一时之作。另一方面还需要从《老子》之内证、自证方面作进一步的分析，拙著《楚简老子辨析》的《楚简与帛书老子的时代印记考》一文，也曾探讨过这个问题，但开掘不深、不透、不全面。现在通过修改、扩充，重新加以论证。

一、简本非节选本之十条证据

有十条证据证明简本《老子》非节选本：

1.没有进行节选的客观需要

从当时的历史大背景看，没有必要用儒家思想去改编和节选《老子》。持简本乃节选本的主要论据是：东宫之师为了用儒家思想治理国家，以儒家的伦理为标准，对足本的《老子》进行了节选和改编来教育楚太子。是否如此，这是不能凭空论断的。它首先就需要分析一下当时的历史背景，看看有没有这种可能。孔子论诗书、定礼乐，以复兴周礼为己任（"吾从周"），但这个主张并不为时君所采纳，并被人讥为"知其不可为而为之"。孟子游说诸侯也是四处碰壁,被敬而远之。虽然孟子大声疾呼:"今之所谓良将,古之所谓民贼也。"但走红的、拓地千里的,正是这些"良将"。而且,孔子的大弟子子贡、子夏都有向纵横家与法家方向转化的倾向。如子贡受孔子之命,游说齐、吴、越、晋、鲁,"故子贡一出,存鲁,乱齐,破吴,强晋而霸越。子贡一使,使势相破,十年之中,五国各有变。"(《史记·仲尼弟子列传》)郭店一号楚墓从葬形制及器物特征判断,其下葬年代当在公元前4世纪中期至3世纪初,即公元前350—前290年之间。这个时期吃香的是兵家、法家、纵横家,如孙武、孙膑、吴起、商鞅、苏秦……他们对于吴、魏、秦、齐、楚、燕,都立下了赫赫战功,在富国强兵的文治方面,也功勋显赫,名扬诸侯。如果说,这位墓葬主人果真是东宫之师(如果是"东宫之杯",那还不一定就是东宫之师),对孙武、孙膑、商鞅还不熟悉的话,那么他对于吴起相楚的丰功伟绩总该耳熟能详吧,"明法审令,损不急之官,废公族疏远者,以抚养战斗之士","南平百越,北并陈蔡,却三晋,西伐秦"(《史记·孙子吴起列传》),这都是楚悼王之死(前381年)以前的事,而这个时期可谓儒家最不走运的时期。"鲁缪公以友礼遇子思,费惠公师子思,友颜般"(《孟子·万章下》)。这些以儒为师为友的君王,最终还是逃不脱亡国之君的命运。作为东宫之师岂能充耳不闻,他不用兵家、法家思想去改造儒家思想,已是难能可贵了,还有什么心思、什么必要用儒家思想去删节改造足本的《老子》来教育太子呢?这是非节选本之主要证据。

2. 作为隐士的作品不可能很长

今天一篇论文动辄数千字,乃至数万字,如此看楚简《老子》是不能成其为书的。但是与《论语》比,与同墓的《太一生水》比,并且从一个隐士的著作来看,两千多字的简本《老子》,难道不能算作当时的书,也是目前的最古传本吗?首先,它的分篇是由竹简的长短与形状决定的,非整理者主观排定。从内容上看也符合逻辑。而甲篇多于乙篇,也与帛书《老子》上篇多于下篇相符。其次,竹简虽被盗,据称缺失甚少,看来此说可信。上海博物馆从香港购得1200多支竹简,也是出自江陵、荆门一带,并无《老子》竹简。竹简《老子》虽有所缺失,但并不妨碍它能够成为目前的最古传本(虽非原始祖本)。其三,由于竹简整理者极其认真负责,因而竹简的缀合相当成功。大多数章联结严丝合缝,符合古貌。无法相联结的,也安排妥帖,并在《释文》中另起一行,以示区别。总的说章序符合思维逻辑,大多能看出层层展开的踪迹。这能不能说明楚简《老子》非节选本呢?

3. 节选不可能改变整个结构布局

简本不仅某些文字不同于帛、今本,而且整个结构布局——分篇、分章、章序也大异于帛、今本。所谓的节选,是节而选之,它不可能,也不应该去改变《老子》的整个结构布局。

4. 不可能先上篇选一点,再下篇选一点;又再上篇选一点,再下篇选一点……

比如简本"甲"之"节选",按照今本的篇次章次,就是这样的:上(19 章),下(6、46 章);上(3、15 章),下(63 章);上(2、32、25 章),下(64、56、57、44、40 章);上(9 章)……会不会这样跳跃式地先上篇选一点,再下篇选一点,再上下篇的如此跳来跳去地选?看来不会。

5. 不可能跳跃式地来回选

如 63 章选一点,跳过 5 个章回到 64 章再选一点,然后又经过 18 个章再回到 64 章选些重复的东西,能否这样选呢?看来不会。

6. 用类似节选的《韩非子·解老》、《喻老》作比较

韩非不是逐章更不是逐句解老喻老的,而是"节选"式地解喻《老子》的。他是按照帝王术的需要挑出某些章中的某些文句来解喻的,比如《解老》所解《老子》各章的顺序是:38、58、59、60、46(上篇)、1、14、1(下篇)、50、67、53、54(下篇),共 12 个章。这里可能看出,是以解德篇为主。它一点不像简本这样大跳跃、大反复地"节选",至于《解老》为什么也出现个别跳跃、反复,当是思路使然,《解老》谈到人君无道,对内暴虐其民,对外欺侵邻国,因此人民破产,战乱数起,牲畜锐减,戎马缺乏。所以列出四十六章之"天下无道,戎马生于郊"。进而解释"祸莫大于不知足,咎莫惨于欲得",于是又转到"天下有道"、"无道"上来了。因此又对道进行了一番解释:"道者,万物之所稽也,万物之所成也……"而道又是"无状之状,无物之象"(十四章),并且"道可道,非常道"(一章)。但解释了道之后,马上回到上篇来了,这就是为什么由四十六章转到十四章再转到一章的原因。这说明韩非需要引用一和十四两章来解释四十六章。楚简本却不是这样。如果它是节选本的话,也一点不像韩非子的《解老》、《喻老》那样,有其思路可见,规律可循!

7. 违背节选的简单原则

节选,自然应该先易后难、由浅入深地节选,为什么那些浅显、通俗、基本的东西,不见节选呢?比如"以百姓之心为心","上善若水",侯王自称自识自己的无德、少德、不善("自谓"、"自名、孤、寡、不穀"),"恒囿三宝:慈、俭、不敢为天下

先""自知、自胜、知人"……其实这些是与儒家思想合拍的,为什么不见节选呢?当然可以推之于"竹简缺失",但是缺失会这么巧吗?恐怕不会。

8. 不会有这样改写的节选

为了儒道思想合流,进行某些改写,比如"绝仁弃义"改写为"绝伪弃虑",将"守静"改写为"守中",这大致还可以说得通。但是将"绝圣弃智"改写为"绝智弃辩",这"智"与"辩",也是针对儒家等智辩之士的,为什么不见改动?"教不教"按说与"有教无类"还有些相似,怎么会改成"学不学"呢?孔子是位"知其不可为而为之"的人,儒家也是倡导奋发有为的,而孟子则说:"君子疾没世而名不称焉",为什么简本《老子》大量的"亡(无)为"、"亡(无)名"说教,不见改写呢?再说既然是节选又进行改写,本身就有违常规。

9. 不可能有文字迥异的节选

仔细比较 300 句的简本《老子》,竟有六十余句不同于帛书、今本《老子》,约占 20%。这不可能是节选的结果。

10. 连片的章"落选",违背节选情理

相当今本《老子》六十七至八十一章,整整 15 个章,为简本所无,一点踪影也不见,这似乎也背离节选的惯常思维?

上述十条证据,大多为表面之证。尽管如此,想来可以证明简本《老子》非"足本"即帛书、今本类《老子》的节选本。如果再分析一下帛书与简本的时代印证,那非节选本之证就更多了。同样,简本《老子》乃"陪葬时象征性地放进去一部分"的另一种说法,看来也是不能成立的。

二、简本、帛书《老子》成书于不同时代的八点印记

仔细比较简本、帛书两本就不难发现它们有各自的时代标记。

1. 帛书中反战文词的增多、增重与"兵者不祥之器"的论断,为战国时的标记

春秋、战国这两个时代的战争都不少,所以简本、帛书都有反战文字,都有不得已才用兵的相同章节。但由于战争的规模大小、持续时间、频繁程度大不相同,给人民生活、社会生产造成的灾难性后果也不同,所以帛书显然加强了反战思想。如相当今本第四十六章,简本只说明到"罪莫厚乎甚欲……祸莫大于不知足,知足之足,恒足矣"。如果照河上公注"去甚"来看,主要是指"食淫声色"。帛书改为"罪

莫大乎可欲",并且在前面加了四句:"天下有道,却走马以粪;天下无道,戎马生于郊。"这就把任性使气、放纵欲望的"可欲"与无道的战争联系起来了。同样,相当今本第三十章,帛本、简本都说:"不欲以兵强天下。"但是,简本无"师之所居,荆棘生之"两句,而帛本则无今本的"大军之后,必有凶年"两句。这三类版本的不同岂不是春秋、战国前中期及秦汉后的标记吗?它从一个侧面反映了战争规模及伤害、灾难程度的不同,这是多少生命多少鲜血换来的这几个字哟!

而最能说明问题的是相当今本第三十一章。此章简本的春秋时代标记与帛本的战国时代标记都很明显。简本只有一次提到"故兵者非君子之器"。而帛本不仅肯定了这一点,且一开头就提出"夫兵者不祥之器也。物或恶之"。甚至后面又再一次重复"兵者不祥之器"。如此重复之句,在《老子》中是绝无仅有的。从"非君子之器"到"不祥之器",是认识上的一大提高。《左传·襄公二十七年》:"兵,民之贼也,财用之蠹,小国之大灾也。"这些厉害的话,也只提到"贼"、"蠹"、"灾",正像简本只提到"非君子之器"一样,还没有提高到"不祥之器"的阶段。"器"固然可以理解为手段、工具,如"君子之器";而"不祥之器"是不是更意味着不祥的权力、不祥的政权呢?《易·序卦》:"革物者,莫若鼎,故受之以鼎;主器者莫若长子,故受之以震。"所以"器"又是政权、权力、君器之谓。兵,或者准确地说战争,不仅对人民是种"贼"、"灾",而且对于政权,对于侯王也并非是不分时间、地点、条件,放之四海而皆准的"祥物",它往往也会导致衰败,甚至立致败亡。战国初,晋有六卿,论实力智氏最强,但突然于公元前453年亡于韩、魏、赵,就是因为太骄横而滥用兵。这一典型战事,可能老聃已经无法知道,但太史儋却十分清楚。类似的史例还有很多。是否因此把对"非君子之器"的认识,提高到了"不祥之器"呢?用今天的话说,"枪杆子出政权",出一切东西,这是真理,但只是真理的一个方面。枪杆子也出专横,出败亡,这是真理的另一方面。可见,简本的认识代表春秋时代的认识,而帛书的认识已经是,而且只能是战国时代的认识了。

2. 帛书否定仁、义,乃战国标记

简本之"绝智弃辩"、"绝伪弃虑",到帛、今本成了"绝圣弃智"、"绝仁弃义",矛头直指圣智仁义。又如简本之"天地之间,其犹囹龠与?虚而不屈,动而愈出",帛本在前面加了"天地不仁,以万物为刍狗,圣人不仁,以百姓为刍狗",同时又在后面加了"多闻数穷,不若守于中"。简本只是说:天地之间像一仓管乐器,你不动它,不吹它,它就平静地在那里。一旦动它,它可就有话说了,你愈动,它话就愈多。

动的人自然是侯王、为政者了。正像"绝智弃辩"一样,那时尚未提出"绝仁弃义",所以这里指的是智者与辩者之言、私学之言。他们七嘴八舌,弄得社会不宁。到了帛本时,已经发展到怀疑"仁义"、不满"仁义"了,所以有了"天地不仁"、"圣人不仁"的语句。不仅不主张多动多言,而且也发展到不主张多听。尤其是出于私欲私利的"仁义"等话更不能听,最好是保持中庸。同样,简本没有怀疑、不满"礼"的言论,而帛本就有了"夫礼者,忠信之薄而乱之首也"。这说明"以礼为固,以仁为胜",倡导仁义之论生于前,怀疑否定不满言论出于后。这岂不也是简本、帛本思想的时代印证吗?

3. 尚贤与不尚贤也是时代印记

墨子"尚贤"之说在前,帛本的"不尚贤,使民不争"在后。简本之所以没有"不尚贤"的文句,看来不是偶然的,因为楚简《老子》是墨子前的思想。这也应该是时代标记。

4. 善建、善保原则的时代标记

简本《老子》只有八处提到"德",但有五处集中出现于"善建者不拔,善保者不脱"这一章。即要把善于建立与保持的不拔、不脱原则,"修(修者,治也、实也)之于"身、家、乡、邦、天下,这样才是"德乃真"、"德有余"、"德乃长"、"德乃丰"、"德乃溥"。为什么简本如此强调这么个极其简单的原则呢?因为春秋是一个"亡国相及,囚主相望"的时代,西周时"千八百国",到了春秋只剩下百余甚至几十个了,亡国之苦不仅殃及国君,更倒霉的是整个国家和全体老百姓。所以老聃对国君及当政者们说,最重要的是建立牢固的国家并保住这个国家,为此就得先从自身的"善建"、"善保"做起,然后推及家庭、家族、乡、邦、天下。这说明老聃着重倡导"德"的真实、实用、可行,不唱高调,不搞形式主义,不玩花架子。可见,这一点也能映证简本的时代。值得再说几句的是,简本、帛本这一章完全相符,因为战国时代,对于侯王与其国家来说,首要的问题更是国之不拔、不脱、不亡的问题。

5. "将欲取天下"文句乃战国标记

简本《老子》只有一句谈到"取天下",即"以正治国,以畸用兵,以无事取天下"。这"无事"主要是指东周王室的相安无事,才能恢复"天下共主"、天下侯国归顺的昔日风光。到了帛书《老子》,"取天下"一词增加了,含义也不同了。相当今本第四十八章,简本只有"学者日益,为道者日损,损之又损,以至于亡为而亡不为■。绝学无忧"。帛本将"绝学无忧"调到他章,成了二十章之首句。而在上文后边加了一段文字:"将欲取天下也,恒无事,及其有事也,又不足以取天下矣。"这里"将欲"二字说明不是指东周王室,"无事"也不是王室之间的无事,而是指社会的稳定,所以它与简本的"以无事取天下"的含义大不相同。而相当今本的二十九章,帛本更进一步警告不得勉强取天下,那是不行的:"将欲取天下而为之,吾见其弗得已。夫天下,神器也,非可为者也。为者败之,执者失之。"这种不同于春秋时代的"将欲取天下"问题被慎重地、重复地提了出来。因为日趋激烈频繁的兼并战争,使思想家超前地看出天下一统的问题,但它是不能勉强的、人为的。它标明帛书《老子》不是成书于战国后期,而是成书于战国中期。而简本岂不是只能说明它自身的春秋特征的吗?

6."万乘之主"的时代标记

春秋时代无万乘之国,大国如齐、晋、楚、秦、吴、越等大国,兵车至多不过五千,一般在三千辆左右,而鲁、宋、卫、郑,可谓"千乘之国",简本无"万乘"之国的话,不是偶然的,而帛书的"万乘之主"的话,正映证它的战国时代印记。

7."三十辐共一毂"的车,也是时代标记

郭宝钧、余明光先生根据兵车出土实物考证,证明西周、东周之际没有"三十辐共一毂"的车子,到战国时才出现了这种车子,到了战国中后期,三十辐的车子才成为定制(以上两点,见余明光先生《黄帝四经与黄老思想》)。简本无"三十辐共一毂"的文句,帛书有,正好证明它们分属两个不同的时代。

8.不直倡愚民与直倡愚民的时代印证

简本《老子》不直接倡导愚民。但却有愚民思想之雏形,"绝智弃卞(辩)"、"绝巧弃利"是否是愚民?还有"智者不言",对智者要"闭门"、"塞兑"、"锉锐",就是说要把聪明人变得愚钝,这是否是愚民?还有"绝伪弃虑,民复季(稚)子"(取裘锡圭先生说),也是一种愚民方略,并带有早期阶段的特征。伪,伪善欺诈也;虑,谋虑也;季,"稚声"(见《说文》),"稚"之假借字,"季子"即"稚子",即婴儿、赤子。"绝伪弃虑,民复稚子",即杜绝伪善欺诈,抛弃谋虑,人民就会像儿童那样纯朴、无知、少欲。这岂不是也接近"愚民"了吗?不同的是简本《老子》主张统治者也要如同赤子那样纯朴:"含德之厚者,比于赤子!"到了帛书《老子》愚民方略就诞生了:"古之为道者,非以明民,将以愚之!以智知邦,邦之贼也;以不智知邦,邦之德也",以及"不尚贤"、"小国寡民",这些乃是一套"乃至大顺"的必经之途。显而易见,这是楚简、帛书《老子》思想认识进程的记录,也是时代先后的标志。

三、思想理论发展的八条证据

　　凡一种思想理论的形成,一气呵成的极少,大多有一个发展、深化、渐进的过程。楚简《老子》一些思想虽然深刻,但还不够全面,或者只是雏形,随着时间的推移,经验教训的积累,认识深入了、提高了,片面性被克服,缺陷被补充,显得更客观、更全面、更系统、更成熟。比较简、帛两本,就可以发现这种进程,也能证明《老子》非成于一时,作于一人。此类证据少说亦有八:

　　1."德论"、"道论"的发展与深化也是时代标记

　　简本《老子》的"德"字凡八见,而且一个章就集中了五个"德"字。而帛书《老子》"德"字凡四十四见,与"德"相通的"得"字凡八见。可见帛书大大发展了对"德"的论述。比如简本只提到"二弗":"为而弗志,成而弗居",即有所施惠不敢期望报答,事成功遂不敢居功。而帛本在"二弗"的基础上,又增加了"三弗":"为而弗恃,长而弗宰,生而弗有。"企图用这种"玄德"即天德来教化人间的人为有私之德。这在认识上是一大提高,它们不可能是一步到位的吧? 又如,简本只有13个章有"道"字,而帛书却有36个章谈到"道"。这36个章又无不是由这13个章引发而来的。由宇宙本体论之道,到万物生成之道;由简单的道体描述,到多种角度对道体的描述;由一般的论述道,到认识论的"道可道,非恒道。"……这些都说明了简本、帛书在认识上的渐进性、过程性、时代性。

　　2. 对防止"正复为奇,善复为妖"的重大补充

　　简、帛两本都有"以正治国,以奇用兵"的章(即今本第五十七章)。此章虽然也肯定"以奇用兵",但其主题是谈如何以正治国的。孔子说:"政者,正也。"老子之"正"则是君主的"无事"、"无为"、"好静"、"无欲"。顺乎自然又合乎民心的为、动、事、欲,老子并不反对。但对于封建专制国君来说,其事、为、欲、动,大多出于名欲过盛,权欲、情欲过盛,它必然以权谋私、谋名,必然用权失当,招致灾难。所以专制君主的无事、无为、好静、无欲,确能给人民带来自正、自富、自化、自朴的结果。应该说老子这个主张极深刻、极正确。但是,历史证明它会变,并且变几乎是难以避免的。所以帛本紧接着此章提出了简本所无的今本第五十八章:"祸,福之所倚;福,祸之所伏。孰知其极? 其无正也。"难道就不可能有永远不变的"正"吗? 更重要的是帛本又提出了"人之迷也,其日固久矣"这个大问题,这就是"正复为

奇,善复为妖"。正道会变成权诈,善良也会变成邪恶。对于如何防止"正复为奇,善复为妖",帛本提出第一,以正治国经常忧忧虑虑,绝不一味标榜;第二,方而不割,谦而不刺,直而不绁,光而不朓(不超前、超常)。可见,如此深刻的思想,分两次完成才是可信的,它是不可能一蹴而就的。

3. 本体论认识的深化

简本《老子》除了"有状混成"章,没有别的本体论章,帛本增了不少,而且"有状混成"章,简帛两本也不同,第一,此章"四大"的排列简本不同于帛、今本,不是"道大、天大、地大、王亦大",而是"天大、地大、道大、王亦大",看来这不是偶然的笔误,而是简本当时只把"道"视为天地之内的道,或者只指君道、政道、人道、自然之道的"道",而帛、今本将"道"置于天地之前,已是向本体论靠拢了。第二,此章最后还是引到政治上尊王:"国中有四大,王居其一焉。"不是今本之"域中"与"人大","王"居然与"道"、"天"、"地"并列。看来老聃与早期道家的宇宙本体论,即是与简本《老子》"丙"合编一册的《太一生水》。它讲的是由太一生水,然后成天、成地、成神明、成阴阳、成四时、成寒热、成湿燥、成岁,"太一藏于水,行于始、周而复始"。可见此种理论较为原始、古雅、朴实。到了帛书《老子》,发展为"道生一,一生二,二生三,三生万物,万物负阴而抱阳,冲气以为和",这就显得高远玄妙,抽象精致些了。两相比较,既可看出简本、帛本、今本《老子》认识的渐进过程,又可看出简、帛、今三本时代的前后。

4. 重农思想的重大补充

楚简《老子》证明帛、今本掩盖了重农的重要思想:"给人事天莫若啬(穑)"——富足人民侍奉上天,没有比务农更为重要的了。其中"给"字,不知因何变成了"治"。照简本校正帛、今本几个字,《老子》重农思想即可复原。紧接着此章,帛本就提出了"治大国若烹小鲜",治理大国像煎烹小鱼,不可瞎折腾,不可烦政扰农。这个重大补充,真是顺理成章,一环扣一环。自然经济,一是赖风调雨顺,二是靠简政宁民,令烦则民诈,政扰则农不定。《韩非子·解老》注曰:"事大众而数挠之则少成功,藏大器而数徙之则多败伤,烹小鱼数挠之则贼其泽。"治国多折腾,岂会有好结果? 简本有上章,而无此句,显然这是事后的发展。这也能证明《老子》非成于一时的吧?

5. "见知之道"方面的发展与深化

楚简《老子》关于"见知之道"(今谓之认识论)方面,只提出了两个条件:(1)

根据上士、中士、下士"闻道"之后的不同表现,从而得出了"明道如悖,夷道如类,进道如退"。帛书基本同。(2)"天下皆知美之为美,恶矣;皆知善,此其不善已"。帛本前句与简本同,后一句则作了某些修改、完善:"皆知美,訾(恣)不善矣",所谓"恣",放纵不善了。这两条,尤其后一条,不仅被帛本,而且被《庄子》《列子》、《尹文子》《邓析子》《慎子》以至儒家、法家大加发挥。尤其是帛本更是系统地加以发挥,从"正言若反"到"道可道,非恒道;名可名,非常名"……奠定了古代认识论的理论基础。由此可见,《黄帝四经》所谓的"见知之道",也是逐步发展完善的。这可否作为《老子》非成于一时之证?同时还需要说明,《老子》的"道可道,非恒道"章,总使人联想起孔子在认识论上的"绝四"——毋意、毋必、毋固、毋我。即不臆断,不绝对,不固执己见,不带私心。楚简《老子》并没有这方面的思想言论,帛本"道可道,非恒道……"之论,也有可能源自孔子的"绝四"。

6. "无名"思想的发展、丰富、升华

楚简《老子》也有三四个章劝导侯王安守无名,但只有一两个章专门说这个问题,有两个章附带提及。而帛本则有二十几个章专门谈,或间接谈侯王要安守无名,甚至教导侯王要用"无德之人"(孤)、"少德之人"(寡)、"不善之人"(不穀)以自识(自名)自称。它将简本的"道恒无为,侯王能守之,而万物将自宾",一是改为"道恒无名,侯王若守之,万物将自化";二是告诫侯王勿求名取辱;三是将此章作为帛书《老子》一书的最末一章,在先秦这即是书的序言、总结。无怪乎韩非总结《老子》"以无为集,以无欲(功名欲)成",而王弼则用"本在无为,母在无名"八个字总结《老子》。这些都不是简本《老子》所能提炼出来的,只有帛本才能看得清楚。可见《老子》非成于一时。

7. 权术多寡的时代标记

不能说简本《老子》没有权术,如"绝学无忧",对待智者的"闭门"(私学之门)、"塞兑"(交往)以及"六不可"(不可亲,不可疏;不可利,不可害;不可贱,不可贵)。但是帛书《老子》讲权术却大大多于简本。欲擒故纵;国家权道与运行机制,即国之利器不可告人;处理政治危机;万乘之君不可以身轻天下等等;它对法、术、势理论的形成、发展、壮大,起了某种催生作用。这也能说明简本、帛本不同的时代性。

8. "稀言自然"的思想并非源自简本

楚简《老子》没有任何有关"稀言自然"的提法,也找不出一个鬼神之称谓,帛书《老子》不仅提倡"稀言自然",而且有两个章提到鬼神:"神得一以灵","其鬼不神"。所谓"稀言自然",就是少说关于日月星辰、风雨雷电、日蚀月蚀、天崩地裂、水旱虫灾等把自然界与人事、灾变联系起来的话。因此"稀言自然",即罕言自然。它既是《老子》之自白,也是《老子》之说教。这与《论语·子罕》"子罕言利与命与仁",及《公冶长》"夫子之言性与天道不得而闻也",岂不就是一回事?孔子对鬼神存而不论,重人事。因为"天道远,人道迩",不敢妄谈玄远的天道,还是人事更为实际些,而人事也是谈生不谈死,事人不事鬼。这岂不也是一种"稀言自然"?如果说"稀言自然"与简本《老子》无关,那么是否是孔子思想的引申与提炼?

简本《老子》几乎没有兵家影响的痕迹,这是因为《孙子兵法》尚未广为传播。而帛书《老子》则不同了,它不仅杂兵家言,而且可以明显看到兵家著作的影响。后面拙文《〈老子〉一书从〈孙子兵法〉中借鉴了些什么?》(2004年第十一期《学术研究》)已作了分析,这里就从略了。

四、《老子》非精语汇编

海内外学界早已有《老子》是道家学派论说集成的看法,其中刘殿爵教授的看法最具代表性,国内已故张舜徽教授也认为"五千言作品无疑乃汇集古代道学言论的语录"(《周秦道论发微》,第17页)。但是,这是在楚简《老子》尚未问世时的看法。如果他们能看到简本,是否仍然持上述看法呢?过去认为《老子》非作于一人,出于一时,这话为楚简《老子》所证实。但如果进而得出以下结论:"《老子》为战国时人,条录道家传诵之格言,采自它书之精语,荟萃成书。"这是否是将《老子》视为道家的一本大杂烩书呢?《老子》采自它书的某些格言,是不可避免的,目前传世的《红楼梦》,并非出于一人,但继其书者必为文学巨匠,这是无疑的。同样《老子》成书必出于思想巨人。为其奠基者是老聃,总其成的是不是太史儋?他们两人均供史官职司,"历记成败存亡祸福古今之道",使得他们能合著一本书,这难道是局外人所能染指的?老聃奠其基、搭其架,太史儋完成了全部建筑,并有所扩建。他们免不了会采集某些精语,但都是用自己的思想体系将其贯穿融化为自己的血肉的。《孙子兵法》固然出自孙武,但孙武出自将帅之门,其祖伐莒有功,其庶祖田穰苴更是敌闻丧胆的名将,同时又是位军事理论家,其著作列入《司马穰苴兵法》中。《孙子兵法》应该是过去兵书的发展与升华。同样,司马父子世典周史,没有家学渊源,单有个人的天才与勤奋,是很难完成史家之绝唱《史记》的。司马迁在《老子列传》中对老聃的国、乡、里、姓、名、字、官职详加记载。后面的"或曰儋即老子",也记载他见秦献公的时间与言论,还详细记载这位"老子"的族谱、后代的官职,如数家珍。只可惜司马迁只看到了帛书类《老子》,而没有看到楚简类《老子》。如果当时司马迁能同时看到这两类《老子》,他是否会有另样的《老子列传》?高亨虽然一直坚持老聃先于孔子,同时又充分考虑其师梁启超相反的意见,进而承认战国时的老子——太史儋。古有司马迁"或曰"的肯定,今有国学大师高亨对太史儋的肯定,看来我们还是不要否定为好。《管子》、《商君书》、《庄子》、《墨子》……非成于一时,出于一人,用它们引用《老子》的某些文句,是难以认定简本为节选本的。何况战国以后的文献呢?如果今天我们没有任何证据,就否定司马迁所列举的不争事实,另外再提出"条录道家"、"采集它书"、集体著作的结论,那就更值得再考虑了。关于楚简类《老子》出于老聃,帛书、今本《老子》出于太史儋的,看来一时还难以达成共识,但窃以为这种看法迟早会被承认的。

刊于《学术界》2005年第四期,2007年修订

附：司马谈、迁与老子年代

何 炳 棣

1936 年终，罗根泽先生在他主编的《古史辨》第六册的序言里曾作了过渡性的综结：

> 关于考据老子年代的文章，止第四册及此册所收，就已有三十五六万言，真是小题大作。不要说旁观者望而却走，当事者也见而生畏。但《老子》的年代问题究竟是需要解决的。除非将先秦的学术束之高阁，否则这个问题如不解决，一切都发生障碍。

罗氏序文之末列举了自两宋陈师道、叶适，经有清毕沅、汪中、崔述，迄民国梁启超、胡适、冯友兰、顾颉刚、钱穆、郭沫若、唐兰、张岱年、高亨及罗氏本人等 29 家对《老子》年代的个别看法①。

《古史辨》第六册问世至今 60 年间，老子年代的讨论时断时续。1973 年终长沙马王堆汉墓帛书《老子》甲、乙本的发现造成《老子》版本校雠方面的突破，但就老子其人其书的年代而言，仍无法消除两派截然不同的意见。要之，一派始终认为老子早于孔子，他的学说经弟子世代相传才编就于战国时代；一派坚决认为老子其人其书都是晚于孔子。

由于《古史辨》第四及第六册早已收集了有关老子年代研究较重要的论文，而近年古棣、周英合著达百万言的《老子通》更对疑《老子》派多篇文章里，根据

---

① 《古史辨》第六册，台北影印本。引文在《自序》第 10 页；29 家意见，在页 24—26。

所谓的"思想线索"、"文字文体"、"时代术语"等片面思维与论辩——加以批驳①,所以本文理应极力避免重复前人已有的议论,只集中提出个人的分析和推断。

一 司马谈和老子后裔世谱

主张老子其人晚于孔子,《老子》其书编就于战国中、晚期的不少学人,几乎无一不从《史记·老子韩非列传》中唯一具体的记载出发:

老子者,楚苦县厉乡曲仁里人也。姓李氏,名耳,字聃,周守藏室之史也……老子之子名宗,宗为魏将,封于段干。宗之子注,注子宫,宫玄孙假,假仕于汉文帝。而假之子解为胶西王卬太傅,因家于齐焉。

《史记》此段陈述清晰平实,与同传有关老子几种传说之扑朔迷离适成一鲜明的对照。正因为老子后裔世系如此具体确凿,我们有必要先探测它最可能的来源,然后才能评估它是否可信。

读习中国古代思想史的学人几乎无不同意全部《史记》中最系统、最深刻、最精彩、权威的论文之一就是《太史公自序》里司马谈的《论六家之要指》。司马谈不但首次铸出"道家"这一学术流派的专词,他本人就是造诣极深的"道德"学家。现存《史记·老子韩非列传》中老子后裔世谱源自司马谈是最合理的推断,问题在臆探他是怎样得到这个李氏谱系的。

《太史公自序》中说明"太史公(司马谈)……仕于建元、元封之间(前140—前110年)",卒于公元前110年而未言及出生之年。《自序》中言及司马谈七代的祖先及其官职。试从备有具体年代的曾祖司马昌下推,"昌为秦主铁官,当始皇之时"。这官职既是他一生最后最高的职位,猜想中他在始皇初年应已年逾五十。

---

① 《老子通》,上部:《老子校诂》,下部:《老子通论》,吉林人民出版社 1991 年版。《老子通论》所涉极广,材料异常丰富,对不少个别性的理论、训诂、校雠、考证都表现深湛的功力,不能因作者先入为主的成见——老子早于孔子——而失去其参考价值。正式警告研究《老子》年代的学人们不可再根据"思想线索"、"文字文体"、"时代术语"等片面思维"增加许多无谓的纠纷"的是应罗根泽邀请而撰专序的张西堂先生。张序撰于 1937 年夏。

姑以整数估算,他在始皇二年(前220)时年五十。有鉴于古代婴儿死亡率高,司马谈每一世代的祖先未必各个都是头胎出生的男孩,因此我们假定每两个世代年龄平均相差三十年。照此估算,司马谈的祖父无泽大约出生于公元前240年,壮年以后改朝换代"为汉市长"。司马谈的父亲,仕至五大夫的司马喜,大约生于公元前210年,而司马谈本人大约生于公元前180年①,明年即汉文帝元年,所以他的青少年(约前165—前155年)正值黄、老"道德"之学的政治影响鼎盛的文、景之世。

本世纪研究司马迁《史记》的中外学人虽一般都注意到他的先世,但都未能充分了解他高祖昌、曾祖无泽官位职守的特种意义。案"昌为秦主铁官,当始皇之时"这一极其简括的陈述已经暗示司马迁的高祖决不是一员普通的官吏。"主"持当时最强大的秦国的全部铁政——从采矿、冶铸到种种铁器(包括兵器)的制造与供应——必需具备相当的技术知识和很高的生产策划管理的才干。铁政的成功显然是秦灭六国完成统一大业过程中一个重要的技术性环节,其中司马昌的贡献是不言而喻的②。

司马昌之子无泽"为汉市长"一语的意义更需深索。按汉高祖五年(前202)项羽败死垓下,刘邦应诸侯将相之请即皇帝位,定都洛阳。夏六月从娄(刘)敬、张良议,决定迁都关中。关中表里河山,形势优越,但苦在咸阳遭受项羽焚烧已残破不堪。于是次年有诏"立大市,更命咸阳曰长安"③。可见立大市是为大规模营建长安的第一步准备——如何筹划管理各项所需物资的动员与供应。《汉书·高帝纪下》"六年(前201)冬十月,令天下县邑城",更能反映立大市于长安的真正目的。必须指出的是高祖六年所立的大市决不是武帝太初元年(前104)以后京兆尹辖下的"左都水、铁官、云垒、长安四市"中的一市④。《汉书·惠帝纪》六年(前189)夏六月"起长安西市,修敖仓",即系明证。这是第一次因建设所需从原来的大市中分出去的"西市"。原来的"大市"之所以称"大",正是说明最初只有一个事权统一的"大市"。《汉书·高帝纪》七年(前200)"二月,[帝]至长安。萧何治

---

① 吕绍纲主编:《周易辞典》,吉林大学出版社1992年版,页455,估计司马谈约生于公元前190年。
② 铁在我国文献上第一次出现于《左传》昭公二十九年(前513),晋国以铁铸刑鼎。中国科学院考古研究所《新中国的考古收获》,文物出版社1962年版,页60:"列国的变法多在春秋末叶到战国早、中期。……而铁农具的普遍使用则在列国变法以后。"战国晚期战争规模巨大与铁的生产激增是互为因果的。
③ 《史记·汉兴以来将相名臣年表》,《大事纪》栏,高祖六年,页1120。
④ 《汉书·百官公卿表上》,页736。

未央宫,立东阙、北阙、前殿、武库、大仓"。高祖以为过于"壮丽"。《汉书·惠帝纪》:"三年(前192)春,发长安六百里内男女十四万六千人城长安,三十日罢。"五年(前190)"春正月,复发长安六百里内男女十四万五千人城长安,三十日罢。"可见营造新都长安的工作效率是相当高的,而背后负责大量物资供应的是"未被讴歌的英雄"司马无泽。

司马氏先世中,我们对司马谈的父亲司马喜所知最少。《太史公自序》仅言"喜为五大夫"。当代有些中外学人以五大夫为有爵无官的空衔①。这是与史实不符的。《汉书·百家公卿表上》的序文论爵制,五大夫是自下而上二十级中的第九级。颜师古注,第八级的"公乘"已"得乘公家之车",五大夫则"大夫之尊也"②。汉承秦制,秦灭六国前,曾不时以五大夫将兵出征。③ 司马喜之五大夫与武帝元朔六年(前123)卖"武功爵"中的五大夫是迥然不同的④。至于司马喜是否最初纳赀为郎、由郎升至五大夫,限于史料,无由得知。很可能他中年早逝,以致事迹无考。

事实上,司马谈最出名的先人是七世祖错和五世祖靳。司马错不但是名将,而且是敢于和张仪论辩政策,极有远见的政治家。为增强秦国的资源基础,他于公元前316年灭了具有"天府"潜力的蜀国——这是秦之终能征服六国的重要经济因素之一⑤。司马靳是歼灭赵国四十万大军的长平之役(前262—前260年)中的重要人物之一。他在此役之后三年与主帅白起一同"赐死"这一悲剧,似乎反映他当时的辉煌功绩和副帅身份⑥。

钩稽相关史事之后,我们有理由相信入秦的这支司马氏,无论仕文业武,自始即代表一种干练务实,忠于职守的优良家风。司马谈、迁两代太史治学之闳深淹贯,卓绝古今决非偶然。

《史记·太史公自序》明言司马谈"受《易》于杨何,习道论于黄子"。他青年时期的教育值得穷索,因对评价《史记》所保留的老子后裔世系有密切关系。《史记·儒林列传》:

---

① 李少雍:《司马迁传记文学论稿》,重庆出版社1987年版,页220;朴宰雨:《〈史记〉〈汉书〉比较研究》,中国文学出版社1994年版,页30。
② 《汉书》,页740。
③ 《史记·秦本纪》,页212—214。
④ 《史记·平准书》,页1423—1424。
⑤ 《史记·秦本纪》,页207。
⑥ 《史记·太史公自序》,页3286。

自鲁商瞿(子木)受《易》孔子,孔子卒,商瞿传《易》,六世至齐田何,字子庄,而汉兴。田何传东武人王同子仲,子仲传菑川人杨何,何以《易》元光元年(前134)征,官至中大夫。齐人即墨成以《易》至城阳相。广川人孟但以《易》为太子门大夫。鲁人周霸、莒人衡胡、临菑人主父偃皆以《易》至二千石。然要言《易》者本于杨何之家。

可见秦汉之际《易》的权威是田何,西汉文景之世《易》的权威是司马谈的老师杨何。《史记》虽称田何是齐人,其实"齐"是泛指六国时代齐国旧都临淄附近地区,田何与杨何事实上都是菑川人。由于入汉以后田何徙居杜陵,因号杜田生,"汉惠帝曾亲幸其庐受业"[1]。汉代最重师承,如汉初鲁《诗》权威申公,老年"退居家教,终身不出门……弟子自远方生受业者百余人"[2]。青年时代的司马谈非亲到菑川留学拜师,无法成为杨何的入室弟子。《汉书·艺文志》:"三年而通一艺",司马谈留学齐都,即使仅习《易》及道论也需要三几年时间,何况他自始即志在成为通才。

《史记》对司马谈习"道论"的黄子记载不详。我们只能肯定黄子就是景帝(前156—前141年)时曾与《诗》权威齐人辕固生在朝中辩论汤、武革命的性质的黄生。黄生的乡里虽无法确定,但当时黄、老道学的重心在齐是肯定无疑的。《史记·乐毅列传》保留了弥足珍贵的黄老学统。由于燕王的疑忌,乐毅本人及其子孙近亲都先后逃亡到赵国,皆"卒于赵"。秦灭赵后二十余年,汉高祖过赵访乐毅之后,封其孙乐卿为华成君。《史记》有特别的说明:

> 而乐氏之族有乐瑕公、乐臣公。赵且为秦所灭,亡之齐高密。乐臣公善修黄帝、老子之言,显闻于齐,称贤师。……乐臣公学黄帝、老子,其本师号曰河上丈人,不知其所出。河上丈人教安期生,安期生教毛翕公,毛翕公教乐瑕公,乐瑕公教乐臣公,乐臣公教盖公。盖公教于齐高密、胶西,为曹相国师。

《史记·曹相国世家》可供进一步参考:

---

[1] 《周易辞典》,页452,"田何"条。
[2] 《史记·儒林列传》,页3121。

> 孝惠帝元年(前194)除诸侯相国法,更以[曹]参为齐丞相。……[曹参]闻胶西有盖公,善治黄老言,使人厚币请之。既见盖公,盖公言治道贵清静而民自定,推此类具言之。参于是避正堂,舍盖公焉。其治要用黄老术,故相齐九年,齐国安集,大称贤相。

如此曲折、具体,详尽到每一世代大师的姓名、乡里的黄老学统决不会在汉初即入藏石室金匮,只有青年司马谈才能亲自获得于胶西盖公嫡传再传弟子的。这项史料来源之可靠性与权威性是古今中外罕有其匹的,因为它源自汉高祖过赵偶然的访问,终于黄老信徒曹参的政治践履。就本文本节而言,黄老道统最关键性的记述是秦汉之际重心自胶东高密西移至胶西。更重要的是胶西正好联系上《史记·老子列传》中孤零零,但又极具体的老子后裔世系,特别是老子八世孙李解"为胶西王卬太傅,因家于齐焉"这句结语。

《史记·汉兴以来诸侯王年表》列出文帝十五年(前165)从齐国分封出去的六个新国,其中两个毗邻的新国是菑川和胶西。菑川国都在国境极东部的剧县,而经济和文化发达的地区却西临淄水,与战国时期齐国故都临淄隔水相望。《周易辞典》以秦汉之际的菑川即今山东益都一带应该是接近事实的①。胶西国都是苑,非细读《水经注》"淄水"条不易鉴定是当时所谓的"西高苑"②。若以齐国古都临淄为圆心,东南的剧县和西北的高苑都在五六十公里半径之内。这个面积有限而很繁盛的区域在文、景之世不但是《易》和道论的中心,并可认为是新的稷下,全帝国第一学术重镇。授司马谈道论的黄子极可能就是此一地区的硕学之士。司马谈《易》学的老师杨何,在公元前134年被召至长安以前,一直在菑川讲学收徒。青年司马谈之所以能打下深厚的学术基础正是由于他能如西谚所云"躬饮于泉之源"。想象中,司马谈留学菑川期间,以周秦汉世宦之裔的身份,应有晋谒胶西王卬太傅李解当面聆教的机会,甚至有直接从李解获得李氏谱系的可能。即使李氏谱系不是直接获自李解,至少也应是得自当地盖公嫡传或再传弟子的。《史记》的老子后裔世谱理应是极珍贵第一手原始资料。

---

① 《周易辞典》,页454,"杨何"条。
② 王国维:《水经注校》,上海人民出版社1984年版,页785。谭其骧:《中国历史地图集》,第二册西汉,页29—30,高苑的地位是审慎的;惜山东部分图小,距离的估计是参照《中华人民共和国地图集》,页37—38的山东地图的。

如果笔者的推论——老子后裔世谱是司马谈青年留学临淄、胶西亲自获得的——并无大误,何以半个多世纪以后司马迁纂写《老子列传》的时候不但不能说明此项资料的来源,而且并列种种自我怀疑更令人迷惑的传说和奇想?这确是中国学术史上两千年来最难答复的问题。但我们仍然必须从两方面去理解:何以对老子后裔世系的资料来源司马谈必须长期保持缄默?何以即使父子之亲也无法保证学术传承定无自然和人为的梗塞?

二 司马迁的生年和青年时期教育

司马迁的生年是我国学术史上的一个重要年份,对本文本节的讨论更具有关键性的意义。但我们首先必须解释司马谈对老子后裔世系长期缄默之故。案景帝三年(前154)吴楚七国叛乱是西汉划时代的大事。叛乱的主谋是吴王濞,但胶西王卬实居第二领袖的地位,正月间已"诛汉吏两千石以下"。二月中,吴王兵既破,败走,于是天子制诏将军曰:"……今卬等又重逆无道,烧宗庙、卤御物,朕甚痛之。朕素服避正殿,将军其劝士大夫击反虏。击反虏者,深入多杀为功,斩首捕虏比三百石以上者皆杀之,无有所置。敢有议诏及不如诏者皆要(腰)斩。"①这是最严酷、牵涉最广的一次诛杀。负有辅导胶西王卬责任的太傅李解之遭族诛应是不辩的事实。凡与李解生前有过交往的人,为自全计,惟有讳莫如深。

当司马谈任太史令期间,先有主父偃那样专事刺探诸侯王以至儒臣如董仲舒等私隐冀兴大狱的阴谋家,继有赵禹、张汤那样酷急刻深、寻端穷治的执法大臣,和一系列阴鸷嗜杀如宁成、义纵、王温舒等酷吏型的太守。② 在张汤任廷尉和御史大夫备受武帝宠信的十一年间(前126—前115年),淮南、衡山、江都三王略有反烨即株连数万人之多;丞相李蔡有罪自杀,丞相庄青翟下狱死;自公元前119年初专缯钱,由于政府鼓励告密,未数年"商贾中家以上大率破[产]"。甚至以廉直闻于当世的大司农颜异,亦难免为张汤以"腹诽"之罪论死。是以张汤本人于公元前115年初有罪自杀,"而民不思之"③。在帝王专制不断深化的过程中,司马谈不得

---

① 《史记·吴王濞列传》,页3833—3834。
② 《史记·儒林列传》,页3128;《平津侯列传》,页2961—2962;《酷吏列传》全传。
③ 主要总结《汉书·武帝纪》及《史记·平准书》,页1430—1435。

不谨言慎行,对青年时代与李解的交往长期保持缄默。

至于司马谈、迁父子之间史料传承之所以不尽理想,我们必须先了解父子年龄差距之大。司马迁生年至今仍无定论,两种不同的说法皆源自《史记·太史公自序》中唐司马贞《索隐》和唐张守节《正义》的两则注解。《太史公自序》:

> [司马谈]卒三岁(前108)而迁为太史令,䌷史记石室金匮之书。五年而当太初元年十一月甲子朔旦冬至,天历始改,建于明堂,诸神受纪。

在"卒三岁而迁为太史令"句下,《索隐》引晋《博物志》:"太史令茂陵显武里大夫司马迁,年二十八,三年六月乙卯除,六百石。"这是标准的极可信的汉代公文格式。准此则司马迁应生于武帝建元六年(前135),司马谈卒于公元前110年时,司马迁二十六岁。本文估推司马谈生于公元前180年,司马迁出生时司马谈已年四十有六。"五年而当太初元年"句下,先有刘宋裴骃《集解》引李奇曰:"迁为太史后五年,适当于武帝太初元年,此时[始]述《史记》。"后又有张守节《正义》的注:"迁年四十二岁"[1]。如照张说推算司马迁应生于景帝后五年(前145),两说相差十年。在缺乏任何证据支持的条件下,王国维在他《太史公行年考》的长文里[2],自始即认为张守节正确,司马贞引《博物志》中"年二十八"之"二"必系"三"传钞之误。事实上对王说最简单、最直接、最有力的反驳就是司马迁晚岁《报任安书》中的陈述:"仆今不幸,蚤失二亲,无兄弟之亲,独身孤立"[3]。《礼记·曲礼上》:"三十曰壮,……四十曰强"。如果父丧于本人三十六岁由壮而强之龄,绝对无法解为

---

[1] 《史记·太史公自序》,页3296,注(一)与(四)。
[2] 据郑鹤声《司马迁年谱》,商务印书馆1956年重版序文及书末附文,王氏长文本为专刊,名为《太史公系年考略》,刊于《广仓学窘丛书》,1921年改名收入《观堂集林》,第十一卷。本文所据是《王国维遗书》,上海古籍书店1983年影印本,第三册。卷、页数与原版《集林》同。袁传璋:《从书体演变角度论〈索隐〉、〈正义〉的十年之差——兼论司马迁生于武帝建元六年说补证》,《大陆杂志》,第九十卷第四期(1995年4月15日),对版本及书体演变研究功力深至。页7结语:"张守节《正义》唐写本原来当作:'案迁年卅二岁。'宋人据唐写本汇刻《史记》三家注时,将'卅'(三十)误认作'世'字。然而'迁年世二岁'又于义不通,遂猜度'世'字成为读音相近的'四'字之讹,于是径将《正义》訾改为'案迁年四二岁',进而按宋时书写程式分解作'案迁年四十二岁'。这样一来,就铸成了今本《史记》的《正义》案语与《索隐》所引《博物志》之间'十年之差'的大错。"
[3] 《汉书·司马迁传》,页2733。早在五十年代中,郭沫若已根据"早失二亲",撰有短文《太史公行年考"有问题"》,《历史研究》,1955年第6期。

"早失"。司马迁是独子这一事实,大有裨于了解司马谈封他青年时代教育筹划之备极用心。

本世纪举世汉学界皆对静安先生考证的精核极为敬仰,一般都接受其说,甚至集体点校、由中华书局出版的《史记》序文,都采取司马迁生于公元前145年之说。海外汉学界亦无不如此。王文所涉甚广,本文本节只宜以公元前135年为坐标,在字字忠实于《太史公自序》的考证过程中,顺便指出静安先生歪曲夺理之处。《太史公自序》:

> 迁生龙门,耕牧河山之阳。年十岁则诵古文。二十而南游江、淮,上会稽,探禹穴,窥九疑,浮于沅、湘;北涉汶、泗,讲业齐、鲁之都,观孔子之遗风,乡射邹、峄;厄困鄱、薛、彭城,过梁、楚以归。于是迁仕为郎中,奉使西征巴、蜀以南,南略邛、笮、昆明,还报命。是岁天子始建汉家之封,而太史公留滞周南,不得与从事,故发愤且卒。而子迁适使反,见父于河洛之间。太史公执迁手而泣曰:……

王国维系年虽有问题,他认为司马迁十岁时已"随父在京师,故得诵古文矣"。并谓"自是以前必已就闾里书师受小学书,故十岁而能诵古文"。阐释甚为精当。《自序》中自十岁至二十岁而南游江淮这一段完全是空白,但这十年无疑义是司马迁一生学术奠基最关键的十年。想象中司马谈除了亲自讲授,为早慧的独子精心拟出一个博大闳深的长期课业计划之外,并介绍司马迁向京师权威的学者不时请教。京师权威学人之名之见于《太史公自序》及《史记》、《汉书》之《儒林》等传者有天文历算家唐都、董仲舒和孔安国。

唐都长期在长安,司马谈留学齐都返关中后曾"学天官于唐都"。司马迁除从父亲可学天官之外,很有向唐都随时请教的机会。王国维深信史迁生于公元前145年主因之一是若不如此,司马迁年纪过小恐怕赶不及向董、孔等大师求教,特别是有鉴于《史记·孔子世家》的记事:"安国为今皇帝[武帝]博士,至临淮太守,蚤卒。安国生卬、卬生驩。"汉代儒林中人生平大事很少有具体的年份可凭;为满足自己的好奇心,笔者累月翻检核对,终于得出董仲舒、孔安国生平大事的年份。现仍健在的衍圣公孔德成私藏的《孔子世家谱》:"安国,字子国。明达渊博,动遵礼法。少学诗于申培公,受《尚书》于伏生,以文学政事名。年四十为谏大夫。"①案《汉书·百官公卿表上》"武帝元狩五年(前118)初置谏大夫,秩比八百石"。阎若璩《古文尚书疏证》认为"盖初置此官,而安国即为之"应是合理的推断②。准此,则孔安国应生于文帝最后一年(前157),少司马谈二十三岁,长司马迁二十二岁。再《孔子世家谱》记有武帝元朔二年(前127)孔臧奏辞御史大夫之语:"臣世以经学为业……从弟侍中安国受诏缀集古义,臣乞为太常,典臣家业,与安国纪纲古训,使永垂后嗣。从之。"③准此,则孔安国至晚在元朔二年已由博士加官侍中,于公元前118年充任谏大夫。《汉书·地理志下》,临淮郡武帝元狩六年(前117)置,孔安国此年始离长安就任临淮太守。所以司马迁"年十岁则诵古文"到年二十而南游的十年间(前126—前116年)能有充分机会师从孔安国,获得专业水平解读古文《尚书》的能力。

为了一劳永逸,我们还有必要圆满答复王国维提出的有关孔安国的两个问题。一是安国"早卒"。案孔子之子鲤,先孔子死,两千余年来学人都认为孔鲤早卒,但他死时年已五十。孔安国如享年未及半百,大约当卒于司马迁初为太史令(前108)的前后,当然可认为是"早卒"。再则安国学术、事功渐臻顶峰之际④,遽而中逝,从惋惜的观点更可称为"早卒"。王国维关于孔安国最后一个疑问——何以安国之子、孙之名如此之速已见于《史记·孔子世家》?《孔子世家谱》对此亦有圆满解答。孔子九世孙孔鲋之弟"腾,字子襄,身长九尺六寸,通经博学。汉高祖十二年(前195)如鲁祀先圣,封为奉嗣君,奉先圣祀。惠帝征为博士,迁长沙太守,年五十七卒"⑤。孔腾之字子襄见于《史记·孔子世家》,是安国的曾祖。"奉嗣君"是后代衍圣公制度的滥觞,此后"奉嗣君"直系男婴出生必须呈报朝廷备案。孔安国如充临淮太守一两年即卒于官,时年四十二三,抱孙本非全不可能;即使嫡孙身后出生,史迁出于师生之谊亦可据档册录入《孔子世家》,原不足怪。

一代儒宗董仲舒生平大事系年,两千年来,众说纷纭,迄今仍无定论。待刊拙作《董仲舒宦业系年考辨》中有详细论证。简而言之,《汉书》董传及《资治通鉴》

---

① 《孔子世家谱》,台北"中央"图书馆影制,卷3,页8上。
② 阎若璩原文征引于卢南桥:《论司马迁及其历史编纂学》,《文史哲》1955年第11期,页2047,长注3。
③ 《孔子世家谱》,卷3,页7下。
④ 按《史记·孔子世家》,孔安国卒于临淮太守任上。武帝期间,儒臣出任太守,如内调,照例可位列九卿。孔安国的"早卒"当然令人惋惜。
⑤ 《孔子世家谱》,卷3,页8上。

皆误系董氏所对天人三策于武帝建元元年(前140),而事实上对策应在元光元年(前134),"对既毕,天子以仲舒为江都相"①。江都王刘非,谥易,卒于公元前128年,董仲舒即内调为中大夫,"掌论议",备顾问。甫至长安即险遭主父偃陷害;因言灾异,"当死",蒙"诏释",虽"中废",仍留充中大夫②。公孙弘为丞相(前124)后始计出仲舒为胶西国相。由于学术及操守方面互相器重,董仲舒与司马谈同仕长安期间不时过从,早慧的司马迁得缘亲聆两位鸿儒畅论经史,阐析《春秋》应系情理中事。《太史公自序》答上大夫壶遂:"余闻董生曰……"应有事实根据。全部《史记》凡言及《春秋》,无不取义于《公羊》,仅采史于《左氏》,更反映司马迁自幼至老治《春秋》受董仲舒影响之深③。

司马谈为爱子教育用心之苦是古今罕匹的。除以十年心血讲授督导之外,他不惜动用为数可观的家资实现司马迁寻访天下名胜古迹的远游计划;因此为实践广义的人文教育做了示范工作——读万卷书之外,还须行万里路。这种博闻益智的远游既可作为长期整合古今工作的初步体验,又可作为观察国情民隐、培养阅世知人能力的直捷良方。真不愧是理想的入仕准备。细读《自序》所列行程,特别是包括"讲业齐鲁之都",恐怕此次远游并非一年之内所能完成。本文主旨在评估《史记》的史料价值,我们只宜深探"讲业齐鲁之都"期间的史料收获。

梁启超曾指出:"昔司马迁作《孔子世家》,自言'适鲁,观仲尼庙堂车服礼器,诸生以时习礼其家,低徊留之不能去焉'。作史者能多求根据于此等目睹之事物,史之最上乘也"。④ 任公先生所论极是,但他尚未进一步推断司马迁在鲁国故都讲业期间最重要的文献收获是后来编入《史记·鲁周公世家》中的历代鲁君世系和在位年代。此传之中,除了伯禽初封为鲁侯之年份无考之外,其余自第二世鲁侯考公以降全部在位年代具备,而且内中有关键性的"真公十四年,周厉王无道,出奔彘,共和行政"一语,贯通了西周和鲁国的年代。此年(前841)迄今仍是我国最早

---

① 《汉书·董仲舒传》,页2523。
② 《史记·十二诸侯年表》序文最后一句"上大夫董仲舒推《春秋》义,颇著文焉",称董为"上大夫",或因曾两度为国相,秩高,可泛称为"上大夫"。
③ 请参考阮芝生:《论史记中的孔子与春秋》,《台大历史学报》,总第23期,1999年6月号。阮文功力深至,资料分析极为详尽。
④ 《中国历史研究法》,第四章,"说史料",页59—60。

的绝对年代。按《鲁周公世家》积年,考公元年应为公元前 998 年,按《史记·十二诸侯年表》应为公元前 997 年,上距古本《竹书纪年》武王伐纣(前 1027)仅 29 或 30 年。《竹书纪年》原为记载夏、商、西周、春秋、战国时期的魏国史事年代之书,记事止于魏襄王二十年(前 229),埋藏地下五百余年,至西晋始重现人间,但不幸又佚失于宋代,残阙经过辑校的版本已是研究古史年代的至宝。而《鲁周公世家》除伯禽一世外,保有完整的两周历世鲁君的年代。这部免于秦火的鲁国"纪年"正是考核以魏为主的《竹书纪年》的绝好资料。在考订武王伐纣的绝对年份的工作中,《鲁周公世家》史料价值之高是显而易见的。

此外,司马迁自阙里还获得后来编入《史记·仲尼弟子列传》的原始资料。此传中仲尼弟子之记有具体年龄者共 22 人。内中子路"少孔子九岁"为最长,公孙龙"少孔子五十三岁"为最幼。司马迁还特别说明,"自子石(公孙龙)以右三十五人,颇有年、名及受业闻见于书传,其四十有二人;无年及不见书传者纪于左"。这不仅显示出史迁对资料来源分类的异常谨慎,全部存真,而且反映当时鲁故都和阙里确保存有他处所无的旧文献。

以上对《鲁周公世家》和《仲尼弟子列传》史料来源的检讨,不正好平行反映《史记·儒林列传》、《老子韩非列传》等卷中所保留下来的六艺传承学统,特别是备极曲折的黄老学统和老子后裔世系,都是青年司马谈讲业齐都期间所亲闻亲记的、价值极高的原始史料吗?

司马迁的万里远游一方面象征少青年教育的圆满结束,一方面是为入仕的准备。自 21 岁(前 115)南游归来,至 26 岁(前 110)春间父亲之死于病愤这五整年,是决定司马迁一生职守和使命的关键。此五年间《自序》叙事有条不紊,而王国维在《太史公行年考》文中对这五年的处理却暴露出一系列致命的弱点。"致命"的原因是:他在长文的开头虽可主观强以公元前 145 年为史迁生年,但对《自序》中南游的年岁(二十岁)和司马谈的卒年(前 110)不能抛弃不顾,所以无论如何支吾曲解也无法将《自序》中五年间川流湍急的具体纪事拖缓拉长到 15 年①。他在"元鼎元年(前 116)乙丑三十岁"条下"案《自序》云:'于是迁仕为郎中',其年无考,大

---

① 《观堂集林》,卷十一全卷皆《太史公行年考》。由于非把司马迁《自序》:"二十而南游江淮……"上移十年,移到元朔三年(前 126),所以此后十五年间(前 126—前 111 年)完全列不出司马迁逐年的具体事件和活动。内中有十年连年份都不列,完全是空白;有三年讨论的对象不是司马迁各该年份的具体活动,而是司马迁一生足迹所至诸地和朝廷筹备封禅前夕仪节的讨论。

抵在元朔、元鼎间（前128—前116年），其何自为郎亦不可考"。其实，王国维此处故意布出疑云，司马迁初仕为郎中的精确年份虽不可知，但肯定在南游结束（前115或前114）之后，以"随军史家"身份参加远征西南夷（前111）之前①。至于"其何自为郎中"，《汉书·儒林传》元光五年（前130）公孙弘再度被征时的对策就是明确的答复："太常择民年十八以上仪状端正者，补博士弟子。郡国县官有好文学、敬长上、肃政教、顺乡里、出入不悖，所闻，令相长丞上属所二千石。二千石谨察可者，常与计偕，诣太常，得受业如弟子。一岁皆辄课，能通一艺以上，补文学掌故缺，其高第可以为郎中，太常藉奏。即有秀才异等，辄以名闻。……制曰：'可'。自此以来，公卿大夫士更彬彬多文学之士矣。"②以司马迁的早慧奋学，聪颖博洽，取高第为郎中实意中事。

《自序》出征西南夷"还报命"已是元封元年（前110）春了。《自序》中这段至性至情父子永别的纪事纪言，就是仅就学术史观点也值得全部征引：

> 是岁天子始建汉家之封，而太史公留滞周南，不得与从事，故发愤且卒。而子迁适使反，见父于河洛之间。太史公执迁手而泣曰："余先周室之太史也，自上世尝显功名于虞夏，典天官事。后世中衰，绝于予乎？汝复为太史，则续吾祖矣。今天子接千岁之统，封泰山，而余不得从行，是命也夫，命也夫！余死，汝必为太史；为太史，无忘吾所欲论者矣。且夫孝始于事亲，中于事君，终于立身。扬名于后世，以显父母，此孝之大者。夫天下称诵周公，言其能论歌文武之德，宣周邵之风，达太王王季之思虑，爰及公刘，以尊后稷也。幽厉之后，王道缺，礼乐衰，孔子修旧起废，论《诗》、《书》，作《春秋》，则学者至今则之。自获麟以来四百有余岁，而诸侯相兼，史记放绝。今汉兴，海内一统，明主贤君忠臣死义之士，余为太史而弗论载，废天下之史文，余甚惧焉，汝其念哉"！迁俯首流涕曰："小子不敏，请悉论先人所次旧闻，

---

① 笔者对司马迁"随军史家"身份的揣想，不是全无根据的。梁启超：《中国历史研究法》，页159—160特别提出《史记·西南夷列传》能"对于极复杂之西南民族……以极简洁之笔法，将其脉络提清，表示其位置所在，与夫社会组织之大别，及其形势之强弱"，认为这是"记述之最好模范"。

② 《汉书·儒林传》，页3594—3596。

弗敢阙。"①

以上的引文要点有三。一、司马谈"所欲论者"的是一部通史。二、通史中最须着力处是"自获麟以来四百有余岁"的近古和当代史。三、"先人所次旧闻"虽可泛指历代先贤之作，重心实指司马谈业经撰就的篇章、传闻剳记和毕生搜集的古今史料，包括青年时期获自胶西的老子后裔世系。

本文择要考订司马迁的生年，不厌其烦地重建他青少年教育、南游、初仕、出征、喘返河洛、泣聆父训，目的是为了说明在宝贵而短暂的二十五年中，司马谈为早慧的独子精心所拟广义人文教育的纲目里，实在安插不进一条孤零零、个别底注性的原始史料。何况吴楚七国乱平之后，种种政治顾忌使司马谈对此条原始资料来源不得不讳莫如深？更何况司马迁英年入仕事业前景本富弹性，司马谈直到临终之际才悲愤地道出"余死，汝必为太史"的遗嘱？匆匆立此遗嘱之际又怎能顾到一生所搜史料之中有若干种是需要亲向儿子交待原委的呢？这些事实和因素都有助于了解何以若干年后，司马迁遵父遗嘱着手纂撰《史记·老子韩非列传》的时候，对李解先世谱系来源已模糊不清，只好遵循史家"信则传信，疑则传疑"的原则，与先秦有关老聃的种种传说异闻一并为后世保留在《老子韩非列传》之中。

三 老子其人及其年代

本节首先推估老子的生年，鉴定他就是周太史儋，然后试探所推结果能否符合大多数学人所接受的先秦思想流派年表。推算仍本第一节所用的原则，每两代相隔三十年。姑假定老子李耳八世孙李解于胶西开国时间（前165）年三十五，则其生年应在公元前200年左右。上溯八代，老子生年应在公元前440年左右。这个

---

① 《观堂集林》，卷十一，页6上，元封元年条："适史公使反，遂遇父于河洛之间也。史公见父后，复从封泰山，故《封禅书》曰：'余从巡祭天地诸神名山川而封禅焉。'"此中错误最足以反映王氏全文考证之失误。试想：此年春司马迁从西南夷地区赶回河洛，父亲病愤而死，料理丧事，交代公事还来不及，如何可能"复封泰山"？再则是年夏四月武帝已经封禅泰山，正值司马迁料理父丧，更何况司马迁当时只是郎中，要三年后（前108）才被任命为太史令，一个普通郎中怎能有参加封禅的权利和机会？《封禅书》卷末的"太史公曰：'余从……而封禅焉'"是综述他一生曾经参加过封禅大典，决不是指公元前110年首次的封禅。司马迁首度参加的是元封五年（前104）春及夏初的泰山封禅。王静安先生一生学术大醇之中，《太史公行年考》一文是唯一"大疵"，本世纪内积累的负面影响深远。举世中国学界应该对此文作一严肃的再思考。

推估结果可与《史记》同传另项陈述发生联系：

> 自孔子死之后百二十九年，而史记周太史儋见秦献公曰："始秦与周合，合五百岁而离，离七十岁而霸王出焉。"或曰儋即老子，或曰非也，世莫知其然否。老子，隐君子也。

这项记事对考订老子其人及其时代甚富参考价值，应该详加研讨。一、与《史记·老子列传》中其他传闻异说迥然不同，这是见于秦国档册的记录。二、毕沅（1730—1797年）根据《说文》、《山海经》、《吕氏春秋》和《淮南子》证明"儋"、"瞻"、"聃"、"耽"音义皆同，都与下垂之耳有关，因此断定太史儋就是老子[①]。他的文章推理不够全面，但沟通同字异形确是一个贡献。三、上引"自孔子死后百二十九年"可能是司马迁仓促误读手边一项简牍而推错的[②]；事实上《史记》的《周本纪》、《秦本纪》和《封禅书》互核即可肯定太史儋见秦献公是在献公十一年（前374），上距孔子之卒一百零六年。这个确凿的年份具有抛锚定位的作用。四、如果老子和太史儋确是一人，那么他见秦献公时年六十六、六十七岁。即使把老子生年上下各伸缩十年，他过访秦国时年在五十六与七十六之间也还是在情理之内的。五、"周太史儋"这个称谓也非常符合《史记·老子列传》开头"老子者，……周守藏室之史也"这项陈述。道家源于史官，最早在《庄子·天下篇》中已经得到暗示。《庄子》一书虽寓言什九，《天下篇》却一向被公认为先秦最早、最有系统、最严肃、最权威的思想史。此篇总序开头就提出在未分裂成"百家"之前，最高的学问是"无乎不在……圣有所生，王有所成，皆原于一"的"道术"。即使"百家"已"散于天下"，古之"道术"以及"诗书礼乐"、"百家之学"于"旧法世传之史，尚多有之"。这个综述虽然在表达方式上有点绕弯，实际上不啻说明"道术"，甚至所有的"百家之学"，无一不与官方学术和文献的主要库藏——广义的"史"——有渊源关系。班固去古未远，在《汉书·艺文志》中即明白申述："道家者流盖出于史官，历记成

[①] 引在《古史辨》，第六册，罗根泽《自序》，页6。
[②] 《史记·秦本纪》，页201："献公……四年正月庚寅孝公生。十一年，周太史儋见献公曰……"。按：古代简牍无标点，记事文事项未完不另行。史迁匆匆翻检时，本注所引原文，如不标点，很容易误看为孝公十一年，周公史儋访秦。孝公十一年系公元前351年，上距孔子之卒正一百二十九年。但《周本纪》、《秦本纪》正文所记与《封禅书》积年所得，都证明周太史儋访秦是在公元前374年。页159、201、1364—1365。

败存亡祸福,古今之道,此君人南面之术也"。鉴于疑古之风未泯,李学勤先生根据长期研究经验对班固的看法做出深刻的肯定:"班固所讲道家出自史官,不仅是由于老子为周柱下史。我们看金文中的西周史官,如史墙盘的史墙,在铭文里历数文武成康昭穆列王事迹以及本人父祖各代的德行,可知史官确是'历记成败存亡祸福,古今之道'的。有的史官鉴于历史和人生经验,得出以谦卑柔弱来固守统治地位的哲学原则,而老子即其集大成者。"①

综合以上的分析和讨论,所有的线索似乎都指向同一结论——老子,姓李名耳字聃,就是周太史儋,约生于公元前440年左右。兹将本文所估老子的生年列入张岱年先生所撰,至今仍极有用的,可与老子参比先后的若干思想家的"疑年简表"②,以备今后哲学史家进一步权衡批判的参考。下表对张先生的疑年表略有增损修改,凡哲人有确实生卒年份者标明其确切年代,无生卒年份者或列其主要学术活动的上下限,或只列其一生记有具体年份的纪事。

老子前后哲人年代简表

孙　武	《孙子兵法》撰就于公元前512年,不仅为我国现存最早之私人著述,其辩证法思维对老子甚有影响
孔　子	(前551—前479年)
墨　子	(约前480—前400年)
老　子	(约前440—前360年)
列　子	(约与老子同时)③
申不害	(前355—前341年,相韩)
孟　子	(前371—前289年)
慎　到	(约前360年生;前284年乐毅克齐都临淄时或已卒,或已离稷下。)④
庄　子	(约前355—前275年)

---

① 余明光:《黄帝四经与黄老思想》,黑龙江人民出版社1989年版,李学勤《序》,页2。
② 原表见张岱年:《张岱年全集》,第一册,《关于老子年代的一假定》,河北人民出版社1996年版,页17。
③ 《史记·郑世家》,页1776,缪公"二十五年(前398)杀其相子阳"。据《列子·说符篇》:"子列子穷,容貌有饥色"。子阳为郑卿曾赠粮而遭列子之拒。长段引文见古棣、周英:《老子通》下部,页809—810。列子其人、其书当然尚须详考。
④ 慎到年代取自 P. M. Thompson, *The Shen Tzu Fragments*. Oxford University Press,1979,pp.130—131。

四　结　语

　　本文对老子年代推估的结果，似乎与大多数中国哲学及思想史家意见相当高度地符合。前此单独根据所谓的"思想线索"或"文字文体"或"时代术语"三个角度之一，以求证老子其人其书不得早于战国初期者，虽不能使人完全信服，而且有时还受到有理有据的反击，但我们如综合三个角度的辩证，再加上本文对老子其人史料来源的穷溯与评价，老子早于孔子的少数意见就更难成立了。为避免重复，本文开头完全不谈孔子适周问礼老聃说之无稽[1]，在此结论中无妨补充一项最根本的理由。《左传》昭公二年（前540）春记有晋国正卿韩宣子（起）聘鲁，"观书于大史氏，见《易》、《象》与《鲁春秋》，曰：'周礼尽在鲁矣。'"这句名言决非虚语，因鲁侯是周公之后，伯禽初封即世世享有天子之礼乐。《礼记·明堂位》说明"凡四代（虞、夏、商、周）之服、器、官，鲁兼用之。是故鲁王礼也，天下传之久矣"[2]。周室东迁之后，鲁国不但成为宗周礼乐文化的嫡传，而且是列国菁英观光问礼的第一对象。吴国著名的公子季札就是最权威的见证人。他于公元前544年聘访列国，只有在鲁国才能听到各邦国的乐歌，并看到武王伐纣后的"大武"、夏代"大夏"、虞舜"韶箾"等远古的舞蹈。对这一切他不禁大加赞叹："观止矣！"他续聘郑、卫、晋等国而独不及王室所在的周[3]。主张老子早于孔子的论著中实无任何一项值得认真考虑的史料。

　　诚然，历史考证与科学理论及试验性质迥然不同。历史考证不能像科学那样可以一再由试验中证实，而且不得不接受史料中所呈现的时间、空间、人事因缘方面的约限，只能在多维的约限之中用理智去臆度。本文与前此考证老子之作不同之处是对史料来源追溯评价的尽心和推测司马谈、迁父子史料传承之间的生物、政治、人事等障碍的认真。因此，本文的结论不是单一线索的推衍，而是由钩稽史料所获四个独立抛锚点全盘推理得出来的。这四个抛锚点重述如下：

　　（1）卒于公元前110年的司马谈大约生于公元前180年左右；留学齐都不外

---

[1]　驳斥孔子适周最切实的讨论是钱穆：《先秦诸子系年考辨》，香港大学出版社1956年增订版，卷一，页4—8，《孔子与南宫敬叔适周问礼老子辨》。

[2]　《礼记注疏》，《十三经注疏》本，台北影印，页1492。关于东周王室礼乐传统远不及鲁国完备，可参阅杨朝明：《鲁国礼乐传统研究》，《历史研究》1995年第3期。

[3]　详《左传·襄公二十九年》，杨伯峻编著：《春秋左传注》，第三册，页1161—1167。

青年时期(前165—前155年)中的三、四年。

(2)老子李耳八世孙李解为胶西王卬太傅(前165—前154年)。

(3)人事因缘的地理定位:菑川、胶西。

(4)周太史儋见秦献公(前374)。

以上四个独立的抛锚点中,只有司马谈的生年是根据祖谱估计的,但也是暗中参照了他确知的卒年和他充任太史令三十年(前140—前110年)这项重要事实,所以错估的可能幅度不会很大。他的青年时期即使上下伸缩几年,也不致影响到他与李解结识的机缘。其余三个抛锚点都丝毫不用另估,全是"绝对"的。希望从四个抛锚点聚合而得出的结论,能有助于消融我国哲学、思想、学术史上迄今仍是最大的疑惑。

五 补充意见

此文问世以来,个人的反思和几位学人友好的反应,使我觉得有提出以下几点补充意见的必要。

(1)首先应该进一步讨论的是,本文结语中的四个抛锚点需分成两组:前三点在时、空、人事因缘上是互相依存、胶结成为一体的;而第四点是孤立的,与前三点在史料上没有直接的联系。如果本文的结论有需修正的话,那就是太史儋过秦的年份与本文所估老子年代及《史记》所述"老子者,……姓李氏、名耳、字聃、周守藏室之史也"大体都相符合。从严格的逻辑着眼,我们只能说太史儋很可能是老子,但不能铁定他必是老子。但这并不影响本文的功用,因为老子年代是先秦思想史上最关键的问题,而太史儋是否就是老子是次要的问题。

(2)已故徐复观先生和若干位健在的学人深信老聃确有其人,而且略早于孔子。他们重要根据之一是《史记》老子后裔世谱中"玄孙"一词的解释。为读者方便,有再引《史记》原文的必要:

老子之子名宗,宗为魏将,封于段干。宗之子注,注子宫,宫玄孙假,假仕于汉文帝。而假之子解为胶西王卬太傅,因家于齐焉。

他们引王引之《经义述闻》,"玄孙"可作"远孙"解。这正如卜辞中的"高祖王亥"

止能作"远祖"解,因为亥决不止是成汤四代前的祖先。玄孙如果真作远孙解,那么《史记》老子后裔世谱就不限于九世(连老子本人在内),就可更望上推几代,直推到老子略早于孔子了。可是这一学派忽视了《史记》老子后裔世谱中最具体而又最强有力的反证:"老子之子名宗,宗为魏将。"公元前453年韩、赵、魏共灭智伯,三分晋国领土,公元前403年韩、赵、魏始列为诸侯。所以这个"魏"字正卡住瓶颈,使老子无法上推。

(3) 两代相隔年岁应如何估计

本文特约的一位评者的反应:"如果说我对大文钦服之余,还有一点小小的疑问的话,那就是大文以30年一世代作为推算原则,这对于特定的某家族的推算也可能不完全准确。如果能把这一原则的界定弄得更松宽一些,并说明允许有某些出格和例外的话,将更使大文立于不败之地。"我非常重视并感谢这个建议。事实上我本来觉得通常以25年为一平均世代是很合理的;我文中之所以以30年为一世代,原因有三:一、《史记·孔子世家》自孔子至孔安国十二代的确平均两代之间相隔30年(29·4年)。二、如果采取25年为一世代的话,老子的年代就会推得更晚,绝不会更早。他的生年就要从公元前440年左右下移到公元前400年左右了。三、我很尊重司马谈对黄老学派源流传承的陈述和案语。例如《史记·老子列传》中附及申不害:"申子之学本于黄老而主刑名。……"申不害于公元前355—前341年任韩相十五年,"内修政教,外应诸侯,……国治兵强,无侵韩者。"老子生年如真晚到公元前400年左右,他的学说是否能在早年即已形成并业已相当广泛流传到青壮年的申不害,便很成问题。我数十年来内心总认为申不害相韩是老子学说形成及初期传播较可靠的下限。总之,无论如何"弹性"地以《史记》老子后裔世谱推估老子的生年,结果只会晚于公元前440年左右,不大可能向上推得更早。

(4) 老子之泽九世而斩的论定

与本文息息相关的另一长期迷惑亦需试求解答。案:哲学思想方面,《老》、《庄》为魏晋玄学之所本,无待多言。宗教方面,老子自始即被东汉后期所建立的道教奉为至上之神"太上老君",《道德经》即被奉为最主要经典。政治方面,老子不但被北魏君主所尊崇,更为李唐皇朝奉为直系远祖,封为"太上玄元皇帝"。北宋真宗、徽宗等帝对老子的尊崇不亚李唐。老子既在思想、宗教、政治等方面享有如此崇高的地位,何以自司马迁以后从未有任何官方文献及私人著述言及老子后裔这一长期困惑?事实上,奉李耳为远祖的李唐皇朝曾一再为访求老子后裔做出最大的努力。高宗乾封元年(666)"……次亳州,幸老君庙,追号曰太上玄元皇帝……县内宗姓特给复一年。"高宗仪凤三年(678)令男女道士隶宗正寺,班在诸王之次,作为宗室看待。玄宗开元二十五年(737)重申道士、女冠隶宗正寺,享受宗室待遇的敕令。① 这种制度上极不寻常的措施正是老子真正的后裔久已不复存在的最有力的旁证。最直接的证据仍是《史记·老子列传》:"[李]解为胶西王卬太傅,因家于齐焉"原语。最后一句尤其耐人寻味,若非青年司马谈确曾晋谒李解并有问学私谊,决不可能知道、亦无必要特别说明"因家于齐焉"。公元前154年春吴楚七国叛乱尚未敉平之际,景帝已制诏将军对胶西王卬的臣属"深入多杀为功,斩首捕虏比三百石以上者皆杀之,无有所置。敢有议诏及不如诏者皆要斩"。太傅李解及其家属焉能幸免?! 汉唐八百年间有关史料的结合不啻明示后世:老子之泽,九世而斩! 所以从任何维度去评估,青年司马谈亲获于齐都的老子后裔世谱的史料价值都是可以得到肯定的。

(5)汉武帝最严重的过失

汉武帝这位雄才大略的民族英雄有他非常严重的过失:为了增强皇帝的专制和实现个人许多不同的欲望,他不惜利用一系列"鹰犬"式中央和州郡的"酷吏"和种种严刑峻法制造恐怖。笔者今后研撰对象之一是显示汉武帝是大批冤、假、错案的始作俑者。这个事实与本文结论很有关系。

笔者1942年自昆明迟迟赴天津奔父丧,读到小学期间冬假家里额外的课业小册,尤其是读了父亲封面所提浅短的诗("不是新年不汝宽,当今学业贵精专。陶公且把分阴惜,今比陶公百倍难。")泪流不可遏止。1971年秋重访祖国,1974年夏赴津门扫墓,问及那本冬假作业小册和童稚之年的五六张照片,家妹回答,"文化大革命"期间,人人胆寒,所有可以构成海外关系的片纸只字都不得不付之一炬。

直接间接有过"文化大革命"经验者,应该不再难于体会司马谈、迁父子之间学术传承偶或不免梗塞之故了。

(本文原为香港中文大学逸夫书院2000—2001邵逸夫爵士杰出访问学人讲座所撰,择要宣读于2000年1月13日。全文后刊于《燕京学报》,新九期,2000年11月号,随即再由逸夫书院印成专册问世。)

---

① 详见卿希泰主编:《中国道教史》第二卷,四川人民出版社1996年版,特别是页58及页102。

第 二 篇

帛书《老子》考释

第 三 章
帛书《老子》的篇名与篇次

帛书《老子》的篇次与今本《老子》正相反,似乎把《道德经》变为《德道经》了。过去学术界大致有三种看法:一是认为帛书《老子》的篇次才是"原始道家古本的原型"①。再一种看法正相反,认为帛书《老子》的篇次可能是竹书排放与抄写之误②,或者说"先德后道,始写经者偶然之例"③。第三种认为战国时期既有德上道下之传本,亦有道上德下之传本④。粗看孰上孰下无关紧要,小事一桩。其实这对于《老子》来说却至关重要。因为它涉及老子说教的出发点、中心思想和结论。或者说,欲弄清《老子》之主题,恢复掩盖已久的老子的许多思想,这是个必须首先要弄清楚的问题。

---

① 日本学者波多野太郎认为:"老子甲乙两本的体裁""跟(一)《道藏·道德真经集解序说》、《混元圣纪》所引刘向的《七略》;(二)《史记·老子传》;(三)《汉书·扬雄传》所引桓谭的话;(四)《函谷关铭》(《艺文类聚》);(五)《老子铭》(《隶释》)等书的记载恰好吻合,大抵分做二篇就是老子古本的体裁"(《明报月刊》1976年4月第112期)。因此胡适早在1934年就已经怀疑今本《老子》篇次"为后人颠倒更置者乎?"是事出有因的(《道家文化研究》第二十辑,《胡适与道家》)。
② 严灵峰先生认为:"'道'、'德'两篇何以上下颠倒,兹暂作如后假定……可能竹书存放的次序由右而左,而传抄者却由左而右顺序取出抄写,所以……上下次序遂颠倒矣。盖原本老子仍系'道篇'在前为'上'篇,'德篇'在后为'下'篇也"(《马王堆帛书老子试探》,河洛图书出版社出版,第11—12页)。
③ 饶宗颐:《书〈马王堆老子〉写本后》。见《道家文化研究》第三辑。详见本章下文所引。
④ 高亨等人认为:"从先秦古籍的有关记载来看,《老子》传本在战国时期可能就已有两种:一种是《道经》在前,《德经》在后,这当是道家的传本。……另一种是《德经》在前,《道经》在后,这当是法家传本。"根据是韩非子的《解老》、《喻老》……(《试谈马王堆汉墓帛书老子》,见《文物》1974年第11期)

一、名不副实的篇名

《史记·老子韩非列传》有这样的话:

老子修道德,其学以自隐无名为务。居周久之,乃遂去。至关,关令尹喜曰:"子将隐矣,强为我著书。"于是老子乃著书上下篇,言道德之意五千余言而去,莫知其所终。

可见用"道德"二字来代表《老子》这部书,是名实相符的。而用"道"、"德"或"道经"、"德经"来命名上下篇,则名不副实。至多,它只是个记号。如果进而用这种名实不符的篇名来推定孰为上下篇,那就大错了。

判定"道"上"德"下是古本《老子》原型的主要理由是:"道主德从",道乃第一位的,道派生德,"老子修道德,而非老子修德道,岂有反以德居前之理?"对于这一点,可以说没有丝毫分歧。问题出在哪里呢?看来就在害人不浅的篇名上。

所谓道篇、德篇,并不是通篇皆论道,或通篇皆论德。实际上两个篇既有论道的,也有论德的。对此,古人早已明确指出了:

道德混说,无上下篇。
夫道德连体,不可偏举。
道中有德,德中有道。(《道藏》、《道德真经直解·叙事》、《道德真经论·卷一》、《道德真经疏义》)

《老子》一书,"道"字共出现在 36 个章里,凡 72 次。"德"篇、"道"篇各有 18 个章谈到"道"。可见,"道"篇、"德"篇都是说的"道德"。为什么偏偏要定哪一篇为"道"或为"德"呢?《论语》的篇名,如《学而》篇是取首句"子曰:学而时习之……"中之"学而"二字;《为政》也是取首句"为政以德"中的"为政"。它们哪里是通篇皆论"学而"、"为政"呢?《老子》的篇名,也不过是取首句中的一个字罢了,即取"道可道"、"上德不德"中的"道"、"德"二字,仅此而已,并非通篇言道言德。这种篇名并无实际意义。而"道经"、"德经"之定名,却是以后的事了。况且篇末注以"道"、"德"字样,仅是帛书《老子》乙本有之,帛书《老子》甲本还没有这两个字。所以,"道经"、"德经"之名既属后起,且名不副实。用这种篇名,怎么能论定孰上孰下呢?看来始初是作为记号的篇题,渐渐演变成篇名了,而这篇名又误导了篇次的颠倒,再进而导致了某些文字的篡改,掩盖了老子不少思想。名不副实的篇名,其"罪"不小。所以帛书《老子》无篇名,乃古之原貌,如果再用"上下篇"取代"德"、"道"的篇名,既可正名,又可防止误解,何乐不为?

二、从《老子》最古本看其篇次原型

帛书《老子》甲本、乙本不是抄写于同一个朝代。

帛书《老子》甲、乙本不是抄自同一个传本。而帛书《老子》甲、乙本都是"德"上"道"下的篇次,这就不是偶然之巧合了。如果其中一本因竹书搁置错误,使得抄写颠倒了篇次,那么,两本都抄错的或然率就太小了。因此,帛书《老子》这两个最古本首先证明原型为"德"上"道"下。

第三个古本是《韩非子》中《解老》、《喻老》所据本。本来其德上道下是没有问题的。但也有人提出两大疑问:首先"韩非《解老》非论列全经,其先解'德经'首章,自是随手摘举,不足以援证《老子》全书必先德后道也。"其次,《解老》、《喻老》之解之喻,章次多有跳动反复,"其顺序也还多有不可解之处","无疑尚有疑问"。显然,这些怀疑是有道理的。所以必须深入分析《解老》、《喻老》二文之所据本了。

《解老》、《喻老》二文不是逐章、更不是逐句解喻的,而是按照帝王术的需要挑出某些章中的某些文句解喻,因此取其所需,有所跳跃和个别章的反复。《解老》、《喻老》所解喻《老子》各章之顺序(今本《老子》分章)是:《解老》为:三十八、五十八、五十九、六十、四十六、一、十四、一、五十、六十七、五十三、五十四,共12个章次。《喻老》为:四十六、五十四、二十六、三十六、六十三、六十四、五十二、七十一、六十四、四十七、四十一、三十三、二十七,共13个章。

这些说明了什么呢?

第一,《解老》、《喻老》都是先解喻"德"篇,然后解喻"道"篇。显然都不是"随手摘取"的。

第二,韩非共解喻了《老子》25个章的部分文句,除去重复的章,只有22个章,其中"德"篇16个章,道篇6个章;如果从解喻之文句看,"德"篇更是大大超过了

"道"篇。这说明韩非解喻之重点在"德"篇,这是否也能侧证"德"篇居上呢?

第三,正由于韩非用《老子》注解他的帝王术,所以解喻中的跳跃、反复,完全是思路使然,并非"不可解"。试举数例:《解老》谈到人君无道,对内暴虐其民,对外欺侵邻国,因此,人民破产,战乱数起,牲畜锐减,戎马缺乏。所以列出四十六章之"天下无道,戎马生于郊"。进而又解释"祸莫大于不知足,咎莫惨于欲得",于是又转到"有道"、"无道"上来了。因而又对道进行了一番解释:"道者,万物之所稽也,万物之所成也……"而道又是"无状之状,无物之象"(十四章),并且"道可道,非常道"(一章)。这就是为什么由四十六章转到十四章再转到一章的原因。这说明韩非需要引用一和十四章来解释四十六章。

同样,《喻老》也是由四十六章之不贪欲、"祸莫大于不知足"转到"邦以存为常,身以生为常"的。贪欲既害生存又伤身体,生存才是第一重要的。因此,国君必须了解"善建者不拔,善抱者不脱,子孙以祭祀不绝"(五十四章)的道理,即国君的"不拔"、"不脱"才是最最重要的。接着转到君王要"制在己"、"不离位",所以引出二十六章的"重为轻根,静为躁君,是以君子终日行不离其辎重"。即君王不能离开其辎重与护卫,更不能"离位",否则"轻则失本,躁则失君"(二十六章)。再由此引出势重者,人君之渊也。既然"鱼不可脱于渊",那么同样"邦之利器不可以示人"(三十六章),然后由此转到图难于易,为大于细(六十三章),千里之堤溃于蚁蝼,要防患于细于易,"其安易持也,其未兆易谋也"(六十四章)。这就是由四十六,再到五十四再到二十六,再到六十三、六十四章《喻老》的思路历程及《解老》、《喻老》章次跳跃的原因。显然它是可解的。这种种跳跃而不按《老子》顺序解喻《老子》,都不足以否定韩非所据本乃"德"上"道"下的篇次。

因此,现今所知的第三个古本,又是"德"篇先于"道"篇的。

三、《道藏》颠倒《老子》篇次的铁证

照陈鼓应先生的看法:"河上公本绝非汉时的作品"(《老子注译评介》,第388页)。这里姑从此说。所以,西汉之严遵本及其《老子指归》,就是现存的第四个古本了。这个最古本又是"德"上"道"下的篇次。其序即《君平说二经目》说得明明白白:

昔者老子之作也，变化所由。道德为母，上经列首，天地为象。上经配天，下经配地。阴道八，阳道九，以阴行阳，故七十有二首；以阳行阴，故分为上下；以五行八，故上经四十而更始；以四行八，故下经三十二而终矣。阳道奇，阴道偶，故上经先而下经后。阳道大，阴道小，故上经众而下经寡。

这里我们可暂置严遵阴阳说于不论，只看它的分章与篇次。严遵本是把《老子》分为72章的。严遵的这个序说"上经四十"，"下经三十有二"，上经多而下经少。这与今本《老子》上（"道"）经少（37章）、下（"德"）经多（44章）正相反。这说明严遵《老子》本是"德"上"道"下的篇次。但是《道藏》中的严遵本《老子》却早被颠倒了。

原严遵的《老子指归》共十三卷。前七卷注"德"篇，后六卷注"道"篇。今存的《老子指归》有两种版本，一是六卷本，题为《道德指归论》，现收于《秘册汇函》、《丛书集成初编》、《津逮秘书》、《学津讨原》。另一种是七卷本，题为《道德真经指归》，收于明正统《道藏》及《怡兰堂丛书》。六卷本标为卷一至卷六，七卷本标为卷七至卷十三。照所标卷数看，卷一至卷十三均已齐备。其实不然。两相比较，六卷本之卷一至卷六，即七卷本的卷七至卷十二；其卷十三，就是卷六本所缺的卷七。换句话说，六卷本与七卷本都是说的"德"篇，只不过六卷本少了卷七罢了。而宋以后，整个"道"经的卷八至卷十三都缺失了。那么为什么又会有卷七至卷十三呢？原来《道藏》所有的《道德经》，无一不是"道"上"德"下的篇次。《老子指归》自然不能例外，也得"道"上"德"下了。于是篇次颠倒，卷次自然也得随篇次之颠倒而加以变更，注疏"德"即上篇的卷一至卷七自然也随之被改为卷七至卷十三了。王德有先生译注的《老子指归》，一是将原名《道德真经指归》改为《老子指归》，二是将卷七至卷十三改回为卷一至卷七。这两点都是非常正确的。可见第四个最古本又是"德"上"道"下。

四、王弼注本的篇次也是"德"上"道"下

现在通行的王弼本，已非王弼注之古本了。

第一，王弼注多与今之王本不符，而却常常与帛书相符。如今本三十章之"师之所处，荆棘生焉；大军之后，必有凶年"，帛书《老子》甲、乙本，景龙、敦煌、龙兴碑

等本没有后两句,只有前两句;而从王弼之注"言师凶害之物也。无有所济,必有所伤,残害人民,残荒田亩,故曰'荆棘生焉'"看,也只有前两句,而无后两句;但今本之王本已增加了后两句。范应元说:"'自今及古',严遵、王弼同古本"(《老子道德经古本集注》),说明古王本是"自今及古",正与帛书甲、乙本之"自今及古"相符。但今之王本则为"自古及今"。如此等等,还有不少例证。这说明后人已对王本动了点手术,绝非王弼所注之古本。如果《道藏》(应更早,详下)能颠倒严遵本,岂有不同时颠倒王弼等本之理?

第二,宋晁说之跋王弼注《老子》:"道德经不析乎道德而上下之,犹近于古"。熊克说得更明白:"不分道德而上下之,亦无篇目。"即也不辨析道经、德经,而颠倒上下篇的篇次,且无篇名,更近于古。

第三,清孙诒让的《札迻》卷四怀疑今本王弼注不分道经德经,"与《释文》本异,为唐时王弼注有别本之证"。"有别本",说明现存王弼本非古王弼本。

第四,王弼注《老子》"德"篇首章(今本三十八章)之注特别长。古时注书无序言,而序言多放在首章注或按语中,如司马光之《资治通鉴》第一卷第一个"臣光曰"长达一千四百余字,王弼注三十八章用了一千二百字,远远超过一章之注。由此也可以印证王弼所注之《老子》,"德"经极可能居前[①]。

可见,德上道下的古本证据要多得多。如果河上公本为西汉本,那么河本则是现有的、唯一的道上德下的古本。

五、唐玄宗固定了《老子》"道"上"德"下的篇次

汉人司马谈认为,《老子》"言道德之意"。他还将道家称之为"道德"家。因此《老子》在传抄过程中,难免会有人望文生义,误将"道"篇置于"德"篇之上,也就是错误的篇名导致了篇次的颠倒。但是正式编订《老子》"道"上"德"下篇次并划定《老子》为81章的,看来不是在西汉前期、中期,更不是河上公其人,而是西汉后期的刘向。宋人谢守灏于绍兴二年所著《混元圣纪》引刘歆《七略》说:

[①] 宋人彭耜《道德真经集注杂说》引江袤说:"余昔于藏书家见故《老子》,其言与今所传大同小异,考其义一也。唯次序先后与今篇章不伦,亦疑后人析之也。"看来这已是泛指,非指王弼注本。

刘向"雠校中老子书二篇,太史书一篇,臣向书二篇,凡中外书五篇,一百四十二章,除重复三篇,六十二章,定著二篇,八十一章,上经第一,三十七章,下经第二,四十四章"。此则校理之初,篇、章之本也。但不知删除是何文句?所分章何处为限?

这些引文与其他诸子《叙录》相符,也与《汉书·艺文志》刘向奉诏"校诸子"之说符。因此今本《老子》之篇次及分章,为刘向所创极为可能,但这时还是称上下经而没有称道经与德经,且只是宫廷、国家图书馆所为,并未诏令全国。民间尚各行其是。而正式并彻底统一固定篇次的,却是唐玄宗。

西汉之时《老子》虽一度成为官方哲学,但没有哪一位帝王为《老子》作注疏,唐朝则不同了。唐太宗除了令颜师古考订、统一五经之字义外,还"令傅奕注《老子》二卷并作音义","魏征作要义"。开元九年(721年),唐玄宗令道士司马承祯刊正《老子》文句。开元十年,唐玄宗又亲自为《老子》作注作疏。"道德分上下者,开元二十一年,颁下所分,别上卷四九三十六章,法春夏秋冬;下卷五九四十五章,法金木水火土。"(《道藏·唐玄宗道德真经疏外传》)并且早在开元十年,唐玄宗就下诏曰:"老子《道德经》宜令士庶家藏一本"。开元二十三年玄宗注疏老子后,群臣奏请:"四海同文,一辞宁措。"玄宗"许之"。天宝元年(742年)四月,唐玄宗专门下了一道《分道德为上下经诏》。诏曰:

化之原者曰道,道之用者为德,其义至大,非圣人孰能章之?昔有周季年,代与道丧,我列祖元元皇帝,乃发明妙本,汲引生灵,遂著元经五千言,用救时弊,义高象系,理贯希夷,非百代之能铸,岂六经之所拟?承前袭业人等,以其卷数非多,列在小经之目,微言奥旨,称谓殊乖。自今以后,天下应举,除崇玄学士外,自余所式道德经宜并停,仍令所司更详择一小经代之。其道经为上经,德经为下经,庶乎道尊德贵,是崇是奉。(《册府元龟·帝王部·尚黄老》或《全唐文》卷三十一)

此诏除了指出道为原、德为用及《道德经》在应举中的地位外,对《道德经》的"称谓殊乖",上下经口径不一,也是引发此诏的重要原因。不然何以专门下《分道德为上下经诏》呢?

可见唐玄宗时"道"上"德"下的篇次,才正式固定划一。如果没有"圣旨"的明文规定篇次顺序,那么,《老子》篇次肯定还会各行其是的。

六、主证:从行文、文义看《老子》的篇次

古本之证与史证固然重要,但主证应该是《老子》之自证。从《老子》一书的行文、序(结语)、中心思想三方面也可以看出《老子》之篇次。

(一)书的行文

从认识过程看,必是先易后难,先具体后抽象的,因此对于道德的认识,也应该是先德而后道。而从论述来说,也必定是先易后难,由浅入深,循序渐进的。难道老子还会违背他所倡导的"图难于其易"吗?今本《老子》三十八章,即帛书《老子》的首章。这是《老子》说教的出发点,它谈失道前后的递变,老子是从他的退化政治历史观出发,展开他的种种说教的。但是今本《老子》却是从"道可道,非常道……"即艰深的哲学认识论出发的,读起来,一开始就陷入"玄之又玄"中,这哪里会是老子之初衷呢?《论语》的首句为:"学而时习之,不亦悦乎?"何等深入浅出,何等平实!《老子》岂能深入深出?显然从行文看,"德"为上篇。

(二)书的序及结语

秦汉及先秦,书的序言不置于书前,而是排在书末。如《庄子》的《天下》篇,就是《庄子》之序。《史记》、《淮南子》、《汉书》,其序、其总结性的言论就是置诸于书末的。在今天,书末也往往有归纳性的总结言论。照帛书《老子》篇次,今本三十七章就是帛书《老子》一书之序言、之总结。再按照帛书《老子》文字,它总结了什么呢?第一,它明确了《老子》进言对象主要是侯王(乙本之"道恒无名,侯王若能守之");第二,劝导侯王安守无名,不要求名取辱。无欲、无名、无事、无为,四位一体,可说是老子政治思想的中心(名起于欲,名生事、生为,往往因而取辱,以致祸国殃民),这正与司马谈、迁父子归结《老子》之要旨相符:"光耀天下,复反无名","其学以自隐无名为务"。这就是《老子》之"序",它太重要了,它说明老子是从政治出发又归结于政治的。由于《老子》篇次颠倒,结尾章成了中间章,自然看不见老子之"序"之总结语了。也许正由于这种结构的改变,导致后人在文字上的修改:"道恒无名,侯王若能守之"被改为"道常无为而

无不为,侯王若能守之"。侯王守"无名"已够难的,变为守"无为无不为",岂非梦话？加之"不辱"被改为"不欲",老子不要求名取辱、求荣取耻的说教与思想不见了,清清楚楚的序言章消失了。

我们再看"道"上"德"下篇次的《老子》结尾章,即今本八十一章,它由美言不信、善者不辩、知者不博、圣人不积四组论断组成。如此杂乱的内容,哪里像全书之归结、序言？

《老子》还可以与《论语》作一比较。《论语》共二十篇,全书是从《学而》篇即"学而时习之"开始的,最末篇为《尧曰》。此篇的"天之历数在尔躬,允执其中。四海困穷,天禄永终"和"朕躬有罪,无以万方；万方有罪,罪在朕躬"以及"所重民、食、丧、祭"等,这些岂不很像孔子引作其说教的结语？当然《论语》的文体与进言对象不同于《老子》,所以不能说它是孔子说教的总结、"序言",但它的安排绝非无意,而确实是一种正置篇次之结尾。

(三) 书的中心思想

老子说教的重头部分都在《老子》上篇即"德"篇。这里不仅有他的政治历史观,而且有他设计的政治道德的主体部分,为国、为君的基本要求,政治、经济的基本方略以及理想的人民、理想的统治者、理想的国家,乃至如何处理政治危机的一套办法都在上篇。《老子》下篇的"道"篇,侧重思想方法、认识论、宇宙本体、修身养性,还有些军事外交思想、用权方法。由于篇次倒置,老子学说的重点是政治还是哲学始终含混不清。正置之后,再加上清除其被篡改的文字,老子学说的重心将很快澄清,许多误解、争论也会消除。

所以从篇名、古本、唐玄宗行政推动、行文、文义五方面看,"德"上"道"下的篇次当是古本的原始形态。至于那些所谓道家传本、法家传本、黄老道家传本的论断,只是一种推测,因为一无实证,二无历史事实,三无《老子》之自证,所以,是不能成立的推论。而帛书《老子》所证明的原型,本身就是否定不了的事实。哪能根据今本《老子》"道"上"德"下的篇次妄加颠倒帛本的篇次呢？哪能以校帛书《老子》为名,而按照今本《老子》的结构布局将帛本一一框套于其中呢？至于书名,还是"帛书"《老子》为好,篇名还是照司马迁的称谓称"上篇"、"下篇"为妥。肯定原型,名正言顺,义不容辞。

在相当程度上,专辟此章完全是与饶先生之文有关。好在饶文不长,特引其全文,也便于为龚自珍之论作一些申辩。

书《马王堆老子写本》后
饶宗颐

　　龚定庵云:"《道经》、《德经》,唐人所分。《老子》本不分章,亦不分上下篇,亦无《道德经》之名。"(《定庵年谱外纪》)然《汉书·魏豹传》已引老子《道经》,《田横传》引老子《德经》,《北齐书·杜弼传》云:"弼表上老子注言窃惟道德二经(俞正燮《癸巳存稿·十二道德经》条),俱可证龚说之非。勘以新发现汉惠时马王堆之《老子》写本,则其分道德为二,由来久矣。"惟马王堆乙本,以《德经》列前,《道经》居后。二经之末分记:"《德》三千卌□。""《道》二千四百廿六。"(《文物》1974 年第十一期)说者据此辄谓古本《老子》宜以《德经》在前,然马王堆甲本则无此计字数之二行,疑此乃偶见之例。按《老子》本书,如下篇屡言:"道生之,德畜之。"无不先道而后德。韩非《解老》,非论列全经,其先解《德经》首章,自是随手摘举,不足援之以证《老子》全书之必先德而后道也。或云以德列前,盖法家之《老子》本子如此(高亨说),不悟法家正本道以立法之体,故韩非书有《主道》、《守道》等篇,而不闻作《主德》、《守德》。即《马王堆老子》乙本卷前古佚书,且有《道原》一篇,其言曰:"得道之本,握少以知多;得事之要,操正之政(正)畸(奇)。前知大古,后□精明,抱道执度,天下可一也。"此与《老子》"能知古始,是谓道纪"之说正合。又《经法篇》首分为"道经",开卷即云:"道生法。""□执道者,生法而弗敢犯(也)。"是即法必本于道之理。法由道而生,法家不特不贬道,而实尊道。法家之解老,自宜以道为先,岂有反以德居前之理?故知《马王堆老子》本之先德后道,殆写经者偶然之例。若持此以论法家本旨,弥见其龃龉而已。

　　道德经雕板,实起于后晋。《旧五代史·晋书·高祖纪五》:"是时帝好《道德经》,密召(崇真大师张)存明讲说其义。所令存明以道、德二经雕上印板,命学士和凝别撰新序,冠于卷首,颁行天下。"所刊之本正分为道、德二经。(《旧五代史·僭伪传三》杜光庭尝以道、德二经注者多,著广代义八十卷。亦以道、德分为二。)

　　饶文所引之龚自珍的论断,古已有之。《道藏》中可以查出不少。如《道德真经直解·叙事》:"道德混说。无上下篇,此史辞之流言……又不知何人不审正前后本意,分为八十一章,惟务其华图像阳数,以此戏言。"如此等等,虽非无可商之处,但应该视为基本正确。这是在没有看到帛书《老子》的情况下得出的结论,还是难能可贵的。就龚自珍之论来说不外四点:

第一,"唐人所分",正文中专门作了介绍。

第二,"《老子》本不分章",帛书《老子》乙本、想尔本等可证。帛书《老子》甲、乙本虽有分章符号,然而并非后来意义上的分章。

第三,"不分上下篇",从帛书《老子》篇前篇末并无"上下"二字,也可以说是不分上下篇,但写作与抄写又是有上下之分的。也许由于竹书摆放的原因,后来上下难分了。

第四,"无道德经之名",帛书《老子》岂不证明了这一点?司马迁的"著书上下篇",言之不谬。另外,根据"《汉书·魏豹传》已引老子《道经》、《田横传》引老子《德经》",并不能否定上述龚论。因为上述《汉书》两传并没有引《老子》而是颜师古之注引。颜师古正是唐人。唐太宗崇奉老子,颜师古自然会称引《老子》的。

我们之所以为龚自珍之论申辩,呼请不能否定其论,目的无非有二:一是不要把今本《老子》看得过于神圣,它的毛病太多。二是帛书《老子》是千万忽视不得的古本,距祖本最近,尤其不能轻易否定。

刊于《文献》1997年第五期,2007年修订

第 四 章

依据今帛简三本《老子》的分章完善帛书《老子》的分章

引 论

今本《老子》的主要传本,都是分为八十一章。此外,也还有个别七十二、五十九、六十八章的本子。还有"不分章"本,"不记章数,然每章皆空一格"(见《道藏》)。对于这些分章,古来就疑为"多有错谬",而胡适则断言"《老子》所分篇章,绝非原本所有"(《中国哲学史大纲》,上海古籍出版社1997年版,第35页)。果然简、帛证明有的章确实不是"原本所有"。简、帛两本的分章点一是证明今本《老子》多数分章是正确的,二是证明今本约有四分之一的章分章有误,它们是由两个章或多个章合并而成的,三是个别的不该分两章而分成了两章。粗看分章对不对,关系不大,其实不然。简、帛本证明分章不当为害不浅:

第一,导致妄增妄改。起初加些"是以"、"故"等承转上下文,后来则为协调前后文义,妄增妄改妄删个别字,一字之差,使文义大变;

第二,掩盖一些重要论断。极为精练的孔、老之著,往往一字千金,一句、两句为一章不在少数。一锅煮必然淡化《老子》许多精辟深刻的论断;

第三,错误的分章必然造成远离老旨的诠释。

正因为如此,高亨先生上世纪30年代,就具体指出许多章的分章不对,帛书《老子》出土后,他又曾着手恢复《老子》分章,似乎只做了一半,也许因年事不饶人,资料不足而不了了之。笔者从1976年也开始着手此事,写了数十篇论文呼吁订正篇章,也曾受到中外著名学者的赞许、关注。但终因资料、证据尚嫌单薄,而且论述不尽恰当,并未使人信服。庆幸的是:楚简《老子》出土了,它的分章符号倍于帛本,而且简帛佚籍也提供了更多的分章材料。这里应当特别声明:今本《老子》八十一章的分章,已经约定俗成两千多年,根本不可能也不需要再加以变动。但帛书《老子》大多没有分章,而且问世也不过三十多年,在它现有的分章点的基础上,再根据简、今本的分章,及其它先秦文献,完全可以将考订、完善帛书《老子》分章的事做完做好,做到完全令人信服的程度。我们何乐而不为呢?

任何事情都有一个萌芽、形成、发展、演变、完善的过程。文字如此,断句、分节、分章自不能例外。从大量出土的简帛文献看,并非都浑然一体,不分章节的。有的如《黄老帛书·称》、《郭店楚墓竹简·缁衣》分章点基本齐备,后者还标出"二十三"个分章点的数字,尽管没写出"章"字;也有的文献一个分章符号与断句点也没有,浑然一体。更多的文献,则是间或有一些分章、断句符号。这说明人们并不是一下子就弄得清如何断句、分节、分章、分篇的,始初并无清晰的篇章节句的概念。从出土文献各种分章断句符号看,可谓五花八门,毫无定制。首先,这些符号,或圆点,或小点,或墨钉,或一小横,或正钩,或反钩,或弯形,或空格,或另起行……有的代表分章,有的则是断句,视上下文而订。其次,分章符号标明的地方也不统一,或标于章前(如帛本),或标于章后(如简本)。其三,同样一种符号,既可用作分章,又可用作断句、分节。其四,还有一些重文、合文符号,混于其它各种符号之中。至于分篇有的是用简的长短、形状来表示,如此等等,不一而足。下面我们先重点看简、帛《老子》的分章符号:

帛书《老子》乙本没有任何分章符号,连断句点也难见;

帛书《老子》甲本则保留下 19 个比较正规的分章圆点"●"。另外还有 95 个小点,它们都点在句末,其中 82 个明显是断句点,另外 13 个看来是不正规的分章点。

楚简《老子》,由于它的字数只及帛本十分之四,分章符号却总共有 28 个①。

---

① 郭店楚墓竹简《老子》之《释文》只标出 12 个分章点,除弯钩、空行、空格等不标外,其它也有该标的点未标的。似乎一是太过慎重,二是疏漏了。如"丙"篇,一翻图版,一眼即可看到四个分章点,《释文》也没有标出。

其中以墨钉"■"作分章符号为主,其它可能还有三种分章符号,这样一来,可以说简本分章符号大致齐备,个别缺的,还可以用帛本分章符号补足。问题在于有的地方墨钉与断句符号一模一样,既可以认作分章符号,也可以认作断句符号,如果参照今本《老子》再审读文义是不难解决的。

总之,简、帛本的分章符号,大都能触类旁通,举一反三。第一,以今本《老子》分章为基础,以简帛本分章点为检校器;第二,不拘于分章符号只有一种;第三,参照其它简、帛文献与先秦典籍之分章;第四,审以文义;第五,简本、帛本、今本的分章符号与分章可以互补。用这五条办法,是完全可以考订与完善帛本《老子》的分章的。

一、帛本证明今本《老子》大部分分章正确

帛书《老子》现存的 19 个分章点,就有 12 个证明今本《老子》的分章是正确的,它们都处在今本《老子》以下各章的头一句之前:

四十六章:"●天下有道,……"　　五十一章:"●道生之而德畜之,……"
五十三章:"●使我挈有知,……"　　五十七章:"●以正之邦,……"
六十三章:"●为无为,事无事,……"　六十四章:"●其安也易持也,……"
八十章:"●小邦寡民,……"　　　　六十九章:"●用兵有言曰,……"
七十三章:"●勇于敢者则杀,……"　　七十五章:"●人之饥也,……"
七十六章:"●人之生也柔弱,……"　　一章:"●道可道也,……"

或者说,这些分章点都在今本《老子》的两个章之间,这并非偶然。为何这些点不前不后,而恰恰处于两章之间呢?为何没有一个是错点了的呢?这不仅证明帛书《老子》分章点的正确,更重要的是,它说明今本《老子》的分章是有依据的。

二、简本证明今本《老子》大部分分章正确

同样,楚简《老子》也有许多分章点、分章符号,证明今本《老子》分章正确。但它的分章点一般是标于每章之末的,也有的章前恰好标有前章之分章点。现依今

本《老子》章次,举出下列简本文字:

十九章:(简头)"绝智弃辩,……少私须欲。"■
三十章:(简头)"以道佐人主,……其事好。"■
三十七章:■"道恒无为也,……万物将自定。"■
二十五章:(简头)"有物混成,……道法自然。"■
五章:"……虚而不屈,动而愈出。"■
十六章:(简头)"至虚极,……各复归其根。"■
五十六章:"智之者弗言,……故为天下贵。"■
五十七章:"以正之邦,……而民自朴。"∫
五十五章:"含德之厚者,……是谓不道。"■
四十四章:■"名与身孰亲,……可以长久。"
四十章:■"反也者,道动也,……生于亡。"
九章:"持而盈之,……功述身退,天之道也。"∫
五十九章:(简头)"给人事天莫若啬,……长生久视之道。"■
十三章:"人,宠辱若惊……若可以寄天下。"■

以上章如果前面没有分章点的,有的是因为此章的首句处于竹简之头;也有不在章头的,但上章有分章点。此外还有六个章尽管它们章尾没有分章符号,但其章的首句处于竹简之顶端("甲"之25简、"乙"之9、13简、"丙"之4、6、11简),不就相当于帛书《老子》章前之分章点吗?

总之,如果说帛书与简本《老子》分章点都证明今本《老子》分章大部分是有所据的、无可置疑的,那么沿用这些分章,岂不等于恢复了大部分帛书《老子》的分章点了吗?

三、帛本证明今本一些章由两章合并而成

相当今本四十六章,帛本之文与帛、简本之分章点如下(括号中为简本分章符号):

●天下有道,却走马以粪。天下无道,戎马生于郊。●罪莫大于可欲,祸莫大于不知足,咎莫惨于欲得。故知足之足,恒足矣。(■)

此章总共不过九句话,而帛书《老子》的头四句前后就明明标着两个分章点。它说明《老子》前面四句是独立成章的。正好,简本也有此章,不过只有后面五句,且在"恒足矣"句后有一墨钉"■",显然是分章符号。不仅证明前四句乃独立章,确证其分章正确,而且确证今本四十六章由两个章合成。这种合成并不高明:冲淡了战祸惨烈,殃及牛马的文义。同时后人将战争与不知足、纵欲等联成一章,似乎战争完全是由贪得无厌引起的。其实,不知足何止表现在战争上呢?再说,自卫性质的战争,解民倒悬的战争,还不能归咎于不知足。这说明帛书《老子》前四句独立成章是正确的,符合老子的本意。

再如最典型的今本七十二章(简本无此章):

民之不畏威,则大威将至矣!●毋闸其所居,毋厌其所生。弗唯弗厌,是以不厌,是以圣人自知而不自见也,自爱而不自贵也。故去彼取此。

帛书《老子》标明后七句为一章。前两句虽无前面的分章点,但它不可能再列入前面一章。显然,前两句即是一个独立章。这样一来,大大加深了它的深刻性,醒人耳目。河上公注曰:"威,害也。人不畏小害,则大害至。"严遵本之谷神子注曰:"民不畏威,轻禁易入,身陷于司,大命绝天。"当人民到了藐视统治阶级权威时,统治阶级必定报以更大、更恐怖的镇压。这是历史反反复复证明了的事实。分开解析此章,岂不更好?

这些说明帛书《老子》的分章点是正确的,而且说明今本《老子》的一些章是由原来的两个或多个章合并而成的。

四、简本证明今本一些章为两章合并而成

帛本虽有分章点,但缺蚀太多,而且就《老子》而言,似乎是孤证。然而简本不仅可以证实其正确,还可以大大补充其不足。如今本五十二章,其帛、简本释文如下:

帛本：●天下有始，以为天下母。既得其母，以知其子，既知其子，复守其母，没身不殆。●
简本：闭其门，塞其兑，终身不危。启其兑，赛其事，终身不救。■
帛本：见小曰明，守柔曰强，用其光复归其明，毋遗身殃，是谓袭常。●

帛本分章点说明五十二章不是一个章，简本的分章点证实了这一点。同时也证明帛本加写了前面一个章，而且对后面一章又加以扩充。这确证今本五十二章是由两个章组成的。

五、帛本、简本证明今本许多章由多个章组成

今本六十三、六十四两章，就是由各不相属的八组论断组成。如六十三章由三个章组成：

●为无为，事无事。味无味，大小多少。报怨以德。

（●）图难乎，于其易也；为大乎，于其细也。天下之难作于易，天下之大作于细。是以圣人终不为大，故能成其大。

（●）夫轻诺必寡信，多易必多难。是以圣人犹难之，故终于无难。

又如第六十四章：

（●）其安也易持也，其未兆也易谋也，其脆也易判也，其微也易散也。为之于其未有，治之于其未乱。

（●）合抱之木，生于毫末；九成之台，作于累土；千里之行，始于足下。

（●）为之者败之，执之者失之。是以圣人无为也，故无败也；无执也，故无失也。

（●）民之从事也，恒于其成事而败之。故慎终若始，则无败事矣。

（●）圣人欲不欲，而不贵难得之货；学不学，而复众人之所过。能辅万物之自然而弗敢为。

显然这是由五个章组成的一个章。没有括弧的黑圆点为帛书《老子》原有的点,而括弧内的黑圆点,是作为考订、复原的分章点。

果然,简本证明了六十三、六十四章完全是多章组合而成。其证据有五:第一,六十四章分别处于两个章,这就证明它不是一个章;而且还有三个分章点,又证明不是一个章;第二,六十三章,简本有分章点,证明并非一个章;第三,帛、今两本都有衍文,增加图难于易,为大于细的论点,这当是另外之章;第四,少了"是以"等承转文字。这些都说明今本六十三、六十四章为多章合并之章,分开之后,文义更清楚。第五,今本四十五章,在简本,虽只有十句,竟有六个分章点(详下),可证六十三、六十四章不只两个章,而是由八个章组成。分为多章,既无损文义,又可以更清晰,何乐而不为?

六、简本证明帛本扩充的文句多为独立之章

上面已有这方面的事例,但还不充分,下面再举两例:

其一,相当今本四十八章的全章内容如下:〖　〗号内为简本文字;〔　〕号内为帛本文字。

〖学者日益,为道者日损。损之又损,以至于无为而无不为。■绝学无忧。〗〔将欲取天下也,恒无事,及其有事也,又不足以取天下矣。〕

除去"绝学无忧"句,就是今本《老子》四十八章的全文。中间分章点无疑说明前半部分为一个章。"绝学无忧"句虽与前文有联系,但已被分章点隔开,因此当为独立之章。后面的帛本文字,是谈"取天下"这样的大事,显然是战国时代的帛本才能提出的"大事",这是帛、今本后来扩充的文句,显然它是另外一个章。因此今本四十八章不仅为文义不相联的两章无疑,而且"绝学无忧"则为另外独立的一句一章也是无疑的。不过这里还是要对"绝学无忧"略作分析才好。在河上公本、王弼本、傅奕本(下简称河、王、傅本)中,此句是今本二十章之首句,下面紧接着"唯与诃,其相去几何",显然文义不相属。因此,高亨将此句列入十九章之末,紧接"见素抱朴,少私而寡欲"句后。看起来,这比列入二十章要合理,但细加琢磨,也是不妥。"见素抱朴,少私而寡欲"(帛本多"而"字),是对侯王、圣者的劝导。

而"绝学无忧"则是对当时盛行的私学而言,私学倡仁导义,推圣崇智,弄得仁义真假不分,天下不宁,人民难治,因此,此等私学要绝而后已。如果列入十九章后,就成了让侯王、圣者也要"绝学"了。国君、统治阶层也要绝学,何以为君?何以治国?何以"知天下"、"知天道"?何况《老子》五千言,也是为君人者之学而写。因此,针对"私学"而言的"绝学无忧"既不能列入十九章,也不能列入二十章,而只能是独立之章。这样,老子的一个重要思想即可重见天日。

其二,今本《老子》二十章,以"绝学无忧"句为首句,紧接着是"唯与诃,其相去几何?美与恶,其相去何若?人之所畏,亦不可以不畏",简本同今本、帛本,但在畏字后有分章符号"■"。说明此章结束。帛、今本认为意犹未尽,加了句不可捉摸的感叹句:"望啊!其未央哉!"紧接下去就是"众人熙熙,若飨于大牢……"等二十句,与上文毫无关系。这些说明"绝学无忧"为独立之章外,余下的部分必为两章。简本的分章点已说明了这一点,因此今本二十章由三个章组成,当是无可置疑的。

七、简本证明部分章为另一种形式的多章合成

上面"绝学无忧"为独立之章,说明了简本有一句一章的。另外今本四十五章的简本释文与分章符号如下:

■大成若缺,其用不蔽。▬大盈若盅,其用不穷。▬大巧若拙。■大成若诎。大直若屈。■噪胜苍,青胜燃,清靖为天下定。(《郭店楚墓竹简》第8页14、15简)

后三句为一章,这是很清楚的,因为它与前、后文都不搭界,这又证明今本许多章是由两章或多章合成。问题是前面的三个墨钉与二个小横。简本释文只认定了"大成"前、"若屈"后两个分章点。自然是将中间两个认作断句符号了。当然,这种看法有道理,因为简本分章点与断句点往往混用。但它有无可能是分章符号呢?五个点分五个章,每章论断独立,思想完整,相互关系并不直接,也文顺理通。所以简本以上五个点,完全可能是五个分章符号。但话得说回来,合前七句为一章,不伤文义,也未尝不可。何况早已约定俗成。不过它充分说明,今本那些由不同类的文句硬塞在一起的章,必是多章合成。一句、两句一章的,倒是正常的。

八、简、帛本与先秦文献证明许多章只是一两句话

前面已经说明"绝学无忧"四字一句一章当为楚简《老子》的原型。同样马王堆汉墓出土的其它文献，如《黄老帛书》有两句话一个章，也有一句话一个章的。至于《论语》、《孟子》、《中庸》等也有两句话、一句话，只要是完整的思想就是一个章的。这里无法——列举，仅举以下六例：

吾未见好德如好色者也。
雍也可使南面。
性相近，习相远。
唯上智下愚不移。

这四句在《论语》的《子罕》、《雍也》、《阳货》各篇，它们就是独立之章。

人之患在好为人师。
有不虞之誉，有求全之毁。

这是《孟子·离娄上》的二十一、二十二章。

帛书《老子》是否也有一句话一章的呢？有。而且不止一两章。比如："正言若反"、"稀言自然"、"治大国若烹小鲜"等等，都应该是独立成章的。它们思想完整，与上下文无直接联系，独立成章后，文义大明。下面试举"治大国若烹小鲜"为例：这是今本《老子》六十章的首句，即治国忌折腾。它思想完整，极为深刻。而它紧接着的"以道莅天下，其鬼不神……"与之风马牛不相属，原本必为独立之章，当亦无可置疑。

总之，古本《老子》也有一句话、两句话一章的。

九、简本还有意想不到的分章点

相当于今本三十二章的部分，简本释文与分章符号如下：

道恒亡名仆,虽微天地弗敢臣,侯王如能守之,万物将自宾。■天地相合也,以俞甘露。民莫之令而自均安。始折有名,名亦既有,夫亦将知止,知止所以不殆,譬道之在天下也,犹川谷之于大海。■(《郭店楚墓竹简》第4页,第18、19、20简)

这两个分章点非常明显,且前后两点之前后还留下几个字的空格(同上书113页),这个章在帛书中,没有任何分成两章的痕迹。这里居然清清楚楚分成两章。何故?细审文义,分两章能加重侯王安守无名的说教。后面之章虽然是前章的展开与深入,但玩味文义,的确又是有区别的。侯王安守无名与不安守无名,于"天地相合,以降(俞)甘露"关系不大。因为那不争名、不求名的侯王,也可能天公不作美,不降甘露而降灾于民;那些争名、好胜的无道侯王,也可能碰上风调雨顺、甘露遍地、五谷丰登的好年节,那时无道的侯王也会"始折有名"("折",非帛今本之"制")——由人民不赞誉到人民赞誉、感谢身居深宫、玉食美衣的侯王,这时不论什么样的侯王都不要头脑发热,也要"知止"。可见分为两章是有道理的、深刻的,祖本当是两章。它能加深人们的理解,又能补充纠正帛、今本造成的误解,这对于凸现《老子》的无名思想非常重要。

十、简本还证明今本有两个章应合为一章

今本《老子》十七、十八章,在楚简《老子》竟是一个章。为什么?因为今本十七章说:"太上下知有之,其次亲誉之,其次畏之,其下侮之。"这是说太上之世,人们只知道有其君,等而次之的世代是赞誉其君,畏其君,侮其君。所以它与十八章"大道废、案有仁义;智快出、案有大伪……"不沾边,自然应是两个章,但是楚简本则不是这回事:"太上下智,佑之其即,亲誉之其即,畏之其即,侮之。"即者,"即食也"(《说文》),接近也。简本说的是最好压低智者的声望(太上下智),福佑他们(智者),他们会就食、求官于你;亲近赞誉他们,他们也会就食、求官于你,他们就是怕你,也会想方设法就食、求官于你。所以要看不起他们。为什么呢?因为大道的废弃,大伪大诈的出现,六亲的不和,国家的昏乱,全都与智者、知识阶层的迅速出现有关(帛本的话叫"智快出,有大伪")。这样一来,十七、十八两章竟是谈的一回事,为什么还要分成两章呢?所以楚简本就有明确的分章点,标明今本之十七、

十八两章乃一个章。

十一、应该承认异形之分章符号

简本正规的分章符号为墨钉"■"与小横点"▬"。但也有一小细横的分章点"▬"(老子图版甲第6、27,乙第4、5简,丙第12简);弯钩分章号"∫",如图版甲32、39简;空格分章号,如老子图版丙第十简,有一分章点不甚清楚,但下面有五、六字之空格显然表示此章结束。接照今天的标准,它并没有分章符号,但在先秦还没有明确分章概念的情况下,恐也应视之为分章符号。另处于竹简编线线槽和断简之内分章符号,虽然难以看出其有无,但根据文义,根据帛书《老子》分章符号与今本《老子》的分章,也是可以推定是否有分章符号的。这样尽管不可能标出分章符号,但是应予一定说明。

如此一来,可以考证出更多的、以至帛本的全部分章符号。

十二、不要将断句符号误认为分章点

帛本分章点与断句符号区分明显,只是个别的断句符号可能是分章点。而麻烦的是简本的分章点往往与个别的断句点相混。虽然简本绝大多数文句后无断句点,但又间或点上几点,并且也与分章点一模一样,这就给辨认带来了麻烦。如首章(相当今本十九章):

绝智弃辩,民利百倍。■绝巧弃利,盗贼无有,■绝伪弃虑,民复稚子,■三言以为使不足,或令之,或乎豆,见索保仆,少私须欲。■(见《郭店楚墓竹简》,第3页,图版1、2简)

显然前面三个点是断句点,最后一点无疑又是分章点,因为它与下文之"江海之为百谷王……"已无直接联系。可能出于这种断句点与分章点相混杂的情况,竹简整理者没有认定一个分章点,却又走向了另一个极端。所以需要小心慎重分辨。既不将分章点误认为断句点,也不将断句点误认为分章点。

结　语

　　通过以上分析，我们大概可以作出一些结论了。如果说帛本分章点少，证据尚嫌单薄，那么简本则提供了充分的证据。何况还有其它大量简、帛文献分章符号为参证呢？可见，帛书《老子》甲本之分章点已非孤证，也不能再说缺乏版本之依据了。今本随着历史的演进，后人在前人分章符号的基础上，划分章节，因此今本《老子》多数章的分章是正确的。但是今本《老子》又有一部分是不符古貌的，是被后人主观加以编合的。比如，唐玄宗亲自为《老子》作注疏，并进行分章，钦定"上卷四九三十六章，法春夏秋冬；下卷五九四十五章，法金木水火土"（《道藏·唐玄宗道德真经疏外传》）。虽然他的分章"圣旨"并未被采纳，而是用的刘向的八十一章。不过由此可以想象，刘向的分章也是有局限的，因为他看到的传本太有限（只有几本），楚简类《老子》他就没有见过，见到的分章点又极不完全，加之文字的讹误，难免不使一些章被合并，有违老子的初衷。在如是情况下，为什么不能依据今、简本以及出土文献，科学地考证、审订、完善帛本的分章呢？以上多方面的分析，充分说明帛书《老子》的原分章符号是可以考证的。它是有根有据、符合古籍校勘规则的。笔者初步考证的结果是：帛书《老子》应有的分章符号当在 112 个左右，或者说，它是由 112 个左右的章所组成。

刊于香港《弘道》2005 年第四期

说　明：

　　关于帛书《老子》的分章（或篇次）的问题，1980 年起，笔者就开始在省级刊物上，后来在京、沪、台刊物上发表了多篇论文，一再呼吁注意这个问题，其中重要的有《从帛书〈老子〉看〈老子〉原结构布局》（《复旦学报》1987 年第二期）、《论马王堆汉墓帛书老子》（台《大陆杂志》87 卷第三期）、《恢复老子的本来面目》（《文献》1992 年第三期）、《试论帛书老子将会取代今本老子》（《新华文摘》1998 年第二期转载）、《从〈黄老帛书·称〉的分章点看帛书〈老子〉分章》等，但均因证据不足，否定今本过多，"取代"提法欠妥，而未引起注意。此文综合以上各文，同时利用楚简《老子》等简、帛佚籍的分章资料，专论帛书《老子》的分章，改正过去欠妥的提法。同时这里谨对任继愈先生，已故胡曲园先生，深表谢敬之意，没有他们对拙文的审定，是难以发表的。

第 五 章

关于帛书《老子》的章次

　　《老子》上下篇次颠倒不易发现，发现了也积重难返。但帛书《老子》没有这个问题，它的德上道下篇次不容再颠倒，但它存在按照这种上下篇次重新排列章次的问题。其中有十个章，帛书的"归队"排列绝对不能依今本加以更动。过去认为，只有四个"合理"的章序被今本更动了。其实被更动的并不只四个章，还有四十一、二十三两个章（而这两个章实际上是由五个章组成的）以及八十一章（有分章点标明此章是两个章）。因此，不是四个章，而是十个章的"合理"章次是不依今本更动的。当然与此同时还必须重新排列帛书的章次。下面只着重分析上述十个章。

一、今本《老子》八十、八十一章

　　照帛书《老子》排序，八十、八十一章应排在今本《老子》六十六章之后。这种排列是合理的。因为六十五章，老子设计了一种理想的人民（……善为道者，非以明民，将以愚之……），六十六章，老子又设计了一种理想的、谦下的统治者（……欲上民必以其言之下，欲先民必以其身后之……），接着又是理想的国家，即"小国寡民"的八十章，这岂不是顺理成章？但是这种"小国寡民"，虽有以一当十当百之器而不用，"使民复结绳而用之"等等主张，显然与西汉大一统后的现实是相违背的。它们是否因此被调整到倒数第二章的呢？仅此一章，还不敢妄下论断。八十一章的调整篡改，大概是出于政治上的原因而加以更动的。

　　　　信言不美，美言不信。知者不博，博者不知。善者不多，多者不善。●圣

人无积,既以为人,己愈有,既以予人,己愈多。故天之道,利而不害;人之道,为而弗争。(《马王堆汉墓帛书老子》第9页)

　　这段文字只留下中间这么一个分"章"圆点,起码说明它们不是一个章。圆点后面的文句、文义连贯,独立成章是没有问题的。前面六句以"民之不畏威,则大威将至矣"的前例看,属知言、知知、知人、知德的论断,当独立成章。其中忌讳在"善者不多,多者不善"的论断,这类似于孔子干七十余主后终于叹息"善人,吾不得见之矣"是一样的,是老子对国君为政者道德修养的估价。道、法两家大都完全变换角度,承袭了这个观点。《管子·侈靡》说:"贤者少,不肖者众。"《庄子·胠箧》说:"天下之善人少而不善人多。"《尹文子·大道上》说:"今天地之间,不肖实众,仁贤者寡。"《韩非子·难势》说:"人之情性,贤者寡不肖者众。"当《老子》成为官方哲学后,再赤裸裸地宣称善者不多,就太不利于文饰政治了。佛教传入中国之后,其否定忠孝的思想遭到修改。同样,老子的"善者不多,多者不善",是无法被统治阶级公开接受的,也无法与儒家性善论思想相调和。于是它被放到最后一章去了。但是只调整章次还不行,又终于被改为"善者不辩,辩者不善"(严遵本、河上公本),唐宋时进一步改为"善言不辩,辩言不善"(傅奕本、范应元本),这种无关紧要、过于绝对的话,哪里符合老子的辩证思想呢?

　　变动以上三个章的章次,似乎只是调整了一下它们的顺序,无伤文义。其实不然。它模糊了全书、全篇的结语。由中间章变为结尾章,不仅使《老子》的"序"章不见了,就算作为"德"篇的结尾也不伦不类。按照帛书《老子》,"德"篇的结尾是"天道无亲,恒与善人",与上述各章及全篇天衣无缝,文义完全吻合。今本《老子》八十一章的排列,使全书全篇的结语面目全非。

二、今本《老子》四十一、四十、四十二章

　　帛书以今本四十一章为首,继之以四十、四十二章。

　　反也者,道之动也;弱也者,道之用也。天下之物生于有,有生于无(相当今本《老子》四十章全文,简本《老子》末句只三字:"生于无")。道生一,一生二,二生三,三生万物,万物负阴而抱阳,中气以为和。(相当今本《老子》四

十二章之前半部分,而简本《老子》则无此六句。)

帛书的顺序就是这样的。前面有四句话,被今本改为两句:"反者道之动,弱者道之用",少了四个"也"字。简本同帛本,而且后两句为:"天下之物生于有,生于无"少了一个"有"字,并且有明确分章点标明以上七句单独为一章。这样一来,文义值得再斟酌,再诠释。今本《老子》在上文中间插上了个"上士闻道,勤而行之……"的四十一章,后面又是"人之所恶,唯孤、寡、不榖……",岂不大损文义?简本无"道生一……"以下六句,这是后来的发展。显然这三个章,帛书《老子》排序是正确的。

这三个章章序的颠倒,首先,伤害了"反也者,道之动;弱也者,道之用也"的文义,使君道变成宇宙万物生成之道的意思了。其次,也妨碍了人们正确理解老子倡导以"孤、寡、不榖"自称的含义。其三,模糊了老子关于天地人生万物的论述。

楚简《老子》不仅证明帛本章序是对的,而且对澄清文义,也大有助益。

三、今本《老子》二十四、二十二、二十三章

按照帛书《老子》的排列顺序,相当于今本《老子》的二十四章居前,二十二章居中,二十三章列后。

前一个章即二十四章是说"吹者不立"——吹嘘是站不住的。(今本变为"企者不立,跨者不行",大谬,详下。)吹者的表现是自以为是、自我标榜、自高自大……即"自是者不彰,自见者不明,自伐者无功,自矜者不长。"这是对"吹者"的反面说教。接着就是二十二章"不自是故彰,不自见故明。不自伐故有功……古之所谓曲全者,岂虚言也哉"。这是进行正面说教,一反一正,前呼后应。但是,今本《老子》不仅章次颠倒,而中间夹杂了与上述文义无干的二十三章。这二十三章实际是由稀言自然、暴风骤雨不能久、同道同德同失这样三个章组成的。显然帛书《老子》的章序排列才是古貌。

综上所述,上述十个章,帛书《老子》排列正确,岂能照今本章次更改?同时,还必须根据考订的分章点,重新排列帛书《老子》的整个章次。这应该是不言自明的道理。至于今本《老子》的章次排列,约定俗成两千年,怎能更动得了?只能今、帛两本各行其是了。

第 六 章

关于帛、简《老子》假借字的释读

2002年在井冈山参加中国哲学史会议的学者指出:要加强对原创性著作的解读与研究,比如先秦诸子的解读,这是一个基本功。没有这一点,研究中国哲学史也就窜来窜去无法深入。此论非常正确。而古代原创性著作解读中最大的问题是解读假借字问题。这里以帛、简《老子》为例,着重分析了四个问题:1.为什么假借字多?为什么假借字极易出错?2.假借字有哪几种类型?3.解读假借字存在的问题。4.释读假借字的"三法""六戒"。

一、从一个古文字专家也犯难的例子谈起

读今本《老子》个别章,个别论断,总感到文理与思路似乎"卡了壳"。历来注家对这些地方也各说各话,莫衷一是。最接近原创文本的简、帛《老子》的出土,渐渐暴露出这是传抄中的讹误所致。其中错读假借字问题特别多。同样,初读帛书《老子》,尽管文字专家已将古异体字释读附注于旁,但对于某些文句,仍感到莫名其妙,甚至还会说不如今本《老子》呢。下面试举一个简单的例子,大概就很能说明问题。

今本八章以"水善利万物而不争"句开题,而用"夫惟不争故无尤"结束,首尾相应。但是帛书《老子》则不同,其首尾两句似乎在打架:

甲本:水善利万物而有静……夫惟不静故无尤。
乙本:水善利万物而有争……夫惟不争故无尤。

从字面上看帛书《老子》甲、乙本,显然前言不搭后语,自相矛盾,而且甲、乙本也互相抵牾。因此帛书整理小组在甲本的"而有静"下作了一个注:"乙本亦作'而有争',今本作'而不争',义正相反。按下文云'夫惟不争故无尤'。疑今本是。"(《马王堆汉墓帛书老子》,文物出版社 1976 年版,30 页)也就是说,连古文字学家也"疑今本是",帛本为非。其实,这是被假借字给迷糊了。如果能够正确释读假借字,就会认为帛本文义优于今本。

前面"有静"、"有争"中的"有"字,为帛书《老子》甲、乙本所互证,应当先肯定下来。《说文》:"静,争声。"因此帛书《老子》乙本之"有争"即"有静"之同声假借。所以帛书《老子》甲、乙本是一致的,即"水善利万物而有静"。所谓静,静默无声也。即水善于滋润、养育万物却又静默无声。这正是老子说教的一个主调。因此,帛书《老子》的文字当为原貌。

那么又怎样解释"不静"与"不争"呢?问题仍在本字、借字上。帛书《老子》甲本上句"有静"为本字,而末句"不静"之"静"为借字。"静,争声",因此"不静"者,不争也。它与帛书《老子》乙本、今本《老子》也是相同的。同样,帛书《老子》乙本之末句"不争"为本字,而上句"有争"则是"有静"之借字。这岂不与帛书《老子》甲本相同!再看"不争"什么呢?不争闻达也,与上句静默无声正相呼应,而且又生动点明了"不争"的内容,岂不优于今本?

如此,帛书《老子》甲、乙本并不矛盾。此谜可解。老子一个重要论断更形象更生动了。这个例子不仅仅为了说明帛本文字真于、优于今本,而是说明假借字的释读非常复杂,连古文字专家也会犯难(比如上篇 3041 个字,虽然绝大部分释读正确,但还有 11 个假借字读为本字,或释读有误),何况一般的读者。再说人们还会想到,这是句不伤害本章主题的文句,但如果关键性的假借字读错了,岂不会模糊重要文义,乃至模糊整个章吗?古往今来,会不会有更多的误解呢?所以要读懂整部帛书《老子》乃至楚简《老子》,非要攻下假借字这个拦路虎不可,否则是不能登堂入室的。

二、为什么假借字多?为什么假借字极易出错?

《汉书·艺文志》说:秦始皇统一天下,"书同文",李斯作《苍颉》七章,赵高作《爰历》六章,胡毋敬作《博学》七章,这些即所谓秦篆。汉兴,"闾里书师合《苍颉》、《爰历》、《博学》三篇,断六十字为一章,凡五十五章,并为《苍颉》篇。"可见秦及汉初人们学习和常用的字仅有三千三百字,其中还有重复的字。也就是说在抄写帛书《老子》时,常用的字无非三四千字而已。这是个什么概念呢？今天的《汉语大字典》,共收字五万六千余字,其中字、词、词组、注音、释义等等共计两千余万字。秦及汉初,看来只能是少量单个字的汇编罢了。到了扬雄、班固时,才扩充到"一百二十章,无复字",即6120字。到了东汉,许慎的《说文解字》十四篇"凡万六百三十九字",但有重字1163字。此时已经发展到有简单的注声释义了。由此再上推几百年抄写的楚简老子,而且是楚文字,可以想见假借字何等之多,何等之复杂。如帛书《老子》"吾"写为"五","窥"写为"规","亦"写为"夕"……帛书《周易》"艮"写成"根","兑"写成"夺"……楚简《老子》"溺"写为"弱","何"写为"可","恶"写为"亚",再如弹子库帛书之"常"写为"尚","殃"写为"兼","陟"写成"涉","代"写为"弋"……如此例子极多。有些可谓简化字,但其简化程度,简化方式,不是今天人们所能想象得到的,不少字的古声,也匪夷所思。因此不了解如何解读假借字,就根本无法通读。

问题更多的还在于一字多借,比如下表,前面一字是本字(也可以是借字),后面诸字则是这个字可以假借之字。

青:情、精、清、请、睛、晴……(《说文》曰:皆为"青声")。

有:又、友、域、佑、囿……声同通假。

立:位、苙……。

台:怡、始、胎、治……省写通假字。

杲:噪、澡、操、燥、躁……(《说文》皆曰:"杲声")。

此例甚多。究竟是本字,还是假借字,因地区语音的差别,因国(七国)的差别,还有个人的学识思想与认识角度的不同,因而释读的伸缩性就很大了。这就是极容易出错的客观条件。释读错了,必然差之一字,失之千里。比如战国与汉初,"智"、"知"两字通假。"绝智弃辩"一句之"智",如果读为本字,即指智者、知识阶层,如果读为"知"之借字,"绝知"就成了杜绝普通的"知识",岂不相差极大？可见,极易出错是必然的、不可避免的。

三、假借字有哪几种类型？

1.同声假借字。所谓假借字,《说文解字·序目》曰:"假借者,本无其字,依声托事,令长是也。"段玉裁曰:"托者,寄也,谓依傍同声而寄于此,则凡事之无字者,皆得有所寄而有字。"这里强调的是"依声"。清代高邮王念孙说:"字之声同声近者,经传往往假借。学者以声求义,破其假借字而读以本字,则涣然冰释;如其假借之字而强为之解,则诘鞫为疾矣。"这里也是强调"声同"、"声近"的假借字。今人高亨、李学勤等先生也强调同样的问题。可见,假借字的主体是同声假借字,如帛书《老子》的泊—薄,胃—谓,勿—物,刑—形,规—窥,坐—挫,兹—滋……又如楚简《老子》的知—智,才—哉,悢—畏,未—味,贞—镇……这些都可以称之为同声、声近的假借字。

2. 省写简化的假借字。它的出现频率仅次于同声假借字。简化字看来不只是今天的发明,其实早在战国之前就已经有了。郭店楚简中省写之假借字就有很多,古—故,敢—严,呈—涅,蜀—独,戋—贱,尔—弥,青—静,乔—骄,员—损,曼—慢,禺—隅,女—如,夬—缺,兑—脱,屯—顿,攸—修……有的也"同声",但更多的是省写、简化。认读时需要慎重小心,不能把本字认成省写之假借字,不然又会失之毫厘,差之千里。同时,也还有繁写之假借字,如堕—随,型—形,慨—既,絜—挈,畸—奇,靓—静,逾—俞,甬—用,旧—久……不过有的又属于同声假借字了。

3. 一字多用之假借字。有些多借字比较简单,容易识别。比如可—何—诃,"可"既是本字,又可以成为"呵"、"何"、"诃"之借字,呵、何、诃用法不同,容易鉴别。而有些字,则比较困难。如前面说的:又—有—宥—佑,都是同声同音,在那里,是本字,还是假借字,假借什么字,识别的难度大,这就必须多方比较。又如事关老子哲学核心的是"亡"字,帛、今本《老子》的"无为"、"无事"、"无名"……在楚简《老子》一律变成"亡"了。而"亡"字,照《说文》的解释,是逃、隐的含义,并未说乃"死亡"之"亡",但"亡"在先秦文献又通"无",通"忘",通"死"。那么,这"亡"字是否能一律注"无"或注"忘"、注"死"? 是否也需要视具体情况对待呢? "大方亡隅","天象亡形",此亡即隐蔽,显然比"无隅"、"无形"准确。"天象"难道就没有一点"形"? "大方"就圆滑得无一点"隅"吗? 但是,就"亡为"、"亡名"而言,有的应该是"无为"、"无名"的假借字,但有的又应该是"亡为"——隐蔽其为之本字,和"忘名"的借字。对于侯王为政者来说,哪能完完全全"无为"、"无名"呢? 什么才是老聃思想的本义呢? 如此等等,看来不可一刀切。

4. 古通假字或古今字。如：才—在—哉，命—令，视—示，志—识，颂—容，坉—沌，女—如（《集韵·鱼韵》：如，古作女），未—昧（《说文》：未，昧也），疋—疏，虫—蛇，僮—动，福—富，毛—托，化—货（《字汇补·匕部》：化与货同，……古文化亦作货），向—乡，大—泰，立—位—莅，如此等等。古常用，通用，字书上一查即可明白。这是没有争议的。

5. 不要把本字解读为假借字。是本字还是假借字，有时事关一个论断，一个重要思想。比如"以正之邦"的"之"字，简帛今三本皆如此，如果是本字，"之"，即为也，临也。与今本之"治"字略有不同。"之"是"治"之借字，还是本字，就值得推敲，即便不下结论，也应该有所提示，有所分析，供读者思考，便于研究。又如"国中有四大安"，此"安"是本字，还是"焉"之借字？事关一个至今仍有重要意义的论断。"天大、地大、道大"，是自然规律，谁敢抗拒？而"王大"是小农经济为主的社会政治规律，违背它，常常也会引发大乱。如果尊奉这种以自然规律为前提的"王大"，就会国泰民安。如果释"安"为"焉"，是否将会模糊这一论断？同时"国中有四大而王居一焉"的文句，等于删去"安"的目的与结果和限制了，虽然突出了尊王，岂不冲淡了尊重客观规律的含义？

同样帛本的下列文句，绝不能等同于今本的下列文句的：

帛本	今本
其邦夬夬	其民缺缺
（他的国家就会刚愎自用）	（他的人民会变得狡猾）
故强良者不得死	强梁者不得其死
夷（痍）道如类	夷道如类
水善利万物而有静	水善利万物而不争
爱民活国	爱民治国
死而不忘	死而不亡

如此等等，举不胜举。帛、今本文句之文义相差甚远，寻绎文义，帛本当为原意，胜于真于今本。不能改古从今吧？

最后还得谈古异体字，或者说字体不同的古异体字。帛书《老子》也有古异体字，但远不如楚简《老子》。帛本是统一文字后的字，或秦文字，简本则是楚文字。

楚简全部文字对于今天来说,都是古体异体字。其中绝大部分已被古文字学家正确地释读为今字了。所以是否不再认为它们是古体异体字了？而有一部分虽然已经释读为今字,但还需要另制新字,只不过要在其后面注上今字。比如🈯(绝)宔(主)洇(海)……等等。这样的字我们谓之"古异体字",这种字在楚简《老子》中最多,除两个章没有外,其他章章有,总数达143个字(包括个别重复字)。这些古异体字中,有的一字两种或多种写法,比如楚简《老子》"道"字共出现24次,共有三种写法,其中21个"道"字与今字相像或基本相近,但三个"道"字则是"行"字中间加"人"字。很巧,这三个"行"中加"人"字的道字,都是明确指君道、臣道、人道:"衍恒无为","以衍佐人主","保此衍不欲盈"。而其他21个"道"字都是泛指:宇宙本体论之道,天道,客观规律之道。所以写成"道"与"行"中有"人"字之道,是否另有含义？又如"易"有"惕"、"易"两种写法,《说文》:"惕……易声"。所以惕可以是"易"之同音假借字。但是"多惕必多难"之"惕"的简文字形就不同于其它易、惕,是否真是惕之本字？如果是本字,那就成了"多敬必多难",含义变了。

又如"仆"之为臣旁,"朴"之为木旁,简文都清楚,而"镇之以无名之朴"的"朴"字字形,就不同于仆、朴,是否另有含义？

又如"欲"、"作"、"柔"等字的多种字形,不同写法,甚至"不"、"亡"、"得"这样的字也有多种写法,或者一字两读多读,如"忎"字,为匕在上,心字在下之"忎"字,可读"化",又读"伪",如此等等。这些虽属古文字专家的研究范围,我辈不敢置喙,但也值得从思想史的角度加以研究。

以上种种就是章太炎先生所谓的"训诂诡奇"吧？正因为"诡奇",所以释读假借字的问题不少:

(1)释读假借字常取框套今本(或帛本)的捷径,往往不能发现错释;

(2)误读假借字;

(3)把本字误认成假借字;

(4)由于误读假借字而导致的妄改妄删,因而造成今本《老子》一些模糊点,甚至模糊章。

为此,文后将专辟《从简、帛〈老子〉看今本〈老子〉四十几个章的模糊点》一章来分析,这里就不赘述了。

四、释读假借字的"三法"、"六戒"

如何正确地解读假借字呢?

看来根据古异体字的字形、字音、文例释读假借字,往往只是第一步,绝不能到此为止,还要进一步确定它是本字,还是假借字,假借什么字。比如释读为"有"之后,还要看是不是又、友、域、佑、囿的假借? 这就有了第二步的解读问题。如此字例太多,释读什么字,至关重要。楚简《老子》证明传抄至帛书《老子》时,由于假借字读错了,已出现惊人的讹误,它埋没了老聃一些极为重要的思想。由简本到帛本不过一百多年,再由帛本到今本,又是一千多年,可见讹误又会增多。过去无从发现这些讹误,现在有了最古的简、帛本,而且有了无比优越的条件,完全可以发现并纠正种种讹误,包括释读假借字的讹误。著名古文字学家陈垣、高亨、唐兰诸先生以及清代冠绝一时的王念孙等,他们研究古文字的方法都可借用以释读、辨正大量假借字。同时今天也积累了不少经验。这些方法和经验可以简单地归结为:"三法"、"六戒",或"一排五比五验六戒法"。

1.排比、排除法:对于是本字还是假借字尚不清楚的字,逐一进行排比,本字与可能假借的字一一排列出来,然后排除显然不可能的假借字,"缩小侦察范围",再进行比较。比如:简本有"国中有四大安,王居一安",而帛本为"国中有四大,而王居一焉",最大的不同是"安"字。安作为本字其意为静、止、稳、安定、安全、安好。作为"焉"的假借字则是用作代词、副词、连词、助词,相当于岂能、怎么、乃、则、安在等。而帛本之"焉",《说文》谓之鸟名,也通"夷",显然帛本是用作语气词的。究竟"安"是本字,还是语气词的假借字呢? 进行排比排除后,"安"作本字文通理顺。两千年来每户人家的"天地君亲师之位"的牌位,就是家中有五大安的祈盼。封建国家真正能做到四大,即:尊天、尊地、尊道、尊王,同样可达国家安定的功效。帛、今本改"安"为"焉",岂不模糊了老聃的政治哲学? 由此就可以发现过去的释读不一定都是正确的。

2."五比"对照法:与简、帛《老子》上下文比,与同墓其它简、帛文字比,与其它简、帛文字比,与其它古文献文字比,与《说文》比(不能离开这最古之字书)。比如:今天的简化字"势"、"执",繁体字为"勢"、"執"。同样在楚简《老子》中,势、执二字分别写为"𱍸"(埶)"𱍹"(埶)。在帛、今本《老子》有一段文字是:"执大象,天下往,往而不害,安平大。"它被译为:"执守大道,天下人都来归往,归往而不互相伤害,于是大家都平和安泰"(陈鼓应译意)。但是简本却是:"埶(势)大象,天下往,往而不害,安平大。"这"埶"字,《释文》照帛、今本《老子》框套,释读为"执",依然是"执大象"。裘锡圭先生则认为应释为"埶",不过注之为"设"。这就成了"设大道",与"执"的含义相近。究竟如何释读?与楚简《老子》相同的文字相比,前面就有"執之者失之"、"无執,故无失"等"執"字,正如執、埶两字那样,只差左下方一小竖;因此執、埶不是一个字,后一个字释读为"埶"是正确的,再与同墓其他楚简相比,"埶"字有读作"设"的,但也有读作"褻"、"艺"的。显然不可能是"褻大道"或"艺大道"。那么"埶"应读何字呢?这要验之其它古文献了:(1)清段玉裁《说文解字注》:"《说文》无势字,故古用埶为之。"(2)竹简《孙子兵法》、竹简《孙膑兵法》,共有十几个"势"字,都写成"埶"。(3)《荀子·解蔽》与《墨子》等也以"埶"为势。(4)至《史记》《汉书》,仍多以"埶"为"势"。可见"埶大象",即"势大象"。再验之历史:历朝历代,都有些"执守大道"、"设大道"的人,如果无权无势,归从之徒寥寥可数,哪里有什么"天下归往"?正像孔孟那样倡导守道,一生何曾得志?后来之所以能享配太庙,还是由于权势中心的吹捧,所以只有权势重大、实力雄厚、威慑四方才能"天下往",如若再"以百姓之心为心",那才真正国泰民安,大地平定也。可见"埶"字乃古之"势"字,已无可置疑。这一来文义涣然冰释,不仅《老子》有关章需要重新诠释,而且有关"势"治思想的来龙去脉也该重写了。

3."五验"的历史验证法:验之历史大背景;验之以史实、度之以理;验之老聃及道家思想;验之先秦文献;验之是否符合史官作品《老子》的进言对象。先举一个最简单的例子:如帛本之"上礼为之而莫之应也,则攘背而乃之"这"乃"如果是本字则不通,所以需要进一步释读它假借什么字。"乃"通"仍",但也可能是"扔"之同声假借(见《说文》)或省写之假借字。今本《老子》释读为"扔",看来即由"乃"字而来,因此被译为"上礼的人得不到回应,于是就扬着胳膊使人强从"(《大中华文库·老子》2000年版)。以理度之,扬着胳膊强使人从的礼哪里称得"上礼"?如果此"乃"释读为"仍",那就成了"上礼的人而得不到回报,仍然恭敬振臂去做",岂不文通理顺?又如《老子》有一条"重积德"以享国久远的方略。照帛、今本的文字是:"治人事天莫若啬",即"治理人民事奉上天,没有比吝啬精神更好的了";简本为:"给人事天莫若啬(稿)。"意思是:"富足人民事奉上天,没有比务农更重要的了。"显然前者荒唐后者正确。对此,我们以下辟专文加以论证。这里就从略了。

4. 六戒：唐兰先生关于研究古文字有几条戒律："戒硬充内行、戒废弃根本、戒任意猜测、戒苟且浮躁、戒偏守固执、戒驳杂纠缠。"他说："不做扎扎实实的工作，想用十天半月东翻西检，是作不了学问的。"（转引杜迺松：《唐兰先生在学术上的贡献》，《新华文摘》2001年第四期）这些，当然适用于释读假借字。一些字，一时弄不清楚，可以存疑，不必急着下结论。非要框套帛本、今本的文字，也许可称"废弃根本"吧？而"偏守固执"，恐怕也是当前解读的一患。比如"国中有四大"，简本、帛书两本、汉晋古本皆为天大、地大、道大、王大，为什么要固守唐宋本之"人大"，否定"王大"呢？又如："自今及古"、"执今之道，以御今之有"，早为帛书两本及先秦文献证实是正确的，何必死死抱着"自古及今"、"执古之道，以御今之有"不放。再如，在不得已而用兵时该怎么办？今本的答案是："恬淡为上。"在你死我活的斗争中，竟然"最好淡然处之"，岂不荒唐？果然简、帛本的答案不是"恬淡"，而是"铦袭为上"。铦，锋利也；袭者，轻装突然袭击也（《左传·庄公二十九年》："凡师，有钟鼓曰伐，无曰侵，轻曰袭"）。不得已而用兵之时，最好是利用精锐部队，实施突然袭击。可见"恬淡为上"大大走样。为什么要固执偏守着"恬淡为上"不放呢？近古必存真。为什么要屈真又屈古呢？

部分刊于《中华文化集刊》第五辑，上海古籍出版社2004年版

第 七 章

从简、帛本看今本《老子》五十七个章中的模糊点

今本《老子》对传播《老子》的思想功不可没,影响巨大。同时古今也有不少学者推论今本《老子》"多后人所改","与古老子相远","谬误实多"。1973 年帛书《老子》出土,果然证实了上述推论。1993 年楚简《老子》出土,人们又发现连帛书《老子》的文字也存在讹误。今本《老子》总共不过八十一章,与简、帛本比较,竟然会有五十七个章存在模糊点(或章),也就是说十个章中几乎有七个章存在模糊点;而这五十七个章中又有十一个章整个文义走样,帛本或者简本这些章的文字才是正确的。如此多的模糊点,自然掩盖了老子不少深邃而重要的思想。这些并非危言耸听,也不是打击"今本",抬高帛本。今本《老子》出现种种讹误与失真,是种种历史条件决定了的必然,一点也不奇怪。分析产生讹误的原因,看来起码有以下十二条:

一、战国各国文字不统一,各国传抄《老子》不外乎口耳相传,目传手抄,所以容易出错。

二、当时通用字少,大量使用假借字(如"台",可以是本字,也可以是治、胎、怡等字的省写;又如"青",可以是本字,也可以假借为情、精、清、请、睛……),变为本字时必然出错。

三、因为《老子》许多是靠口传(如伏生口授《尚书》),因语音不一,学力不一,必然出错,后来又由于你抄我抄,代代传抄,错误难免。

四、秦汉统一文字,《老子》也要统一文字,即变六国文字为秦文字及汉隶书。如帛书《老子》甲本即秦篆而乙本则为汉隶。这时容易出错,误解难免。

五、刘向为《老子》定篇分章,校雠文字,所据只有四种传本:"《老子》邻氏经传四篇,《老子》傅氏经说三十七篇,《老子》徐氏经说六篇,刘向说《老子》四篇。"(《汉书·艺文志》)而据《混元圣记》引《七略》:"刘向雠校《老子》,凡中外书不过五篇。""一百四十二章,除重复三篇,六十二章,定著二篇,八十一章。"这里说的仅仅校五篇,更是何其少啊!显然刘向不可能看到帛书《老子》,也不可能看到楚简《老子》。更不用说以后的傅奕本、王弼本等等。何况刘向的关注点放在《老子》上的不会很多(他奉旨校订群书——奏《七略》,而《诸子略》只其一,《老子》又是其一中之其一)。

六、《老子》传本逐渐增多,抄写者据多种传本的传抄,因理解力不同,难免不妄改个别字。

七、《老子》成书时尚无纸,主要用竹简,年代久远,错简难免。因此它会造成篇次颠倒、章序错乱、断句错误。而这种颠倒、错乱,必然导致误改妄删。

八、《老子》成书时,尚无明确的篇、章、节概念,更没有标点符号,所以帛书《老子》证明今本《老子》部分章分章错误,并因分章错误造成误解与导致妄增字,妄改字。

九、字书尚属初创阶段。秦始皇统一天下,"书同文"。李斯作《苍颉》七章,赵高作《爰历》六章,胡毋敬作《博学》七章。这可能是最早的字书了。汉兴,"闾里书师合"以上三篇为《苍颉》篇,断六十字为一章,凡五十五章,共三千三百字,还包括重复的字。刘向、刘歆所用的字书,不知道是什么书,但不会很好是可以肯定的。而《说文解字》是东汉的事,并且除去重复的字,也只有不到一万字。比起现在《汉语大辞典》,共收56000余字,还有其他注音、词、注释等2000余万字,刘向的条件差得太多了。出现差错在所难免。

十、道教兴起,尊奉老子为教主,为适应宗教的需要,文字作了相应的改动,注疏引向神化与长生、教徒的诫条。

十一、统一文字后,随着思想文化专制主义的强化,文人为了保官保命,不得不慎之又慎,"顾左右而言他",讳言秦汉时所谓"君人南面术",史官总结历史经验教训用以规谏侯王的《老子》,被引向养生哲学、炼养之说,以及以无为本、虚无为宗的玄学,它的政治哲学被淡化。

十二、唐玄宗用"圣旨","一宁辞措",固定许多错讹的文字,同时也固定了结构布局变形走样了的《老子》,与此同时,他亲自注疏和缩写《老子》,将"君人南面术"的《老子》，改造成人生哲学、生命大智慧。

当然，随着历史发展、经验教训一再重复，后人增加了个别文句，如帛本之"师之所居，荆棘生之"，被增改为"师之所处，荆棘生焉；大军之后，必有凶年"，增改得极好，虽可谓"失真"，但丰满了文义，这是应该肯定的"失真"，这里就不谈了。

帛、简《老子》先后出土，虽然它们都是传抄本，而不是原稿本（或者还无法证明），但却是最古本。因此国宝模糊部分有望重见光明。如果说，今本《老子》早已定型，且已约定俗成，不可能改动。对于出土不久的帛书《老子》，则另当别论。用简、帛本，详细比较今本，一一分析哪些文义被模糊，校订出一本最古、最全、最少失真的帛书《老子》，既有可能又有必要。第一，我们有最古本简、帛《老子》为依据，这是刘向、唐玄宗等做梦也想不到的。第二，我们有着古人不可比拟的大量字书。第三，新出版的《战国文字编》、《楚文字汇编》、包山、郭店、马王堆、银雀山等等文字编，它们为进一步识别《老子》原貌提供了大量的参证。第四，随着简、帛的大量出土，研究逐渐深入，成果纷呈，也为研究帛书《老子》提供了条件。在如此优越的条件下，全面校订帛书《老子》，同时考证今本《老子》是否模糊走样，何乐而不为呢？所以，我们撰写了六十六篇长短不一的文章，逐一分析今本《老子》是因何、如何造成这些模糊点的（请参见《今本〈老子〉五十七个章中的模糊点》，贵州人民出版社2007年版），下面只列举十篇短文。另外老子术篇中还要对重大方略的模糊问题逐一作详细分析。

一、对侯王谦下说教的章不该再含糊

《汉书·艺文志》认为"谦谦"是道家，尤其是《老子》说教的重要内容。而《老子》直接作谦下说教的章严重模糊。今本《老子》三十九章后半部分当自成一章。

第一，误读、误释此章中心思想的文句："致数誉无誉。"此章帛本为"致数与无与"，王弼本为"致数舆无舆"，有的甚至误解为"……无车"，可见历来误解之多了，诠释根本不可能到位。与、舆、舆、誉，同音而古相通。《庄子·至乐》作"誉"是正确的。所谓"致"，招引、引来、导致也，误读为"至"，也会造成误解。清段玉裁《说文解字注》曰："致，引申为招致之至。"数者，频频、屡屡也。《孙子兵法·行军》："屡赏者，窘也；数罚者，困也"，可见数与频、屡意思相同，对于将士们过度的奖赏、过多的诛罚,将会使君上处于窘困境地,甚至适得其反。《老子》将这条军事哲学变为政治哲学,并且是君上的政治哲学。那种招引来的频频的赞誉,往往是无可赞誉的。秦汉后的圣上圣明、三呼万岁,"万岁不离口"的"数誉",并不可信,不然也会使君上窘困,丧失信誉,成为笑柄。战国时的"致数誉"自然比不上秦汉之后,但吹捧之风由来已久,日盛一日。这就是"致数誉无誉"的含义。

第二,误读"而"字。帛书的文字是:"故必贵,而以贱为本;必高矣,而以下为基。"这与《战国策》、《淮南子》、《说苑》所引大致相符。"而"不是连词,"尔"也,你也。如《尚书·洪范》:"尔康尔色。"《韩非子·外储说右上》:"慎而言也,人且和女……"(即《列子》:"慎尔言,将有和之")"欲利而身,先利而君……"新出版的《战国楚竹书》也有不少以"而"代"尔"。所以,"而"乃"尔"的同音假借。贱,虽有微贱之意,这里主要是谦下之意,正如先秦时已流行的诸如贱臣、贱子、贱妾、贱躯……一类谦称那样。因此按照帛书《老子》的文字,它的译意是:要必保尊贵,你要以自谦为根本;要必保崇高,你要以卑下为基础。这样才能与下文相吻合。今本《老子》将这四句压缩为两句:"贵以贱为本,高以下为基",文字虽简洁,却难以表达原意。

第三,是谦称,不是南面称雄。"侯王自称孤寡不穀"之"孤",即无德;"寡",即寡德;"不穀",即不善。这是《礼记·曲礼》等古今注家无不认可了的注释。译为白话,即无德的我,寡德的我,不善的我。封国侯王由世袭而承其位,养尊处优,言欲难违,各种条件决定了他易私难公、易骄难谦、易奢难俭、易昏难明;也决定了他"知识甚阙"、"见闻甚浅"、"体质甚弱",于国于民很难有多少恩德与善举,甚至相反。尽管无德、寡德、不善是谦称,但又是符合实际的,毫不过分。如果译文照搬原文:"侯王自称孤寡不穀",一般人是难以了解其意的。只能理解为南面称雄之意了。岂不与原意相反?

第四,错读"故"字。因为三十九章不是一个章,而是两章合成的。为连接上下文,所以将"故"字译为"因此"、"所以"。这一来将上章之模糊转到了下章,明白易懂之文变得玄而又玄了。《说文》:"故,使为之也。"《广雅·释诂三》:"故,事也。"《左传·昭公二十五年》:"昭伯问家故,尽对。"杜预注:"故,事也。"《易·系辞上》:"仰以观天文,俯以察地理,是故知幽明之故。"孔颖达疏:"故,谓事也……义理事故也。"因此,故,事故、事情、事理、事实也。

第五,错误合章。今本三十九章,前半部分谈德的纯一,后一个章即此章,是告诫侯王必须谦下。应该是两个章,高亨先生早执此见。合而为一冲淡了此章的主题。

总之,正确地分章,正确地恢复古貌,正确识别假借字,正确释义,老子对于侯王谦下自知的说教可以重新凸现,大白于世。因此,帛本文字,译意如下:

(●?)故必贵〔矣〕,	种种事故说明要必保尊贵嘛,
而以贱为本;	你要以谦贱为根本;
必高矣,	要必保崇高嘛,
而以下为基。	你要以卑下为基础。
是以侯王自谓曰:	所以侯王才自称为:
孤、寡、不穀。	无德、寡德、不善之人。
此其贱之本与,	这就是以谦贱为根本呀,
非也?	难道不是这样吗?
故至数誉无誉。	所以说,招引来的频频赞誉,是无可赞誉的。
是故不欲禄禄若玉,	因此不要希望自己已经美好得像宝玉,
硌硌若石。	坚硬得像石头。

二、故意强称贤良不会有好结果

错误分章大伤文义莫过今本《老子》四十二章后半部分,前半部分论道、论天地万物生成,而后半部分是老子的谦下说教,怎么会是一个章呢?高亨等许多注家早说此章上下文难以衔接。此章许多重要的文义被埋没,究其原因,就是这种错误合章,冲淡了此章之含义。再就是关键的字、句释读错了。

第一,"强梁者"不等于"故强良者"。《老子》今本为"强梁者不得其死",这就成了"强横的人不得好死",帛书《老子》的文字则是"故强良者不得死",良,善良、贤能、精善也。即"故意强称善良贤能的人不会有好结果",如此才与此章自知自谦之教合拍,同时也才堪称为"学父"。帛书甲本(乙本掩损)与今本虽然都是七个字,但却有三个字不同:有无"故"、"其"二字以及"强良"与"强梁"之差别。《慎子·外篇》:"强梁者死,满足者亡。"《说苑·敬慎》:"强梁者不得其死,好胜者必遇其敌。"因此,按"强梁"的译意自然是强暴的人不得好死。而"梁"与"良"不通。

因为《说文》:"梁……刅声。"声不同于"良"。而"良"广见于先秦典籍。如《诗·陈风·墓门》:"夫也不良,国人知之。"《尚书·益稷》:"元首明哉,股肱良哉,庶事康哉。"《尚书·冏命》:"惟一人无良,实赖左右有位之士,匡其不及,格其非心。"孔子曰:"温良恭俭让。"既然有真良,就会有假良、伪良、强良、强不良以为良。恐怕不能说没有。从上面所引《慎子·外篇》、《说苑·敬慎》文句的上下文看,与今本"强梁"相吻合。而从帛书《老子》上下文看,"强良"才吻合谦下之教。因此,既不能依帛本乱改今本,更不能框套今本更改帛本文字。从文义看,以帛本为佳。

第二,"自称"不等于"自名"。今本《老子》三十九章是"侯王自谓(称)孤、寡、不穀",帛书《老子》此章则为"而王公以自名也"(敦煌本同,严本为"自名称")。自名之"名",即名理、名义、名誉之名,因而"自名"就不仅是自称,而且是一种自知自识了。这是将今本《老子》三十九章之教深入了一步:自称还不够,还必须这样认识自己。岂不又进了一步?除严本外,今本《老子》无不作"自称",它也有损文义。

第三,"侯王"不等于"王公"。今本《老子》三十九章,帛书《老子》甲本、乙本都是"王侯",而到了此章,帛书《老子》甲、乙本又都变成了"王公"。这就不可能是抄写之误了。"王侯",指天子诸侯,而"王公",是否已扩大到公卿、达官贵人呢?当时的王侯公卿都是世袭制,社会及其生活条件同样使他们易私难公、易惰难勤、易骄难谦。"王公"所指范围扩大,即更多的君人者也应该认识到自己的无德、少德、不善,以自知自律。今本《老子》改"王公"为"王侯",有伤文义。

第四,"唯"不等于"惟"。唯、惟虽古通,但"唯"又有应诺之意。如"唯唯",因此"天下之所恶,唯孤寡不穀",它的本意是:"天下所厌恶的,是被认为无德少德不善之人",而王公却以此自称自识。如此,其义则又进了一步。

第五,"天下之"不等于"人之"。甲本为"天下之所恶",乙本及诸今本皆为"人之所恶",差一字,但"天下"不仅包括人,而且也包括生灵及万物,不义之战造成"戎马生于郊","师之所处,荆棘生焉",就殃及牛马、稼穑、林木,如其有知,岂有不恶之理?改"天下"为"人"损伤文义。

第六,不直译出孤、寡、不穀之含义,造成文义模糊。

所以此章的订文与译意应该是:

(●?)天下之所恶,　　　　　天下所厌恶的,

唯孤、寡、不穀，	就是那些被认为是无德、少德、不善的人，
而王公以自名也。	而王公却这样认识自己。
物或损之而益，	有的事物亏损了反而有益，
益之而损。	有的事物增益了反而受损。
故人之所教，	所以别人怎么教导我，
我亦教之：	我也用它来教导人：
"故强良者不得死。"	"故意强称贤良的人，不会有好结果。"
我将以为学父。	我将把它作为学的根本。

三、改"王大"为"人大"，硬伤不轻！

《老子》的"国中有四大"，除了道大、天大、地大之外，海内外最为流行的《老子》注释本（陈鼓应本）是"人亦大"，"人居一焉"，新近面世的《大中华文库·老子》也是这样介绍给世界的。《哲学研究》等权威刊物关于《老子》的论文，也常常这样引文与立论。但郭店楚简《老子》却不是这样的，并且由此凸现出一段老聃的政治哲学。

> 天大、地大、道大、王亦大。国中有四大安，王居其一安，人法地、地法天、天法道、道法自然。

这里有两三处不同文字：一、是"王亦大"，"王居其一安"，不是"人亦大"，"人居一焉。"二、多了两个流行本所无的"安"字。三、不是傅奕本等的"域中有四大"，而是"国中有四大"，"域"虽通"国"，但"国中"专指政治、社会领域，而"域中"还包括自然界。简本证实"国中"为古貌，它是"王大"的旁证。这几处对于破译老聃的政治哲学至关重要，千万不能忽视。

今天要是谁说：总统、主席、国王之大，可与天、地、道并列，必被人视为疯话。而在老聃时代却切中要害。商周之时，我国君主专制已粗具规模，尽管它远不如秦汉时强大、完善。而王侯"受命于天"的观念也已根深蒂固。至春秋时，礼崩乐坏，周天子早已不成其为天下之"共主"了，天下纷争，"政在诸侯"。侯国之内的纷争也往往无休无止，"政在大夫"。如何平息纷争？如何达到天下太平？作为周王朝史官的老聃认为：天下必须定于一尊，侯国必须定于一尊，这样才有安定的可能。所以老聃将王侯受命于天的观念赋予了理论和自然的神秘色彩，将王与天、地、道相提并论，可谓尊王已达极致。但是反反复复的历史经验又使老聃清醒地认识到，单只尊王是行不通的，那样会使"王"忘乎所以、胡作非为、无法无天。远如桀、纣，近如厉、幽，即是如此，于是老聃在提出"王亦大"之前，提出了"天大、地大、道大"，即王大的前提是前三大，并且在"王大"后面又提出"法天、法地、法道"，最后连"道"也得效法"自然"，何况"王"乎？老子明为捧王、尊王，更重要的是进行遵从自然客观规律的说教，企图以此限制王。因为所谓"法天法地……法自然"之"法"，并非平民百姓之"法"，而是君上侯王之"法"。所谓法自然，即不可违背自然规律；而"法道"，则是尊重客观规律；所谓法天、法地，就是像天地那样好静、无欲、无为、无事（不以一己私利扰天下），又像天地那样恩泽天下而不以仁德者自居自利。为什么这里没有"法王"呢？老子没有讲出来的话，《墨子·法仪》替他讲明白了："天下之为君者众，而为仁者寡，若皆法其君，此法不仁也。"其实儒家也是这样认为的。孔子说："大哉！尧之为君也，巍巍乎，唯天为大，唯尧则之"（《论语·泰伯》）。"则之"即"法之"。或者再用独尊儒术的董仲舒的说法"天覆无外、地载兼爱，风行令而一其威，雨布施而均其德，王术之谓也。"（《春秋繁露·深察名号》）这不就是"王术"的法天则地、法自然吗？可见，老聃想用这种有限制的尊王来达到天下、国家和人民的安宁。所以这就有了"国中有四大安"的结论。《说文》："安者，静也。"稳也，定也。这种安定、稳定、宁静的政治哲学，也许至今不无借鉴价值。后来人们删去前句之"安"字，而将后句"王居一安"变为"王居一焉"，岂不隐去了老聃的政治哲学。

老聃所谓的"王"，乃指周王、周天子。直至太史儋时，看来也是指周天子的。因为诸侯称王始于公元前344年前魏称王："乘夏车，称夏王"（《战国策·秦策四》），公元前334年齐威王称王，公元前325年秦惠文君、韩威侯又接着称王，三年之后（公元前323年）魏、赵、韩、燕、中山"五国相王"。……各大国都称起王来，致使王号之尊大掉价。一王称大是利，多王称大是害，从而大大加剧了战乱，兼并战争愈演愈烈。公元前288年，秦、齐相约，并称为帝——西帝与东帝，但没有几个月，齐取消帝号，第二年五国合纵攻秦，秦也被迫放弃帝号。孟子对于"天下恶乎定"的回答是："定于一。"这个"一"并未解决，换句话说，老聃设想的"王亦大"并没有解决。帛书《老子》甲本、乙本分别抄写于秦始皇称帝前后及西汉初，这时"王亦大"（"王"此时应升格为"帝"了）是现实的迫切需要,因而"王亦大"未被改动。正像《淮南子·道应训》的引文,以及汉魏的河上公本《老子》、王弼本《老子》没有改动"王亦大"一样,是因为当时现实也需要"王大"（帝大）。但东汉时的想尔本《老子》,出于道教养生、长生的需要,已将"王大"改为"生大"了。到了唐代贞观之时,天下大治、国泰民安、四海平静。而且"王大"是早已解决和肯定了的问题,同时又在道教、佛教、儒教思想的强大影响下,"王亦大"终于被傅奕本《老子》改为"人亦大","人大"被列入"四大"。再说,《老子》中的"以百姓心为心"等思想就是一种"人大"的因素。而且其他道家、儒家著述也有以天、地、人并提的。所以改"王大"为"人大"顺理成章,顺应潮流,迅速被人们认可、传播,由唐至宋、至明清、至民国,一直到帛书《老子》出土一二十年后,人们仍不愿意接受"王亦大"乃《老子》古貌的不争事实,在多种著述、注释、论文的引文中,只用"人亦大",不用"王亦大"。其实"王大"乃是一个不以人们意志为转移的事实。因为在小农经济为主体的经济条件下,在封建专制主义的政治、文化条件下,"王大"是历史之必然。解放前后,每户人家堂屋中央的"天地君亲师之位"的牌位,岂不就是"家中有五大安"的祈盼？岂不又反映了"王大"之现实？或者说是以王为中心的中国传统文化体现。天与地虽然看得见摸得着,但天地何言？而君、亲、师之言却不绝于耳。"师"是"以吏为师"之"师","亲"是思想文化专制主义下的"亲",师也好、亲也罢,不过是封建专制的礼仪、法度、意愿的体现,归根结底,还是跳不出"王大"之藩篱。至于"王大"是否服从于天大、地大、道大,那就很难说了。而"王大"则是必然与不可避免的。无数志士仁人梦寐以求人大、民大,它迟早会到来,但那是社会经济、政治、文化条件改变之后的事了。可见,改"王大"为"人大",不仅与历史和古籍相悖,而且有损老子的政治哲学,淡化了老子宇宙论的落脚点:尊王与制约王。硬伤不轻！因此不宜改动"王亦大",同时立论之时,再不能以"人亦大"为依据和出发点了,因为它与"王亦大"的结论是大不相同的。

四、改"今"为"古",损伤"道可道,非恒道"之义

老子的"道",无论是宇宙万物本源之道,抑或治道、君道、人道都极为抽象。但在这一章里,老子却用形象的手法对"道"加以描述:无形、无声、无象、无迹,看、听、摸、迎、随……单凭感官是无法认识的。强调这一面,那就得出这样的结论:

"道,是不可感知、不可认识的神秘精神实体。"但是老子又说这不言不见之道又无时不在、无处不存,主宰万事万物。因而要"以今之道,御今之有,以知古纪"。这"道"岂不成了可知的了吗?

可惜,十四章的上述精神被掩盖了。今本《老子》统统是"执古之道,以御今之有"这一来老子更像一位厚古薄今、企图复古、逆历史而动的人了。其实帛书《老子》甲、乙本皆为:"执今之道,以御今之有。"一字之差,文义全然不同。究竟孰是孰非?

迄今不少人仍力主今本《老子》"执古之道,以御今之有",才是《老子》之本意。因为从"善为道者非以明民,将以愚之","不尚贤","小国寡民",感叹"失道矣",等等来看,《老子》是推崇古道和向往复古的。但是据此要改为"执古之道,以御今之有",却是不对的。因为抄写时代不同的帛书甲、乙本都为"今",不可能都错,此其一。其二,今本二十一章,河上公本、王弼本有一句"自古及今",帛书两本又都为"自今及古",而且范应元曰:"自今及古,严遵、王弼同古本",可见王弼本也是被妄改了的。其三,更重要的是《老子》的一个理论基石是:"道可道,非恒道"。他哪里会把"古道"视为永远不变、世世照办之"恒道"呢? 有人说:古、故通假。而《尔雅·释诂》就有"故,今也"。因为古通故,故当然又通今,因此,此章之"今",不过是古、故的通假字。所以"执今之道",即"执古之道"。这种推论是不是转弯逻辑、强词夺理。我们还是验之先秦文献:

《鹖冠子·近失》:"欲知来者察往,欲知往者察今。"

《鹖冠子·王鈇》:"以今之事,观古之道。"

《吕氏春秋·察今》:"察今可以知人,察今可以知古。""有道之士贵以近知远,以今知古。"

《淮南子·汜论》:"夫殷变夏,周变殷,春秋变周,三代之礼不同,何古之从?""古之伐国,不杀黄口,不获二毛(黑白发相间之人),于古为义,于今为笑。"

从这三部黄老著作看,帛书《老子》的文字是正确的。老子十分清楚事物是发展变化的,要从发展变化中把握今、察诸往。所以可以说,老子同样是"厚今"的。但是近十年出版的大批《老子》专著仍然对今本《老子》"执古之道,以御今之有"坚信不疑,似乎不承认帛书《老子》的文字,以为老子主张执奴隶社会之古(夏、商、周),亦能御封建社会之今(春秋与战国)。令人遗憾!

五、被严重模糊的"吹者不立"

今本二十四章,第一、二句是"企者不立,跨者不行",下面接着的帛、今本都是倡导别"自是"、"自见"、"自伐"。帛书《老子》无"跨者不行"句,只"炊(吹)者不立"一句,甲、乙本皆如此。即吹嘘浮夸是站不住的。所谓自是、自见、自伐,即自以为是、自我标榜、自我吹嘘,这些统统要通过"吹"(王吹与臣吹)来表现。比较一下"企(踮着脚跟)者不立"与"吹者不立"句,显然帛书的文字必为古貌、原意。它与下文正相呼应吻合。但是有人说:这个"吹"是古人的导引术。"吹字古代并无吹嘘夸口的义项"。似乎"吹"是今天才有发明的。其实《尚书》就有不少类似此章的思想了。

《尚书·大禹谟》:"克勤于邦,克俭于家,不自满假。"假者,虚假夸大也。即不自满于虚假夸大之词句。又说:"汝惟不矜(不夸耀),天下莫能与之争能,汝惟不伐(不自吹),天下莫能与汝争功。"《老子》"天下莫能与之争"句,可能源于此。

仲虺(音悔)是成汤的左相,他劝勉成汤,作了《仲虺之诰》。其中有这样的话:"予闻曰:能自得师者王,谓人莫己若者亡。好问则裕(有所得,则伟大),自用则小(渺小)。"果然,后来的殷纣王"高天下以声,以为皆出己下",秦始皇"以为自古莫及己"(《史记·殷本记·秦始皇本纪》),加速了自己的灭亡。这不就是"人莫若己"之注吗?"莫若己"就要用吹来表达。

《尚书·说命中》:"有其善,丧其善;矜其能,丧其功。"这是殷高中武丁任命傅说为相的命辞。

由此看来,这些都是对君王及相的劝诫。老子是否也是这样呢?因为对于侯王们来说,吹嘘、浮夸不仅是"不立"的,而且是危险的。自以为是、自我标榜、自我吹嘘、自高自大,将会使侯王、为政变得耳不聪目不明,并且还可能是块将要发作的恶性肿瘤。这不是什么"以退为进的处世哲学",而是老子从政治历史中提炼出来的政治哲学。《论语·公冶长》有"勿伐善"等说教,那是要谦虚、不要骄傲、不要自吹自擂的处世箴言,而且是以学子为进言对象。而老子的进说对象是侯王,内容、目的大不相同。

同样,王弼本六十七章有关"吹"的部分也被模糊了。

严遵本与帛本文字最近,其文与谷神子注如下:

> 天下皆谓我大(注曰:"与我名也"),似不肖(注曰:"像无形也")。夫唯大(注曰:"德隆盛也"),故似不肖(注曰:"反类病也"),若肖(注曰:"众所荣也"),久矣其细也夫(注曰:"逆天行也")。

河上公之注也有些类似。《老子》成书时,可能还不知道公元前344年魏称王,"乘夏车、称夏王"(《战国策·秦策四》),以及"五国相王",但应该知道春秋五霸,那就是一种称大、称霸,这些就是"天下皆谓我大"吧?伟大或强大,在世人并不称颂的时候,的确是伟大的、强大的。一当天下都齐声高呼时("众所荣也"、"与我名也"),它的推动力是什么?其潜在的危险是什么?这就值得思考了("反类病也")。如果陶醉于彼,那么将由伟大变为渺小,也许早就开始"逆天行也"。

到了王弼时,"我"字后加了个"道"字,成了"我道大"。为什么加?是否因为避祸而加,不得而知。但却给注家以阶梯,绕过主题而言他,以免有杀身之祸。今天,就没有必要再以"我道大"释之了。

这不也是"吹者不立"的另一种表述吗?所以综合帛、严本如下:

> 天下皆谓我大,大而不肖。夫唯大,故不肖。若肖,细久矣!

如果译为白话,那就是:"天下都说我伟大,这大你不像吧。正由于只有你伟大,所以不像。如果像的话,那它早就渺小了!"

六、"唯道是从"哪能离得开人情人性

今本《老子》二十一章谈"孔德之容。唯道是从"。所谓"孔德",也就是俗话说的大恩大德。《老子》认为大恩大德是什么呢?那就是唯道是从。对于封建社会,此论极为深刻正确。不是什么仁人爱民,不是什么"博施于民而能济众",也不是"兼爱",而是遵循客观规律——道,唯道是从。尽管"道"是难以把握的,或隐或现的,但是它有物、有象、有情,它是信信实实、确凿无疑的存在。

可惜,传世的古代四大主要传本:河上公、王弼、傅奕、范应元本,与现代的四大

主要传本:高亨、张松如、任继愈、陈鼓应本都错了一个至关重要的字"精",即把"有情"误读为"有精"(高亨、张松如曾疑"精"为"情"之误),一字之差,抹煞了唯道是从的一个核心问题:千万不可忽略人情人性。道虽然或隐或现,但可以从大量的现象、事物,尤其是人情人性的常理中观察和体验到的,这即是"有象","有物","有情"。但是所有传世本竟将两个"有情"误读为"有精"。道、规律、法则,本来就是精之至上至大,怎么会又"有精"呢? 于理不通,莫名其妙。原来,精、情、清、请、晴在《说文》皆"青声",比如帛本就不是"有精",而是"有请",这"请",虽然可以读为本字"请",也可以是其它假借字精、情、清、晴。所以如此之假借字,就看用在什么地方。必须反复推敲。正因为没读准,所以马王堆汉墓帛书整理小组,将"情"之假借字"请"误读为"精"。不仅《庄子·大宗师》:"夫道,有情有信",可证"请"即"情"之借字,而且正好《郭店楚墓竹简·性自命出》有下面一段文字,既可从字的释读上证明上述判断,而且又能从义理上证明上述理解正确无误:

  衍(道)司(始)于青(情),青(情)生于眚(性),司(始)者近青(情),终者近义。(《郭店楚墓竹简》第179页)

  上例可见简帛佚籍的古体字与假借字何等之多与杂! 更重要的是《性自命出》所说的:"道始于情,情生于性。"这短短八字,深刻揭示了道与人情,道与人性密不可分。作为《老子》道的主体:人道、政道、君道,怎么能离得开人情、人性呢? 这一来确证了"请"应读"情"。由此再回过头去细审此章全部论点,就会有不同的体会与诠释。虽然它同时提到现象、事物、人情人性,但是从"中有情吔,其情甚真,其中有信"看,"情"——人情、人性乃此章重心所在。违背人情人性,哪能谈得上唯道是从? 不仅谈不上于国于民的大恩大德,也许还会制造灾难祸国殃民哩! 所以此章的订文与译意刍议为:

孔德之容,	大恩大德的表现,
唯道是从。	就是完全唯道是从。
道之物,	道这个东西,
唯望唯忽。	或现或隐。
忽呵望呵,	若隐若现呵,

中有象呵。	表现在种种现象上。
望呵忽呵，	若现若隐呵，
中有物呵。	它显示在大量事物中。
幽呵冥呵，	虽然幽深不明呵，
中有情吔。	它哪能离得开人情人性呵！
其情甚真，	这人情人性再真不过，
其中有信。	它的这种真实性完全可以验证。
自今及古，	从现在追溯到古代，
其名不去，	永远离不开对人情人性的认识，
以顺众父。	依靠它可以理顺事物的根源。
吾何以知众父之然？	我怎样知道事物本质的所以然呢？
以此。	就是根据这个道理。

七、重新诠释"学者日益，为道者日损"

楚简《老子》与今本《老子》四十八章前后部分的组合迥异。而且它前半部分的文字也不同于今本：

学者日益，为道者日损，损之又损，以至于无为而无不为。■绝学无忧……

这里重要的不同点有：第一，今本不是"学者"，而是"为学者"（或无"者"字，只"为学"）。"学者"与"为学者"虽差一字，但含义不同。正如今天的思想家、作家、学者、教授，不同于大、中、小学生一样吧？第二，帛、今本《老子》没有紧接着的"绝学无忧"句，此句处于今本二十章（非四十八章）之首句。这是最大的区别。第三，帛本也将前句改为"为学者"，而后句则改为"闻（非'为'）道者日损"。应当说，把"学者"、"为道者"改成"为学者"、"闻道者"，是深思熟虑的，确切多了。因为"学者"、"为道者"毕竟极少极少。为学者与闻道者就不同了。因此简、帛、今本不同的文字与不同的组合，会有不同的含义与诠释。今本文字的前两句被普遍诠释为"从事求学，一天天增加知识；而从事于道，一天天减少情欲"，这种看法认为为学与为道是两种不同的领域。为学，知识越来越丰富，对政教礼乐等等的认识越来越深——"为学日益"。而为道则不同,不是益而是损,损其私欲、情欲,着重内省,清除杂念,以至于无私、无名、无己、无功,乃至"无为而无以为"(严遵本文句)。而依简本文字,它诠释的就是另外一回事了:"学者们一天天增多,遵从自然之道的人就会一天天减少。"学者会招引更多的为学者,他们会刺激人们的功名欲望,因而伪善伪行也会随之增长、蔓延。人与人之间的尔虞我诈、追名逐利、你争我夺,也就在所难免了。因此结论是"绝学无忧"。为了强调这一结论,简本还特别用一横,将"绝学无忧"与上文间隔,以示强调。这正是简本与今本所不同的地方与不同的诠释。这种诠释是鉴于楚简《老子》的明确主张:(1)"绝智弃辩","绝伪弃虑",智、辩、伪、虑都是学者与为学者的产物。(2)同时主张"智之者弗言,言之者弗智",并提出对待智者"六不可":不可得而亲,不可得而疏;不可得而利,不可得而害;不可得而贵,亦不可得而贱。(3)"太上下智"——最好是压低智者的声望。帛书《老子》不仅将"绝智弃辩,绝伪弃虑"升格为"绝圣弃智,绝仁弃义",并且又补充了三条:(4)不尚贤。(5)非以明民,将以愚之,自然愚民的关键在学者、智者。(6)"小国寡民",倒退到结绳而治的时代。总之,简、帛本提出一套对于智者、学者、愚民的方略。到底是今本诠释正确,还是简本或帛本正确呢?《史记·老子列传》有一段记载:"孔子适周,将问礼于老子。老子曰:'子所言者,其人与骨皆已朽矣,独其言在耳。且君子得其时则驾,不得其时则蓬累而行。吾闻之,良贾深藏若虚,君子盛德,容貌若愚。去子之骄气与多欲,态色与淫志,是皆无益于子之身。吾所以告子,若是而已。'"这段话可以看出老聃对于就像孔子这样的学者、智者,也是不以为然的。第一,有骄气;第二,多欲;第三,尚不够朴实,往往还装腔作势;第四,有不切实际的志愿。所以告诫他要深藏若虚,盛德若愚。有些话老聃虽没有说,但可以体味出来。如果这些毛病不去掉,那么以骄气与多欲之臣去辅佐多欲而权盛之君,要么不被任用,要用了也难以融洽而身危。或者唯国君骄淫之志是从,助纣为虐,将会干出多少不切实际的事来坑害百姓与国家!看来这就是老聃的潜台词。这些应当是"学者日益,为道者日损"的形象诠释吧!

恩格斯在《家庭、私有制和国家的起源》中说:"文明时代愈是向前发展,它就愈是不得不给它所必然产生的坏事披上爱的外衣,不得不粉饰它们,或者否认它们——一句话,是实行习惯性的伪善。这种伪善,无论在较早的那些社会形式下还是在文明时代的第一阶段都是没有的。"老子并没有使用"伪善"这个词,但他却有类似意思的话。他认为失道之后的仁、义、礼,乃是"忠信之薄而乱之首也"。这是否近于"伪善"呢？帛本的"为学者日益"，所学无非是仁义礼智，政教法刑，他们学的真实目的在于用此去文饰其情欲——功名权利欲。严遵的话叫"为学日益，文生事起，伤神害民"。所以老子才说，它是"乱之首"，才会"为道者日损"。这正是老子提出"绝学无忧"的原因。可见，"学者日益，为道者日损"需要重新诠释。

窃以为此章的订文与译意是：

■ 为学者日益，　　　　　为学的人一天天增多〔功名欲望、伪行伪善也随之增大与蔓延，

为道者日损，　　　　　〔因此〕遵行自然之道的人一天天减少，
损之又损，　　　　　　减少再减少，
以至于无为无以为。　　最终还要回到无为、无以私为上来。

八、最好是降低智者的声望

楚简《老子》不仅证明今本之十七、十八两章原来是一个章，而且证明十七章文字讹误严重，导致断句讹误。

今本：太上下知有之，其次亲誉之，其次畏之，其次侮之……
简本：太上下智，又（佑）之其即，亲誉之其即，畏之其即……

今本之文字与断句，被译为："太上下知有其君，其次亲誉其君，再次畏其君，最坏侮其君……"这里破绽显而易见，人民知其君，就视之为最好的世代，岂不太容易？而臣民畏其君是任何君主时代所不可或缺的，它能否成为划分君主或世代好坏的标准？这种理解难免不令人生疑。吴澄的《道德真经注》、朱元璋的《御注道德真经》，一直到陈鼓应先生的《老子注译及评介》，改"下"为"不"，即将"太上下知有之"改成"太上不知有之……"译为"最好的时代，人民根本不感到统治者的存在……"楚简《老子》证明根本就不是这么一回事。但是要讲清楚这件事，还得从《庄子》视"智"为"凶器"、为争斗之源谈起：

《人间世》曰："名也者，相轧也；知（智）也者，争之器也。二者凶器……"

《在宥》曰：由于好知（智），"喜怒相疑，愚知（智）相欺，善否相非，诞信相讥，而天下衰矣！"

《胠箧》曰："天下每每大乱，罪在于好知（智）。"

在庄子看来，正是人们喜好聪明智慧，使得人间变得如此尔虞我诈，你争我夺。从三代以来，"夫好知（智）以乱天下也"，已经达到了极点。抛弃那淳厚而朴实的人民，喜欢那轻薄、巧言、谄媚之徒，舍弃恬淡无为的风尚，喜欢那到处游说、好为人师的"啍啍"之风。"啍啍已乱天下矣！"庄子在《天运》篇里还说：三皇之智，比蝎子的尾巴还毒，比吃人的猛兽的祸害还要大，因此不仅要绝圣弃智、攘其仁义，而且要"钳杨墨之口，灭文章，散五彩，摘玉毁珠，焚符破玺……"这种思想的过激一目了然，但其源头无疑在《老子》。简本首章开头几句就是"绝智弃辩"，"绝伪弃虑"，"绝巧弃利"。这辩、伪、虑、巧、利，岂不都是"智"的产物？到了帛本又大大升格为"绝圣弃智"、"绝仁弃义"。在《老子》看来，圣智、仁义、利器……看起来娓娓动人，其实它只会煽动人民的情欲，使人们追逐名利，你争我夺。要使人民返璞归真，只有"绝圣弃智、绝巧弃利、绝学无忧"。为什么产生这样激烈的看法与主张呢？这里又需验之老子、庄子所处的历史大背景。

春秋中后期，随着社会的变革，崛起了一个知识阶层，楚简《老子》称之为"学者"、"智者"。有时又称"士"——上士、中士、下士，当时文献多称"士"。这些"士"，照刘向所分，分智士、辩士、仁士、武士。或者为简便起见，只分为文士与武士。他们不事生产，脱离了土地，有知识，有技艺，较为自由，宗法关系对他们的束缚相对要少得多。由于社会矛盾错综复杂，政局倾轧多变，兼并战争此起彼伏，因此多士、众贤又成为一种客观需要。但是多士、众贤不仅仅"使民争"，而且他们往往是一种祸乱之源。弄不好，贤智往往会危及世袭制下的平庸和昏乱之国君与公卿。《管子·侈靡》说得明白干脆："上贤者亡。"那么，怎么办呢？它接着回答："役贤者昌"。役，役使也。也就是说，在尊君的前提下，使用贤智，各国的王公正是这样办的。公室私室纷纷养士、畜士，招揽士人归之。《左传·文公十四年》：齐"公子商人骤施于国，而多骤士"。《左传·襄公二十年》："怀子好施，士多归之。"《墨子·贵士》："……用以养士，必千有余。"它的"众贤之术"是："富之、贵之、敬之、善之……"这自然与《老子》的"不尚贤"、"绝圣弃智"大唱反调。但是又因为事实上根本不可能"弃智"，政治与军事迫切需要"智"，无智则亡，"无士则亡"（墨子语)。那么在楚简《老子》看来该怎么办呢？就是上面所引的"太上下智,佑之其即,亲誉之其即,畏之其即,侮之。"这些话是什么意思呢？这里需要诠释关键的文字：

（1）"又"通"有"，但又通"宥"（宽恕），通"佑"（富也）。《小屯殷墟文字乙编》之"又"即佑；此处之"又"乃"佑"之假借字。（2）"即"不能注为今本之"次"，字形、字音与字义无论古今都相差甚远。《说文》："即，即食也。"林义光《文源》："即，就也……像人就食之形。"另外"即"还有就、靠近、接近、迎合、符合等含义；而不是"次"。（3）简本"太上下智"之智，非知晓之知，是指知识阶层或智士。他们无不以干君求仕为务。次一等也要投靠卿大夫、公子一类的门下，找碗饭吃。用孟子的话说："士之于仕也，犹农夫之于耕也。"（《孟子·滕文公》）"其即"就是那些智士，为求得一官半职，谋得一碗饭吃，而接近你、投靠你、迎合你。哪怕他们怕你，看不起你，他们也会想方设法接近你，孔子"干七十余君"，不就是"其即"吗？"多骖士"、"士多归之"，就是"其即"，来投靠，求官求饭吃。这些与"其次"的含义相差十万八千里。如何对待这些"其即"的智者呢？"太上下智"——最好是降低智者的声望，同时还要看不起他们"侮之。"役使贤智，固然需要，但这只是一个方面，另一方面，世袭制下的国君还不能太抬举他们、吹捧他们。要压低他们的声望。贤智者的声望一旦在国君之上，君将不君，国将改姓。齐景公等君主不敢用孔子，即源于此种考虑。同时，国君在心理上，还应该看不起他们。这就是今本十七章的中心含义。那么十八章又是什么含义呢？在老子看来，那淳朴的远古时代，无所谓仁义、孝慈、忠贞。人们自然而然地仁义、孝慈、忠贞，当"大道废"，朴散真离，统治者为了社会安定，便用仁义、孝慈、忠贞为美名，号召人们身体力行，仁义、孝慈就成了治国的治术、权术。人们——尤其是智者为了获取这些美名，作出种种伪行，加速了社会道德的沦丧。儒家只注意到仁义、孝慈、智慧、忠贞的正面，而老子深入其里，看到它们背后的背道与诈伪、不和与昏乱，因而从根上提出了解决的办法——尊顺自然，返璞归真，唯道是从。为此，必须降低智者的声望。这样才能使国家、社会安宁。看来这是这两章的思想内涵。可见，今本《老子》十七、十八两章文字必须以简本为准，同时重新加以诠释。其订文与译意之刍议如下：

■ 太上下智，　　　最好是降低智者的声望，
　佑之其即，　　　福佑他们，他们就会接近你，就食于你，

亲誉之其即，	亲近和赞誉他们，他们更会迎合、就食于你，
畏之其即。	他们畏惧你，也会设法接近你。
侮之。	要看不起他们。
信不足安有不信。	诚信不足，于是才有不信任。
犹乎，其贵言也。	犹犹豫豫啊，使他们慎贵其言。
成事述功，	事遂功成，
而百性曰我自然也。	这样百姓才能说我遵顺自然。
故大道废，安有仁义；	所以说，大道废弃，于是才有了仁义；
智快出，安有大伪；	智者们迅速出现，于是才产生大诈大伪；
六亲不和，有孝慈；	六亲不和，于是有了孝慈；
邦家昏乱有正臣。	国家昏乱，于是有了正直之臣。

九、被误释误解的今本《老子》五十章

今本《老子》五十章，从战国到西汉都被注家误解了。《韩非子·解老》将"生之徒十有三"注为"四肢与九窍十有三"。河上公亦注为："九窍四关也。"严遵注曰："四肢九窍凡此十三，生死之外具。"(《道德真经指归》卷三)尽管赫赫有名的伟大思想家，也难免在某一点上远离其题。正所谓《老子》"其辞难知"！到了魏晋王弼才注为"十有三，犹之十分有三分，取其生道，全生之极"，另十之三，"取之死道"，再十之三"全死之极"，这才接近了《老子》之原意。建国之后，此章之注释译文已接近原意。不过至今它仍然还是个被误解的章。这是因为：

第一，没有注意这是由两个章合并的章。

今本《老子》五十章粗看是一章，细看则是两个章。前章是说，古代医疗条件差，死亡率高，人生下来之后，就有十分之三的人夭亡。而活下来的人为了生存（"民生生"），又不得不一再当兵打仗，戍边服役，进入有死亡可能的"死地"（《孙子兵法·九地》："兵，死地也"），这又有三分之一的人死去。为什么呢？"以其生生也"——他们为了生存下去，不得不进入死地。如此之高的死亡率，明明写着是"民"。后面一个章则谈的是善于保持生命的人，他不能进入"亡地"与"死地"——"无死地"。《孙子兵法·九地》曰："投之亡地而后存，陷于死地而后生。"这是对士卒而言。相反，对国君、人主及执政者就绝不能投之亡地、陷之死地了，而

是绝对不要进入可能带来危险的区域,绝对不能拿生命去冒险。战国时代的死亡率极高,能享天年已属不易,如果一国之主还要去冒险、驰骋田猎(甚至像殷纣王那样"才力过人,手格猛兽")、耍刀弄枪、冲杀拼搏,那么保持生命尚成问题,还谈什么享有和治理国家?人民绝无此等条件保持生命。只有极少数的王公、圣人才有资格讲究不进入"死地"。所以,这是老子向侯王献上的"执生术"。可见,今本《老子》五十章前后谈的不是一回事,不是一个章。

第二,没有发现后人因为错误合章而妄增妄改之字。

首先是妄增"之厚"二字。由于合为一章,为协调前后文,后人便在文字上作了增删。帛书《老子》证明"之厚"二字为妄增。注家又多引高延弟之论:"富贵之人,厚自养奉,服食药饵以求长生,适自蹈于死地。"但这里说的是"民"——"民生生",不是富贵之人。不然死亡率怎么会高达两个"十有三"呢?其次,妄改保住生命为养生、长生。即改"执生"(保命)为"摄生"(养生、长生),弄得今本《老子》五十章前后两部分的文义都含混不清。分成两章后,并且照帛书《老子》文字复原,文义将大明。下面就是五十章分章后,两章的帛书文字与译意。

前章:出生入死,	人从生到死,
生之徒十有三;	能生存下来的占十分之三;
死之徒十有三;	夭亡的占十分之三;
而民生生,	而人民为了谋生,
动皆之死地之十有三。	动辄得进入死地而死去的也占十分之三。
夫何故也?	这是因为什么呢?
以其生生也!	因为他们为了生存下去呀!
后章:盖闻善执生者,	听说善于保护生命的人,
陵行不辟兕虎,	在山林里行走不会干砍劈犀牛和猛虎的事,
入军不被甲兵,	在战争中不披坚执锐,
兕无所揣其角,	因而犀牛用不上它的角,
虎无所措其爪,	猛虎用不上它的爪,
兵无所容其刃。	士兵用不上他们的武器。
夫何故也?	这是什么原因呢?
以其无死地焉!	因为他们不进入有生命危险的地方呀!

十、一律改"弗"为"不",必伤文义

"弗"通"不",否定副词。但"弗"还有其他含义。

帛书《老子》"不"字凡一百二十八见,"弗"字三十八见。许多章都有这两个字,其中有十六个章既有"不",也有"弗"。细细审读,用"不"与用"弗"是有区别的。"不",大多或无不用在比较决断、无可置疑的地方。如"不知足"、"谓之不道"、"信言不美"、"不敢为天下先"、"不以兵强天下"……这些"不"语气肯定。而"弗"则不同。《说文》:"弗,挢也。""挢",《说文》:"举手也。……一曰挢擅也。"因此,"弗"还有挢擅、擅自、张扬的含义。而段玉裁注本则改"挢"为"矫"。李孝定之《甲骨文字集释》按语:"字作弗,正像箭使直之形。"所谓"矫",纠正、违背也,如矫诏。《玉篇·矢部》:"矫,强也。"也许正因为如此,弗又作不正、违背解。《玉篇·丿部》:"弗,不正也。"

所以今本《老子》将"弗"统统改为"不"(如王弼本,傅奕本就只保留了两个"弗"字,其他都是"不"),这就伤害了文义。试举数例:

第一,今本《老子》六十八章的"善战者不怒,善胜敌者不与(争)"。帛书《老子》甲、乙本后两句皆为"弗与(争)"。前句的"不怒",是兵家的定论。如《孙子兵法·火攻》就有"主不可以怒兴师,将不可以愠(生气)致战"。这语气是无容置疑的。而后一句之"弗与争"则不然,因为要胜敌,且又是"善胜敌",这本来已是"争"了,这里的"弗与(争)",当是不贸然与之争,或者是不张扬、不妄动、不盲目与之争、不争一时一地之争等含义。译为白话就需要审度上下文及整个思想了,今本《老子》改"弗"为"不",岂不有损文义?

第二,《老子》六十四章之"能辅万物之自然而弗敢为",是不敢妄为之意。因为事实上"为"毕竟还是难以避免的。正如今本《老子》四十七章帛书《老子》为"圣人弗为而成",是不敢妄为而成、遵顺自然的意思。今本《老子》一律改成"不为而成",意思岂不走了样?

第三,《老子》五十六章之"知(智)者弗言,言者弗知",今本《老子》又都改为"知者不言,言者不知",两者译为白话,意思就不同了。

  智者不说不正之言,那说不正之言的不敢以为智("弗"按矫、不正解)。

智者不擅自说话,说话的不敢自以为智("弗"按《说文》对"弗"的解)。

智者不说话,说话的不是智者(按今本《老子》文字)。

显而易见,前两者较合乎情理,而后者尤其是智者不说话,恐怕是不可能的,也非老子之本意。

(此章前言及以上十篇分别连载于《旧书信息报》2003 年 11 月 17 日至 2006 年 1 月 25 日。另外,《旧书信息报》、《茅山通讯》、《弘道》还分别刊出如上短文二十余篇。《光明日报》还登出短文四篇。)

附表一 帛、简、今本《老子》文义不同之文句对照表

今本章次	帛 书	今 本
三十八	上德无为无以为	上德无为无不为
三十九	其至(室)之也	其致之一也(王本:其致之)
三十九	故必贵矣,而(尔)以贱为本;必高矣,而(尔)以下为基	贵以贱为本,高以下为基
四十一	明道如费(拂),夷(㾻)道如类	明道如昧,夷道如纇(王本)
四十一	"道褒无名","夫唯道,善始且善成"	"道隐无名","夫唯道善贷且善成"
四十二	"天下之所恶","王公以自名也","亦议而教人","故强良不得死"	"人之所恶","王侯以自称","我之所以教人","强梁者不得其死"
四十六	罪莫大于可欲	王本无此句
四十七	"不出户以知天下","不窥牖通知天道","弗为而成"	"不出户可以知天下","不窥牖以知天道","不为而成"(王本)
四十八	闻道者日损	为道者日损(简本同)
五十	而民生生,动皆之死地之十有三,……以其生生也	人之生,动之死地亦十有三……以其生生之厚也(王本)
五十	"执生","陵行"	"摄生","陆行"
五十一	器成之	势成之
五十三	"使我撩有知(智)也","唯他是畏"	"使我介然有知","唯施是畏"
五十五	和曰常,知和曰明	知和曰常,知常曰明
五十六	知(智)者弗言,言者弗知	知者不言,言者不知
五十七	"以正之邦","我欲不欲"	"以正治国","我无欲"

今本章次	帛　　书	今　　本
五十八	"其正闵闵,其民屯屯,其正察察,其邦夬夬"。"谦而不刺,直而不绁,光而不朓"	"其政闵闵,其民淳淳,其政察察,其民缺缺"。"廉而不刺,直而不肆,光而不耀"
五十九	楚简本:"给人事天莫若啬(穑)","是以早备","深槿固氐"	"治人事天莫若啬","是以早服","深根固柢"
六十五	"以知(智)知邦","以不知(智)知邦"	"以智治国","以不智治国"
八十一	善者不多,多者不善	善言不辩,辩言不善
六十七	"我恒有(面)三宝之"	"我常有三宝,持而宝之"
六十九	祸莫大于无敌	祸莫大于轻敌
七十二	"民之不畏威","毋闸其所居"	"民不畏威","毋狎其所居"
七十三	"勇于敢者","勇于不敢者","繟而善谋"	"勇于敢","勇于不敢","默然而善谋"
七十四	若民恒且不畏死,奈何以杀惧之也	民不畏死,奈何以死惧之
七十五	"以其求生之厚也","唯无以生为者","有以为"	"以其上求生之厚","唯无以生为贵者","有为"
二	"万物作焉而弗始也"	"万物作焉而不辞"(王本)
三	"使夫智者不敢弗(拂)为而已,则无不治矣"	"使夫智者不敢为,为无为,则无不为矣"
四	"始万物之宗","始或(域)存"	"似万物之宗","似或存"
五	多闻数穷	多言数穷
八	"予善天","水利万物而有静"	"与善仁"(王本),"水善利万物而不争"
十	爱民活国	爱民治国
十二	圣人之治也,为腹不为目	圣人为腹不为目
十四	执今之道	执古之道
十五	夫唯不欲盈,是以能蔽而不成	夫唯不盈,故能敝而不新成(王本)
十七	楚简本:"太上下智,佑之其即,亲誉其即","畏之其即","侮之"	帛今本"太上下知有之,其次亲之,其次誉之,其次畏之,其次侮之"
十八	智快出	智慧出
二十一	"忽呵望呵,望呵忽呵","自今及古"	"惚兮恍兮,恍兮惚兮","自古及今"
十三	"暴雨不终日"	"骤雨不终日"
二十四	"炊(吹)者不立","故有欲者弗居"	"企者不立,跨者不行","故有道者不处也"
二十二	"以为天下牧"	"以为天下式"

今本章次	帛　　书	今　　本
二十五	"绣呵缪呵","独立不垓","王亦大","国中"	"寂兮寥兮,独立而不改,周行而不殆","人亦大","域中"
二十六	唯有环官,燕(宴、暗)处则昭若	虽有荣观,宴处超然
三十一	"铦袭为上","夫兵者不祥之器"	"恬淡为上","夫佳兵者不祥之器也"（或舒兵、美兵、作兵）
三十二	始折有名(楚简本)	始制有名(帛、今本)
三十五	势大象(楚简本)	执大象(帛、今本)
三十六	"道恒无名","夫将不辱","不辱以静"	"道常无为无不为","夫亦将不欲","不欲以静"

说　　明：

　　以上仅仅是文字上的差异,它必然导致文义的模糊。另外还有因分章不当而模糊的文义（如今本《老子》七十二至七十九章,因分章不当模糊了一整套处理政治危机的方略）,该独立成章未独立成章而冲淡的思想（如"治大国若烹小鲜","正言若反"等）,章次错乱而模糊的文义,篇次颠倒而导致的误解,还有夺句模糊的文义等等,这些远非文字差异所能说明的。

第 八 章

用简本校订后的帛书《老子》，必真于、胜于今本

把帛书《老子》与注释、译文周全的今本《老子》相比，很难相信帛书《老子》能成为可靠的传本，人们对它的正确性、权威性、可靠性，难免不产生怀疑。但是如果逐字、逐句、逐个分章点、逐篇地比较分析帛书《老子》与今本《老子》，再多方联系当时的历史背景和当时思想家的言论以及先秦历史文献，那么就会发现帛书《老子》的可靠程度、权威性并不低于今本《老子》，而是高于今本《老子》，并具备可靠传本的文字基础。如果再用楚简《老子》及简帛佚籍校正帛书《老子》的讹误，那么就会发现，它今后必将真于高于今本《老子》，并具备超过其它传本的文字基础。除上述几个章已论述的理由而外，再补充、复述以下各点。

一、帛书《老子》掩蚀的文字甲、乙本可以互补

由于帛书《老子》埋存地下两千多年，所以字迹多有蚀损，总的看，帛书《老子》甲本较乙本为重，上篇又较下篇为重。根据一九七六年文物出版社出版的《马王堆汉墓帛书老子对照表》计算，其掩损情况如下表：

本别	甲 本		乙 本	
篇次	原有文字	掩损文字	原有文字	掩损文字
上篇	3052	976	3041	619
下篇	2388	393	2426	83
合计	5440	1369	5467	702

也就是说,帛书《老子》甲本掩损百分之二十五,乙本掩损百分之十二点八。如此严重的掩损,能否作为整理校勘的基础?回答是肯定的。理由是:第一,帛书《老子》甲、乙本可以互校互补所缺之文。第二,尽管帛书《老子》甲、乙本互补,也还有一百四十八个字因甲、乙本均已掩损而无法互补。不过,这无碍大局。无法互补之文,不到《老子》全书百分之三,且许多字可从上下文看出来。第三,还可以利用另两个"最古"本——楚简与傅奕本《老子》。简本自然比帛本古。从时间上看,汉晋之河上公本、严遵本、王弼本,都较唐初之傅奕本古。但是傅奕本的文字虚词证明它与帛书《老子》最为接近,最近古貌。这是因为傅奕本是依据"项羽妾本"(北齐武平五年彭城人开项羽妾冢所得之抄本)、魏太和中道士寇谦之所传"安丘望本"、齐处士仇狱所传"河上丈人本",校定为《老子古本篇》的。所以这也是最古的一个本子了。这两个最古本皆可以补校帛书之不足。

二、帛书《老子》许多文句胜今本《老子》

帛书《老子》,尤其是甲本许多文句优于今本《老子》,前面两章(五、六章)已经分析了不少。而就文字修辞方面而言,也不是今本《老子》皆优于帛书《老子》,帛书《老子》也有胜过今本《老子》的。如:

原章	今 本	帛 书
六十六	河、严、王本:"以其无争"	"非以其无争与(欤)"
六十七	河、王本:"死矣" 傅本:"是谓人死门"	"则必死矣"
三十一	河、王本:"杀人之众" 傅本:"杀人众多"	"杀人众"
八	河、傅本:"与善人" 王本:"与善仁"	"予善天"
三十一	河、王本:"而美之者,是乐杀人也" 傅本:"若美必乐之,乐之者是乐杀人也"	"若美之,是乐杀人也"
二十三	"骤雨不终日"	"暴雨不终日"
三十四	"大道泛泛兮"	"道泛泛呵"

三、帛书《老子》利于判误决疑

历来对《老子》某些疑字、疑句,因错简重出,难下决断,莫衷一是。帛书《老子》有助于解除疑团。试举几例:

(一) "罪莫大于可欲"

此句在原《老子》四十六章,但为王弼本所无。任继愈、陈鼓应先生的《老子新译》、《老子注释》也无此句。而河、严、傅等本有此句。古本究竟有无?难下结论。帛书《老子》楚甲、乙本皆有此句。从而证明王本夺简本此句为"罪莫厚乎甚欲",显然帛本修饰、完善了此句。从而证明王本夺此句,已无可置疑。

(二) "信不足焉,有不信焉"

原《老子》十七章的这两句话,又出现在今本《老子》二十三章末,与上下文毫不相干。中外学者早疑为错简重出,但苦于无证据,只得保留它。帛书《老子》甲、乙本果然无此两句,这就可以放心删除这两句错简重出了(可惜迄今有的出版物依然保留着)。

(三) "万物得以生"

"万物无以生,将恐灭……"此三句出在今本《老子》三十九章。但唯独严遵本、敦煌戊本无此三句。究竟如何?无法论定。帛书《老子》甲、乙本也没有这三句话。重审文义,帛书《老子》是正确的。这就为论定此三句的有无提供了证据。

(四) "至治之极"

今本《老子》八十章的几句话,傅本及范应元本为:

使民复结绳而用之,〔至治之极。民各〕甘其食,美其服……

而河、严、王本则无中间方括弧之内的六个字。帛书《老子》也无此六字,这说明此六字乃唐宋以后所加。

(五) 有"上"与无"上"

今本《老子》七十五章有一句,河、严、王本及帛书《老子》甲、乙本是:"民之轻死,以其求生之厚也。"显然,这是指"民"的"求生之厚"。什么叫"求生之厚"?《左传·成公十六年》有句话:"民生厚而德正",即人民生活丰厚,德行就端正,当然也就不至于去轻生冒死,犯上作乱。所以"生厚"即是今天所谓的"温饱"。人民之所以轻生冒死,为的是求温饱。但是,唐宋以来这句话变了样,看来首先是傅奕本妄加了一个"上"字:"民之轻死,其上之求生厚也。"这一来,"求生厚"的不是人民,而是君上。因而被译为:"由于统治者拼命的保养他们自己,所以逼得人民去冒险。"虽然这也通顺,但是老子原来的要让人民有个温饱的生活的意思不见了。帛书《老子》为恢复这一思想提供了证据。

(六)虚词问题

过去人们认为河上公本文句简朴;傅奕本虚词多,文辞丰满。简朴者较古。帛书《老子》的证明恰恰相反。帛书《老子》虚词多,简本《老子》虚词也不少,虚词少的河、严、王本并非古貌。先秦两汉古籍靠传抄,抄者图省事,省略原有虚词,而后人的整理又因省就简,更简去不少。这些虚词不仅对断句、判疑极有好处;同时,也许还可以清除魏晋时加入的虚无玄论。如今本《老子》一章,帛书《老子》就多了七个"也"字,这一来,一两千年来争论不休的句读、虚无不辩自明:"……故恒无欲也,以观其妙;恒有欲也,以观其徼。"如若今天还非要坚持断句为:"故恒无,欲也观其妙;恒有,欲也观其徼",恐怕就难以服人了。

四、简本可纠正帛本之讹误,简帛佚籍可化解帛今本之疑团

尽管帛本距祖本不远,但在文字不统一的战国,还是出现不少讹误。简本可拨而正之。如:老子的重农思想(重农乃是长久享国的根本国策);又如老子肯定势大天下从。道的吸引力远不如势。加之其它佚籍,对破译"上德不德","得一"——德的纯一与一以贯之,……以及其它等等论点,在前几章及以后各章,都将一一剖析。尤其令人高兴的是,篇次合理,章次合理无颠倒、错排现象。还有简本的分章点数倍于帛本,它能够提供一本比八十一章本更准确的分章本。它能使《老子》思想理论变得清晰,且条理分明。尤其能够全面再现《老子》的君人南面术,凸现我国与世最早的政治道德。

五、可有条件地汲取今本《老子》之长

今本《老子》某些文句胜过帛书《老子》。经过汉以后历代文人的加工润色,今本《老子》的某些文句,不仅无损,而且能更好地表达老子的思想。因此在校勘整理帛书《老子》时,严格保留帛书《老子》的文句,但用某种形式汲取今本《老子》胜过帛书《老子》的文句,看来是有必要的。如:

章次	帛　书	今　本
六十四	百仞之高(或"百千"),始于足下	千里之行,始于足下
九	功遂	功成名遂
三十	师之所居,荆棘生之	师之所处,荆棘生焉;大军之后,必有凶年
三十四	万物归焉而弗为主	万物持之以生而不辞
四十三	无有入于无间	出于无有,入于无间

同时,如果要整理出一本完整的帛书《老子》,那么古字、异体字应该采用今字,无必要泥古。此外,假借字应正确复原为本字,错衍脱字应该改正。这应该是不言自明的。

总之,帛书《老子》是仅次于楚简《老子》的最接近老子原来思想的古本,虽非祖本,但最靠近祖本,用简本及简帛佚籍再详加校勘它的篇次、篇名、分章、章序、分章、文字将比今本正确,所以最具权威性。因此,不仅一个原始、可靠的帛书《老子》的校勘、整理、恢复是完全有基础有条件的,而且它有可能成为最有权威的本子。只有整理出一部恢复了原分章点的、文字经过一再推敲的、可读性强的帛书《老子》,西汉时的乃至先秦的《老子》的政治道德、老子的领导学,才能完完全全露出水面。

第三篇

老子术

第 九 章

老子术产生的历史背景

一、为君人者设计的政治道德

《老子》又称《道德经》，它是为谁设计的道德？为芸芸众生，还是为"侯王"、"圣人"？张舜徽说："自汉以上学者悉知'道德'二字为主术，为君道，是以凡习帝王之术者，则谓之修道德，或谓之习道论。"甚至说："周秦诸子以帝王术为中心。""道论二字，可说是道家理论的简称，它的具体内容便是君人南面术。"[1]这话深刻而精彩。孔孟之道、庄子学派也有些君道，但完全将它们归之于帝王术，是否过头了点？而将《老子》、老子术视之为"君人南面术"，那么可以说百分之百正确，它与西汉学者的共同认识完全吻合。

李泽厚的说法稍有不同："先秦各派哲学基本上都是社会论的政治哲学。道家老学亦然，《老子》把兵家的军事斗争上升为政治层次的'君人南面术'，以为统治者的侯王'圣人'服务，这便是它的基础含义。"[2]这里有天才的创见，比如"军事斗争上升为政治层次的君人南面术"，这里暂且不去说它。而是说李先生也是将《老子》视为"君人南面术"的。

郭店楚简《尊德义》说，治民有民道，治水有水道，御马有马道，种地有种地之道，"莫不有道"，"君子以人道取先"，这是儒家的观点，由此看《老子》，《老子》自

---

[1] 张舜徽：《周秦道论发微》，人民出版社1982年版，第32、2页。
[2] 李泽厚：《中国古代思想史论》，人民出版社1985年版，第88页。

然也谈人道,但它是从"人道"上升为"君道"的。这些年来,大谈《老子》宇宙本体论、万物生成论。李泽厚也谈,只是谈的也许更为客观、更为准确吧?

  《老子》并未有意于讲宇宙论(这正是先秦《老子》与汉代《淮南子》的差别所在),如果把它看作似乎是对自然、宇宙规律的探讨,我以为便恰恰忽视了作为它的真正立足点和根源地的社会斗争和人事经验。①

  证实李泽厚先生二十多年前论断的是楚简《老子》。简本里没有形而上的篇章。在唯一的"有状混成"章中,看起来是在谈宇宙生成,但结论却落实到政治:"国(非'域')中有四大安(非'焉')",大者,尊奉也,如果一国能真正做到尊天、尊地、尊道、尊王,势必收到国泰民安的后果。同时简本将天大、地大置于"道大"之前(不是帛、今本的"道大"在前),也就是在楚简《老子》看来"道"还是应该服从于天地的。这就证实李先生所说的准确性"并未有意讲宇宙论"。

  考虑再三,我们不愿用"君人南面术"这个词。因为它总是给人以威严、阴森、恐怖之感。同时也不想用"道德"这个词与《道德经》这个书名,因为它容易被混同于平民百姓的、社会规范的"道德"教科书。而"老子术"则不同,固然它包括"南面术",但更重要的是,它还是(或首先是)君人者的品德、修养、方法的道德。而政治道德是首要的,此外就是政术(治国方略、方术、权谋)、见知之道(认识方法)、宇宙观,乃至养生卫生之术。但究其主体而言,依然是政治道德与政术,或谓之王公大人治理天下的教科书。仔细想想,它与今天的领导学、领导艺术岂不有相似之处?

  司马迁为法家人物作传,大多有一句结语:"皆原于道德之意。"慎到、环渊、接子、田骈"皆学黄老道德之术,各著书言治乱之事以干世主",这"道德"即是老子之道德,"黄"只不过是晚出的、渊源于老子的道德罢了。到了西汉初,《老子》依然被视为政治道德与政术,称之为"老子术",主治国经世。西汉后期已开始被引向修身养性;东汉中叶以降,《老子》渐渐成了长生养性与宗教伦理的道术;魏晋时,又突出自然虚无的玄论;"文化大革命"时又有"老子是一部兵书"之说。近20年来,又常说它是人生哲学、处世智慧本体论等等。在不同的历史条件下,在不同人的眼里,对《老子》的解释各执一端,都有道理,莫衷一是。但是,老子著书的初衷是什

---

 ① 李泽厚:《中国古代思想史论》,人民出版社 1985 年版,第 93 页。

么？主题是什么？他的主要进言对象是芸芸众生，还是"上"与"圣人"的"为天下"？这些问题，在流行的各种今本《老子》中，都不那么清楚。而抄写于战国与西汉初的最古本《马王堆汉墓帛书老子》却比较清楚。它证明《老子》确是一种最古老的领导学、政术，并且主要是一种政治道德。要说明这一点，不仅要以帛书《老子》的文字、篇次、分章来说明老子的思想，而且需要弄清"老子术"究竟产生、认定、实践在什么样的历史背景下。

二、取代"隆礼义，崇道德"的一种新的政治哲学

"老子术"与孙武的《孙子兵法》、孔子的"儒术"，都诞生在同一个历史母胎之中。不同的是，《老子》诞生于春秋末，但定形于战国初中期，同时，老子、孔子、孙子被"官方"公开认定，并被付诸实践，却是先孙子，后老子，再孔子的。这也是当时特定的历史条件造成的。

《战国策·刘向书录》有一段不太长，但概括得极精彩的文字。能说明《老子》一书产生前后的历史大背景：

> 周自文、武始兴，崇道德、隆礼仪、叙人伦、正夫妇，天下莫不晓然，仁义之道满乎天下，远方慕义，莫不宾服。下及康、昭之后，虽有衰德，其纲纪尚明。及春秋时，已五百年矣，余业遗烈，流而未灭。五霸之时，亦尊事周室；五霸之后，时君虽无德，良臣辅其君，犹以义相支持，天子之命，犹有所行，小国得有所依，百姓得有所息。及春秋之后，众贤（指子产、叔向、晏婴）辅国者既没，而礼义衰矣。孔子虽论诗、书，定礼、乐，王道粲然分明，以匹夫无势，化之者七十二人而已，皆天下之俊也，时君莫尚之。是以王道遂用不兴。故曰："非威不立，非势不行。"仲尼既没之后，田氏取齐，六卿分晋，**道德大废，上下失序**。至秦孝公，捐（舍弃）礼让而贵战争，弃仁义而用诈谲，苟以取强而已矣。夫篡盗之人，列为侯王；诈谲之国，兴立为强。是以传相放效，后生师之，遂相吞灭，并大兼小，暴师经岁，流血满野；父子不相亲，兄弟不相安，夫妇离散，莫保其命，湣然道德绝矣。晚世益甚，万乘之国七，千乘之国五；敌侔争权，盖为战国。贪饕无耻，竞进无厌；国异政教，各自制断；上无天子，下无方伯；力攻争强，胜者为右；兵革不休，诈伪并起。当此之时，虽有道德，不得施谋；有谋之强，负阻而恃

固;连与交质,重约结誓,以守其国。故孟子、孙卿儒术之士,弃捐于世;而游说权谋之徒,见贵于俗。是以苏秦、张仪、公孙衍、陈轸、代、厉之属,生纵横短长之说,左右倾侧。苏秦为纵,张仪为横;横则秦帝,纵则楚王;所在国重,所去国轻。

"礼义衰矣"之前的文字,可谓《老子》诞生的远背景。从"礼义衰矣"到"道德大废"这一段文字,则是《老子》诞生的背景,而后则是《老子》之后一百多年的历史状况。如果说,当时的生产力的发展(如铁器和耕牛的推广)、生产关系的变化(如宗族奴隶制瓦解)、科学技术(如数学、天文、历法)的发展,对于《老子》的影响还不直接、不明显的话,那么以下三方面的历史实践,则深深地影响着《老子》及当时的思想家们。

首先,是越演越烈的兼并战争。周初数百国,至春秋时经过大国攻小国、大家乱小家、强劫弱,只剩百余个了,春秋末战国初又只剩下十几个了,即所谓"亡国相望"。西周以来的政治体制——王制、分封制、礼制、乐制、兵制及旧道德全盘崩溃,以往的"兴灭国,继绝世",变成了"灭国置县",郡县制逐渐形成。由于"大争之世"的迫切需要,加之长期军事斗争的经验积累,使军事思想、军事哲学不仅早熟和发达,而且起码在公元前512年前,即相当孔子四十岁时就已发生了巨大变革。下面比较一下孙武的《孙子兵法》(成于公元前512年),与孙武之庶祖的《司马穰苴兵法》之不同,就可以看出军事理论在春秋末期已发生的巨大变革:

司马穰苴兵法①	孙子兵法
"以仁为本,以义胜之","以礼为固,以仁为胜"。	"兵以诈立","兵者诡道也"即繁礼之人,不厌忠信,战阵之间,不厌诈伪。
军事斗争的对象是那些"凭弱犯寡,贼贤害民,暴内凌外野荒民散,贼杀其亲,放弑其君,内乱禽兽行"之国,即"征讨不义"。	并吞小国,拓地千里,进而"伐大国","战胜强立"。

---

① 目前传世的《司马穰苴兵法》,当只是其中的"穰苴之法",并非整个司马兵法。穰苴兵法之义、之揖让,远未达到《司马兵法》的程度。下列引文当能说明这个问题。《史记·司马穰苴传》曰:"齐威王用兵行威,大仿穰苴兵法,而诸侯朝齐。齐威王使大夫追论古者司马兵法,而附穰苴于其中,因号曰《司马穰苴兵法》","太史公曰:余读《司马兵法》,闳廓深远,虽三代征伐未能竟其义,如其文也,亦少褒矣。若夫穰苴区区为小国行师,何暇及《司马兵法》之揖让乎?世既多《司马兵法》,以故不论,著穰苴之列传焉。"可见,今天的《司马兵法》,只是指附于其中的穰苴兵法。讲军礼、军志的《司马兵法》,看来早已失传。

司马穰苴兵法	孙子兵法
"入罪人之地,无暴神祇,无行田猎,无毁土功,无燔墙屋,无伐林木,不校勿敌,敌若伤之,医药归之。既诛有罪,修正其国,举贤与明,正复其职。"即孔子的"兴灭国,继绝世,举逸民,天下归仁焉。"	"因粮于敌","务食于敌","掠于饶野,三军足令","掠乡分众"。
举兵"不违时,不历民痛,以爱吾民",对敌"不加丧,不因凶,所以爱夫其民也,冬夏不兴师,所以兼爱民也"。	"出其不意,攻其不备"。
"逐奔不过百步","不穷不能,而衰怜伤病,以明其义,成列而鼓,以明其信也",即重信轻诈。	是避实就虚,乘虚而入,诱敌冒进,巧妙设伏,重创聚歼。《六韬》曰十四可击:"敌新集可击、马未食可击、不戒可击、疲倦可击、心怖可击……"

而且还可以从诸子言论看到这种变化。《孟子·离娄上》:对"善战者","辟草莱,任土地"之流(指商鞅、吴起等),这样评价:"今之良臣,古之民贼也。"被毛泽东谓之"蠢猪式"的仁义道德的宋襄公,曾有这样的言论:"寡人闻君子曰:不重伤(不再伤已伤之人),不擒二毛(黑白发相间之人),不推人于险,不迫人于扼(不逼人于死地),不鼓不成列。今楚未济而击之,害义。请使楚人毕涉成阵而后鼓士进之。"(《韩非子·外储说左上》)《淮南子·氾论》:"古之伐国,不杀黄口(娃娃兵),不获二毛,于古为义,于今为笑。"

以上说明军事理论发生了巨大变革即"舍弃礼让,抛弃仁义",它在客观上推动了政治哲学的变革。这个问题我们后面再作具体分析。

其次,军事是政治的继续。在军事斗争激烈的另一方面,是各国统治阶级内部频繁而残酷的斗争,臣弑君,子杀父,层出不穷。《战国策·东周》曰:"春秋记弑君以数百。"此外还有数十、数百起"执君"、"逐君"、"君奔"的事件,即所谓"囚主相及"。在二百多年间发生如此之多的杀君、逐君事件,在中国史与世界史上均属罕见、独见。而另一方面则是"民叛"、"民溃"、"民散"、"民为盗",这更是屡见不鲜。进入战国之后,弑君事件大为减少,二百五十多年仅发生了八起。复杂的政治斗争与社会矛盾,与正反两方面的经验,促使我国政治学与社会伦理学的早熟、发达。在政治学方面,出现了《老子》这样伟大的政治哲学,在政治伦理学及教育学方面,出现了孔子的"儒术",加之《孙子兵法》,是当时鼎足而立的三座高峰。

其三,古希腊时期,多国林立,政体繁多,思想家可以比较不同政体,得出相应的结论。我国春秋时期,侯国众多,但都是西周分封制一个模子套出来的:清一色的君主政体或君主专制政体。尽管王室衰弱,霸主地位及各诸侯权力中心经常转移,但是君主或控制君主的卿大夫的权力,依然在一国之内是至高无上的,它掌握着臣民生杀予夺之大权。楚简与帛书《老子》清楚地认识到这一点。所以才有"国中有四大、王居其一安"的结论。王之大,仅次于天、地、道,而与之并列为四。帛书《老子》(相当今本三十九章)又将"天"、"地"、"神"与"侯王得一以为正"相提并论。在这种制度下,国家的治乱、民族的存亡、人民的苦乐,在很大程度上系于君王及执政者一身。用《文子》以及后来许许多多思想家、政治家的话来说就是"天下安宁,要在一人"(《道德》)。当时制约君主制度的社会政治及社会物质力量远远没有形成;相反,激烈频繁的兼并战争需要无限制地加强君王的权力及君主政体。这就决定了当时的思想家根本不可能去比较不同的政体,也不可能异想天开地设想创立什么机构来分割和制约君主制度(虽然也产生过禅让等主张)。而切实可行的是:第一,总结历史经验教训,进行道德说教,企图用道德约束国君及统治阶级。同时也用社会伦理道德、政治伦理道德约束被统治阶级。孔子侧重于后者,《老子》则偏重于前者。《老子》是我国第一个企图用系统的道德来约束侯王与统治阶级的人。第二,既然不能像古希腊思想家那样从不同政体中寻求济世之方,那就潜心于统治方法,提出一套可以经世救世的治国安邦及君临臣民的"道术"。《老子》继《尚书》之后,再开其先河,接着便是儒、墨、兵、法、阴阳、道这些"务为治者"的涌现。如果说,孔子说教的对象主要是学子与官员的话,那么《老子》进说对象则是"上"——"圣人"、"侯王"、"人主"、"天下王"、"社稷主"等为政者了①。孔子也有对国君的说教,但那是诚惶诚恐、毕恭毕敬的;而《老子》的说教则往往夹杂着一些嬉笑怒骂。这与老聃的性格及其特殊的地位、人生有关。孔子论诗书,定礼乐,使王道粲然分明,只有他72个徒弟还听他的,虽"干七十余主,无所遇",老聃预料到这种后果,所以他也选择了"隐君子"的路。而后来成书的《老子》更必有所

---

① 五千言《老子》,"圣人"一词凡二十五见;"侯王"、"人主"指君上之"上"之类词句凡二十二见;只有圣人、圣君方敢当其称的"我"、"吾",凡二十四见;再就是"为天下"、"托天下"等"天下"之词,凡六十三见。这三项共计三百一十余字,占全书百分之六。可见老子的进言对象及所进何言了。他关心"天下"大事,幻想侯王之治变成圣人之治。

悟。老聃虽干世主,自己却避世不求用。太史儋虽入秦见秦献公,看来也没有什么结果。他们只能冷眼旁观,沉静思索。"周守藏史"和太史儋的史官地位,使他们比孔子更易接触大量史料,而历经数世,又使他们经历得更久,思考得更长更严密。周王室的兴衰史,各侯国的成败、存亡、祸福转化史,都被《老子》加以提炼,升华为规律性的东西。于是《老子》理想中的"圣人之治"形成了。老子的道和术即老子的政治道德诞生了。

从思想理论根源上看,《尚书》、《诗经》、《周易》固然与《老子》有着千丝万缕的联系,前贤子产、叔向、晏婴对《老子》亦有启发,但是《孙子兵法》似乎对《老子》的成书,有更直接的刺激,影响可能最大。《老子》的"绝仁弃义,绝圣弃智",对礼的怀疑与否定,是否也是一种"捐礼让,弃仁义"?是否也是对《孙子兵法》几乎不提"仁"的肯定?当然也是对孔子论诗书定礼乐的不以为然。既然军事哲学已经发生了巨大的变革,那么西周以来"崇道德、隆礼仪"的旧政治哲学,是否也要大变革?是否需要一种新的政治哲学和政治道德取而代之?细细比较《孙》、《老》,可以看出,《老子》既肯定"以奇用兵",又十分担心"兵者,诡道也"与"以奇用兵"会变成"政,诡道也","以奇治国"。于是《老子》重新提出一整套有别于西周的崭新的"政治道德",同时《老子》的"以正治国"也大大不同于孔子的"政者,正也",并且将为政的政治道德,以及"以正治国"具体化、系统化、简单化,虽然它们"其实易行",可惜"其辞难知",至今仍然模糊不清。当然在"杀人盈野"、"杀人盈国"的战国时代,它是不可能被时君所崇尚的。同样,孔子"吾从周",以恢复周礼为己任,结果只能是一场梦,即所谓"梦见周公"。时君所崇尚的是法家兼兵家的商、韩政治哲学。取代"崇道德,隆礼义"旧政治哲学的也只能是商韩的政治哲学。而且商韩理论已经化作一种政治制度,即"秦制"。秦始皇运用这种政治制度,大行多欲政治,使人口死亡十之七八与"米石万钱";汉武帝又运用这种政治制度,行多欲政治,再一次使"人口减半",这才使帝王认识到只信商韩是不行的,《老子》约束帝王、统治阶级的政治哲学的实用价值,凸现出来了,因而有了文景之治与昭宣中兴,后来它不时为有识的帝王赏识和采用。同样,帝王、统治阶级也体会出儒家的"列君臣父子之礼,序夫妇长幼之别,虽百家弗能易也"的甜头,从而开始"独尊儒术"。

三、老子术不能等同于商韩之术

韩非所说的"儒墨称显学",这是指战国时代。同时这"显"是显在民间与下层,对于国君、当政者来说,并不"显",而是背时不走运。"孔子干七十余主"竟无一人买他的账,孟子后车数十乘,气派万千,但实际是敬而远之,最后以著书立说终其一生。儒家只有子贡、子夏等少数人对时局造成较大影响,他们用的不是儒术,而是纵横家与法家的手段。墨子可能出身在鲁国,青年时期接受过儒家教育,"学儒者之业,受孔子之术。"(《淮南子·要略训》)后来激烈批评大国"好战",提出"救守"主张。止楚攻宋,是其一生最光荣之举。墨学兴于宋鲁等小国。兼爱、非攻,虽受小国欢迎,适合一般人的口味,但大国根本不买他"兼爱"、"非攻"的账。春秋战国最吃香的、最发达的莫过于兵家及兵法家(如吴起、商鞅)。或者说实际上最发达的学科是兵家和法家。最被时君、国家看重的也是军事科学和法家。《汉书·艺文志》:"凡兵书五十三家,七百九十篇,图四十三卷。""儒五十三家八百三十六篇。""凡《论语》十二家二百二十九篇。"再加礼、乐、孝经三家八百余篇,儒家大大超过兵家。但"法家十家,二百一十七篇","纵横家十二家,一百零七篇","墨六家,八十六篇","杂家二十家,四百零三篇"。这其中有许多是论兵的与论法家思想的。"道家三十七家,九百九十三篇",也有不少论兵家、法家的。比如"太公二百三十七篇"、"管子八十六篇"中就有专门论兵的篇。《太公·谋八十一篇·兵八十五篇》就是谈用兵用计。而儒家、《春秋》,其中也有不少是论兵论法的,可见论兵之著、法家之著又大大超过儒、礼、乐诸家。是不是因此而使兵不厌诈,往往会变为政不厌诈?兵以诈立,也常常变为政以诈立?因此《老子》把它概括为:"正复为奇,善复为妖。"为此《老子》提出了一系列防范的道德说教。朱熹说:"老子心最毒。[①]"最毒之心居然与历史上多次著名的大治之世密不可分,说来也是怪事。章太炎的《老子》为"后世阴谋者法"[②],要比"心最毒"的评价宽大一点。阴谋者固然能从《老子》中汲取某些营养,因为其中的确包含了"弃仁义而用诈谲"的某些东

[①] [宋]朱熹:《朱子语类》,第137页。司马迁曰:"汉兴,韩信申军法,张仓为章程(历数度量衡),孙叔通定礼仪,曹参荐盖公、言黄老;而贾生明申、商。"各有其用,将哪一家定为"心最毒",恐属门户之见。

[②] 章太炎:《訄书·儒道》。

西,比如愚民,不尚贤,控制知识阶层,欲纵故擒……这些称之为"毒"、"阴谋",也算有理。但《老子》的主题及其返璞归真的初衷当非毒与阴谋。韩非、申不害的思想源头自然可以追溯到《老子》,这才使司马迁将老、庄、申、韩列入同传。但正像《老子》不能等同于出世的、不与君王和统治阶级合作的《庄子》那样,它也不应该等同于申、商、韩各家。

老子之"术",大大异于申不害、韩非设计的御制群臣之"术",而主体是君人者、为政者应有的品德、修养、情操,应有的技术知识、规范、认识方法和方略的总结与设计,也有今天看来应该否定的倒退哲学。它既是一种政治道德与政术,自然也是当时政治哲学的变革。如果用今天的语言,可以谓之老子的领导学,以区别申、韩之术。可惜它的本来面目早已模糊、变形、走样了。简、帛《老子》的出土问世,才有了消除这种模糊性的可能。我们应以楚简、帛书《老子》为依据,恢复其本意,并且基本上按照帛书《老子》,来钩沉老子术。

拙著中篇与后篇的主题名为老子术,其实也是进一步校订考证帛书《老子》的过程。如果没有帛书《老子》的话,那么老子术恐怕会永远模糊下去;同样,如果不弄清老子术,那么楚简与帛书《老子》也难以完全辨认清楚。比如,《老子》的无名思想,《老子》对待智者的方略,《老子》处理政治危机的方略,《老子》的善者不多论,《老子》的重势思想与重农主张,在今本《老子》中就看不出来;就是今天提出来也会被人疑为臆断、标新立异。但它在帛书与楚简《老子》中,的的确确比较清楚。但是,如果就字论字,就章节论章节,那它也会永远说不清道不明,它必须从《老子》的整体思想、从老子术的角度去考虑分析,才能正确无误地考证帛书《老子》的文字与章节。总之,要使《老子》不走样(或少走样)、不变形,还必须弄清简、帛《老子》与老子术的内涵是什么,源流何在。

第 十 章

敦厚朴实，利天下而不敢自利

照帛书《老子》篇次、章序、排列，今本《老子》三十八章就是首章。它是开场白，是导语，是《老子》说教的出发点，也是它的"入门"。简帛佚籍为破译《老子》的成书时间、进言对象，也为破译此章的"上德不德"、"无以为"等模糊问题提供了大量信息与证据。

一、何谓"上德不德"

什么是"上德不德是以有德；下德不失德是以无德"，有三种最为通行的观点：

"上德"不再表现为形式上的德，因此就有德；"下德"死守着形式上的"德"，因此就没有"德"。（任继愈《老子今译》）

上德之人不讲求德，因此就有德；下德之人不离失德，因此就无德。（张松如《老子校读》）

上"德"的人不自恃有德，所以实是有"德"；下"德"的人自以为不离失德，所以没有达到德。（陈鼓应《老子注译与评介》）

这些都是二十多年以前的认识了。随着大量简帛佚籍的出土、出版，这些认识是否需要作些修正和发展呢？看来需要与时俱进。《郭店竹简》与《上海博物馆楚竹书（一）》，弥补了孔子至孟子之间思想史料的一大段空缺。同时也为弄清《老子》的思想，提供了许多前所未有的新材料。如何运用这些新材料，检验修正过去的认识呢？首先,楚简《老子》证明《老子》非成于一时,作于一人。帛、今本类《老子》看来不可能形成于春秋战国之交而可能形成于战国前期末。楚简《老子》没有这"上德不德"章,它应当是后来的发展、补充。其次,郭店楚简《唐虞之道》对什么是"上德"、"上德不德",论述详细。"上德,授贤之谓也",也就是说,即尧、舜传贤不传子的禅让制可谓"上德"。《战国楚竹书·容成氏》说得更具体:三代以上约二十一个帝王"皆不授其子而授贤"。细读上述两文,可以发现"上德"还不只是制度层面上的"禅让",更重要的是传者与被传者思想行为方面的"利天下而弗利"。也就是说帝王是"授贤"的结果,因此在被传者承袭大位之后,要从始至终不敢用利天下来利己,"必正其身,然后正世。"这些帝王处于草莽之中而不忧,身为天子而不骄,在下位不以匹夫为轻,有天下而不用天下为自己与子孙谋利益。这就是儒家的"上德"与"上德不德"。显然上德也好,禅让也罢,都是指君王(由此印证,《老子》岂不也是对君王而言的吗?)。诚然帛本《老子》没有提禅让,但它的"上德不德"是否受了儒家的影响呢？是否含有相同的意思呢？《老子》幻想回到比禅让制更为远古、更为原始的小国寡民、结绳而用的时代。再说战国时血腥的你争我夺的现实也说明禅让制根本还行不通。如果做到有德于民而不利己,不巧取毫夺以收取高额回报就不错了。是否因此帛、今本《老子》才不提禅让,只提德而不德。"不德"者,利天下而不敢自利也。如此解释,大概更符合《老子》之原意吧？

战国、西汉有两则具体"不德"的史料,值得抄录于后。其一是《战国策·魏四》：

> 信陵君杀晋鄙,救邯郸,破秦人,存赵国,赵王自郊迎。唐雎谓信陵君曰："臣闻之曰,事有不可知者,不可不知者也;有不可忘者,有不可不忘者。"信陵君曰："何谓也？"对曰："人之憎我也,不可不知也,吾憎人也,不可得而知也。人之有德我也,不可忘也;吾有德于人也,不可不忘也。今君杀晋鄙,救邯郸,破秦人,存赵国,此大德也。今赵王自郊迎,猝然见赵王,臣愿君忘之也。"信陵君曰："无忌谨受教。"

这种"有大德"而"忘之也",也是一种"上德不德,是以有德"的具体化行为吧？

其二,是文景之治的汉文帝。《史记》称其为"德至盛",评价极高。它给社会、人民带来的好处太大太多了。但从不长的《史记·文帝本纪》看,文帝十称自己"不德",还有其他多处"德薄"、"羞先帝之遗德"等等。也许它是"上德不德"的一种形象诠释。

二、何谓"无为而无以为"

《郭店楚简》对于破译《老子》的"无为而无以为",极有启发。

先看"无以为"。《郭店楚简·语丛一》有句"义,亡(无)能为也"。这是什么意思呢?为,看来是"伪"之省写。伪,假也,有私心也。既然称之为"义",哪能伪装和出于私心呢?接着又有一段文字:"为孝,此非孝也;为弟,此非弟也,不可为也,而不可不为也。为之,此非也;弗为,此非也。"这似乎在具体地解释上句。为,是指有私欲之伪。那些从利己出发的"为",是"不可为"的。那么,"不可不为"之"为",必然是自然的、无私欲之"为",所以"无以为"即"无以私为"之省。这与韩非《解老》释"无以为"是完全一致的:"非求其报也"、"非以要誉也"、"无所为而为之也。"再看"无为"。《语丛三》(这里有许多孔子的言论),又有:"父,孝;子,爱;(或为'孝父爱子'之误?)非有为也。"也就是说:对父母的孝、对子女的爱,应该不是出于私心私欲的,这叫"非有为也"。由此可见,这里反对什么样的"有为",又提倡什么样的"无为"了,这"无为"应理解为"为"中无利己性、市易性、政治性。像天、地、水、气之"为",自然而然毫无利己动机。因而所谓"无为"就是无私为。"无为而无以为",即无私为,也不会以德为私。谁说《老子》只反儒,没有从儒家吸收营养呢?看来,既有批判,又有扬弃。老聃的"无为"影响到孔子,而孔子又影响到后来的《老子》。那么,什么叫"无不为"呢?今本不是"无为而无以为",而是"无为而无不为",所谓"无不为",即无所不为也。《庄子·天道》:"天不产而万物生,地不育而万物长",这就是"无不为"。帝王、人怎能像天地那样"无为而无不为"呢?显然不可能,因此"无为无以为"才是古貌。

三、何谓"下德不失德,是以无德"

过去曾将"下德",认为是低格调的"德",所谓"不失德"即对于人民之恩德,总是念念不忘、喋喋不休、沽名钓誉,"是以无德"。鉴于《唐虞之道》与《容成氏》

对于"上德"的理解,使得上述对"下德"的认识,非改不可。

"下德"之下,即人民、芸芸众生。这里只想引一段《庄子·天地》对"至德"之世的描述:

> 至德之世,不尚贤,不使能,上如标枝(陆德明释文:"言树杪之枝,无心在上也。"这岂不是"上德不德"?),民如野鹿。端正而不知以为义,相爱而不知以为仁,实而不知以为忠,当而不知以为信,蠢动而相使(互相服务)不以为赐,是故行而无迹,事而不传(不流传)。

这里的"端正"、"相爱"、"实"、"相使"岂不就是"德"?而竟然"不知"、"不以为"它们就是"仁"、"忠"、"信"、"赐",岂不就是"不德"、"不失德"?人民如此,君上当然也如此,这岂不就是"下德不失德,是以无德"——人民没有丧失纯朴的德性,所以也就无所谓德与不德——的最佳境界吗?同时这也说明"上德不德"之"不德",不仅仅是不以德自居,而且人民也不知其德。一切顺乎自然,"日月为天下人耳目,人不知德,山川为天下衣食,人不能感"。

四、再从其它先秦文献看此章

德是道的体现。而对为政来说,"德惟善政"(《古文尚书·大禹谟》)。善政即德,或者说德是给予人以恩惠福利,但这种"德"不能有私心。《尚书·盘庚》说的:"汝克黜乃心,施实德于民","乃心"即居心、私心。"实德"指没有自私打算的实惠,才是"德"。到了周文王时又进了一步:提出"予怀明德,不大声以色"(《诗·大雅·皇矣》)。不显示自己的德,不称德,面无德色。"上天之事,无声无臭",天之恩德布宇宙,何曾表功一丝一毫?这些也是"上德不德"的思想渊源。

粗看此章文字,帛书与今本差不多,细看则不然。帛书有"失道矣"三字[①],这就将为此章清楚地划为失道前与失道后的两种德、仁、义、礼。远古有道之世的德,

---

① 帛、今本还有很多不同。一是帛本此章为首章,在今本却成了中间章——三十八章,作中间章的理解,自然就不同于首章。二是帛本,河、王等本为"上德无为而无以为"。但严、傅等本误作"上德无为无不为"。三是帛书《老子》及韩非《解老》均无今本《老子》下面一句:"下德为之而有以为。"证明此句为后人所加,也证明前人对"上德"、"下德"之理解是不能成立的。四是把"仍"误读为"扔"。

因为是自然的,所以它是"无以为",即无心、无私、无名、自然的。而失道之后的德、仁、义、礼就变成有心、有名、有私、有得的了。它不是道的体现,而是某种私心的体现;不再是德之"纯",而是掺了杂质的不纯之德。"有以为",含有私欲之为。"务欲施德于民,使之歌功颂德而爱戴己,是利用之术、交易之道,非真德也。"庄子的话叫"贼莫大乎德有心"(《列御寇》),文子的话叫"德有心即险"(《下德》)。于是出现了大量贼、险之德。所以老子的"上德不德",既不自以为德,也不以德为私,因德自负,索誉要利,而是因循自然,顺从民意;而民众则浑浑噩噩、淳淳朴朴。自从进入家天下之后,"失道矣"(帛书比今本多此三字)!失道之后,统治者开始强调德,殷商文献就强调德,殷亡使周更强调德,并且提出了"以德配天"的理论,即天命的赋予必须与君王的"敬德"相配,权力必须与"德"联体,有位必须有德。殷王朝由于"惟不敬厥(其)德,乃早坠其命"(《尚书·召诰》)。因此周反复告诫后代(《尚书·召诰》中就反复了七次),要始终敬德明德,以永保天命。所以这时的德已有了居心,常常是不纯的了,终至于德衰。"德衰然后仁生,仁沮然后义立,礼淫然后饰容,立仁义,修礼乐。德迁而为伪,饰智以惊愚,设诈以巧上,能愈多,德愈薄。"这就是《老子》所述失道而后德、而后仁、而后义、而后礼的含义吧!或者说,由道衍化而为德,德再衍化为仁义礼乐。再由仁义礼乐衍化为法术、权术,这就是《老子》的政治观和历史观。《老子》就是从这里逐渐展开他对历史经验教训的总结,提出种种道德说教的。如果上述分析无误的话,那么帛书《老子》此章的文字(以甲本为主,掩蚀部分补以乙本)及其译文将是:

上德不德,是以有德, 〔上古的〕首领们有德而不敢以德自居、自利、自傲,所以有德;

下德不失德,是以无德。 人民并未失去纯朴的德性,所以无所谓德与不德。

上德无为而无以为也; 首领们之德无私为,也不会以德为私;

上仁为之而无以为也; 首领们仁人爱民有所为,但无私图;

上义为之而有以为也; 首领们做义理宜于的事,而有所作为;

上礼为之而莫之应也, 首领们以礼仪待人行事,虽得不到回报,

则攘臂而仍之。 依然振臂而恭敬地去做。

故失道。	所以〔说，现在早已〕背离道了。
失道矣而后德；	背离道之后有了居心之德；
失德而后仁；	背离德之后有了居心之仁；
失仁而后义；	背离仁之后有了居心之义；
失义而后礼。	背离义之后有了居心之礼。
夫礼者，	所谓"礼"这个东西，
忠信之薄而乱之首也。	不过表明忠信之淡薄和祸乱的开端罢了。
前识者，	所谓先知先觉者，
道之华也，	不过是所谓"道"的虚华现象，
而愚之首也。	而实际上是愚乱的起源。
是以大丈夫居其厚而不居其薄，	因此大丈夫立身处事要敦厚而不要浅薄，
居其实不居其华。	要心存朴实而不尚虚华。
故去彼取此。	因此去掉浅薄、虚华，心存敦厚朴实吧！

第十一章

德要纯,要一以贯之

在"上德不德"章后,老子接着就提出德的纯一,或者说要正德。不过这需要详加考证。

从《尚书》看,在古文《大禹谟》中,禹就提出了"正德",并将其与"利用、厚生"并称为"三事"。所谓"正德",照"正言若反"的道理看,它说明已经有了不正之德了。到了大禹的儿子启变公天下为家天下时,不仅要"正德",而且这"三事"统统改称为"三正"(见今文《尚书·甘誓》),也就是说更强调、更重视端正为政者的德行了。到了春秋,各国存亡的经验教训越积越丰,当时存亡的需要以及争霸、争当盟主的需要,使"德"的争斗就像"力"的争斗那样,更显重要。"德不失民"(《左传·闵公三十一年》)、"德以治民(《左传·僖公三十三年》)、"德以处事"(《左传·文公十八年》)、"无德何以主盟?……其谁来之?"(《左传·文公八年》)"德"成为国君、为政者、为学者修身治国的主要内容,自然也是用人的重要标准。孔子倡导"为政以德","导之以德,齐之以礼"(《论语·为政》),即是明证。"德"的实用价值大大被人发现与利用,"德"可以进身,可以谋私、谋权、谋名、谋利、谋民,甚至谋篡逆。"德"的虚伪性、不纯性、政治性、斗争性、临时性、争名夺利性大大暴露。天下有道时的"德",是自然而然的、无利己动机的;而天下无道时之"德",其出发点与归宿皆为利己。正是在这种历史背景下,不仅使老子提出了"上德不德",而且在紧接着的第二个章(即今本《老子》三十九章),专门提出"德"的外在表现,即"得"的纯一问题——"得一"。此章一连提出六个"得一"。过去对于"得一",多释之为"得道",或"得到唯一的原则",这似乎也说得通。但"得一"究竟何指,依然是亘古之谜。看来弄清"得一"的含义,除了要弄清大的历史背景外,还需要通过《老子》自身及《尚书》《周易》《管子》

等有关篇章,以及先秦简帛佚籍,才能寻找到符合历史、贴近实际的答案。

一、多义之"一"与"得"

首先,在《老子》中,多数的"一"不是指道。

《马王堆汉墓帛书老子》"一"字凡十五见,分布于八个章。逐一分析,共有五种含义:

1. "一"是数词

> 三十辐共一毂……(十一章,皆按今本章次)
> 国中有四大,而王处其一焉……(二十五章)
> 吾有三宝,一曰慈,二曰……(六十七章)

2. 表示一贯、合一、始终如一

> 营魄抱一,能无离乎?(十章)
> 圣人执一(今本《老子》为"抱一")以为天下牧;不自见……不自是……(二十二章,即始终如一的不自见,不自是的治理天下。)

3. 表示天地万物形成前的浑朴一体

> 天下之物生于有,有生于无。道生一,一生二,二生三,三生万物,万物负阴而抱阳,冲气以为和。

这个完整的论道章,过去一直被劈腰斩断,"分居"于四十及四十二章,与别的不相关的文字结合。帛书《老子》证明它们是前后连贯的。既然是"道生一",可见"一"就不完全等于道。那么这个扑朔迷离的"一"究竟何指呢?

> 泰初有无,无有无名,一之所起,有一而未形,物假以生。(《庄子·天地》)

道始于一,一而不生,故分而为阴阳,阴阳合而万物生。故曰一生二,二生三……(《淮南子·天文训》)

天一,地二,人三……(《淮南子·坠形训》)

说法不同,理解相近。唯此,姑且谓之为:"一",未形之浑朴。

4."一"即道,又似未形之形

视之不见名曰夷,听之不闻名曰希,搏之不得名曰微。此三者不可致诘,故混而为一。一者其上不皦,其下不昧。绳绳啊不可名,复归于无物。是谓无状之状,无物之象,是谓沕望。迎之不见其首,随之不见其后,执今之道,以御令之有,能知古始,是谓道纪。(今本十四章)

从前面"混而为一"看,即"道生一"之"一"。而从后面的文字看,"一"即道。

5.含糊的"得一"

昔之得一者,天得一以清,地得一以宁,神得一以灵,谷得一以盈,侯王得一而以为正。其至(窒)之一也,谓天无以清,将恐裂;地无以宁,将恐废;神无以灵,将恐歇;谷无以盈,将恐竭;侯王无以正,贵高将恐蹶。(今本三十九章)

这里疑问不少:如果"得一"即得道,为什么不直呼为道,偏要含糊其辞转弯抹角? 如果说"侯王得一"即"侯王得道",那么天、地、神、谷哪有什么得道不得道的问题呢? 显然在这里"得一"之"一"是不能释之为"得道"的。

这"一"是不是纯一、专一之"一"呢? 如:

1.《尚书·大禹谟》(古文):"惟精惟一,允执厥中。"孔颖达疏:"将欲明道,必须精心;将欲安民,必须一意。"

2.《尚书·咸有一德序》(古文)孔传:"言君臣皆有纯一之德以戒太甲。"

3.《易·系辞下》:"天下之动,贞夫一者也。"孔颖达疏:"皆正乎纯一也。"

4.《管子·水地》:"故水一则人心正。"尹知章注:"一,谓不杂。"

其次,再看"得"。得,固然有得到、采用、适合等含义,但是"得一"之"得",是不是"德"之借,即"德一",或者是"德得一"之省呢?

1. 得、德古通。《易·剥》："上九:君子得舆。"陆德明释文："京作德舆,董作德车。"《孟子·告子下》："为宫室之美,妻妾之奉,所识穷乏者得我与?"《荀子·解蔽》："宋子蔽于欲而不知得。"俞樾平议："古得德通用。"

2. 《韩非子·解老》："德者,内也;得者,外也。"得是德的外在体现。统治者之"德"体现在人民之"得"上。

3. 《素书·原始》："德者,人之所得,被万物各得其所欲。"也就是使人各有所得,并非占为己有;尽情万物,使各得所需,各得其位。

4. 《老子》三十八章王弼注曰："德者,得也。常得而无丧,利而无害,故以德为名焉。"

如果上述对"一"与"得"的诠释无误的话,那么"得一"即恩德的纯一、无害、一贯也。是否成立,还需要从其他典籍进一步求证。

二、《尚书》的"一"[①]

《尚书》的中心思想是"敬王"、"明德"、"慎罚"。在"明德"方面,还注意到德的纯一与一贯。

所谓"德",有人说是道的体现,这固然正确,但应该谈得更具体。上章已经谈到"德惟善政",对于为政者来说,善政即德。或者说,德是给予人民以恩惠福利,即得。但这"德",不可有私心。没有私心的德就是德之纯。

为了进一步阐述发挥"不德"、德的纯一无私,紧接三十八章之后,老子又提出"昔之得一者"。天、地、神、谷、侯王"得一"的结果是清、宁、灵、盈、正。否则就不可能清、宁、灵、盈、正了。显然这是"上德不德"的继续。即德——恩德之纯一、无私、一贯。最能印证此说的,看来是《古文尚书·咸有一德》了。这是汤相伊尹对商王太甲的训诫文字。而伊尹则是道家的开山鼻祖(《汉书·艺文志》："道三十七

[①] 可惜所引之文,除《盘庚》而外,皆为《古文尚书》——这在清代即被认为是"晚书"、"伪书"了。但是,笔者认为不能全盘否定《古文尚书》,更不能一概否定。比如《咸有一德》,第一,《史记·殷本纪》就曾提到此文。第二,伊尹为汤相是无疑的。并且《汉书·艺文志》就已认定其为道家的祖师爷:道家之首即"伊尹,五十一篇"。虽然其著述早已佚亡,但人的思想言论会流传下来的。尧、舜、皋陶,其言能传之于后世,为什么伊尹的思想不能相传呢?周公有诰可以传世,为什么《管子》中就不可能有管仲之遗言或史官对其言论的记录呢?第三,从《老子》与《管子》某些思想看,与伊尹一脉相承。因此,我们认为"晚书"是实,但"不妨看作《古文尚书》的西晋辑佚本"(钱宗武语)。

家,九百七十三篇。"而第一家就是"伊尹五十一篇"),它与《老子》相通是必然的。

伊尹告诫太甲:"命靡常。常厥(其)德,保厥位。厥德非常,九有(州)以亡。"即天命无常,如果能经常不懈地修德,就能保住王位,如果不能经常修德,国家就会因此灭亡。伊尹又说:"惟天佑于一德……惟民归于一德。德惟一,动罔不吉。德二三,动罔不凶。"老天只佑助德行纯一和一贯的人,老百姓也只归附德行纯一和一贯的人。德纯一、行动起来就没有不吉利的,德如果三心二意,包含私心,行动起来就没有不凶险的。伊尹还说:"惟新厥德,终始惟一,时乃日新。""德无常师,善无常主,协于克一"。也就是说,必须更新自己的德,要始终如一、坚持不懈,德才能日新常新。德没有固定不变的师长,符合善就是师长;善也没有固定不变的师长,符合纯一就是标准。可见伊尹的"一"即纯一、专一、一贯,"始终如一"。

三、《诗经》与简帛佚籍的"一"

《诗经》与简帛佚籍也提到"一":《诗经·曹风·鸤鸠》有"淑人君子,其仪(宜)一兮",这两句为郭店楚简《五行》所引用,并且接着补充说:"能为一,然后能为君子,慎其独也。"而马王堆帛书《五行》文句同楚简,只是"仪"写作"宜":"其宜一也",显而易见,帛书是将"仪"读为"宜"之同音假借字。那么《五行》的"一"是什么呢?它既是慎独,又是一以贯之,也是内外如一。更重要的是:为善有其始,而无其终;为德有其始,而无了时。因此,"一也,乃德也",仁、义、礼、智、圣,一以贯之。此为第一层含义,第二层为纯一不杂之意。《诗·周颂·清庙》:"文王之德之纯"(《战国楚竹书(二)》172页)。这里新思想是"德之纯"。这种思想被孔子发扬,他提倡"纯德同日月",像日月那样正大光明和无私。帛书《老子》之"一",是不是也表达了类似的思想呢?

用上述引文来看《老子》之"得一",今本三十九章的文义是否就豁然开朗了呢?

> 古时恩德是纯一无私、一以贯之的。天的恩德纯一所以清明,地的恩德纯一所以宁静,神的恩德纯一所以灵应,河谷的恩德纯一所以充盈,侯王的恩德纯一以之为公正。要是窒息了恩德的纯一,那叫天不能保持清明,恐怕将会破裂;地不能保持宁静,恐怕会被废弃……侯王不能保持高贵,恐怕就会被颠覆。

这个理解正确与否,还可以在《管子》相关篇目中找到旁证。

四、《管子》的"一"

伊尹、管仲、老子,乃道家的巨擘,自然在思想上有某种承袭,甚至是千丝万缕的联系。但是《管子》成书非一时,更不是出于一人之手。它的一些篇章属于管仲思想,甚至有管仲之遗文也说不定,这样既可上承伊尹,下联老子。而有些篇,早被学界认定与老子思想相通。因此,下面先分析与老子思想相通篇章中的"一"。

1. "一"指大公无私

《正》曰:

> 爱之、生之、养之、成之,利民不德,天下亲之曰德。无德,无怨,无好无恶,万物崇(宗)一。阴阳同度曰道。

前几句来自《老子》五十一章(今本)之"道生之、畜之、长之、育之……"而"不德"、"无德",是老子"上德不德"即有德不以为德,不以德自居、自恃、自傲、自利。接着《正》又说:

> 爱民无私曰德,会民所聚曰道。立常行政,能服信乎?中和敬慎,能日新乎?正衡一静,能守慎乎?废私立公能举人乎?临政官民,能后其身乎?

"万物"之所以"宗一",是因为它无私德、无私怨、无私好、无私恶。而这"一"又意味着"废私立公","信"、"中和"、"慎"、"敬"、"正衡"、"静"、"后身",像道那样公平,无偏无倚。这些思想,都能在帛书《老子》中找到。同时此文之题《正》,与老子的"侯王得一而以为正"之"正",仅仅是偶然和巧合吗?显然有其相通相承之处。

2. "一"指"公之谓也"

公认与《老子》相通的《管子·内业》篇曰:

> 一物能化谓之神,一事能变谓之智,化不易气,变不易智。惟执一之君子

能为此乎？执一不失，能君万物，君子使物，不为物使，得一之理，治心在于中，治言出于口，治事加于人，然后天下治矣。一言得而天下服。一言定而天下听，公之谓也。

真是说得对极了。这"能化"、"能变"的东西，并且变化之后不发生质变，不成为诈伪，因而能君临万物、天下大治、天下大服的"一"，不是别的，而是"公之谓也"。可谓一语中的，一字千钧。当然，执一不失道，建立在守道基础上的"执一"，方能公正无私。

3. "一"指若天若地，无偏无私

《管子·心术下》曰：

圣人若天然，无私覆也；若地然，无私载也。私者，乱天下者也。……专于意，一于心，耳目端，知远之征。能专乎？能一乎？能无卜筮而知吉凶乎？能止乎？能已乎？能毋问于人而自得于己乎？故思之、思之不得，鬼神教之。非鬼神之力也，其精气之极也。一气能变曰精，一事能变曰智……执一之君子执一而不失，能君万物。

这里更点明了所谓"执一"之"一"，是无私覆、无私载、执公而又能一以贯之的"能君万物"。如不能公而是私，那么这私就是乱天下之大祸大害了。

可见，《管子》这些篇中的"一"，是与伊尹、《老子》的"一"、"一德"、"得一"相通相接的，并且有了发挥。《管子》另外一些篇章也谈到"一"。虽然它与老子思想有某些关系，但已是属于齐法家或者黄老之学的思想了。

因此，在"不以仁德者自居"章后，老子接着又提出德要纯，要一以贯之。

刊于《管子学刊》1991年第三期，2007年修订

第十二章

时时提醒自己的无德与不善

在"得一"之后,老子接着提出,侯王不仅要"自谓孤、寡、不穀"(今本《老子》三十九章),而且还要"自名"——自识"孤、寡、不穀"(今本《老子》四十章)。这是什么意思呢?看来简单注释回答不了这个问题,还必须详细考证《老子》前后"天子"、"诸侯"称谓的发展演变及其历史背景。

一、自知之明的称谓

君主称谓繁多,但大体上可分为人称与自称。人称有口头称、书面称、人臣尊称;同时还有生前称、死后称,如谥号、庙号即是一种死后称。明清又用年号称皇帝,如康熙、光绪等。凡此种种称谓,除了年号代称外,其他人称全是吹捧谄谀之词,而最实在、最经得起历史检验的称谓,看来是孤、寡、不穀等"自称"了。

三代以前神农氏称"皇";黄帝、颛顼、帝喾、尧、舜称"帝";三代则称"帝"、称"王"、称"天子"。《尚书·洪范》:"天子作民父母,以为天下王。"此外还有"后"、"元后"等称谓。这些是人称。而自称是"予"、"予一人",周公称王摄政,除自称"予"外,有时也自称"予惟小子",已有自谦之意。到了春秋,政治力量的对比发生了大的变化,周天子弱于诸侯,于是引起称谓上的混乱,一些诸侯僭称王,周天子也随之称"天王",不过有时又不得不将自称等同于诸侯。老子对此是什么态度呢?从他的"立天子,置三公"、"国中有四大,王居其一"看,在人称"天子"、"王"上,他是没有异议的;但在自称上,他不仅主张"侯",而且主张"王"即天子(合谓"侯王")都一律"自名"、"自谓孤、寡、不穀"。老子认为这就是"贵以贱为本,高以下为基"。所谓"贱"与"下",并非指贫穷底层民众,而是说高贵者要以谦卑虚下为怀。而孤、寡、不穀是什么意思呢?

《礼记·曲礼下》除规定"天子曰予一人"外,对诸侯的自称作了不同的规定:第一,对"九州之长……其在北狄南蛮,虽大曰子,于内自称曰不穀"。注曰:"穀,善也。"《尔雅·释诂上》与注同。第二,"庶方小侯"则"自称曰孤"。注曰:"孤者,特立无德之称也。"孔颖达疏:"孤者,特立,无德能也。"第三,其他诸侯,"与其民言,自称曰寡人。"郑玄注:"寡,谦也。"《论语·季氏》:"称诸异邦曰寡小君。"邢昺疏:"谦言寡德之君。"朱熹注:"寡,寡德。"翻译成现代汉语,就是:

"不穀"即不善,不善的我。这"不善"或指道德,或指处事不那么正确、高明、妥善。

"孤"即无德无能,无德无能的我。

"寡"即少德少能,少德少能的我。

《礼记》的规定是想贬损"北狄南蛮"之长,而《老子》则无此意。他只想提醒所有的侯王:千万不要忘了自己的不善、无德无能、少德少能,别忘了面对这个事实。《老子》是不是在这个意义上倡导侯王"自谓"、"自名"孤、寡、不穀呢?看来是这样。

不过这应该先弄清"德"的含义。"德"的含义往往因人因时而异。对于君臣父子兄弟夫妇、对于为政者及一般士农工商,"德"的要求是不同的。地位与职业决定了这种不同。而对于侯王、统治阶级来说,"德"虽然也不无品行情操的含义,但这不是主要的。"德,惠也",给予人民和社会恩惠福利为"德"。"善政为德","恤民为德",以民为本即德。这种解释在《尚书》、《左传》、《国语》中比比皆是。无德、少德之"德",显然指此。

是谁首创孤、寡、不穀的称谓呢?从《左传》看,《老子》前一两个世纪就已经在使用这些称谓了,甚至周天子有时也称"不义"(详下),所以此种称谓的发明权绝对不属《老子》。

第一,周公为了捍卫周王室,把同姓伯叔子弟分封为诸侯。"武王克商,其兄弟之国者十有五人,姬姓之国者四十人,皆举亲也"(《左传·昭公十八年》)。不仅文王、武王的儿子和周公的后代,凡不疯、不聋、不哑、不痴的同姓宗族,都封为大小诸侯。如果说，文王、武王、周公等拯民于水火，有德于百姓，给人民带来安宁与福利，那么，那些因血缘关系而一夜之间成了君侯的子侄兄弟，难道就都有德于民了吗？显然不可能。其所作所为，是否都已尽善尽美了？也不可能。这可能就是为什么要规定"庶方小侯"自称无德能，其他诸侯自称少德，"北狄南蛮"之侯称"不善"了。这种自称的规定，从实际出发，实事求是，深含劝诫，用心良苦。但是诸侯的权威及其在人民心目中的高大形象，又是需要维护与保持的。是否因此而采用了"孤、寡、不穀"这种变通而两全的模糊称谓呢？

第二，《尚书·无逸》记载了周公对殷商三十一位君王的评论，只有中宗、高宗、祖甲三位君王勤于并且谨慎地治理政事，不贪图安逸，其他大多是"生则逸，不知稼穑之艰难。不闻小人之劳，惟耽乐之从"。也就是说，十之七八的商王，只是追求过度的逸乐，他们怎么可能"多德"于民呢？以商测周，周的后代是不是也会这样呢？

可见也有可能是周公首创了"孤、寡、不穀"的称谓。不论是周公，还是其他什么人的首创，都说明他们对世袭制及王侯地位、权力所产生的消极影响，还是有清醒认识的。

到了春秋后期，随着岁月流逝，自称孤、寡的王侯，未必都知道它的含义，甚至有的是否意识到它是一种自谦，也很难说。但历史实践证明孤、寡、不穀的称谓，更加名副其实了。对于大多数平庸之君、三五岁甚至襁褓中承袭君位之君、篡逆之君来说，此种称谓并不为过，甚至还不够。他们生于深宫，长于妇人之手，未尝知忧，未尝知惧，大多沉溺于淫逸放恣之中，会有多少恩德施之于民呢？又有多少堪称为"善政"呢？所以无德、少德、不善之称，名实相符。有的还应称之为"负德"——人民给他福利恩惠太多太大了。当然这不是说，没有一个较好的君主，没有一个较有德行的贤善之君，还是有的，但太少，并且他们同样还有德、善的问题。因为君主"独立无稽"（《管子·君臣上》语）的地位，淫奢的生活条件，其言欲难违的客观环境，很难推动他们向德向善，而极易向惰向骄向淫、趋昏趋恶趋暴。"向善如登山，从恶如雪崩"。即便已经是圣君明主，也还有"德日新"的问题。可见，孤、寡、不穀的自称，理应适于所有的诸侯及天子。

正是基于上述历史事实，《老子》认为不仅侯而且王、天子，都应该"自谓孤、寡、不穀"，同时，仅仅这样谦称还不够，还必须"王公以自名"，即天子、诸侯、公卿都应从内心认识到自己于民的无德、少德、不善。《老子》说："故强良者不得死"，即"故意强称善良贤能者不会有好结果"。

可见,孤、寡、不穀的称谓。是一种敢于正视自己、正视现实,有自知之明的称谓。

二、自谦的背面是自责

"自谓"孤、寡、不穀是自谦,而"自名"孤、寡、不穀就是一种自责了。"名"者,名号,认识也。认识自己的无德、少德、不善岂不是"自责"?自谦自责,一体两面。帛书《老子》进一步说明了这层含义,"受国之垢,是谓社稷主;受国之不祥,是谓天下王"(今本《老子》七十八章)。因为对邦国的诟骂及邦国的屈辱、不吉利无不与侯王的无德、少德、不善相关联,因此不能归罪于天于民。君王应该承担责任,自省自责,如此才配称社稷主、天下王。孟子所说的:"王无罪岁,斯天下之民至矣"岂不也是同样的意思?

《老子》上述思想,有其历史、社会、思想的根源。

(一)《老子》之前的类似思想

《左传》有两条史料,很能说明问题。其一是《左传·庄公十一年》(公元前683年):

> 秋,宋大水。公使吊焉。曰:"天作淫雨,害于粢盛(庄稼),若之何不吊?"对曰:"孤实不敬,天降之灾,又以为君忧,拜命之辱。"臧文仲曰:"宋其兴乎?禹、汤罪己,其兴也勃焉;桀、纣罪人,其亡也忽焉。且列国有凶称孤,礼也。言惧而名礼,其庶乎?"

由"禹、汤罪己"看,罪己由来已久。而"罪己"之谓,并不像字面那么可怕,它无非是一种自责。宋国遭大水,淫雨所致,照理说与人君无关。但宋国为政者却自责"孤实不敬",对天、民、事之不敬不慎,并且表现得惶恐不安。所以鲁之使者据"禹、汤罪己"以兴的历史,判定宋国快要兴盛起来。后来听说那是公子御说的说辞,又认为御说适合做国君。果然后来这位公子御说成了宋国第十八君——宋桓公,并在位三十一年。由此可见,当时是很重视自谦、自责——"罪己"的。

其二是《左传·僖公二十四年》(公元前636年):

> 冬,王使来告难曰:"不穀不德,得罪于母弟之宠子带,鄙在郑地氾。"……书曰:"天王出居郑,避母弟之难也。"天子凶服降名,礼也。

这条史料可以看出周襄王的书面尊称有三:"王"、"天王"、"天子"。而"不穀"则是周王自己的谦称。此段引文大意是:不善的我缺乏德行,得罪了同母弟宠爱的儿子,现在野居到郑国的氾。由于周天子穿着素服("凶服"),自称"不穀"("降名"),所以认为他是符合礼的。显然,当时是很重视这事的,所以史书才郑重记下了周天子的自谦、自责。

(二)《老子》同时代人的主张

《论语·尧曰》有这样一段引文:

> 予小子履(汤又名履)敢用玄牡……朕躬有罪,无以万方;万方有罪,罪在朕躬。

汤自称"予小子",又称"朕"。前者是谦称,后面则是说我本人有罪,就不要牵连天下万方;天下万方有罪,都归我一人承担。虽说这是引用汤的话,但说明孔子及其弟子是借古人之语表白自己的主张的——与《老子》主张相同。至于一般人,孔子更是主张"躬自厚而薄责于人","求诸己"(《卫灵公》)。他认为只有如此,才能"远怨"。

再看《管子》。此书虽成于战国,大都不是出于管仲之手,但它包含着管仲的某些思想。《小称》曰:

> 管子曰:"善罪身(己)者,民不得罪也。不能罪身者,民罪之。故称身之过者,强也。治身之节者,惠也。不以不善归人者,仁也。故明王有过则反之于身。有善,则归之于民。有过而反之身,则身惧;有善归之民,则民喜。往喜民,来惧身,此明主之所以治民也。今夫桀、纣不然,有善则反之于身,有过则归之于民。归之于民,则民怒;反之于身,则身骄。往怒民,来骄身,此所以失身也。"

这段话,似乎含有某种权术的味道,尤其在失之于诚的前提下。但应肯定它未必不是一种政治哲理。春秋时代侯王虽然还没有像秦以后那样集权于一身,但用《管子》的话说,君王已经握有对于臣民的生、杀、富、贫、贵、贱之"六柄"了。如果侯王不自谦、自责,那么敢冒贱、贫、杀身之险去犯逆鳞的人就太少太少了。那时连做梦也不可能想到能对君主进行批评、弹劾、追究责任。如果君王归罪于人,那么追求富贵之徒,自会找出无数理由、千万替罪羊;而抬轿吹喇叭、投其所好者也会蜂拥而起,君昏国乱,以至于亡,也就为时不远了。如果侯王能自觉地或借天意谴告的形式进行自责,不文过饰非,委罪于人,反求诸己,那么君明国治走上兴盛,也是为时不久的事。

可见,《老子》的主张并非独此一家。

(三)传统的政治历史条件使然

由夏至春秋战国,战国君主政体的历史已近两千年。国家兴亡成败治乱的历史,一再说明国君的善与不善太重要了,它往往起着决定性的作用。用《尚书》的话说就是:

"一人有庆,兆民赖之,其宁惟永"——天子一人有善,万民都受益,国家就会安宁长久。(《吕刑》)

"邦之杌陧,曰由一人;邦之荣怀,亦尚一人之庆"——国家的危险不安,由于一人;国家的繁荣安定,也常常是由于一人的善良啊!(《秦誓》)

"一人元良,万邦以贞"——天子一人善良,天下就会纯正。(古文《太甲下》)

一人之善良,竟能决定万邦兆民之正、宁、荣、安,似乎耸人听闻。其实对于大权在握的君主政体来说,并不夸大,而是必然的。正是这种历史条件,才把国君的自谦、自责、"罪己",看成"庶几乎兴",才产生了孤、寡、不穀的称谓及"罪己"的说教。

三、古训早被遗忘

到了战国,兼并战争白热化,国君稍有不慎,就会国削国弱国亡身灭,这使得国君不得不表现得谦卑与虚下。秦昭王(公元前306年至公元前251年)对范雎说:

"寡人不肖,先生乃幸至此,悉以教寡人。"燕王喜(公元前254年至公元前222年)致其故臣乐间书曰:"寡人不佞,不能奉顺君意,则寡人之不肖明矣。""寡人之罪,寡人之愚意也。"(《战国策·秦三·燕三》)由此可见一斑。

后来秦历经数世之强,大胜以百数,小胜以千数。国君自然难以谦下,而此时韩非极力主张强化君权,务必达于至上、至尊、至贵、至隆。这就不可能再自谦、自责了。

秦灭六国,按韩非的集权理论,建立起极端君主专制的制度。在帝王称谓上,集三皇五帝之尊称"号曰皇帝",天子自称为"朕"。在这之后,"皇帝"成了历代普遍适用的称谓,而"朕"的自称,自然再没有丝毫自谦的意思了。虽然历代还不时看到帝王自称孤家寡人,但他们并不知其意,完全是"南面之雄称"(清赵翼《陔余丛考·称孤》)。

至于臣民对于皇帝的称谓,也在逐渐升温:陛下、上、今上、万岁、圣上。尤其是皇帝的庙号、谥号更是代代加码,越发离谱。如谥号起初是孝、德、仁几个字,后来竟加上一大堆形容词、副词:大、圣、文、武、道、光、神……有的多达二三十字。比如唐朝的李治、李隆基,庙号为高宗、玄宗,其实他们并不高、玄。唐高宗能力低下,无主见,受制于武后。唐明皇始初确实励精图治,海内富实,但后来骄而忘忧,沉湎酒色,导致八年安史之乱,洛阳四面数百里州县成为废墟,全国人口四减其三,这是何等大罪?但这两位皇帝被尊谥为"圣道大圣大明孝皇帝"、"天皇大圣大弘孝皇帝"。明代有名的昏君嘉靖帝竭尽民脂民膏,大兴土木,二十年不上朝、不理政、不见大臣,崇仙拜道,弄得民穷财尽,死后谥号为"钦天履道英毅圣神宣文广武洪仁大孝肃皇帝"。可见帝王之谥号是何等虚假!正像"万岁"之称谓,尽管明摆着有百分九十九点九的水分,而人们却日日、月月、年年不离口,安之若素。

再看自责。在不同的历史背景下,出于不同的政治目的,帝王也或有自省自责的,乃至下"罪己"诏的。而更多的则是《庄子·则阳》所说的那种责人罪人。

> 古之君人者,以得为在民(把功劳归于人民),以失为(失误)在己;以正为(正确)在民,以枉为(错误)在己。故一形有失其形者(所以凡是形成一件失误的事)退而自责。今则不然,匿为物而愚不识(什么都不公开,还责备人民不懂),大为难而罪不敢(大出难题,而治罪那些不敢做的人),重为任而罚不胜(提出力所难及的任务而处罚不胜任的),远其途而诛不至。民知力竭则以

伪继之(人民精疲力竭,就只好进行欺骗),日出多伪,士民安敢不伪(天天出现弄虚作假的事,士民怎么还敢不弄虚作假呢)?

在当时,固然此乃一针见血之论,后来在两千多年的封建社会里,又何尝不是如此呢?

至于《老子》在此章前面提出的"贵以贱为本,高以下为基",其本意是谦卑虚下的说教,但是后来却变成以贫贱底层之民为本为基了①,因此有了"贵以贱为号,高以下为基"。《淮南子·原道》就公开提出"故贵者必以贱为号"。这是因为人性、历史总是捉弄正确思想呢?还是《老子》思想本身含有权术的因子呢?不过,今天反过去看《老子》倡导封建侯王时时称谓自己和提醒自己的无德、少德、不善,不能不说是何等正确啊!

初刊于《贵州社会科学》,增订后刊于台湾《孔孟月刊》

第 34 卷第八期,2007 年修订

---

① 在《文子》、《慎子》中,对"贵以贱为本,高以下为基"还是理解为谦卑虚下的,如《慎子·外篇》:"行高者人妒之,权重者主疑之,禄厚者人怨之。夫行益高意益下,权益重意益小,禄益厚施益博,修此三者人不怨。"故老子曰:"贵以贱为本,高以下为基"。这岂不是谦卑虚下之意?但《战国策·齐四》颜斶引用老子之言。谓"人之困贱下位也",已是望文生义。后世更是如此。

第十三章

安于无名,勿求名取辱

自谓和自名孤、寡、不穀,即是一种"无名"。接着《老子》又说:"道褒无名,夫惟道善始善成"(帛本文字)。即道褒奖那安于无名的人,因为只有像道那样安于无名,才能善始善成。这不仅是对"上德不德"、德的纯一、侯王以孤寡自称、"广德若不足"……的总结,而且是贯串《老子》全书的中心思想。但是人们谈老子往往只谈他的无为,很少甚至不提他的无名。其实"无为"与"无名"是君主专制政体下联体双面的政治说教,互为表里。无为必无名,无名方无为。老子谈无为少,而谈无名多。可惜老子无名的深邃思想被今本《老子》篡改、遮盖了。帛书《老子》正可恢复这一重要思想。

一、强称贤良不会有好结果

所谓"无名"之"名"与"名可名,非常名"之"名"以及"不可名状"之"名"不同。后者是指认识、概念、称谓等等,而"无名"之"名"则指名声、荣誉。"无名"即安于无名、不名、不求名、不争名。《老子》书中直接或间接进行无名说教的计二十多个章,最明显与最典型的莫过于今本《老子》之三十九、四十二、三十七章。照帛书《老子》排列的顺序,先从前两个章谈起。

其一,今本《老子》三十九章。照帛书《老子》甲本的释文是:

故必贵,而(尔)以贱为本;必高矣,而以下为基。是以侯王自谓孤、寡、不穀,是其以贱为本矣。非欤?故至(致)誉无誉。

上章已经分析了孤、寡、不穀的含义了。至于"贱",即当时流行的"贱臣"、"贱妾"、"贱子"……等自谦之词中的"贱"。因此"贱"应引申为自谦。"下",即卑下、虚下。因此上引之文当译为:"要保持尊贵,你必须以自谦为根本;要保持崇高,你必须以虚下为基础。因此侯王自称为无德、寡德与不善之人。这就是以谦下为根本。难道不是这样吗?所以说,招引来的频频赞誉是无可赞誉的。"①王侯的称誉本来就至高了,无须誉上加誉。今天人们还常以"缺德"骂人,却让堂堂之侯王自称为无德、不善之人,这岂不是"无名"——不求名、不争名的谦下之教吗?

其二,今本《老子》四十二章。帛书《老子》甲本的释文是:

天下(今本为"人之")之所恶,唯孤、寡、不穀,而王公以自名(今本为"自称")也。物或损之而益,益之而损。故人之所教,我亦教之:故强良者不得死。我将以为学父。

帛书《老子》与今本《老子》的差别不小:第一,今本为"强梁者不得死"。当然这也说得通,但与劝导王公"自名"、少德、不善之教不相吻合。再说这样义浅,难以成为"学父"——教学总纲。帛书《老子》此句七字,三字不同于今本,重要的是"强良"而非"强梁"。"强良"之含义深广,它会发展为"强梁"。良,善良、贤能、精善也。"故强良者不得死",即"故意强称贤善的,不会有好结果"。正与上文谦下之教相呼应,也才堪为"学父"。第二,帛书《老子》不是"侯王自谓"、"自称",而是"王公以自名"②,"自名"即自识。它不仅是表面自谦、无名,而且内心也自知、安于无名。这就推进了三十九章之教。"侯王"变"王公",范围扩大了。今本《老子》没有这些差别,有损文义。"天下之所恶,唯孤、寡、不穀,而王公以自名也",即天下所憎恶的,是被认为无德、少德、不善的人,而王公却这样认识自己。

可见《老子》每个字都用心良苦:既是劝导王侯、公卿自谦自知,也是劝导他们安守无名、不名、不争名。这是为什么呢?因为促使他们向德向善的机制太微弱,如果还强以为自己贤善有德,求名争名不已,怎么会有好结果呢?

---

① 今本《老子》将前两句浓缩为"贵以贱为本,高以下为基"。加之,又未译出孤、寡、不穀的含义。而且"至"乃"致"的省写假借字,招致、招引之意。所以今本很难看出老子是在对侯王进行无名、自谦的说教,而是将其理解为老子倡导以贫贱的下层为本为基。

② 严遵本为"自名称",敦煌本为"自名",这说明帛书《老子》无误。

二、要质朴，勿求名取辱

《老子》直接作无名说教的是今本《老子》三十二、三十七两章。

楚简《老子》恰巧也有今本三十二章的内容，但是第一，它明确标明不是一个章，而是两个章；第二，关键字不同于帛今本。细加比较，楚简本正确。所以这里以简本为准，下面将这个章分成两章的全文、译意分别抄录于后：

前一个章是：

道恒无名，	道永远是无名、不求名、质朴，
虽微而天地弗敢臣。	它虽然隐蔽但是连天地也不敢臣服它。
侯王如守之，	侯王如果能像道那样安守无名、质朴，
万物将自宾。	万物将自然归化。

第二个章是：

天地相合，	天地阴阳合通，
以俞甘露，	将会普降甘露，
民莫之令而自均安。	民众没有谁去要求他，就会自然受到同样的恩惠，而安居乐业。
始折有名，	这时（侯王）开始转向有名望了，
名亦既有，	既然有了名望，
夫亦将知止。	那么就要知道适可而止。
知止所以不殆，	适可而止不会招来祸殃，
譬道之在天下，	就像道在天下那样灵应，
犹小谷之于江海。	犹如小溪大川之水必然流向大江大海那样灵应。

此章由于分章和一个字的不同，所以更凸现出了此章的无名之教。帛书、今本为"始制有名"，简本则是"始折有名"。"制"有人为因素，"折"则是一种自然的转折、转向。天公作美，风调雨顺，五谷丰登，人畜兴旺，普遍丰衣足食。这对于侯王、

统治者的名望来说,是一种转折。人民会对长于深宫、玉衣美食的侯王感恩戴德。这即是"始折有名"。有了这种转折,往往侯王会归功于己,头脑发热,骄傲自满,近而干出种种蠢事来。古代如此,现代又何尝能完全避免? 老聃说:"名亦既有",可要止其所止哟! 别忘乎所以。这就是此章之主旨。岂不是"无名之教"?

再来看今本《老子》三十七章。此章照帛书《老子》排列,它是最末一章。在秦汉之前这意味着序言。因为秦汉前书的序言不是列于书首,而是排于书后。《庄子》末篇《天下》,梁启超说它是《庄子》之"自序";而胡适说:"乃绝妙之后序"(《中国哲学史大纲》)。《史记》、《汉书》更是一目了然地将序言置诸于书后。《论语》有没有序? 仔细体味其末篇《尧曰》,就会感到它的序言味道。《老子》之末篇,在今本《老子》它是八十一章,这个大杂烩章就没有丝毫序言的味道。由于今本《老子》上下篇是颠倒的,所以帛书《老子》的末篇是三十七章。它是否是《老子》之"序"、之"总结性"的言论呢? 依照帛书的文字。其全文及译意如后:

道恒无名,	道总是默默无名的,
侯王若能守之,	侯王如果也那样安守无名,
万物将自化。	万物将会自然归化。
化而欲作,	归化之后如贪欲又会发作,
吾将镇之以无名之朴,	我将用无名去震慑它,使它回到质朴上来。
夫将不辱。	那将不会受到困辱。
不辱以静,	不受困辱,就可以宁静。
天下①将自正。	天下就会自然安定。

看来这是《老子》一书的序言、总结。因为:

第一,韩非子认为《老子》之德,"以无为集,以无欲(功名欲)成",而王弼曾用"本在无为,母在无名"概括《老子》。帛书《老子》正以侯王安守无名作为序,印证了"母在无名"。

第二,《孙子兵法·地形》说:"进不求名,退不避罪,唯人是保,而利合于主,国

---

① 今本《老子》为"天下将自正",帛书《老子》为"天地……"天地无所谓正与不正,疑抄写之误。故从今本《老子》"天下"。

之宝也。"将帅决定进退,不能以个人之进退荣辱为转移,急躁冒进和死打硬拼,都是不对的。君王好大喜功,急功近利,死要面子,同样会带来灾难性后果。老子的思想与之相通。

第三,司马谈《论六家要旨》,对于道家就有"光耀天下,复反无名"之语。《史记·老子列传》归结老子之思想为"修道德,其学以自隐无名为务","无为自化,清静自正"。无为、清静与无名有关。这与《老子》三十七章之结语相吻合。

第四,严遵的《道德真经指归》也用"信顺柔弱,常于止足,归乎无名"来概括老子的思想。他甚至说"益我货者损我神,生我名者杀我身"。"名"竟能"杀身",似乎有点夸大其词,但"无名"之益非同一般,而"归乎无名",又与《老子》三十七章"归乎"同。

第五,郭沫若说:"老聃之言,根本是向统治者在说话,老百姓哪里懂得他半句。"(《十批判书》)《老子》三十七章点明"侯王"守无名,这就说明《老子》进言对象确实主要是侯王,自然也包括"为邦"、"当国"、"为政"者(《论语》、《左传》用语),这是非常重要的。因为如果《老子》是对一般士子、世人的说教,那么把《老子》视为"君人南面之术",那就真是"厚诬古人"了。

所以尽管《老子》三十七章字不满百,它却表达了《老子》的中心思想、进言的主要对象,即侯王要质朴,安于无名,不要求名、争名,自取其辱。

分析了上述三个章后,再看《老子》,也许会发现《老子》还有不少说教是"无名"思想的具体化,或者是与"无名"说教有关。下面也按帛书《老子》顺序,列举于后:

三十九章:"上德不德,是以有德。"君上有德,不以为德。自然也不以为名。

四十一章:"上德若谷,大白若黩,广德若不足,建德若媮(偷安),质真若输……"

四十四章:"名与身孰亲?身与货孰多?得与亡孰病?……""知足不辱,知止不殆,可以长久。"身重如泰山,名物轻鸿毛,摆脱名物之累,不辱不殆,国以长久,人以延年益寿。

四十五章:"大成若缺,其用不敝,大满若盅……大直若诎,大巧若拙,大辩若讷。"这也是一种无名、不争名的表现。

四十六章:"罪莫大于可欲,祸莫大于不知足……知足之足,常足矣。""可欲"即纵欲;欲包括功名欲,功名欲也应知足,否则即罪即祸。

五十八章:"圣人方而不割,谦而不刺,直而不绁,光而不眺。"尤其"光而不眺"即光亮而不超前,不违常规,此即"无名"。

六十七章:"天下皆谓我大,似不肖,夫唯大,故似不肖,若肖,久矣其细也夫。"译为白话是:"天下都说我伟大,恐怕不像。正因为我伟大,所以不像。如果像的话,那早就开始渺小了。"用严遵本注此章之语说:早已"逆天行"了。这是进行不妄自尊大的具体"无名"说教。

五十七章的"我无为"、"我好静"、"我无事"、"我无欲"。这是统治者的无名。

二十四章、二十二章:"不自是"、"不自伐"、"不自见"、"不自矜"。也可谓之不求名、不争名。

三十四章:"大道汜汜啊,成功遂事而名弗有,万物归焉而弗为主,则恒无欲也,可名于小矣。万物归焉而弗为主,可名于大。是以圣人能成其大也,以其终不为大,故成其大。"(今本《老子》文字略有不同)也就是说成大之道与不自大、不争名有关。

可见《老子》中虽然"无为"二字出现的频率高于"无名",而具体之"无名"说教则大大超过"无为"。因为"无为"与"无名","有为"与"求名"是相通的。侯王有为的动机,往往不是顺应自然,而是出于个人的功名私欲。只有安于无名,舍弃一己之私,才能够"无为"——无私为。所以说,无名是无为的起点,无为是通过无名来实现的。正因如此,老子才将侯王守无名作为全书的结束语。不然《老子》是不可能有这么多谦下、无名、不争名的说教的。

三、好名的弊端

老子的"无为",目的在于"治"。同样,老子的"无名",并不是一概否定与反对"有名"。九章的"功述身退"中的"功述"就说明老子对"有名"的某种肯定,因为功与名必然相联,而身退是在使所述之功名成为不毁。八十一章的"圣人无积。既已与人己愈有,既已为人己愈多"这里的"愈有"、"愈多",既是"利"又是"名"。七十七章的"损有余以奉不足于天下",亦必然有名。三十一章的"兵者,不祥之器,不得已而用之,勿美也"。也说明老子承认在"不得已"的条件下,动用这种"不祥之器",只要不是好战就行。这也会有名。同时说明老子并不反对顺乎民心、奋起自卫甚至吊民伐罪的战争。而二十八章的"大制无割",三十二章的"始折有名",就是直接对有名的肯定。但是老子从不提倡、也不明言地肯定有名、求名,就像他从不倡导"有为"一样。这与儒家是截然不同的。儒家倡导符合仁义的功名。孔子曰:"君子疾没世而名不称焉。"(《论语·卫灵公》)还说:"君子去仁,恶乎成名。"孟子也说:"耻没世而无闻焉。"对于统治阶级,他们生活的基本需要是有保障的,因此追逐名利就顺理成章、极为自然了。庄子、韩非子都说过同样的话:"凡人之有为也,非名之则利之也。"名既是名声、荣誉,也是权力地位。利至未必有名,有名则利必同生。所以"追名"常于"逐利"之前。追名产生善,也形成恶,它既是历史赖以前进的某种动力,也是历史悲剧重演的渊薮。而在老庄看来,连追名产生的"善"也是一种伪:"忠信之薄。"所以老庄提倡无名,并且特别强调侯王安守无名。这是因为作为侯王,他们太特殊了。他执掌臣民的生、杀、富、贵、贫、贱之"六柄",控制"文、武、威、德"四位,一呼万应。君王好名,则奉承讨好、吹牛拍马者蜂拥而至,谏争反对者极少;必然以牺牲人民与社会的利益来满足君王的功名欲,悲剧灾难就会接踵而至。对此,五千言《老子》是不可能展开全面论述的。但是考查庄子学派与黄老学派的著述以及《老子》之前的历史,完全可以弄清楚老子想说什么,并弄清"无名"思想的历史根源。

(一)求名必生事、必舍公就私

《文子·符言》①说:"老子曰:欲尸名者必生事。事生则舍公就私,背道而任己。见誉而为善,立名而为贤。"即治不顺理而事不顺时,治不顺理则多害,事不顺时则无功。妄为要中,功成不足塞责,事败足以灭身。所以《管子·法法》说:"钓名之人无贤士焉,钓利之君无王王焉。贤人之行其身也,忘其有名焉……"而《戒第》则告诫不可以仁义沽名钓誉:"仁,故不以天下为利;义,故不以天下为名。"

(二)争名必多战,战胜则主骄,主骄则恣

《吕氏春秋·召类》曰:"凡人之攻伐也,非为利则固为名也。名实不得,国虽强大,则无为攻矣。"即战争之发起方,往往不是为利就是为名,某些战争完全出于侯王之争名斗气。如果战而胜之,名利兼收,人主骄恣,就离危亡不远了。《管

---

① 1973年《文子》出土,证明其非伪书。当然也发现其中有后人之篡改。《汉书·艺文志》说文子乃老子之弟子,当有所据。孔子弟子三千,老子有一两个弟子记其言,不是不可能的。《汉书·古今人表》列文子于楚平王前,可见文子见平王乃楚平王,非周平王。如此,文子与孔子同时,年龄大体相当。

子·幼官图》曰:"数战则士疲,数胜则君骄,骄君使疲民,则国危。"而《文子·道德》则说:"亟战数胜,国必亡。""亟战则民疲,数胜则主骄。骄主使疲民,国不亡则寡矣。主骄则恣,恣则极物;民疲则怨,怨则极虑。上下俱极而不亡者,未之有也。故功成身退,天之道。"

(三)好名必争名,争名必过度,争名无宽容

《庄子·外物》曰:"德溢乎名,名溢乎暴。"仁义之所以常常推行过度,是因为争名好胜。争名好胜就会互相倾轧伤害,无端施暴;更谈不上宽容、取长补短、气容百川。相反,却千方百计地、不择手段地为自己的错误辩护。在专制政体下,争名必然百害丛生。

(四)君为名于上,臣民争名于下,国无宁日

《淮南子·诠言训》曰:"君修行而使善无名,布施而使善无彰,故士行善而不知善所由来。民淡利而不知利所由出,故无为而治。善有彰则士争名,利有本则民争功。二争者生,虽有贤者不能治。"国君好名,则谄谀阿上,迎合讨好,投其所好之风兴。朝廷昏,士民争,难以为治。

(五)福祸同门,利害相邻

道家一再说,名中潜伏着祸。"誉见则毁随之,善见则恶从之"。"功成者堕,名成者亏"。"日极则仄,月满则亏,极之徒仄,满之徒亏,巨之徒灭"(《管子·白心》)。君王名起则骄泰奢侈、慢倨矜傲、自是自见、争雄好胜、作难结怨、为兵主、为乱首。老子前后,此种历史现象一再出现。所以《管子·白心》又说:"满盛之家不可以嫁子,骄倨傲暴之人不可与交。"

可见老子的"无名"思想有其深远的历史渊源。他几乎没有看到有名之利,而只看到求名、急名、争名之弊之灾。老子熟知名治所带来的伪与争,也了解许多侯王求名取辱的历史教训,并且预见到今后此类教训还会一再重演。这就是老子"无名"思想的源头吧!

四、无名之功效与目的

比较下来,君王的情欲(肉欲)、利欲、权欲、名欲等欲望,其中名欲、虚荣之欲最难满足、最可怕,为害最大。老子与道家的无名说教就是想限制为君、为政者个

人的功名欲望,勿使其膨胀。或者用《文子·上德》的话说,想"净心"——"主者,国之心也,心治则百节皆安。心扰则百节皆乱"。同时也企图用"无名"、返璞归真取代"有名"之治。因为在他们看来"道隐无名,故无私"。安于无名,亦能无私,无私即无欲、无私欲。

无名则无为,无为则静。无名则恬淡、和平。平是万物之衡仪。离静则浊、则难平。水静可以照见须眉。静则无为。在上无为,居下之臣自会各尽其职。无名无为又会和乐,内心和乐平静,外患难入。

无名则少言无言。国君无言少言,谄谀、争是论非、仿效无从生。

无名则质朴。质朴即不雕不琢,无伪饰,复其纯真,不假仁假义、虚情假意——老子认为这是抗乱扶衰之主药。所谓"化而欲作,吾将镇之以无名之朴",即万民归化,贪欲将会发作,此时镇之以朴,重归质朴。

无名则知止。三十二章曰:"始折有名,名亦既有,夫亦将知止。知止所以不殆。"有名成名,该止于所止,知止不殆。

知止,包括止于所不知。止于所不知,亦可不辱不殆。庄子从多种角度复述同一道理:以所知与所不知相比,犹如斜目观物,万难周全,知识之无穷,生命之短促,如不能止于所不知,"殆矣"!

无名,还意味守卑辱、守雌柔、守不足。《文子·道原》曰:"有名者贵全也,俭薄无名。无名者轻贱也,殷富有名。有名者尊宠也,贫寡无名。无名者卑辱也,雄壮有名。有名者章明也,雌柔无名。无名者隐约也,有余者有名。有名者高贤也,不足者无名。无名者任下也……"所以守无名也是《老子》二十八章的:"知其雄守其雌;知其荣守其辱,知其白守其黑……"

无名、质朴,意味着仁德贤善无私图,如水润万物。"祭祀思亲不求福,飨宾修敬不思德。"出于自然的仁德贤善,才是不作伪的、不钓名图利的。如此得到的结果正相反:"非求名者,名从之;名不与利期,而利归之。"而更高层次的"无名",则如水、如天地。水泽及天下,天地养育万物,却生而弗有,为而弗恃,长而弗宰,功成不居而且静默无声。《庄子·徐无鬼》说:"海不辞东流,大之至矣。圣人并包天地,泽及天下,而不知其谁氏。是故生不爵,死不谥,实不聚,名不立,此之谓大人。"泽及天下而又能忘名的人,才能够成其为纯粹和伟大。《淮南子·诠言训》说:"功盖天下,不施其美,泽及后世,不有其名,道理通而人伪灭也。"就是说无名忘名还能起到灭"人伪"的作用。否则"人彰道息,世有盛名,危不远,衰日至矣!"

可见,"归乎无名"、"复返无名",就是回到淳朴无饰、顺其自然。本来"名"与"利"早已是阶级社会实现统治的不可或缺的杠杆,但是老子却想用无名、质朴、因循自然来取代它。空想乎?倒退乎?含有一定的合理成分乎?不言自明。

五、无名思想何以模糊了

无名思想不彰于后世,首先,要归咎于《老子》篇次的颠倒、章次的调整,使八十一章成为《老子》全书的结尾章。它由四组各不相属的论断组成:第一,信言不美;第二,知者不博;第三,善者(言)不辩;第四,圣人无积。这样的大杂烩,像什么后序、归结语?《老子》的中心思想模糊了。

其次,对真正的后序章——今本《老子》三十七章的文字进行了篡改。帛书《老子》头两句为"道恒无名,侯王若能守之"。这个"之"字,是叫侯王守"无名"。今本《老子》却为:"道常无为无不为,侯王若能守之",这一来这个"之"就变成了叫侯王守"无为无不为"了。守无名已不易,再守无为更不易,还要守"无不为",岂不大违老旨?此乃妄改之一。妄改之二,将"夫将不辱"(帛书《老子》)句改为"夫将不欲"(今本《老子》)。数字之殊,劝导侯王从无名做起,质朴,不要求名、求荣取辱的思想变了样。

帛书《老子》出土,为恢复老子无名思想提供了宝贵的根据。但是迄今未引起注家的注意:一是仍将今本《老子》三十七章作为中间章,自然无从发现"后序"章,总结性的思想自然会模糊。二是在文字上仍置帛书《老子》与今本《老子》之差异于不顾,依然照今本《老子》的"道常无为无不为"、"夫将不欲",这样老子防止求名取辱的思想难以恢复。除了率由旧章旧文外,如果再否认《老子》"干世主"的性质,否定西汉时对《老子》主体思想的结论,那么《老子》中对侯王来说独具重要意义的思想,自然更隐而不现了。

可见,最古本帛书《老子》的章结构及文字,对恢复老子的一些重要思想是何等重要了。

刊于《复旦学报》1988年第二期,2007年修订

第十四章
立于反弱,以愚自处

今本《老子》四十章的"反者道之动,弱者道之用",楚简与帛书《老子》证明其在文序、文字上严重失真。先看简本:"返(反)也者,道之动也;弱也者,道之用也。天下之物生于有,生于亡(无)"。帛、今本末句比简本多了一个"有"字:"有生于无"。过去将此章诠译为"自然界中事物的运动和变化莫不依循的规律"(《老子注译及评价》)。也就是把反弱之道视为宇宙天体万物自然之道了。是不是这样呢?它有没有可能是指君道、政道、人道呢?要弄清这个问题,最简单的方法就是看前后相联之章说了些什么。楚简《老子》此章前紧相联的一章是说"知足不辱,知止不殆,可以长久",再前一个章是说"含德之厚者,比于赤子",岂不也是反弱之教?此章的后一个章,是说"功述身退,天之道",尽管这里有"天道",但目的在借天道明人事,也是指功成名遂身退之政道的。可见从简本看,中间不可能跳出个指自然宇宙万物生成之道的章吧?

再看帛本:

第一,帛书《老子》的"反者道之动,弱者道之用",是紧接"上德若谷,广德若不足,大白若辱……"之后的,也就是对侯王谦下说教的总结。但今本《老子》四十一章反而在四十章之前,掩盖了"反"、"弱"的所指。

第二,今本《老子》这几句后面,紧接着"道生一,一生二,二生三,三生万物……"等六句,无不是谈"生"的。但楚简《老子》并无这些。

第三,帛书《老子》多了四个"也"字,因而成了四句:"反也者,道之动也;弱也者,道之用也。"其句型也不同于下文。这一来,其道、其动、其用究竟何指?是指自然界宇宙之道的动与用?还是指君道、政道、人道的动与用?从简帛《老子》看,指前者的极少极少,几至于无;而指后者的比比皆是。

帛本上一章谈到:要保持尊贵,你要以谦贱为根本;要保持崇高,你要以卑下为基础。尊贵与崇高的反面不就是谦贱与卑下吗?同样"圣人欲上民也,必以其言下之;欲先民也,必以其身后之"(六十六章),下、后不正与上、先相反且处于弱势吗?而帛书《老子》的首句就是"上德不德,是以有德"。显而易见,这是立足于反面——"不德",以求得和保持"上德"的。除此而外,在帛书《老子》中立于反弱之教的尚有许多。

一、图难于易,为大于细

"易"是"难"之反,"细"为"大"之弱。但是要"图难乎,于其易也;为大乎,于其细也。天下之难作于易,天下之大作于细。是以圣人终不为大,故能成其大"(今本六十三章的帛书《老子》文字,下同)。这当是"反"与"弱"之动之用。

二、不争之争,无积之积,无私之私

不争、无积、无私,自然是争、积、私之"反"、"弱"之一面。但老子说:不争可争,无积可积,无私成私。

首先,不争之争。今本《老子》二十二章,似乎全是相反相成的道理,而且也是不争可争的典型。因此抄录其全文及译意于后:

圣人执一,	圣人始终遵循一个原则,
以为天下牧。	用来治理天下。
不自是故彰,	不自以为是,所以彰著,
不自见故明,	不自我标榜,所以耳聪目明,
不自伐故有功,	不自我夸耀,所以能取得成功,
不自矜故长。	不自高自大,所以能保持长久。
夫唯无争,	正因为不争,
故天下莫能与之争。	所以天下无人能与之相争。
古之所谓"曲则全"者,	古人说的"曲则全"的话,

岂虚言哉？	难道还有假吗？
诚全而归之。	实在应归功于它。

"不争"是什么？是不自是、不自见、不自伐、不自矜，可谓简单极了。而一旦君人者自我标榜，自以为是，以争强好胜为争，虽然也可能一时之间天下云从，但问题与灾难就会接踵而至了。

上述不争，也许可谓浅层次的不争之争。今本《老子》六十八章则可谓深层次的"不争之德"了。

> 善为士者不武，善战者不怒，善胜敌者弗争，善用人者为之下，是谓不争之德，是谓用人，是谓配天，古之极也。

善为士之"士"，看来指武士，其职在武，《老子》却说"不武"，意在强调攻心智胜；而"善战"，那是你死我活，怒是在所难免的事，《老子》却要"不怒"，为的是不要因为怒而失去冷静与自制，从而达到善战的目的；所谓"善胜敌者弗争"，胜敌岂有不争之理？这"弗争"有两层含义：一是不盲目轻易与之争，不争一时一地之得失；二是用人之智之力，多谋善断。总之，在武、战、胜、争这些都属于刚克的范畴里，老子强调其反面，以柔克刚，以不武武，以不怒战，以不争胜，以谦下上。《老子》一连用了三个"是谓"，尤其"是谓配天，古之极也"，真是抬得与"天"相配，捧上了天。这岂不是反、弱之动之用吗？

其次，不积之积。在帛书《老子》甲本里，今本《老子》八十一章是两个章，而下列各句为单独一个章：

> 圣人无积，既以为人，己愈有，既以与人，己愈多。故天之道利而不害，圣人之道为而不争。

虽然这也属于"不争"，但内容却又是无积之积。倾自己所有尽量地帮助人、给予人，这样反而会"己愈有"、"己愈多"。这种"不争"能达到"争"所难以达到的目的。

其三，无私之私。《老子》七章就是谈这一点的：

天长地久。天地之所以长久者,以其不自生也,故能长生。是以圣人退其身而身先,外其身而身存。非以其无私欤?故能成其私。

有位注者说,在阶级社会里,那些被压迫剥削的阶级,已经处于最底层了,他们无论怎样退身、外身,也不可能"身先",难以摆脱缺食少衣的境地。此话不假。但是能与地久天长相比拟的,不是这些被剥削的芸芸众生,而只能是"圣人"——理想的执政者。所谓"外其身"、"退其身",即无私,这种无私反能成其私。这也不是虚言假话。

三、欲刚以柔守,欲强以谦保

老子、孔子都喜欢谈水。《老子》谆谆以水为教:

上善若水。水善利万物而有静(静默无声。今本《老子》八章为"不争")。

天下莫柔弱于水,而攻坚强莫之能胜也,以其无以易之也。水之胜刚也,弱之胜强也,天下莫弗知也,而莫能之行也。(七十八章)

像水那样柔弱,那样趋下,那样平而后止;像水那样深沉平静,那样不求报答,那样洗涤污秽,不正是为了"胜刚"、"胜强"吗?用《管子·明法解》的话说:"国君擅生杀,制群臣,富天下,威势尊显。"可谓雄强、刚阳、荣耀之至。要保持住雄强、刚阳、荣耀,不是立足于正面,而是立足于反面;不是运用雄强、刚阳、荣耀,而是保持阴、柔、弱、雌、辱。所以老子一方面不无委婉地暗示君人者:"天下之至柔(水与气),驰骋于天下之至坚,出入无有,入于无间"(四十三章);另一方面老子则明确地提倡"知其雄,守其雌","知其荣,守其辱","知其白,守其黑"(二十八章),即自知雄强荣耀,却始终保持住雌柔、卑辱、谦下。《黄老帛书·十大经》有篇《雌雄节》说,所谓雄节,即"岸傲骄倨"、逞强逞能、争先恐后一类;所谓雌节,即"柔弱恭俭"、谦下退让一类。前者积殃,后者积德。《老子》的"三宝":慈、俭、不敢为天下先,也是守柔守雌一类的。老子说,只有守雌、守辱、守黑,保持柔弱、恭俭、谨慎、谦下、退让,才能成为"天下溪"、"天下谷"、"天下式"——天下归从。不过《老子》的思想表述,总使人

感到扑朔迷离、隐晦难解。后来人们就逐渐把这些思想挑明了,并加以发挥:

《列子·黄帝》:"欲刚,必以柔守之;欲强,必以弱保之。"
《荀子·儒效》:"孔子曰:周公其盛乎? 身贵而愈恭,家富而愈俭,胜敌而愈戒。"
《韩诗外传》七卷三十章:"欲益反损,欲扬反抑。""持满之道,抑而损之。""德行宽裕者,守之以恭。土地广大者,守之以俭。禄位尊盛者,守之以卑。人众兵强者,守之以畏。聪明睿智者,守之以愚。博闻强记者,守之以浅。"

而最能阐明《老子》思想的,莫过于王弼《老子指略》中的话:

凡物之所以存,乃反其形;功之所以克,乃反其所以名。夫存者不以存为存,以其不忘亡也。安者不以安为安,以其不忘危也。欲保其存者亡,不忘亡者存;安其位者危,不忘危者安。……安者实安,而曰非安之所安;存者实存,而曰非存之所存。侯王实尊,而曰非尊之所为;天地实大,而曰非大之所能;圣功实存,而曰绝圣之所立……

这些不就是"反也者,道之用也"吗?

四、绝圣而圣,绝仁而仁

在老子看来,淳朴的古代哪来的圣智,也无所谓仁义。失道之后,也同时失去了纯真与质朴。为了治理社会,才生出圣智,他们以仁、义、孝、慈、忠、贞等美名为号召,辅之以刑赏,倡导人们力行,"上有所好,下必甚焉"。人们在名利的驱使下,种种伪善伪行产生了、蔓延了。王弼在《老子指略》中说:

夫敦朴之德不著,而名行之美显尚,则修其所尚而望其誉,修其所道(导)冀其利。望誉冀利以劝其行,名弥美而诚愈外,利愈重而心愈竞。父子兄弟怀情失真,孝不任诚,慈不任实,盖显名行之所招也。患俗薄则名兴行,崇仁义愈致斯伪。况术之贱此者乎？故绝仁弃义以复慈孝,未渠弘也。

所谓"未渠弘也",即老子的话并不算夸大啊！王弼又说：

既知不圣为不圣,未知圣之不圣也。既知不仁为不仁,未知仁之为不仁也。故绝圣而后圣功全,弃仁而后仁德厚。夫恶强非不欲强也,为强则失强也。绝仁非欲不仁也,为仁则伪成。

所以《老子》十九章的"绝圣弃智"、"绝仁弃义"、"绝巧弃利",并不想一笔勾销圣智仁义,而也是一种"反"之动、"弱"之用。因为老子也说"此三者以为文未足"——还不能成为指导之文,真正付诸实施的是：少私寡欲,见素抱朴；三绝三弃是为了防伪；正像"上德不德"那样,这也是一种"上圣不圣"、"上仁不仁"、"上智不智"。

可见,"反也者"之"反",是相反相成之"反",而不是循环反复之"反"。"道之动"之"道",不是自然与宇宙运行之"道",乃是君人之道、为政之道。总的说来,"反也者,道之动也,弱也者,道之用也",实乃老子政治道德说教之纲。张舜徽先生说：

此所谓道,谓君道也。上文自"明道若昧"至"大象无形"等十数语,偏举相反之事,以明相反相成之理。善为人主者,如能以愚自处,以柔下人,善用众智,不露己才,自能收无为无不为之效。故老子此处总之曰："反也者,道之动也。"（《周秦道论发微》,中华书局,112 页）

老子此种思想,既是来自祸福存亡成败转化的历史经验,也出于对自然的观察。但是老子之论不在于用其去指导人们认识自然,而在于对君人者进行为政的道德说教。像过去那样将"反者道之动,弱者道之用"释为"自然界中事物运动和变化莫不依循的规律",看来是不能成立的。而造成这种误解,是因为这段老子的论断,在文字、分章、章次上,今本《老子》与帛书《老子》都有极大的差异！

刊于《贵州社会科学》1993 年第三期,2007 年修订

第十五章

"导"之以德与和谐社会

——《老子》其书的主题

《汉书·艺文志》认定"道家者流"为"君人南面术",细读其百字的评语,几乎无不是指《老子》:"秉要执本",可谓权谋;其它"清虚以自守,卑弱以自持"、"谦谦"、"克(己能)让"、"一谦而四(四方、四海)益"……就是王者的政治道德。也就是说《老子》的中心思想、主题,是一种"君人南面术"——一种指导和约束侯王统治者的政治权力、政治道德的政治哲学,用今天的话叫古代的领导学。可惜由于文本的颠倒,文字的错讹,再加上帝王文化对《道德经》的改造、隐讳,其中许多约束侯王的重要思想变模糊了,变成人们常说的人生哲学,贵生、重生、养生智慧,以及宇宙本体论等,个别人视之为"兵书"、"为阴谋者法"。固然,《老子》有"兵书"、"权谋"的部分,还有侯王修身养性、养生之术以及宇宙本体论……但这毕竟不是它的主题。其实《老子》在西汉后被人称为《道德经》,这已经点明了它的中心,即"道德"。那么,是谁的道德?春秋战国时怎么会想到为平头百姓、"小人"们设计道德?显然只能为侯王、统治阶级设计道德。在金文中"道"与"导"是同一个字,所以《道德经》也可以说是《导德经》。孔子也有他的"导德经"。比如《论语·颜渊》有两则孔子回答"为政"的言论:"政者,正也。子帅以正,孰敢不正?"这好懂。但接着是"子欲善而民善矣。君子之德风,小人之德草,草上之风必偃。"这里的"小人"并无贬义,指"民"、指老百姓,而"君子"指领导人。译为白话是:领导人的作风好比风,老百姓的作风好比草。风向哪边吹,草向哪边倒。这使人想起马克思那句名言:"任何一个时代的统治思想,始终都不过是统治阶级的思想。"被统治阶级没有进行理论思维的时间、资料、传媒等社会、文化、经济、政治条件,也就很难产生出自己的思想,所以说统治阶级的思想就成了从始至终的统治思想。因此也可以说统治阶级的"德"风,被统治阶级之"德"草,统治阶级之德影响和决定全民、全社会"德"的走向。正因为如此,孔子强调"为政以德","道之以政,齐之以刑,民免(于罪过)而无耻;道之以德,齐之以礼,有耻且格"。这里孔子所谓的"道"即导,引导也。也就是说用自身的道德来引导人民,用礼教来整顿人民,使他们不但有廉耻之心,而且人心归正。可见孔子认为德治的关键在于为君为政者在道德上的以身作则。《大学·九章》有这样的话:"一家仁,一国兴仁;一家让,一国兴让;一人贪戾,一国作乱,其机如此。此谓一言偾(坏)事,一人定国。"这"其机如此"即封建专制主义的政治、经济、文化条件机制决定的必然性。一直到"独尊儒术"的倡导者董仲舒也仍然强调:"为人君者,正心以正朝廷,正朝廷以正百官,正百官以正万民,正万民以正四方。四方正,远近莫敢不壹于正。"(《汉书·董仲舒传》)这都是强调君正,百官正,统治阶级正,以其"正"来引导、影响万民之正。可见孔孟等儒家,也是有他们的"道德经"的,它散见于多种文献中,远不如《老子》或《道德经》那样集中、系统。而且孔孟设计的"道德"侧重于建立社会规范,而《老子》则是专门给为君为政者设计政治规范、政治道德。这种"道德",有权谋如欲擒故纵等,也有逆潮流的"反动"成分,如不尚贤、愚民、抑智、反智、小国寡民等等。这里我们略而不论,只谈它对创建和谐社会有参考价值的部分。

　　成书于战国末与西汉初的帛书《老子》甲、乙本,由于未受到帝王文化的篡改、淡化、转移,所以它最古、最真、最接近"原生态"。必须用它作为论证的根据,才能看得明白。它的导之以德,可分最高的境界与一般的境界两大部分。前者虽然极难做到,但又是人们天天能看到和感受到的,《老子》非常希望侯王与统治阶级能从中有所感悟;后者则比较容易办到。这两种境界的"导"之以德,概括地讲可谓二十六要(除一二两条外,按帛书《老子》排列):

　　1.最高境界的德要如天如地。即为五弗的"玄德":"为而弗志,成而弗居","生而不有,为而弗恃,长而弗宰,是谓玄德";给人民带来恩惠而不敢有自己的期望;取得成功而不敢居功;同时像天地那样生长万物而不敢据为己有,兴盛万物而不敢自恃己能;成长万物而不敢成为主宰,"这就叫天的隐而不宣之德啊!"(河上公注:"玄,天也。")孔子的话叫"则天"、"法天"、"善天"。天、地又何曾用利天下来利己呢?《庄子》的话叫:"古之君天下也,天德而已矣。"

　　2.最高境界的善要如水如气。气与水,人与万物须臾不可离,它无所不在,无所不往,普天之下无不承其惠,而这又完全出于无心。《老子》幻想统治者布仁施义,像气与水那样无所不受其利,但又无私无欲。统治者如能以水为榜样,像水那样滋润万物,献身天下,而又默默无声该多好啊!但是《老子》深深知道:"天下稀能及之矣!"所以它更多地设计了如下的德,一般不太难做到。

3. 要敦厚朴实,不要以仁德者自居自利。三代以来,"德"往往被人用以进身、谋私、谋权、谋名甚至谋篡逆,暴露了德的虚伪性、不纯性、政争性、临时性。所以帛书《老子》首章首句就提出"上德不德,是以有德"——高尚的德,不以仁、德者自居自傲,更不以仁德谋私利己。这样的德才是有德。相反,对于自己的德念念不忘、喋喋不休、索誉要利、巧取豪夺高额回报,终将无德。可见《老子》首先就倡导要敦厚朴实,无伪无饰,施德于民,不居功,不自傲,不谋利。

4. 德要纯一无私,一以贯之。《文子》、《庄子》都说:"贼莫大乎德有心。"把抱有私心的仁德,不仅看成伪善,而且视作偷窃。所以在"上德不德"之后,《老子》马上提出了德的纯一问题——"得一"。"得"与"德"古通。君人者之"德",体现在人民的"得"上。而"一",即纯一不杂与专一、一贯。所以,帛书《老子》第二章就说:"古时恩得(德)是纯一、无私、一以贯之的。"天、地、神、河谷与侯王的恩德纯一,所以才清明、宁静、灵应、充盈、公正。如果窒息了恩德的纯一,那么天就可能破裂,地就会被废弃,侯王也不可能公正。显然,这里强调务必保持德之纯与一以贯之。既不能变味,更不能半途而废。

5. 要时时提醒自己无德、少德与不善。接着《老子》又劝导侯王自称"自名"孤、寡、不穀,翻译成白话,即无德无能的我(孤),少德少能的我(寡),不善的我(不穀)。对于大多数平庸之君、三五岁甚至襁褓中承袭君位之君、篡逆之君来说,此种称谓并不为过,甚至还不够。他们生于深宫,长于妇人之手,未尝知忧,未尝知惧,大多沉溺于淫逸放恣之中,会有多少恩德造福于民呢?有多少堪称为"善政"的呢?所以无德、少德、不善之称,名实相符。多数侯王还应称之为"负德"——人民给他福利恩惠太多太大了。

6. 要立于反弱,以愚自处。《老子》接着又提出以贱为本,以下为基。又说:德行高尚,虚怀若谷;恩德广布,好似不足;建功立德,好似怠惰;方方正正,好似没有棱角……这些不就是立于反弱?其它如图难于易,为大于细,不争之争,无积之积,无私之私,欲刚以柔守,欲强以谦保,总之《老子》认为:相反的方面,柔弱的方面,往往就是君人之道运转和发挥作用的方面,它不仅可以反求正、以弱求强,而且是一种应有的品德。

　　7. 要知足知止。接着《老子》又进行"知足知止"之教："名与身孰亲？身与货孰多（贵重）？得与亡孰病？……"争名夺货，甚爱厚藏的人，多属于王公统治阶级。对他们进行知足知止的说教，显然是剂"可以长久"之良药。如若对食不果腹的农民、平民，也要他知足知止，就未免文不对题了。今本四十六章也谈知足常乐。前面是"天下无道，戎马生于郊"，接着就是"罪莫大于可欲，祸莫大于不知足。"所谓"可欲"，并非指人类生存的基本欲望，而是指任情纵欲。天下无道的一些战争，有的是出自国君为政者的贪得无厌、不知足。但任情纵欲又不止于某些战争，也不只指酒色、财货。争名斗气方面的纵欲，如蛮干、使气、知错不改、护面子，这种"可欲"罪孽之大，更甚于酒色财货。

　　8. 要大成若缺。四十五章曰："大成若缺"，"大盈若盅"，国富兵强，拓地千里，并国数十，成其大功的王侯将相，如果不因此而昏昏然，看到自己的缺陷与不足；丰满充盈的如果能以细小视之，富裕却以不足居之，自然会其用无穷。同样的思想还表现在四十一章后半部："上德如谷，大白若辱，盛德若不足……"人非圣贤，即便圣贤，真正能达到"上德"、"大白"、"盛德"者，未必多。在这不多的人中，不乏被臣下吹捧美化了的。因此，即使人们感戴大恩大德，也应看到自己的不足，可见这不是对普通人的说教。

　　9. 要大成若诎。即大成功之后反而要变得笨嘴笨舌。今本四十五章就没有这一句，而简本有。真是遗憾千古。成大功的侯王，在群臣的吹捧、人民的颂扬中，逐渐昏昏然，骄傲自大，口出狂言，上射天，下射海，"自古莫及己"，"予雄予智"，欺小国，凌大国，"予言莫敢违"，造成巨大灾害，干出种种蠢事，大成前用兵如神助，大成后用民如盲牵，距败亡不远了。此类血的历史教训一再重演，才得出这句"大成若诎"，为什么不补充上呢？

　　10. 要以百姓之心为心。四十九章曰："圣人无常心，以百姓之心为心"，《道德经》的要求极简单：以百姓的意愿为意愿。以百姓的是非为是非。要做到这一点，第一，要有"善者善之，不善者亦善之"，"信者信之，不信者亦信之"的宽容气度，因为你认为的"不善"、"不信"，并不一定不善、不信。第二，要"在天下歙歙焉"，歙即吸，吸什么？自然是百姓之意愿。第三，"为天下浑其心"，古今之注家多说，要使人民浑浑沌沌，其实这里是"为天下"的人浑其心，首先要泯灭私心，出于私心的为天下，会把事情办坏。其次要润物细无声地为天下，大喊仁人爱民地为天下，会变味。甚至就是邀人心的权谋。再次是不逞才、不斗气的为天下,为天下之人,无不超群出众,他们往往会逞才斗气,听不进百姓之意愿,大搞顺我者昌,逆我者亡,此心不"浑",也难以"以百姓之心为心"。

11. 要尊道贵德,唯道是从。二十一章说:"孔德之容,唯道是从"。"孔德"即大德,对于统治者来说,他对于百姓的大恩大德就是唯道是从。这比"博施于民能济众"、"克己复礼"等仁人爱民的说教低调,但更难办到。"仁"可能是"善为道"的,也可能是非道的、化伪变质的。"唯道是从"就难弄虚作假。

12. 要立于不败。《孙子兵法·计》曰:"先为不可胜,以待敌之可胜,不可胜在己,可胜在敌。"所以必须首先要致力于自身的"不可胜",立于不败之地。同样,治国也得"先为不可胜",确立不败之基。《道德经》五十四章的话叫"善建者不拔,善抱者不脱,子孙祭祀不绝"。并且首先是国君自身的"不拔","不脱"之建,如果君王自己多病多灾,自身难保,何谈其他? 其次是国君家庭、宗室的"不拔"、"不脱"之建。如果"妻为敌国,妾为大寇",宗室谋国篡逆,也难谈侯国之"不拔"、"不脱"、"不绝"了。所以"善建"、"善抱(保持)"的原则,必须首先"修之身"、"修之家",然后再"修之邦"、"修之天下"。如果"治国者不先为不可夺,以待敌之可夺,却去趋天下之利,忘修王之道,身犹难保,何尺地之有"?

13. 要像婴儿、赤子那样纯朴。为政者立身为国要以婴儿赤子为镜:表里如一,神形合一,纯朴无伪、无忧无虑、无私无争。同时又如赤子那样精气充沛、元气淳和,才能放松自己,排除杂念。

14. 要"无为"——无私为,或"能辅万物之自然而不敢为"。五十七章说:"我无为而民自化,我好静而民自正,我无事而民自富,我无欲而民自朴。""我"即王侯、公卿,只有他们的无为、好静、无事、无欲,才能给人民带来自化、自正、自富、自朴的结果。这并不言过其实。天生的封建国君,大多骄纵淫逸,够昏庸的了,如果糊里糊涂地试图有为,就更够呛了。即便是英明的国君,他所为、所事的后面(甚至前面),又大都隐含着(甚至明摆着)私欲私利,或功名欲望的膨胀,意气用事。所以无为、无事、无欲,对昏庸之君来说,是请他们偷懒、偷闲,而对明主来说,则是请他们无私为、无私事、无私欲,不为一己私利去扰民。无为、无事、好静、无欲又可简称为"无为"。"无为"当然含有不妄为(辅万物之自然不敢为),不蛮干的意义,但更主要的是不为私欲而为。

15. 要防止"正复为奇,善复为妖"(五十八章)。无为即"无私为",而出于私心私欲的"有为",常常是违背自然、人心的。而要推行它就不能用正道,只能借助于用兵的诡奇之术。于是"正复为奇,善复为妖",正道复归于权诈,善良复归于邪恶,有为越多越大,人民受害越深越重,伟大变成渺小,利民变为害民。如何防止呢?《老子》的办法很简单。一是对能不能以正临国常怀忧虑("其正闵闵"),二是对自己的以正临国绝不标榜(不"以正察察")。只要不为一己之私而为(无为),安静下来(好静),少些私欲(无欲),别再你争我夺,没完没了吧(无事)!这样人民自然会归顺、富足和纯朴的。这就叫"以正之邦"。

16. 要重农,将耕耘收种看得无比重要。五十九章首句今本是"治人事天莫若啬",人们沿袭韩非的诠释,理解为治人事天要"吝啬精神"。楚简本此句则是"给人事天莫若穑",即"给予人民(或富足人民),没有比务农更重要的事了"。再加上楚简本还有几个字不同于帛今本,如以简本为准,老子的重农思想豁然开朗。在一个农业经济居统治地位的时代,农是国本、民本,重农即"重积德",也就是国与民的"深槿固氐、长生久视"之道。

17. 要忌折腾。六十章说:"治大国如烹小鲜",烹鱼的道理可用以治理国家,即不要繁政扰民,别折腾。这对于务农至关重要。治国、务农如烹鱼,如果折腾不已,鱼汤变鱼酱,非一塌糊涂不可。

18. 要谦下、后己、无私、不争。五千言《老子》,就有十个章在直接作谦下、后己、无私、不争的说教。而这种无私、不争、退身、外身,其结果反能"成其私",应该说,也是一种政治辩证法。

19. 要慈、俭、不敢为天下先。此之谓为政之"三宝"。它既是针对为君为政者的,也可能是针对孔子的。用《文子》的话说:战国时国君"苦一国之民,以养其耳目口鼻"。"陈妾数千"并不少见,甚至连卫这样的小国,内宫也是"妇女文绣者数百人"(《墨子·贵义》)。而国君为名为地,争先恐后,动辄将人民推向战争,"三宝"即由此而生。同时"三宝"似乎有针对"仁"而发之意。因为"慈"有别于"仁"、"兼爱"、"爱人"。慈是一种慈母对子女之爱,发乎自然的天性,它是一种对人民,对兵,对下属有如亲子一般的理解和爱护。这样方能换得臣民士卒的武勇。"仁"具有明显的社会政治性,有时它就是一种伪饰、市易、权谋。人与禽兽之于幼子之慈就不是以图私利为目的的。同时,除慈以外,还有俭朴、不争先、不强出头,用以制约慈的掺假变质。这样的法宝,并不奇特,甚至太平淡,但它却是实实在在、朴素无华的。当然"三宝"也不是完全没有目的。慈之以为勇,俭之以为广,后之以为先,无为的目的还是有为。

20. 要承担对国家的诟骂及不吉不祥。七十八章提出"受国之诟"、"受国之不祥"。即君王对于国家的诟骂、屈辱、不祥,应进行自责。其实这也是老话重提。商汤说:"万方有罪,罪在朕躬"(《书·汤诰》),万方的罪过,归我一人承担。周武王说:"百姓有过,在予一人。"(《论语·尧曰》)春秋早期进一步总结了这些历史经验。有"禹、汤罪己,其兴也勃;桀纣罪人,其亡也忽"。而《老子》的"受国之诟","受国之不祥",就是说要把人民背后的责难、咒骂,与国家种种不吉利,看成是自己不善、不慎和失误造成的。孟子的"王无罪岁"就是同类思想的发挥。如此君王才会从自身、从上层找出原因,那么克服改正就容易得多了;如此君王才能成为真正的"社稷主"、"天下王"。因而绝不要诿过于天,诿过于臣民。

21. 要慎之又慎。如何临民为政用权?十五章论述极为形象:古时善于遵循道的人,审审慎慎啊,他像冬天涉水过河;反反复复考虑啊,他像害怕邻国四面进攻;拘谨严肃啊,他像宾客;他们行动啊,像解冻的冰那样渐进;敦厚朴实,像未经雕琢……遵行此道的人,从不过分,宁肯守旧也不急于求成。

22. "四不"要:不固执己见,不自以为是,不自我夸耀,不自高自大。此即二十二、二十四两章提出的"不自见"、"不自是"、"不自伐"、"不自矜"。也就是为君、为政者治理天下,永远不固执己见,不自以为是,不自我夸耀,不自高自大。要求平庸之为政者不自是自见,也许难度不大;而要英明圣智的为政者不自是不自见,并且始终如一,就十分困难了。但是在专制政体下,这确是一个关乎安危治乱的大事。

23. 要慎交友。孔子有"莫友不如己者"之教。为君为政者,自然也有这样的问题,而且它关乎国家治乱。二十三章曰:"从事于道者,道者同于道,德者同于德,失者同于失。同于德者,道亦得之,同于失者,道亦失之。"俗话说:"君子以同道为友,小人以同利为友。"那么国君为政者,凡志事于道于德的,应与有道有德的人志同道合;与奸邪佞谄之人志同道合,必然失道失德。同样有道之臣与无道之君相合相,连道也会失去。即"观其所举,察其所同,得道失道可论,治乱可见"。

24. 要自知、自敛、自胜。"知人者智,自知者明",众所周知。而《文子·微明》则点明:"知人则无乱政。"《吕氏春秋·自知》更点明人君自知最难,"人故不能自知,人主尤甚"。而人主是否自知关系到国之"存亡安危",因此,人主"务在自知","败莫大于不自知"。所以六十七章告诫人君要自知:"天下皆谓我大,似不肖。夫唯大,故似不肖,若肖,其细久矣。"天下都称颂我伟大,恐怕不像。如果像的话,那也许早已渺小了。用严遵的话说,早已"逆天行"了。

25. 要尊天、尊地、尊道、尊王,更要尊从自然。 今本二十五章的"有物混成,先天下生,可以为天下母"的"道",一致认为是《老子》的宇宙本体论。这很正确,但千万不要忽视了它引出的结论关乎政治:"天大、地大、道大、王亦大。国中有四大安,王居一安。"(楚简本文字)"安"不是语助词,而是本字。"安,静也"(《说文》),定也,宁也。凡能尊天、尊地、尊道、尊王的,即国中能做到"四大",则必收安宁平静之功效。因为这是小农经济为主体的经济条件和封建专制主义的政治、文化条件下的必然。但是,"王大"的前提是天大、地大、道大,并且要法天、法地、法道、法自然。即尊重客观规律(法道),不违背自然规律(法自然),像天、地那样好静、无私、无欲。果能如此,岂不国泰民安?多少年来每户堂屋中央都有"天地君亲师之位"岂不也是家中有五大安的祈盼?

26. 要安于无名,切勿求名取辱。 按帛本的排列,它是《老子》最后一章。因为先秦、两汉、书序放在书末,所以这也就是《老子》的序言、结语。按帛书文字是:"道恒无名,侯王若守之,万物将自化。化而欲作,吾将镇之以无名之朴。镇之无名之朴,夫将不辱。不辱以静,天下将自正。"侯王本来已经有了"至誉"之名,何须誉上加誉?因此侯王要安守无名,切勿求名取辱。王弼将用八个字概括《老子》"本在无为,母在无名"。无私为与不求名即《老子》说教的中心,它的主题围绕着这个中心展开。为什么这样看重无名——不求名,将其作为说教之中心?因为对侯王来说,首先好名必生事,必舍公就私。其次,好名必多战,战胜则骄,骄则恣。其三,好名必争名,争名必过度,争名无宽容。其四,君好名于上,臣争名于下,国无宁日。其五,无为必无名,无名方无为。总之,争名的结果是自取其辱、其困,乃至国弱国亡。安于无名的结果是国家与人民的安宁,天下自然安定太平。

在古代,《老子》思想对建立和谐社会至关重要,甚至可收到立竿见影之效。秦始皇与汉文帝的对比就最为典型。战国时,粮价为"石三十",秦始皇统一天下的第五年"米价千六百",上涨五十余倍;至秦末汉初"米价石万钱"。因而带来"人相食,死者过半","千里无鸡鸣"的人间惨祸。到汉文帝时,"粟米十余钱",多得发霉,因而"鸣鸡吠狗,烟火千里",与秦始皇时比,真是天上地下。为什么汉文帝取得如此太平盛世呢?这与他尊奉《老子》为官方哲学有极大关系。第一,文帝即位23年,没有修建增添宫室、苑囿、狗马、服饰,他与皇后常穿粗糙织物。第二,不治坟,不烦民,这与秦始皇调用全国800万劳力中的140万—160万劳力建阿房宫、修骊山,穷奢极欲,不顾人民之死活反差太大。第三,秦始皇禁止"腹诽"、"巷议"、焚书坑儒,臣民噤若寒蝉。汉文帝二年(前178年),下令群臣都来考虑"朕之过失"和"见、知、思"之不到的地方,"乞以造朕"。同时下令各方"举贤良方正极谏者"。废除诽谤妖言之罪。第四,秦始皇统一天下后,五次刻石,歌颂皇帝之功德;而汉文帝经常称自己"不德"、"德薄"、"不能远德"。第五,文帝"除肉刑","除田之租税"。秦始皇的"力役三十倍于古,田租赋二十倍于古","赫衣塞道,囹圄成市",简直无法与之相比。同时汉文帝对匈奴之侵扰,也并非不作为,而是三次发兵征讨(以上均见《史记》中《平准书》、《秦始皇本纪》、《汉文帝本纪》等)。可见文景盛世与《老子》的政治道德见诸行动有关。《老子》为建立人人有饭吃、人人能说话的"和谐社会"提供了一种简易的政治道德哲学。如果说,《孙子兵法》是"兵家圣典",那么《老子》应该说是"政家圣典",可惜由于《老子》底本的失真、帝王文化与道教的淡化、改造,早已使它面目不清了。现在应当重新认识它的主题!

曾以《老子的主题是什么?——析"导德"经》为名,刊于
《中州学刊》2004年第二期,2007年修订后刊于国际
老子学术会议的《"和谐社会,以道相通"论文集》

第十六章

直面"善者不多"

今本掩盖《老子》重要思想的，莫过于篡改"善者不多"论了。

一种论点有时能影响整个民族、国家的命运。西方不少思想家认为，人类天性是不完美的，存在着狭隘和自私的方面，有某种程度的劣根性，因而需要对人抱有一定程度的不信任，再建立种种制约机制以防止劣根性的为害。中国则是性善论的一统天下，百姓性善，为君、为政者自然更是善的了。于是君王、为政者无限制的专制主义频频为灾为害。而孔子、老子，尤其是《老子》则不同，他最早指出"善者不多，多者不善"，即为君、为政、为学者，无私无欲达于善的人少；多数人的功名欲、权欲、物欲、情欲等私欲甚多，尚未达于善。因而有"无为"、"四绝三弃"、"不尚贤"等主张，这些主张显然是倒退的、不可取的。但这个论断却提出一个能否直面客观现实的大问题。它对于自知、知人、治己、治人，建立什么样的社会政治机制都是至关重要的。可惜《老子》的论断被篡改了，被韩非引向建立和强化专制主义方面去了。因此，此章拟用较多的笔墨，钩沉老子这一思想：善者不多。

一、今本《老子》篡改的痕迹

"善者不多，多者不善"，出于帛书《老子》乙本。无论查任何今本《老子》均无法查出这两句。今本《老子》不是"善言不辩，辩言不善"，就是"善者不辩，辩者不善"。仅仅一字之差，意思大不相同。再说，这两句话在分章、章次及其在该章的排列上，今本《老子》都异于帛书《老子》。试以帛书《老子》乙本与傅奕本《老子》作一比较：

帛书《老子》	傅奕本《老子》
信言不美，美言不信，	信言不美，美言不信，
知者不博，博者不知，	善言不辩，辩言不善，
善者不多，多者不善。●	知者不博，博者不知。

仔细推敲，不难发现今本《老子》篡改的痕迹：

其一，如果"辩言"是巧辩之言的话，那么它与"美言"——漂亮话，岂不相类？是否同义反复？

其二，"善言（或'者'）不辩，辩言（或'者'）不善"，如此断言，是否稍嫌武断？善言不一定要辩，但辩言未必统统不善，伊尹、吕尚、周公、老庄、孔孟之言，许多既善且辩。孟子就有"好辩"之名，而荀子公开说："君子必辩"（《非相》）。此论若立，是否有点自我否定？

其三，照帛书《老子》文字，《老子》之论乃是知言、知学、知德（善与不善）的全面自知、知人之论，而今本《老子》则不见知德的部分了。

其四，黑圆点是帛书《老子》甲本留下的十九个分章符号之一，它明白无误地标明这六句就是一个章。而今本《老子》却与"圣人无积……"等不相干的论断并为一个章了。作一个或两个章来理解，其含义自然不同。

其五，今本《老子》这组文字排在最末一章，即八十一章，而在帛书《老子》，它却处于中间章。这说明是后人有意将它移后了。

由此看来，今本《老子》的篡改是明显的。但如果仅仅如此，还是不敢妄下论断的，只能视之为孤证。因为这只是帛书《老子》乙本的文字，甲本除分章圆点外都无法辨认。如果历史上以及先秦思想家没有类似言论的话，那么帛书《老子》的这两句话只能存疑。但史籍及诸子确有类似言论，这就不得不认真对待了。

二、历史事实如此

史籍上有无"善者不多"这样的史实记载呢？有的。

先从《尚书》所载看《老子》前的史实。周公还政于成王，担心成王贪图享乐，荒废政事，所以告诫成王不可贪图逸乐，史官记录了周公的诰词，这就是《尚书·无逸》的由来。其中有段文字，是周公对殷商三十一位君王的评论。他只推崇殷王中宗、高宗、祖甲三位君王,说只有他们治理百姓,心怀敬畏,恭敬谨慎("治民祗惧"),不敢荒废政事("不敢荒宁"),爱护百姓,"能保惠于庶民","不敢侮鳏寡",所以能"嘉靖殷邦。至于大小,无时或怨"——使殷商美好和睦,从上到下,没有怨恨他的。从而"享国七十有五年"、"五十有九年"、"三十有三年"。而其他殷王,"立王生则逸,不知稼穑之艰难,不闻小人之劳,惟耽乐之从"。这些只追求过度逸乐的殷王之政绩,可想而知,并且都不能长寿("亦罔或克寿"),自然享国也不会长,"或十年,或七、八年,或五、六年,或三、四年"。

这岂不就是一种"善者不多"的历史事实吗?殷商如此,西周、东周(乃至明清①)又何尝不如此?作为史官老子,自然也有自己的看法。

再从《左传》、《国语》的记载看。这两部书可谓春秋之"当代史"了。老子自然熟悉,看看史书怎么说的,就可以推想老子之所指了。

《春秋》、《国语》虽然记载不少"善者",但对于二三百年的时间来说,很难说"多";并且看来,达于"善"远非易事。照上一章所引《左传·襄公十四年》的话说,良君要"养民如子,盖之如天,容之如地";而民之于君,要"爱如父母,敬若神明"。这种标准不能算低,就连春秋五霸之佼佼者齐桓公、晋文公、宋襄公也远未"达标"。更何况其他呢?

被《左传》称之为"善人"的有,追随晋文公的介子推,他主要是有功而"不求显"——不追求利禄显达而退隐(僖公二十四年)。又鲁之婴齐(季文子)"奉君命无私。谋国家不二,图其身不忘其君"(成公十六年)。死时,按大夫入殓之礼仪,鲁襄公亲临看视,季氏家宰收集家里的器物作丧具。"无衣帛之妾,无食粟之马,无藏金玉,无重器备……相三君矣而无私积"(襄公五年)。可见"善"的主要标志是无私、无欲、尽职尽责。其他被《左传》、孔子赞誉为"国之良"的叔向、子产、晏婴,拥有才智且政绩超群。正因为如此,《左传》才把"善人"视之为国之栋梁、纲纪。"善人,天地之纪也"(成公十五年);"善人,国之主也"(襄公三十年);"能用善人,民之主也"(昭公五年)。

---

① 从秦始皇到宣统(不计十国,只计五代),历史上共有了237位帝王,其中10岁以下,11至12、21至30岁登基的帝王分别为46、65、56帝。也就是说三分之二的帝王是在未达"而立"之年即位的。政治上很难说成熟。另,有生卒年可考的224位帝王显示,平均活了39岁。从这个数字看,达于"善"的也不多。如果将帝王分为明、庸、昏、傀儡(母后、外戚、宦官控制之帝)四类的话,那么明君和大致勉强可以称之为明君的,最多不过十之一二,其他非昏即庸即傀儡。

可见,"善人"与"不善人",不是指的一般人,"天地之纪"、"民之主",岂能是等闲之辈?这与孔子说的"善人为邦百年,可以胜残去杀",及"善人,吾不得见之矣"中的"善人"是相同的,都是指为君、为邦者。《左传》记载的历史,说明为君、为邦者也是"善者不多"的①。

再从《老子》后另一个史官的结论看。班固在《汉书·景十三王传》中不无感叹地说:

> 昔鲁哀公有言曰:"寡人生于深宫之中,长于妇人之手,未尝知忧,未尝知惧。"信哉!斯言矣。……汉兴,至于孝平,诸侯王以百数,率多骄淫失道,沉溺于放恣之中。何则?居势使然也。

特定的地位、环境、条件,造成了大多数王公的"骄淫失道",这岂不就是"善者不多"的表现?在《今古人表》中,班固又将历代名流——王侯将相学者分为上中下三等,每等又分上中下三级,共九等。春秋以降,上三等寥寥无几,孔子为圣,其弟子只颜渊、冉伯牛、仲弓等列入"仁人",而齐桓公、晋文公、秦穆公……不过是中上之君。可见史官眼里善与不善的标准是严格的,而且其所指,并不包括平民。

班固对于当时的为政者又是怎样看的呢?在《汉书·匡张孔马传赞》中,班固说:"自孝武兴学",公孙弘以儒宗居宰相位十一年,衣冠整齐;"传先王语",举止文雅;"然皆持禄保位,被阿谀之议"。如果用古人直道而行的标准衡量,差距甚大。从政多无建树,而有阿顺君王、畏惧权贵之嫌,故大多尸位素餐。这不也是一种"善者不多"观吗?

可见,历史事实是与《老子》的"善者不多"论相吻合的。不过这些历史记载,多指为君为政者,极少涉及为学者。孔子的某些言论,就是专指为学者。

三、孔子的"善者不多"观

如果历史背景大致相同,孔子没有类似的观点,那么帛书《老子》此论就可能

---

① 同时春秋还有这样的流行观念:"从善如登,从恶如崩"(《国语·周语下》)。"恶之易,如火之燎原,不可乡迩"(《左传·隐公六年》)。不仅学好如登山,学恶如山崩,而且恶之滋长如燎原大火,近之犹不可。哪易扑灭?

是孤立的或抄写错了。但是,孔子不仅也有"善者不多"观,而且记载详细,不像《老子》那样仅仅只有两句令人费解之言。也许孔子之论,可以破译老子的"善者不多"究竟何指了。

下面分几方面看。

首先,看孔子怎样看待当时的国君、为政者。《论语·述而》:

> 善人,吾不得见之矣。得见有恒者,斯可矣。

孔子周游列国,干七十余主。居然感叹不得见"善人",这岂不是"善者不多"吗?《论语·子路》又有下面一段对话:

> "今之从政者如何?"子曰:"噫!斗筲之人,何足算也!"

这两条言论,证明《孔子家语·贤君》的记载并非虚构:

> 哀公问孔子曰:"当今之君,孰为最贤?"孔子曰:"吾未之见。抑有卫灵公乎?"
>
> 子贡问于孔子曰:"今之人臣孰贤?"子曰:"吾未识也。往者齐有鲍叔、郑有子产,则贤者矣。"

对国君、大夫毕恭毕敬、彬彬有礼的孔子心里有数。所以他背后对自己的学生说,他们是器识狭小的人,算不了什么。甚至对哀公也不隐讳,说:我没见过贤君。无独有偶,孟子的看法更为过激:

> 不仁哉,梁惠王也(《孟子·尽心下》)

在他看来,当时的诸侯,只有人君之名,不符人君之实。而像商鞅、吴起、孙膑、张仪……这些"辟土地,充府库"、"战必克"的"良臣",乃"今之所谓良臣,古之所谓民贼也"。

> 长君之恶其罪小,逢君之恶其罪大。今之大夫皆逢君之恶,故曰,今之大夫,今之诸侯之罪人也。(《孟子·告子下》)

这"皆"字,岂不成了一概否定?

其次,再看孔子对"仁"与"君子"的看法。

孔子对国君、为政、为学者的看法是严格的,其实他对自己也不宽容,而且是用高标准自律的。他认为"仁"乃最高之德性,既不轻易以仁许人,更不能以仁自许。《论语》中就只提到"殷有三仁"以及尧、舜、禹、周公,对管仲只是勉强称其仁。而他自己,"若圣与仁,则吾岂敢?"(《述而》)即便是"君子",他认为自己也有不小的距离:

> 君子之道三,我无能焉:仁者不忧,知者不惑,勇者不惧。(《宪问》)

像孔圣人,能做到"不忧、不惑、不惧"也非易事,何况其他。当然这里有自谦的成分,不过,也确是一种真实心态之写照。

其三,看看孔子对学者、学生的评价。

> 回也,其心三月不违仁,其余则日月至焉而已矣。(《雍也》)

在孔子心目中,颜回是唯一长期不违仁德的学生,其他人只是间或想到仁德罢了。

> 三年学不至于谷,不易得也。(《泰伯》)
> 古之学者为己,今之学者为人。(《宪问》)
> 知德者鲜矣。(《卫灵公》)
> 吾未见好德如好色者也。(《子罕》)

古时之学者,学的目的在修身养性;而今之学者则是为了修饰自己给别人看的。为学三年而不存做官的念头,这样的人很难得。孔子这些话说明他了解学者、学生。他们绝大多数有私欲,是为了做官;至于仁德,那是其次的,是服从服务于做官的。而"知德者鲜",达善者寡。那些难听的"未见好德如好色者"的话,细想起来,也许是一条亘古不变之"定律"吧?总而言之,这些都是"善者不多"的另一种表述。

其四,孔子与弟子讨论"成人"也值得一提。

子路问成人。子曰:"若臧武仲之知,公绰之不欲,冉求之艺,文之以礼、乐,亦可以为成人矣。"曰:"今之成人何必然?""见利思义,见危受命,久不忘平生言,亦可以为成人矣。"(《宪问》)

也就是说,智、无私心、勇、艺、礼乐兼而有之的人,方可谓之"成人"。或者说,见利思义、见危受命、穷困危难中也言行一致的人才算"成人"。"成人"究竟是不是"全人"?姑置不论,但是,要具备较为完善的道德情操绝非易事。

可见孔子也是一位"善者不多"论者。他的这些观点,自然是来自历史和现实,但不知老聃是否说过类似的话,如果说过,那么可能还受到老聃思想的影响。孔子、《老子》上述言论。起初听到,感到不愉快,甚至不愿承认这难听的话。但平心而论,又不得不承认这是无可奈何、无可辩驳的事实。如果每位国君、为政者、学者,甚至每一个人皆为尧、舜,统统大公无私、毫不利己、专门利人,固然再好不过,那样就不会有一治一乱、乱多治少的历史了,也无须教、学、法、礼、政、制、刑、赏……这一套东西了,但那只是一种美好的理想。

这里还需要说一下,孔子、老子都没有泛论人。如果有的话,那么就是老子的"赤子"说与孔子的"性相近,习相远"。远,可远于善,亦可远于不善,正如同赤子达之于成年,可为善,亦可为不善一样,依然是两可而未言及性善、性恶的。为什么孔子、老子都将注意力集中在上层的善与不善上,而未指一般人呢?孔子曾这样回答季康子的问政:"子欲善而民善矣!君子之德风,小人之德草,草上之风必偃。"(《颜渊》)在孔子看来,领导人的品德好比风,老百姓的品德好比草,风向哪边吹,草就向哪边倒。这与《老子》说的我(君、为政者)无为(无私为)、无事(不以私事扰民)、无欲(私欲)、好静,人民自会化、富、正、朴是一个意思。因为孔子、老子认为,当时除少数上层人物外,绝大多数平民距先民并不太远,他们顺随自然,浑浑噩噩,不识不知,人随王法,草随风,还谈不上善与不善。而到了战国,情况不同了。思想家的认识已由上层波及下层和普通人,并由善与不善进及人性、人心、人情。

尽管如此,诸子依然认为为君、为政者的善与不善至关重要,甚至是决定性的。《说苑·君道》之论很有代表性:

> 夫上之化下,犹风靡草。东风则草靡而西,西风则草靡而东。在风所由而草为之靡。是故人君之动不可不慎也。

上之所动起导向作用,可使民"靡"——一边倒。正因为如此,孔、老以及历史的眼睛才始终盯在上层之善与不善上。

四、诸子的继承发展与改造

墨、道、法诸家继承了《老子》的"善者不多"观,既有发挥,也不乏改造。

先看道家。《庄子》的继承与发挥最得老旨,说出了《老子》没有明言的话。其《胠箧》曰:"天下之善人少,而不善人多,则圣人之利天下也少,而害天下也多。"不用说前两句是老子"善者不多"的改写,而后两句是什么意思呢?《徐无鬼》说:"捐仁义者寡,利仁义者众。"即真正为仁义献身的人少,想从仁义中谋求自己利益的人多,所以圣人的仁义道德往往被用以谋私利己,这才使得"圣人之利天下也少,而害天下也多"。这就说出了老子为什么要"绝圣弃智"、"绝仁弃义"、"绝学"的内心忧虑以及为什么强调"明智"就在于自知知人的道理了。显然,《庄子》也不是指一般人,而是指推行仁义的为学、为政、为君者。

《管子》与《庄子》比,则有所不同。其《侈靡》曰:"贤者少,不肖者众;使其贤,不肖恶得不化?"前两句似乎类《老子》,但又有差别;中间一句则是与"不尚贤"唱反调的,而其所指,显然扩大了。这也可称为一种改造吧?

《文子·微明》将天下之人分为25种,"上五有神人、真人、道人、圣人、至人"。这些人自然属于"善人"的,如此之善人是不可能多的。文子是老子之弟子,其思想自然受老子的影响。

再看墨家。《墨子·法仪》说:"天下之父母者众,而仁者寡。""天下之为学者众,而仁者寡","天下之为君者众(同时亦指为政者),而仁者寡"。这应该说是货真价实的"善者不多"论。但"善者"变为"仁者",指明了这只是道德属性,而其所指又多了个"为父母者",比老子所指的范围扩大了。

由此看来,所谓"善者"、"善人"、"仁者",主要指道德,较少指才能。"善者不多,多者不善",不过是说达于善的人不多,多数人尚未达至善,如此而已。

黄老道家及法家对老子思想改造就多于继承了。黄老之学(或道家)是由道家到法家的过渡思想,所以先看《尹文子》。其《大道上》曰:"今天地之间,不肖者实众,仁贤者实寡。"这里的"不肖"与《管子》"不肖"的含义相同,但不等于《老子》之"不善",而"仁贤"之谓同于"善者"。接下去又说:"趋利之情,不肖特厚;廉耻之情,仁贤偏多。今以仁义招仁贤,所得仁贤者,万不一焉。以名利招不肖,所得不肖者触地是焉。故曰:礼仪成君子,君子未必须礼仪;名利治小人,小人不可无名利。"这是改造《老子》的"善者不多"论,它大大超出《老子》之所指,而其视角、立足点、结论,已大异于孔子、《老子》了。

至于法家,想来只引《韩非子》就足够了:

人之情性,贤者寡不肖者众。(《难势》)
贵仁者寡,能义者难。(《五蠹》)

至于君王,韩非认为圣明如尧、舜,昏暴如桀、纣,"千世而一出",以"中庸之材居多"(《难势》)。这也是"善者不多"观。

综上所述,帛书《老子》的文字乃原貌,已无庸置疑。

五、世袭制的必然结论

君主世袭制及世卿世禄制,天生就有弊病。到了春秋时,它的弊病暴露无遗。至老子时,"亡国相及",与其同时,就是杀君不绝。作为史官的老子,自然也会从王侯公卿的品德才能方面去看待祸福存亡转化的原因,他发现"善者不多"是一个重要原因,而"善者不多"又是世袭制的必然结果。从世卿制来说,公卿由世袭而来,缺乏激励机制,养尊处优,无所用心,其品德才能可想而知。至于王侯、国君"独立无稽"的地位,一呼百应无不奉迎的环境、奢侈的生活条件,决定了他们多数耽乐是从,体质甚弱,知识甚缺,见闻甚浅,私心极重;"圣明君主"是很少的。这些说明世袭制(主要是世卿制),应该找出一条出路了。于是"官学"渐渐被突破,私学逐渐形成,出现了大批为学者。他们之学,往往不是为了修养自身,而是谋官谋禄,谋求出人头地、荣华富贵。因而这些私欲重重的为学者,也就难免"善者不多"。春秋初期,周天子已经自称"不穀",即不善了(《左传·僖公二十四年》)。老子用不着含糊其词,直说"善者不多,多者不善"也就不足为奇了。但是,老子只是从"美与恶(即'丑')"、"善与不善"对称方面来谈,"善"的对立面只谈到"不善",而不是"恶"与"不肖"。可谓极有分寸、用心良苦的用语。"不善"可以变为"恶",而老子只点到"不善"为止。这就有两种可能性,可朝"善"的方面变,也可向"恶"的方面转化。老子固然说不出"权力腐蚀"之类的话,但他是深刻了解那世袭制的弊端的。这"善者不多"论,虽然不无无可奈何的感叹,但着力点还在于促使为君、为政、为学者能够知己知人知德知学,从而向德向善。

六、"善者不多"论的命运

老子这种促使君人者自知知人的思想,实际上渊源久远。《尚书·皋陶谟》传说是舜的大臣皋陶与禹讨论如何实行德政治理国家的一篇实录。皋陶提出了三条:"慎身"、"知人"、"安民"。所谓"慎身",显然要知己,即自知,严格要求自己。"知人"则是要了解臣下,任人唯贤。"知人则哲"的名言即出自这篇文献。老子的"自知者明,知人者智",岂不是皋陶思想的发挥吗?

同样,孔子也说,"智"即是"知人"(《论语·颜渊》)。颜渊对孔子"智者若何,仁者若何"的答复是:"智者自知,仁者自爱"(《荀子·天道》)。可见从舜、禹到老子、孔子,他们都不把"明智"看作是对客观事物认知的发展,而是在自知、知人、自爱。多知而不知己、知人,是不在先哲的"明智"之类的。这是为什么?第一,"知人无乱政"(《文子·微明》)。第二,人主、为政者的自知关系到国之存亡安危,"败莫在于不自知","人故不能自知,人主尤甚"(《吕氏春秋·知己》)。历史反反复复地证明了这两点。可见老子及孔子的"善者不多"论,正是为了为君、为政、为学者的自知、知人而发的。自知其私多欲多,为名为利为权,念兹在兹,患得患失,因而其道德远非善良贤能的,才能更是有限。只有如此才能努力净化自己的心灵,超脱名利,无欲无争。这岂不正是老子种种说教的基石吗?

可是老子、孔子的"善者不多"论并没有起多大作用,老子之论干脆被修改了。这是有它多方面的原因的。

秦汉大一统后,按照法家的理论与设计,帝王至尊至上至贵,需要神化、圣化。

为政者及其后备队——为学者,也不能丑化。"善者不多"论显然于此不利。佛教传入中国,它的不孝、弃亲、弃妻、不拜父母与皇帝,当然无法被官学礼教所接受,最终自然被改造了。《老子》的"善者不多",是否也遭到同样的命运?政治需要文饰,帝王需要神化、圣化,人需要穿衣遮羞御寒,精神也同样需要隐恶彰善。荀子的性恶论,恐怕是他成不了亚圣的重要原因。老子的"善者不多",也只得委屈了。始初只嫌它太醒目,把它由中间章排到最末之八十一章,这可能是第一步。久之,觉着这种调整也不行,汉晋时改了一个字:将"善者不多,多者不善"改为"善者不辩,辩者不善"(河上公本、王弼本),此为第二步。第三步则是唐宋时又进而改为"善言不辩,辩言不善",也是只改一个字。这样《老子》的一个重要论断被掩盖了,从而《老子》说教之基础、出发点、主要对象都变模糊了,警惕"己"与"人"之不善的告诫被蠲除了。西方的分权说、权力制衡说,是与其性恶观分不开的。老子的"善者不多"观,虽不完全是性恶观,但如若这一警世之论可以长鸣,那么对性善论的迷惑与陶醉恐怕会大为减轻,而且还会慢慢形成抑制不善的监督防范机制。

刊于《贵州社会科学》1997年第一期,《新华文摘》1997年第四期全文转载,2007年修订

第十七章

"可以有国"是靠重农富民还是靠吝啬精神

帛、今本《老子》的"治人事天莫若啬",两千年来人们一直根据《韩非子》"啬之者,爱其精神、啬其知识也"(《解老》)的诠释,理解为:"治理人民事奉上天,没有比吝啬精神更好的了。"这就是"重积德"、就是"可以有国"之妙策。但是楚简《老子》却是"给人事天莫若啬(穑)"。《说文》:"给,相足也",而"啬"通"穑",务农之意,译为白话,即"富足人民事奉上天,没有比务农更重要的了"。这才叫"重积德",才能"长生久视"。两者的含义相差千里。另外还有一个重大差别的字:帛、今本为"是以早服",早服从道理;而简本为"是以早备",早有准备,显然是承接务农而来的。细想一下,帛、今本之字与韩非的解释违情悖理,简本的文字通情达理。但是,要想翻这桩"大案",要冲破积两千多年的思维定势,绝非易事,笔者曾著文、著书,反复申述,仍难免有人斥之为"臆断"。这里不得不再一次考订字形字义与验之历史。下面且先看两个字表:

其一:给、治、备、服。

字	郭店楚简	子弹库帛书	包山楚简	马王堆帛书	银雀山竹简	《说文》
给						
治						
备						
服						

这个表内之字，出自不同时代（战国前、中、后期和秦汉），不同侯国，有篆、篆隶、古隶、汉隶不同的区别，但还是可以看出究竟的。"给人事天莫若啬（穑）"之"给"字，《郭店楚简·释文》读为"给"，注为"治"，看来不通。"给"，意为破旧之丝，显然于此不通。并且其他楚简十数个"治"字，无一写为"给"字，此字注为"治"根据何在？而《睡虎地竹简》、《竹简孙子兵法》、《说文》之"给"字却与《楚简老子》之"给"字基本相符，甚至一模一样。目前出版的许多本《楚简老子》校读、释析、解诂，无不照样框套帛、今本之文字。注"给人"为"治人"，岂不是用帛、今本之错纠楚简之正吗？

再看"备"，备字与服字之字形不同。郭店简、包山简、子弹库楚帛书之"备"皆同。《释文》又框套帛、今本，释为"服"。备与服不通假。备，预备，预防也，作为务农，"早备"才文通理顺。

再看第二个啬字表。

这啬字表中奇怪的是，《战国文字汇编》、《包山楚简文字编》，甚至《马王堆简帛文字编》，竟找不出一个"穑"字来，一个以农业为主的社会，竟无穑字，岂不怪哉？这也许可以说明两汉前期之前啬、穑还是一个字吧？起码是通假的。这取自《战国文字汇编》的啬字，既有啬之本字，也有"穑"的通假字（或省写）啬。其中云梦简、郭店简的啬字下面为田，或井田，上面似农具，从字形上看，乃"穑"之借字，恐怕问题不大。而楚简《老子》释文，仍读为本字。其实啬通穑，可谓证据充分。除上述字形考证外还有：

(1)《尚书·盘庚》："服田力啬，亦乃有秋。"啬，农也。

(2)《说文》："田夫谓之啬夫。"《说文通训定声》："啬字即穑之古文也。"

(3)商承祚《殷墟文字类编》："卜辞从田，与《尚书》啬之古文同……穑字《札记》皆作啬。"

(4)《字汇补·口部》："啬，与穑同。"可见，啬者，穑也。它泛指耕耘收种，当训为务农。

最后还需要特加说明简本的"莫如其极"之"极"，因为啬字释读错了，所以过去的诠释"极"字也跟着错了。《说文》："极、栋也"，"栋、极也。"朱骏声《说文通训定声》："栋、屋内至中至高之处。"《易·系辞下》："上古穴居而野处，后世圣人易以宫室，上栋下宇，以避风雨。"这样一来，"莫知其极"，当训为："莫知其至中至高的栋梁所在。"依楚简本上述分析去释"给人"、"啬"、"早备"、"极"，断简缺文再补以帛书《老子》之文，那么，老聃的重农思想，即可重见天日。

除了从字形、字义考订之外，还必须验之同时代思想家的思想、历史文献及历史实践。

孔子主张为政，必须"先之、劳之、无倦"（《论语·子路》），不仅要带头，而且要勤劳，不能懈怠。同时还得"居之无倦"（《颜渊》），在位一天就一天不敢偷懒懈怠。稍早的子产认为"为政"必须"日夜思之，思其始而成其终，朝夕行之，行无越思"（《左传·襄公二十五年》）。今本《老子》都说为政治民要保养精神，当思想懒汉，以此永久享有国家，岂不荒谬？老聃哪能与同时代的思想家、政治家大唱反调？把农视为国之栋梁，国之根本，才能不断积累功德（重积德），"可以有国"，这才是长治久安、长生久视之道！老聃的这种重农思想与孔子看重为君、为政者重视稼穑的思想是一致的。《尧曰》："所重：民、食、丧、祭"，第一、二项即稼穑之事。在《宪问》篇，孔子对推崇"禹稷躬稼而有天下"的学生南容，称赞为"尚德哉"！那些果然能"躬稼"的为君为政者，孔子岂不更要推崇为"尚德"的吗？由于误将《老子》"给人"抄写为"治人"，把"穑"之通假字"啬"误读为吝啬之"啬"，同时又将"备"字误读为"服"字,以致造成千古大错案。不仅掩盖了古代的一种重要经济思想:重农,而且也掩盖了古代的一条极为重要的政治道德:重农即积德。

《尚书》、《诗经》、《国语》、《史记》还有大量有关重农的言论与记载,这里无法详引了。只引道家著作《管子·治国》中的一句话:"粟者,人主之本事,人主之大务,有人之途,治国之道也。"老聃的"有国之母,可以长久",不也同样说出了"农"是古代决定性的经济部门这个道理吗?作为史官,其职责之一就是备咨询、进箴言。所以老子慎重地为侯王、当政者提出了一条"重积德"以长久享有国家的妙策,也是必然的了。再验之史实,历代封建王朝,如果真能把务农放在重要地位,早有准备,那么家给人足,国泰民安,王侯自可享国以久,长治而久安。帛、今本《老子》紧接着(六十章)说:"治大国如烹小鲜。"烹鱼的道理可用以治大国,即不要烦政扰民,忌折腾。这对于务农是至关重要的。

以上从楚简老子关键字的字形、文例,验之以史实,确证老聃是重农的思想家,可惜它被掩盖了两千多年。如此千古错案,至今仍未翻案,仍死死据守住今本之文,历代之诠释,别人稍有异词,就极力反对,应该纠而正之了!

所以我们认为楚简《老子》的下述文字及其译意应该是:

给人事天莫若穑,	富足人民事奉上天,没有比务农更重要了。
夫唯穑,	唯有务农,
是以早备,	所以才能早作准备早作预防。
早备是谓重积德,	早作准备与预防这叫不断积累功德。
重积德则无不克,	不断积累功德,就没有克服不了的困难。
无不克则莫知其极,	没有克服不了的困难,[别人]就不知道你是至中至高的栋梁所在。
莫知其极,	[保人]不知道它至中至高的栋梁所在。
可以有国,	你就可以享有国家。
有国之母,	就掌握了国家的根本。
可以长久。	可以长治久安。
是谓深樲、固氐、	这就叫深藏国柄、巩固国家根本、
长生久视之道。	长生久视之道啊!

刊于《中州学刊》2002年第五期,2007年修订

第十八章

防止对权力的争夺

西周吸取殷商"自中丁以来,废嫡立庶而更立诸弟子,比九世乱"(《史记·殷本纪》)的教训,完善了嫡长子世袭制。这完全是为了保证最高权力传继的稳定和防止争夺的。但是这个制度的实行,常常被变异或被破坏。有些变异是正常的,不得已的。而"春秋弑君以百数"(《战国策·东周》),说明这个制度出现了严重的危机,也说明当时各侯国对于最高权力的争夺是激烈的,这对于侯王、为政者自然是一个最大的忧患。如何排除这个忧患,使统治阶层稳定、相安无事呢?这一点,老子不是视而不见没有考虑的。但是他不把它明白说出来,而是使用一些深奥而两可的谜语式的语言。如果放在当时特定的历史背景下,细细体味,又会破译出它的真正含义来。

一、国家的权道不可示人

《老子》三十六章说:"鱼不可以脱于渊,国之利器,不可以示人。"这段话,早已被人破译。离开深水的鱼,鱼的危险性可想而知。同样国家的机制、权道也是不可以昭示于人的。否则岂不就像鱼浮上水面那样为人所得了吗?孔子说:"唯器与名,不可以假人,君之所司也。""若以假人,与人政也,政亡则国家从之,弗可止也已。"(《左传·哀公十六年》)两千言的楚简《老子》并无此种言论,而五千言的《老子》已有此论,有可能是把孔子思想形象化了。总之,《老子》寥寥数字,一字千钧,也是影响极大的集权要论。正由于权道、机制运行不可以示人,所以《老子》不想把话说露了。一旦说白了,老子岂不就是自己以利器示人吗?基于如是考虑,

《老子》清一色使用只可意会而不可明言的文字。

二、为无形，事无声，味无味

需要破译而未被破译的是下面一段文字：

为无为，事无事，味无味……

有人把它译为："把无为当作为，把无事当作事，把无味当作味。"照字面看，这种理解是正确的。但放在当时经常有国亡身灭的历史背景下来看，真要照此办理的话，那么对于国君是否意味着坐以待制呢？对于大臣，恐怕也不行，臣的职责在为、在事，怎能无为无事？对于士农工商，更是不可想象的。不过这"为无为，事无事"，只能是对少数几位为君、为政者而言。"无为"虽然也有点"处无为之事，行不言之教"的含义，而在这里，主要还不是这种含义。

在君主专制下，君主、为政者是邦国利害之枢纽，他们所为所言所事，涉及国家安危，影响臣民利益。人臣、权臣、友国、敌国，以至君主之宗室、左右、子侄、父兄、妻妾……都想知道君王所为、所言、所事，或和，或诣，或谗，或用以谋利，或用以避害，或曲意奉承投君所好，以售其奸，甚至谋弑逆，它给佞臣、篡臣、敌国以可乘、可鉴、可资之机，往往因此酿成大祸。史家、思想家对下述史实曾大书特书："齐桓公（公元前683—前651年）好味，而易牙烹其子而饵之；虞君好宝，而晋献公（公元前676—前651年）以璧马钓之；胡王好音，而秦穆公（公元前659—前621年）以女乐诱之。"结果是乱国、弱国、亡国。这些都是老子之前的事。老子对大量诸如此类的史实，必烂熟于心。他虽然主张国君奉行无为，顺应自然，但事实上国君、为政者又不可能不为，不得不事，于是这才有了"为无为，事无事"的主张。用《申子·大体》的话说："善为主者"，要"藏于无事"。用严遵的话说："为无形也，事无声也。""祸福之生，在于元首。为之于无形，事之于无声，无形无声则深远。"（《道德真经指归》）用董仲舒的话说："为人君者，其要贵神。神者，不可得而视也，不可得而听也。是故视而不见其形，听而不闻其声。"这样就会"莫得其响其影"了，并且无由"曲直清浊"。"所谓不见其形者，非不见其进止之形也，言其所以进止，不可得而见也。所谓不闻其声者，非不闻其号令，言其所以号令，不可得而闻也"（《春秋繁露·天地之行》)。这些主张,不能不使人想到《孙子兵法·计篇》之言论:"兵者,诡道也。故能而示之不能;用而示之不用;近而示之远;远而示之近……"那"为无为"等三句,套用《孙子》的话,是不是"为,而示之无为;事,而示之无事;味,而示之无味"? 也就是君王所为、所事、所思、所好,要无声无形,不张扬,严加保密。而所谓"味无味",也可以理解为评诗论文要"味外味"那样,去体味未言之情味。以便"为之于未有,治之于未乱"(今本六十四章)①。如果人君这样"为无为,事无事,味无味",结果会如何呢? 严遵说:"功不见知,名不见称(不会因国君之喜恶而争功争名),福不得起,祸不得生。无福之福,与之无声;无祸之祸,息于无名。主安民乐,天下太平。"这样自然就会大事化小,多事化少,人们的怨愤也就平息于这种德行之中了。所以六十三章头五句可作如此解释:

为无为,	为,而示之无为,
事无事,	事,而示之无事,
味无味,	不能显示自己的口味、爱好、兴趣。
大小多少,	这样就能大事化小,多事化少。
报怨以德。②	用这种德行来报答人们的怨恨吧!

三、欲人之所不欲,学人之所不学,知人之所不知

还需要破译的是《老子》六十四章最末一组文字:

圣人欲不欲,而不贵难得之货;学不学,而复众人之所过。能辅万物之自然而弗敢为。(帛书《老子》)

一般是这样解释这段文字的:"圣人的欲望就是不欲;不重视稀有的商品;圣人的学问就是不学,以补救众人经常犯过的错误……"

---

① 《邓析子·转辞》的话是:"视于无有,及其所见。听于无声,则得其所闻。故无形者有形之本,无声者有声之母。"《文子·上德》亦有同样的话。《黄老帛书·道原》则是:"能察无形,能听无声,知虚之实。"

② 简本无"报怨以德"句。极有可能这才是古貌。此句或为独立之章,或为后人画蛇添足。古、今也有人疑为他文衍入。

这与字义相符,但却悖于情理。比如圣人之不学,居然能补救众人之所过。这是不是老旨? 值得推敲。

所谓"圣人",在老子词汇中,往往是圣君明主的代名词,甚至等同于"万乘之主"(如今本二十章,详见下文)。而"欲不欲,学不学",则是上面"为无为,事无事"的深入发挥。圣君、圣人之学,不仅与普通人君有别,而且人君之欲之学,也与臣民学子之欲之学有别。他特殊的、独一无二的地位,决定了他特殊的、独一无二之欲之学。正像难以设想一个太史与一个农夫或一位元帅与一个士卒之欲之学是相同的一样。人君之所欲所学,乃臣民之所不能欲不能学、不敢欲不敢学之欲之学。甚至连想象也是不可能的。它是更高更深层次、更独特之欲之学。因此谓之"欲不欲"、"学不学"。只有如此,才能"思不思之思,求不求之求"。人君之思,人君之求,大异常人,它应该超出常人之名利,这样才能"达人之所不能通,穷人之所不能测,成人之所不能为,有人之所不能得"(严遵语)。而这些又都是只能意会不能言传的,并且君王还得装出一副高深莫测、如醉如痴、和蔼可亲、若无所知的模样。

"学不学"的另一面是七十一章之"知不知":

知不知,尚矣。不知不知,病矣。圣人之不病也,以其病病,是以不病。

这里又点明是对"圣人",而不是对臣民众生而言的。今天大多认为这与孔子的"知之为知之,不知为不知,是知也"相类。也可能是这样。也有人认为这是"自知者明"的另一面,这也有可能。但是,孔子是对学子们说的,而《老子》则是对圣君明主说的,对象迥异,内容岂能相近? 再从《老子》整个愚民思想看,以上看法,又是值得推敲的。

封建世袭君主,应该有属于他自己的专门知识,如怎样安民定国? 怎样防止宗亲、兄弟、叔侄争夺最高权力,防止大臣、权臣架空君王? 如何使"武人不乱,智人不诈,仁人不党"(《国语·晋语六》,约在公元前580年前)? 如何将君王神化……这些都不是臣民所得而知的,而是国君所必知的。至于不推重贤者,以免引起竞争,使得"其乱甚于无君"(慎子语);不让人民看到能刺激欲望的东西,使民心不乱;要"虚其心,实其腹,弱其志,强其骨","使夫智者弗敢为"……又是人民所不该知道的,即使是人臣也不该知道得太多。君王、圣人知道了人们不该知道的东西,对于巩固封建统治是最好不过了——"尚矣"！而不知其妙的庸君,当然就是"病矣!"圣人所以不犯这种病,是因为他们清楚这种病。作如是理解是否符合老旨？在帛书《老子》出土前,尚不敢作如是推论,但帛书《老子》甲本第二句不是今本《老子》之"不知知"——不知以为知,而是"不知不知"——不知道臣民所不该知道的,这就有了一条证据。姑备一说。

楚简《老子》没有这一章,自然这是老聃之后的发展。看来老聃当时还没想得这么深。

四、勿轻浮,勿妄动

《孙子兵法·军争》说:"军无辎重则亡。"同样,《老子》二十六章告诫君王"不离其辎重"。不仅要稳重、冷静,不妄动,而且必须戒备森严,黄昏黑夜也不放松警惕,否则将会失去臣民。

重为轻根。	稳重是轻浮的根本,
静为躁君。	冷静是躁动的主宰。
是以圣人终日行,	所以圣人整天行走,
不离其辎重,	离不开大量的车辆护送,
唯有环官,	唯有四周严加警卫戒备,
宴处则昭若。	哪怕黄昏黑夜,也如同白昼一样安全。
奈何万乘之王,	为何身为万乘之国的君王,
而以身轻天下?	把自己看得轻于天下呢?
轻则失臣,	轻浮将会丧失臣民,
躁则失君。	妄动将会丧失君位。

今本《老子》因为文字有误,所以并未完全表达上述思想。

五、忘战必危,大小国皆宜谦下

对权力的争夺与丧失,既有来自内部的,也有来自外部的:战争与外交失当同样会身死国亡。对此,老子也是极为关注的。他极力主张"不以兵强天下",认为"兵者,不祥之器也",非不得已而用。并且一旦取胜,就应当适可而止,勿矜、勿骄、勿伐,此其一。其二,忘战必危。老子的话叫:"祸莫大于无敌,无敌近亡吾宝"(六十九章)。无敌则忘战、忘戒、忘慎、忘慈、忘俭,直至亡国。其三,老子力主谦下外交,大国小国皆宜谦下。大国的谦下,可以取得小国的归附;小国的谦下,则可以取得大国的宽容。尤其大国更"宜为下"。这些主张虽然简单,但对春秋时代来说,却是切中要害的。

六、微妙明智的胜强术

《老子》三十六章曰:

> 将欲翕之,必姑张之;将欲弱之,必姑强之;将欲废之,必姑兴之;将欲夺之,必姑予之。是谓微明,柔弱胜强。

这是一种军事斗争之术,还是春秋时代的一种政治斗争之术,抑或主要是对待宗室、权臣等觊觎最高权力者的一种智慧与方法?自然,像钓鱼、擒贼、喂鸡、喂猪……似乎都可堪施用其术。有人认为把这称为"权术"、"阴谋",是一种"误解","叫老子背黑锅"。仁智之见,理所当然。不过这说明,有必要弄清老子学说是否含有权谋及其来源。

笔者认为不能把老子说成是个阴谋设计师。但是如果说《老子》整本书没有权谋,更未含有阴柔的思想,恐怕也有失偏颇。首先,道家学说本来就包含法术家的谋略以及兵家的战略、战术。《汉书·艺文志》道家类的著作就列有《太公》237篇,其中《谋》81篇、《兵》85篇。虽然这些著作早已亡佚,但《史记·齐太公世家》透露了其底细:"吕尚阴谋修德,以倾商政。其事多兵权与奇计,故后世之言及周之阴谋皆宗太公为本谋。"其次,之所以否认《老子》的"阴谋",其主要根据是陈平所言:"我多阴谋,道家所禁,其无后乎?"所谓"道家所禁",主要指"黄老之学"中的"黄学"。《黄老帛书·行守》有"阴谋不祥"句,但其前句为"骄溢好争",后句为"形于雄节,危于死亡"。这样的"阴谋",必然不祥,这是毫无问题的。另外,《顺道》篇也有"不阴谋"句,但其全文是:"不旷其众,不为兵主,不为乱首,不为怨谋,不阴谋,不擅疑断,不谋削人之野,不谋劫人之宇(国土)。"显然这指的是不阴谋兴师动众作乱、发动战争、掠夺别人的土地财物。这类阴谋,必然不祥。其三,无论"阳谋"、"阴谋",都是君人者、掌权者的一种权谋。权谋有正有邪。以权谋公,无私无欲,为百姓尽心也诚,正也,祥也。好私尚利,为百姓也诈,无非旗号,邪也;邪诈必乱、必危、必被人反治其身。这种权谋,无论阴阳,都是《老子》所绝对排斥的。而对敌、用兵、对野心者,老子并不反对用"奇"。"以奇用兵"不就是一种诡诈吗?但它绝不能用于治国,用于对待人民。也许"阴谋"二字,有伤大雅,那么谓之"阴柔"也许是没有问题的吧?

第十九章

"绝智弃辩"方略的发展演变

郭店楚墓竹简《老子》的出土面世,使我们更清楚地看出老聃对学者、智者是取怀疑、批评乃至某种否定态度的。他主张加以抑制,这也是他"无为"思想的一部分。从楚简《老子》看,愚民思想还没有最后形成,正在孕育中。到了帛书《老子》,在继承老聃思想基础上,提出了"不尚贤","非以明民,将以愚之","使夫智者不敢弗为",愚民思想配套成形,终于诞生了。可见楚简《老子》问世后,有必要对帛、今本《老子》中愚民反智思想的形成重新认识。

一、楚简《老子》抑制智者、学者的思想

很巧,楚简《老子》的整理者编排时,竟将"绝智弃辩"句安排在首篇首章首句,难道这完全是无意的?起码,是十分看重这个问题的。并且接着的"绝巧弃利"、"绝诈弃伪",似乎又都与"智"有关。无"智"何谈巧、利、诈、伪?

简本《老子》的反智思想主要有三:

(一) 对待智者的"六不可"

简本在"为之于未有也,治之于未乱"的后面。紧接着提出了"六不可":

> 智之者弗言,言之者弗智。闭其兑,塞其门,和其光,同其尘,[挫其锐],解其纷,是谓玄同。故不可得而亲,亦不可得而疏;不可得而利,亦不可得而害;不可得而贵,亦不可得而贱。故为天下贵。(相当今本五十六章)

这里的"挫其锐"三字是据帛书增入,因为整理者谓简本此三字"待考",只好先用帛书文字。与帛书、今本相比,除了多了个"之"字外,其他基本一致。竹简整理者将"绝智"之"智"字,皆用括号标明为"知"。这就未免改正为讹了。"知"怎么能绝呢?打击面岂不太宽?"绝智"才说得通。尽管"智"、"知"古通,但用在哪里是本字,哪里是假借字,必须慎重定夺。"智之者"说的是聪明的人,或者是玩弄心智的人。如果变成"知之者",那么人从小到老,无不有所知,都在某一点上有所知,能统统"弗言"吗?因此,简本之"智"乃本字,而帛本之"知"乃"智"之借字。另外简本多了个"之"字,"智之者"即聪明的人,文义晓畅。

在老聃看来,春秋以来的亡国相及、囚主相望、弑君杀父、社会动乱,主要根源于两部分人:一是王侯为政者,他们的欲望太多太大,只要他们"亡为"(无私为)、"无事"(不因一己之事扰天下)、"不欲"(无私欲)、"好静",那么人民就会自朴、自富、自正、自化的。另一部分人就是智者群了,他们或孳孳于名,或孳孳于利,或出谋献策,为争权夺利推波助澜、火上浇油。对于他们自然也是不能提倡"有为"的,而应该塞之、闭之、挫之、同之、和之。要弄清这段文字说的是什么,首先得弄清何谓"兑"与"门",并且需要多作点引证。

《易·兑》:"彖曰:'兑',说也。"
《易·说卦》:"兑为口。""说言乎兑。"
《管子·心术上》:"门,谓耳目也,所以闻见。"
河上公注:"兑,目也,目不妄视。""门,口,使口不妄言。"

严遵本《道德真经指归》中谷神子注说得更清楚:"塞其兑"——"耳目瞑也","闭其门"——"口不言也","开其兑"——"事聪明也","济其事"——"显功名也。"而《指归》则说:"塞其聪明,闭其天门,关之以舌,键之以心,非时不动,非和不然。"说得何等坦率,只有随声附"和",才无须闭塞,否则关之、键之。

高亨曾将今本五十六章(以上),称之为老聃的一种"杜民之耳目口鼻,使之无知无识"的"圣人临民之术"。但是,耳目口鼻毕竟是塞不尽、堵不死的。所谓"杜民耳目口鼻",其要在智者的耳目口鼻,堵住他们,人们也就不会七嘴八舌了。因为随着铁器和牛耕的推广,老聃所处的时代,社会、经济、政治关系都发生了划时代的变化。适应这种变化的要求,私学兴起,"学在官府"被大大突破,"智者"群——

知识阶层逐渐扩大。孙武创兵法,郑人铸刑鼎,邓析制刑鼎,孔子删订六经,"弟子三千,贤人七十二",一群以知识为生的人进入社会,成为不可忽视的重要阶层。王公贵族纷纷养士,招揽士人。应该如何对待这批人呢?《老子》之前就有这方面的考虑与经验了,如《国语·晋语》说的"武人不乱,智人不诈,仁人不党"。而老聃对于"智者政策"的设计,就是上面这段文字。译为白话:

> 智者不擅自说话,说话的不敢自以为智。终止他们的交往,堵塞他们的学门,平和他们的光亮,解除他们的纠纷,挫去他们的锋芒,混同于尘埃之中。这叫深奥的同。所以,不能对他们亲近,也不能对他们疏远;不能给他们以利,也不能给他们以害;不能使他们高贵,也不能他们低贱。这样才能为天下所珍贵。

这就是老聃对待智者的"六不可"。用严遵的话说,这"六不可"又叫"爱不来,退不离,益不丧,败不危,爵不高,损不卑"。那些帝王对此章更是心领神会。朱元璋疏曰:"虽知也,不妄言。"塞、闭、挫、解、和、同,此六字前三字言不张声势,后三字言谦下也。所以谓之'玄同'。言此几事皆属玄也,皆是大人君子幽微之道……"正因为"幽微",才妨碍了人们了解其玄妙。

诚然,《庄子·知北游》等,也有"知者不言,言者不知"。但那与老聃的"智之者弗言"略有不同。在庄子看来,统治阶层到处是猜忌、争斗,陷阱遍布。智者处于其间,必须时时小心谨慎,免遭不测。有时必须藏才匿智、装聋作哑。而最好的办法是不合作:圣智不言、不议、不谋、去知、去己、去为。"弗言"与"六不可"反用之,对于护身,做到免灾远祸,何尝不也是一种妙策呢?

有必要再重复一句,楚简本"智之者弗言",是在"……治之于未乱"之章后接着提出的,它与今本编排大不一样(今本"六不可"在五十六章,"治之于未乱"在六十四章)。它意味着什么,就无须多说了。

(二)学者多非好事,要绝学无忧

上面是楚简《老子》甲篇的文字,乙篇则有三个章继续谈这件事。其一曰:

> 学者日益,为道者日损,损之又损,以至于亡为也,亡为亡不为。■绝学无忧。

帛书、今本最大的不同是首句,分别作"为学者日益"、"为学日益"。"学者"与"为学者"、"为学",就像今天的思想家、学者、教授与大学生、小学生一样,尽管他们在"学"这一点上相同,但层次相差太大了。另外,帛书、今本后面的文字不是"绝学无忧",而是"将欲取天下也,恒无事;及其有事也,又不足以取天下矣"。显然这是另一码事。简本的"绝学无忧",显然是前面文字的延伸。虽然有分章符号间隔,它不过说明此四字即为一个独立章。因为"绝学无忧"与后面的"唯与诃……"没有联系。帛书、今本的调整改动,显然大大冲淡了老聃原来的思想。在老聃看来,像孔子、少正卯之类的学者日益增多,那么遵行于道的人必然日益减少。为什么老聃持这种观点呢?也许从老聃对孔子说的两段话中,可以发现他是怎么想的。

其一是《史记·老子韩非列传》:"孔子适周,将问礼于老子。老子曰:'子所言者。其人与骨皆已朽矣,独其言在耳。且君子得其时则驾,不得其时则蓬累而行。吾闻之,良贾深藏若虚,君子盛德,容貌若愚。去子之骄气与多欲,态色与淫志,是皆无益于子之身。吾所以告子,若是而已。'"

这段话可以看出老聃对于像孔子这样的学者、智者,也是不以为然的。第一,有骄气;第二,多欲;第三,还不够朴实,往往还弄姿作态、装腔作势;第四,有不切实际的志愿。所以告诫他要深藏若虚,盛德若愚。有些话老聃虽没有说,但可以体味出来。如果这些毛病不去掉,那么以骄气与多欲之臣去辅佐多欲而权盛之君,要么不被使用,要么用了也难以融洽而身危。或者唯国君骄淫之志是从,助纣为虐,将会干出多少不切实际的事来坑害百姓与国家呢?看来这就是老聃的潜台词。

其二是《史记·孔子世家》记载孔子适周,见老子,"辞去,而老子送之曰:'吾闻富贵者送人以财,仁人送人以言。吾不能富贵,窃仁人之号,送子以言,曰:聪明深察而近于死者,好议人者也。博辩广大危其身者,发人之恶者。为人子者毋以有己,为人臣者毋以有己。'"

这一次,老聃的话比前面那些话客气、缓和多了,但仍然指出了学者、智者有两点足以危及自身的事:好议论人,好揭发别人的错误与罪恶。同时,看来老聃还是很主张孝与忠的,即应该心存父母,心存国君,不应该只顾自己,而学者往往只顾自己。

对孔子这样道德高尚的人,在老聃眼里还有这么多毛病或潜在的毛病,那么等而次之的一般学者,在老聃看来又会怎样呢?他们的毛病对社会、对国家、对百姓的影响就可想而知了。老聃力劝国君要"亡为"、"无事"、"好静"、"不欲",对于学者自然也不能例外,因此结论是"绝学无忧"。这"绝学"是绝什么学呢?自然不包括官学(否则岂不等于否定自己的职业),而是当时兴起的私学。也许这"绝学"未免太厉害,其实还有比这更厉害的。比如孔子就以聚众结社、鼓吹邪说、混淆是非等罪名杀了少正卯(见《孔子世家》,另《尹文子》、《荀子》、《新语》、《论衡》均有记载),这也许有某种老聃的思想因素吧?

上面是简本甲篇。此外乙篇还有专门谈及此事的章:

闭其门,塞其兑,终身不矛。启其兑,赛其事,终身不迷。

"矛"与"迷"何字?何义?整理者没有作任何解释。迷,也许后来发展为"岙"字。《康熙字典》说:"岙,古文作'危'。"山顶上舞矛,是够危险的。《玉篇·乏部》:"迷,救也。"看来今本的"终身不救"之"救"即源于此。在老聃看来,对学者、智者,要"闭其门,塞其兑",于君于国者都会"终身不危"。如果"启其兑",还要让学者、智者们互相竞争,"赛其事",也就"终身不救"了。今本也有这段文字,过去不少人疑为错简重出,楚简又一次证明并非如此。并且帛书、今本后面还加了四句:"用其光,复归其明,毋遗身殃,是谓袭常。"智者之"光"要用的时候,还是要用的,哪能一概不用呢?但第一,不能危害自己(遗身殃);第二,要沿袭并照顾多数人的常。真是透彻的领悟、巧妙的补充啊!

(三)因为"智快出,有大伪",所以必须"下智"

在分析了甲、乙篇的上述论点后,现在来分析丙篇有关论点。丙篇不同于甲篇、乙篇,不能与甲篇、乙篇同等看待,一是简少、简短、内容少,只相当今本三个半章;二是各章之间无联系,而甲篇、乙篇则是多数章层层展开的;三是有一个章已出现于甲篇,但文字略有差异。所以此组文字可能是将那些与甲篇、乙篇文字略有差异的章,再单独抄留备查。

丙篇第一个章就是谈"智"的,相当于今本的十七、十八两章。但文字与今本不同,而且不是两个章,而是合成一个章的。因此,这里问题就多了。先将释文抄录如下:

太上下智,又(佑)之其即,亲誉之其即,畏之其即。侮之。信不足安又

（有）不信。犹乎其贵言也，成事遂功，而百姓曰我自然。故大道废，安有仁义；（智快出，案有大伪；）六亲不和，安有孝慈；邦家昏[乱]，安有正臣。

以上与整理者的断句、释文略有不同：

1. "智"非"知"之借字，而是本字，理由同上。
2. "又"通"有"，但又通"宥"（宽恕）、通"佑"（富也）。《小屯殷墟文字乙编》五四〇八："我伐马方，帝受我又。"此"又"即通"佑"。再通观全章思想与老聃上述主张，这里通"佑"为是。释文注为"有"，是框套今本了。
3. "即"，释文注为"次"，这又是框套今本。音与形皆不近，也无其他根据。《说文》："即，即食也。"林义光《文源》："即，就也。……象人就食之形。"另外"即"还有就、靠近、接近、迎合、符合等含义。《论语·子张》："君子有三变：望之俨然，即之也温，听其言也厉。"此"即"字是接近之意。《韩非子·孤愤》："若夫即主之心同乎好恶，固其所自进也。"此"即"字是迎合之意。总之，"即"乃本字，不是"次"之借字。
4. "安"，固然可以解释为岂能、怎么、怎能，但在这里应作"于是"解。
5. 由于丙篇不能与甲篇、乙篇同等看待，所以考之帛本、今本，这里少了两句，据帛书《老子》甲本应补上"智快出，案有大伪"，如此全章方理通文顺。"智快出"即智者迅速出现，如孔子有弟子三千。这与今本之"智慧出"又有不同。
6. 过去是按两个章理解解释，现在简本证明为一个章，理解自然就不同了。

由于以上六点，所以必须重新断句、重新诠释。

先看帛书的文字及断句：

太上下知有之，其次亲誉之，其次畏之，其下侮之。……

因此它被普遍理解为："最好的世代人民知有其君，其次亲誉其君，再次畏其君，最坏侮其君。……"这里的破绽显而易见。人民"知其君"就视之为"太上"——最好的世代。岂不太容易了？以至于吴澄的《道德真经注》、明太祖的《御注道德经》以及今天的某些注本（如陈鼓应的译注本）都改"下"为"不"，作"太上不知有之"。但是简本及帛书《老子》均为"下知"，而不是"不知"。可见改"下"为"不"也是不通的。而臣民畏其君，是任何君主时代所不可或缺的，它怎么能够成为划分世代好坏的标准呢？因此,这种断句与理解是难以成立的。

问题症结在于"即"字。前面已经说过,"即"有就食、接近、迎合等含义。"太上下智"之"智",是指智者、士人、智士等高级人物,无不以干君求仕为务。次一等的也要投靠卿大夫、公子一类的门下,找碗饭吃。用孟子的话说:"士之仕也,犹农夫之于耕也。"(《孟子·滕文公》)"其即",就是那些智士,为求得一官半职,谋得一碗饭吃,而接近你、投靠你。甚至迎合你。孔子"干七十余君",不就是"其即"吗？《左传·文公十四年》:齐"公子商子骤施于国而多聚士。"《襄公二十年》:"怀子好施,士多归之。"这些"聚士"、"归之",就是"其即",来投靠,求官求饭吃。"其即"与"其次"的含义相差十万八千里。正由于上述种种原因,所以势必重新断句诠释。照上面所引的简本那段文字,译为白话,是这样的:

最好是降低智者的声望;福佑他们,他们就会接近你、就食于你;亲近和赞誉他们,他们更会迎合、就食于你;他们畏惧你,也会设法接近你。要看不起他们。诚信不足,于是才有不信任。犹犹豫豫啊,使他们慎贵其言。功成事遂,百姓才说我遵顺自然。所以说,大道废弃,于是才有了仁义;智者们迅速出现,于是才产生了大诈大伪;六亲不和,于是才有了孝慈;国家昏乱,于是才有了忠正之臣。

为什么是这样呢？就像孔子那样的学者,老聃也还不那么信任,有怀疑,有批评,可以想见他对一般智者的看法如何了。"大伪"自然与智者层的迅速扩大有关,大道废弃、六亲不和、国家昏乱,是否也统统与"智者"有关？那仁义、孝慈、正臣,说不定也是伪的表现,或含有伪的成分。看看那些智士们吧！汲汲于功名仕禄,好待遇、好脸色,他们自然会投靠你、迎合你、就食于你;哪怕他们畏惧你,也会想方设法投靠在你的门下。所以老聃认为最好是看不起他们。而到了《庄子》,说得就更露骨了。《人间世》不仅视智为动乱之源,而且称之为"凶器"。《胠箧》说得更干脆:"天下大乱,罪在于好智。上诚好智而无道,则天下大乱矣！何以知其然邪？夫弓、弩、毕、弋、机变之智多,则鸟乱于上矣;钓饵、罔罟、罾笱之智多,则鱼乱于水矣;削格、网落、罝罘之智多,则兽乱于泽矣。"同样,知识多了。智者多了,人们的狡猾、诡辩、争论、"智诈渐毒",也就会与知识与智者成比例地发展起来。可见,《庄子》一方面把智与掌握他们的智者视之为社会动乱的一种祸源;另一方面也把他们视之为统治阶级制造钓饵、纲罟以吸引、笼络、宰制人民的"帮办"、"帮凶"。老聃虽没有这样说，但他认为，智慧生大伪；圣智、仁义、利器……这些东西并不好，它煽动人们的欲望，使人们争名夺利。而要使人们返璞归真，必须使智者与一般人"同尘"、"和光"、"绝学"。但是老聃又清楚地知道，这几乎是不可能的，起码在相当长时间内是办不到的。因为春秋时期，社会矛盾错综复杂，政局倾轧多变，兼并战争此起彼伏。封建统治需要"智"，国之存亡盛衰需要"智"，尤其是频繁的战争对"智"的需要有时更甚于对"力"的需要。无智则亡。在这种历史条件下，可行的办法是：降低智者的声望，提出了上面"六不可"的主张。

二、太史儋的发展

从楚简《老子》现有文字看，老聃的"绝智弃辩"主要是针对智者、学者而言的，并没有提到愚民。看来当时智者阶层的人数和能量还有限，人民的纯朴与顺从也比战国时好。到了战国，情况有所变化，尤其是社会中最有影响的阶层是智者群，他们倡仁导义、尚贤兼爱，好不热闹。所以太史儋在继承老聃上述思想的基础上，又把"绝智"大大提高一步。改"绝智弃辩，绝伪弃虑"为"绝圣弃智，绝仁弃义"，因为仁义自然是由圣智倡导的。同时还明确提出"愚民"与"不尚贤"。

先说愚民。帛书下面这段文字就是谈愚民的：

　　古之为道者，非以明民，将以愚之也。民之难治也，以其知（智）也。故以知（智）知邦，邦之贼也；以不知（智）知邦，邦之德也。恒知此两者，亦稽式也。恒知稽式，此胃（谓）玄德。玄德深矣、远矣。与物反矣，乃至大顺。

这里所谓的"道"、"德"，看起来固然是政道、政德。但在太史儋看来，它更是一种天道、天德。"玄德"之"玄"即指天。天道、天德就没有让天下万物有知有识。如果万物都有自己的知识与思想，那怎么得了？用严遵的话说，如果"万民知主之所务，天下何以安？""万物不知天地之所以，故可以存。万民不识主之所务，故可安。四肢九窍不知心之所导，故可全。"（《道德真经指归》）所以，"愚民"也是太史儋将老聃"法天"思想付诸实施的一种体现。

另外，"小国寡民"，"结绳而用"，"鸡犬之声相闻，民至老死不相往来"，也是一种愚民。不过这种主张不是太史儋提出的,因为他一再谈"取天下",所以不大可能再谈"小国寡民"。大概这个思想的发明权属于老聃,因为那时才有产生这种思想的历史背景。但它被太史儋照搬了过去。而楚简《老子》又因为缺损,使我们无法详考了。

再看不尚贤。"贤者"是智者中的拔尖者,他不仅智,而且贤——有道德或道德较好。如何对待贤,自然也属于对待智者方略中首要的事。同时这也属于愚民,因为愚民的关键不在民,而在贤者与智者。下面便是帛书关于不尚贤的论述:

不上贤,使民不争;不贵难得之货,使民不为盗;不见可欲,使民心不乱。是以圣人之治也,虚其心,实其腹,弱其志,强其骨。恒使民无知无欲也,使夫知(智)(者)不敢弗为而已,则无不治矣。(帛书夺"者"字,相当今本三章)

空虚人民的头脑,削弱人民的意志,使他们无知无欲,使那些智者不敢擅自作为,"则无不治矣"!说得何等清楚。这里填饱肚子、强壮筋骨是物质前提,而行动上不为盗、精神上不乱和虚心弱志,则必须做到三条:一是不推崇贤能;二是不珍贵难得的货物,不显示可以刺激人民欲望的事物;三是"使夫智者不敢弗为"——要使那些智者不敢擅自作为。这三条中的关键又在一、三两条——都是针对智者的。这岂不抓住了愚民的要害?

所谓的"智者",不只是指聪明的人、贤能者,而是指当时业已形成的知识阶层。他们不事生产,脱离了土地,有知识,较为自由,宗法关系对他们束缚较少。所以,他们成了游离于社会之上的群体,是社会中最活跃、最有头脑、最有影响的部分。他们既是社会的良知、心声,又是名位、财货、权力的追逐者。帛书《老子》的"善者不多,多者不善",不仅指国君、为政者,而且也指智者。他们欲望太多、私心太重,绝大多数道德并未达于善。因此,他们的私欲与智慧相结合,就会发展为贪欲与竞争,从而引起社会的波动。在太史儋看来,只要"不上贤","使夫智者不敢弗为而已",民心是不会争不会乱的。

"智者"自身如何看待老子这个主张呢?也许在台上者会心领神会,照此办理;而在台下者则未必如此,他们不免有点物伤其类。于是在可能条件下,为了淡化上述思想,是否因此而在文字上做了点手脚呢?

帛书乙本：使夫智者不敢弗为而已，则无不治矣！

今本（傅奕本）：使夫智者不敢为，为无为，则无不为矣！

今本前句删去"弗"与"而已"二字，后句改为"无不为"。极为明白与严厉的语句——使那些智者不敢擅自作为，则没有治理不了的天下，就变得模糊了。不过，后世还是有不少人领会了此章此句之要领的。如河上公注"使智者不敢为"曰："思虑深，不轻言。"即慎言再慎言。宋徽宗疏曰："辩者不敢骋其词，勇者不敢奋其技，能者不敢矜其才，智者不敢施其察。作聪明，务机巧，滋法令，以益其众，圣人皆禁止之。此所谓'使夫智者不敢为'也。"（《道藏》本《宋徽宗御注道德经》）不仅这种理解是符合帛书《老子》的，而且将"知（智）者"理解为辩、勇、能、智者，也是深得老旨的。

可见，太史儋在如何对待智者的问题上，深化了老聃的思想。

三、道家、法家对"不上贤"的改造

老聃的设计，自然是深谋远虑的。他是从全社会出发的，为了社会安宁，并幻想回到小国寡民时代，所以主张抑制学者、智者。但他的设计又在客观上反映了封建统治者对于智者的又怕又爱、不即不离、又用又防的心理。尽管如此，春秋时的管仲、子产、晏婴、孙武……还是被当时的国君所重用，"敬之若师、若父"。虽然孔子"干七十余主"而没有什么结果，但他的弟子却取得了惊世的成就："子贡一出，存鲁、乱齐、破吴、强晋而霸越。子贡一使，使势相破，十年之中，五国各有变"（《史记·仲尼弟子列传》），这不能不使统治集团对贤智之士另眼相看。到了战国初，"曾子、子夏为诸侯师，声名显天下。鲁缪公以友礼子思，费惠公师友子思、颜般"（《孟子·万章下》）。而在太史儋之后，频频发生了"三寸之舌，胜于十万、百万之师"的事。贤智的重要性、不可或缺性，再清楚不过了。老聃、太史儋的"绝智"、"下智"、"不上贤"显得太不合时宜了，自然难被采纳。相反，道法家、齐法家、黄老学派——管子、尹文子、慎到等，提出了相反的主张："众贤"。

（世袭制下的国君）身虽不贤，然南面称寡，犹不果亡者，其能受教乎有道之士。不然，而能守宗庙，存国家者，未之有也。（《鹖冠子·泰录》）

事不仕贤,无功必败。(《鹖冠子·道端》)

国有贤能之士众,则国家之治厚;贤良之士寡,则国家之治薄。故大人之务,将在众贤而已。(《慎子·内篇》)

《黄老帛书》则有下述主张:

帝者臣,名臣,其实师也。王者臣,名臣,其实友也。霸者臣,名臣也,其实宾也。亡者臣,名臣也,其实虏也。(《称》)

吾苟能亲亲兴贤,吾不遗亦至矣。(《立命》)

王天下者,轻县国而重士,贱有财而贵有智,故功得而财生。(《六分》)

《黄老帛书》虽然主张"贵士"、"重有智",但条件是"百言有本,千言有要,万言有总,万物之多,皆阅一空"。"空"者,孔也,控也。即都要服从统一的控制,违背了这点,那是不能"贵"、"重"的。可见尚贤重智是有先决条件的。

而那位提倡"务在众贤而已"的慎到,也许还说出了老聃、太史儋未便明言的话:"立君而尊贤,是贤与君争,其乱甚于无君。故有道之国,法立则私议不行,君立则贤不尊。民一于君,事断于法,是国之大道也。"世袭制下的国君,身处骄纵淫逸的环境,很难使其谦下、恭谨、克己、无私、勤奋、好学,因此其贤其能,是大成问题的。如果真正让国君将"上贤"全面付诸实行、贯彻到底,就会出现"贤与君争"的危险,就会动摇损害国君的声望与权威,从而引起混乱,结果"其乱甚于无君"。所以上贤必须是有条件的。无条件的上贤,对于封建国君无异于自掘坟墓,很可能国家易姓,君将不君。但是,无贤、无智则亡,贤智又是封建国家不可或缺之物。那么国君应该如何跳出这两难的困境呢?主张不少,《管子·侈靡》说得最直白:"上贤者亡而役贤者昌。"在忠君尊君的前提下役使贤智者,所谓的"役",固然是役使之为封建国家服务,另外还意味着生杀、予夺、臧否之权在君。这就为"上贤"与"不上贤"找到了出路,并且又回到老聃的"国中有四大安……王居其一安"上来了。

如果说老聃、太史儋的愚民、"绝学无忧"、"不上贤",其目的是使所有的人返璞归真,处于同一水平线上,这样才能免于贪欲与争斗。"甘其食,美其服,乐其俗,安其居",老死不相往来。这样社会自然安宁,天下大同,从而达到不治而治的目的。那么,法家源于《老子》的愚民和反智,其目的则不同了。他们完全站在君王和封建国家的立场上为他们设计了一套如何对付学界、控制学界的方针。下面引证一些法家言论,无须分析,也就清楚了。

1.《商君书》:

《赏刑》:"博闻、辩慧、信廉、礼乐、修行……不可以富贵。"

《说民》:"以良民治必乱,至削;以奸民治必治,至强。"

《农战》:"农战之民千人,而有诗书辩慧者一人。千人皆怠于农战矣!"

《禁使》:"遗贤去智,治之数也。"

2.《韩非子》:

《忠孝》:"上贤任智无常(法、尊君),逆道也。""废常上贤则乱,舍法任智则危。故曰:上法不上贤。"

《说疑》:"卑主危国者,必以仁义智能也;故有道之主,远仁义,去智能,服之以法。"

《五蠹》:"事智者众则法败,用力者寡则国贫。此之所以乱也。"

《主道》:"不贤而为贤者师,不智而为智者正。"

《商君书》的"去智",不知是否来自老聃的"绝智"。还有韩非将"学者"、"言古者"一概视之为"国蠹";而《六反》则干脆列为"奸伪无益之民"。再加上教育应"以法为教,以吏为师",这样一整套对付学者、智者,控制言论掌握教育的方针就形成了。老聃的"绝智弃辩"是想返璞归真,而它却结出如此异果,自然是老聃万万没有想到的。

刊于《中国文化研究》1999年春季号,2007年修订

第二十章

防止"正复为奇,善复为妖"的方略

简本《老子》无此章,这是后来根据血的经验教训的发展。

《老子》五十七章的名言"祸兮,福之所倚;福兮,祸之所伏",几乎众所周知。这是古人对阅尽世事沧桑的生活经验的总结。其实这个论断是为下面的政治经验总结"正复为奇,善复为妖"作铺垫的。后句才是此章的中心啊!可惜它却很少被人提及。"复"与"伏"、"倚"的含义不同,《说文》:"复,行故道也。"所以这两句话的译意是:"正道复归于权诈,善良复归于邪恶。"祸福是相依相伏的,同样,正与奇、善与妖也是会相互转化的。《老子》的"正复为奇"正是接着今本五十六章的"以正之国,以奇用兵"而来的。这里特别需要说明的是:帛书甲、乙本与楚简本《老子》不同于今本(王弼本)的"以政治国",而是"以正之国"。三个最古本皆为"正"与"之",怎能不注意它含义的差别呢?"之"不通"治",这里作"为"字解(详《汉语大辞典》)。怎样"以正为国"呢?老子的药方非常简单:"我无为而民自化,我好静而民自正,我无事而民自富,我欲不欲而民自朴。"这"我"是指侯王、君主、统治者。他的为国为民,要无私为、无私欲、无私事,不以一己之私扰国扰民,用现代话说,绝不从私利出发,好静,少欲。此即"正"。真是太简单了,不过,很难办得到。再看何谓"以奇用兵",用《孙子兵法·兵势》的话说:"**凡战者,以正合,以奇胜**。故善出奇者,无穷如天地,不竭如江河……战势不过奇正,奇正之变不可穷也。"用今天的话来说,以奇用兵就是善于创造作战方式,善于选择敌人想不到的攻击时间,善于选择敌人想不到的主攻方向,善于使敌以奇为正,以正为奇。能否"以奇之国"呢?显然不能使用对付敌人的办法来对待自己的人民,而是要"以正之邦"。但是《老子》本身就有不少用"奇"的部分,比如不尚贤、愚民、抑制知识阶层,虽然这是为了返璞归真,但毕竟近于"奇"(也许《老子》并不认为它是"奇")。又比如欲擒故纵中的"将欲弱之,必固强之;将欲灭之,必固兴之"。那是货真价实的"用奇"了,这奇既可对付外敌,又可对付内敌、政敌。而对于人民,《老子》并不主张用奇,而且反对用奇。但是君主、为政者,往往既主军又主政;有的如吴起、商鞅等,既是军事家,又是政治家,这本身就存在着正复为奇的危险性,对于他们来说,正奇之变,不费吹灰之力。何况祸福相通,福祸转化,为国本来是以正不以奇的,如果君王、为政者一味标榜自己的正确、伟大,骄傲自满,那么他就会变得刚愎自用,急于求成,干出许许多多不是顺应自然,而是出于私心私欲的作为,这就会以奇待民,借用兵诡奇之术,正复为奇,善复为妖,也就是将兵不厌诈,变为政不厌诈;将兵以诈立,变为政以诈立。这样,就会将正确变为谬误,善良变为邪恶,正道变为诡诈,伟大变为渺小,光明变为黑暗。对于这些,不要说芸芸众生,就是一般的智者、士人,从来都是迷迷糊糊的。"人之迷也,其日固久矣。"为此《老子》开出了两条防止对待人民的"正复为奇、善复为妖"的方略:第一条帛书《老子》说得清楚明白,到了今本《老子》,已经严重模糊了,下面就具体分析一下王弼本与帛书的这第一条的文字是如何模糊的:

今本:其政闷闷,其民淳淳,其政察察,其民缺缺。
帛本:其正闵闵,其民屯屯;其正察察,其邦夬夬。

帛书《老子》释文与今本《老子》比较,就有四个关键字不同:第一,帛书《老子》甲、乙本皆为"正",而非王弼本《老子》之"政","正"、"政"虽古通,但人主之"政"怎能等同人主之"正"?第二,帛书《老子》的"闵",与傅奕本同;但今本多为"闷",含义不同。《说文》:"闵,吊者在门也。"《孟子·公孙丑上》曰:"宋人有闵其苗之不长而揠之者。"拔苗助长即出于此。因此,闵者,忧患、担心也。第三,今本《老子》为"缺缺",帛书《老子》则为"夬夬"。虽然秦简、楚简有以夬作"缺"、作"决"之例,但这里"夬"乃本字。《易·夬·彖》曰:"夬,决也,刚决柔也"。《说文》:"夬,分决也"。夬夬为本字,与"缺缺"意思大不相同。第四,今本《老子》作"其民",指民、指下;而帛书《老子》的"其邦",即指国、指君上。所指完全不同。可见,关键字的差别何其大啊!

按照今本《老子》的文字,它被译为:"政治宽厚,人民就淳朴;政治严苛,人民就狡黠。"(《老子注译与评介》第293页)但是按照帛书《老子》的文字,它就是:"〔对能不能〕以正为国,常怀忧虑,他的人民也就会谨慎仁厚;对以正为国一味标榜,他的国家就会刚愎自用。"

再看第二条,帛书《老子》乙本(甲本蚀)之文字,也与今本《老子》不同:

今本:是以圣人方而不割,廉而不刺,直而不肆,光而不耀。
帛书乙本:是以方而不割,兼(谦)而不刺,直而不绁(肆),光而不朓。

这里的不同,首先是帛书《老子》无"圣人"二字,说明它不只是指圣人,而且指所有按照圣人之教的"以正为国"者。其次,不是"廉"、"肆"、"耀",而是"兼"、"绁"、"朓"。过去认为"兼"乃"廉"之省,"绁"乃"肆"的同声假借,"朓"后引申为"耀"。"绁"乃"肆"之假借字是对的,但兼、朓两字当另议。廉与谦,《说文》皆曰"兼声"。此"兼"是廉,还是谦之借呢?《黄帝四经·十六经》:"夫雄节者,涅(逞)之徒也,雌节者,兼之徒也"。此兼即谦。《管子·五行》:"通天下,遇有兼和"。于省吾新评:"兼应读为谦"。因而此句应读为:"谦而不刺",即谦虚而不伤人。谦谦正是老子竭力倡导的。这与廉的含义不同。再看"朓":(1)《广雅·释诂》:"朓,疾也。"(2)王念孙疏证:"刘向以为朓者,疾也。"孟康注云:"月行疾,在日前,故罕见。"(3)《玉篇·月部》:"朓,疾也。"(4)清段玉裁《说文解字注·月部》:"朓,行疾貌。"(5)颜师古注引孟康曰:"行疾也。"(6)这与《说文》所谓的"朓,晦而月见西方谓之朓"的意思相同。夏历月底本来是见不到月亮的,但此时月亮在西方出现。可见《说文》所说的也是疾速与违背常规的意思。因此"光而不朓"即光亮而不超常超前。因此按照今、帛本文字,它的译文如下:

今本:因此圣人方正而不割人,锐利而不伤人,直率而不放肆,光亮而不刺耀。(陈译)
帛本:所以方正而不生硬固执,谦虚而不伤害别人,直率而不肆无忌惮,光明而不超常超前。

孟子说:"天下之不(揠苗)助长者寡矣。"老子是不是也在说:那光明的治国者,不违背自然、不超前超常的人太少了?可见,帛本的含义正确而深刻。

通过以上比较说明：所谓"以正之邦"之"正"，即前面分析的无私为、无私欲、"好静"。对于这些"正"，还得常怀忧虑，唯恐不正，这样，"正"就能保持、不变味。如果一味标榜，大吹特吹，那么，国君、为政者就会变得刚愎自用，急急忙忙。福祸是相联的，它是没有定准的。治国必须以正不以奇，但一旦刚愎自用，方正而固执，骄傲而肆无忌惮，光明而超常超前，那么必然"正复为奇，善复为妖"，所以这两句话，也可以说成："正兮，奇之所依；善兮，妖之所伏。"总之，帛书《老子》的文字是正确的。今本文字中的关键字是错误的，所以今本《老子》防止"正复为奇，善复为妖"的方略被严重模糊了。多么可惜呀！

正因为如此，五十八章的订文及译意应该是：

其正闵闵，	君主对能不能以正为国忧忧虑虑，
其民屯屯；	他的人民就忠厚；
其正察察，	君主对正道为国一味标榜，
其邦夬夬。	他的国家就会刚愎自用。
祸，	灾祸，
福之所依；	依傍着幸福；
福，	幸福，
祸之所伏。	潜伏着灾祸。
孰知其极？	谁知道它的极限呢？
其无正也。	这就是为什么以正为国难以为常的缘故。
正复为奇，	方正可以变为权诈，
善复为妖，	善良可以变为邪恶，
人之迷也，	而人们对它的迷误呀，
其日固久矣。	由来已久啊。
是以方而不割，	所以方正而不生硬固执，
谦而不刺，	谦虚而不伤害别人，
直而不肆，	直率而不肆无忌惮，
光而不朓。	光明而不超常超前。

第二十一章

处理政治危机的方略

千百年来流行着《老子》的一句名言:

　　　民不畏死,奈何以死惧之!

人们一直把它理解为:人民不怕死,为什么还要用死来吓唬他们呢?
但是帛书《老子》此句大异于今本《老子》:

　　　若民恒且不畏死,若何以杀惧之也。

显而易见,两者区别不小:第一,改"杀"为"死"。杀,指刑杀;死,包含自然死亡。改杀为死岂不模糊了刑杀的含义?第二,删去了"若"——如果、"恒"——常、"且"——还是。即在这两句的 14 个字中,改了一个字,删了三个字,自然面目全非。帛本此句是正面提问句,而不是今本《老子》那样的诘问句。其意思是:

　　　如果人民还是经常不怕死[地犯上作乱],怎样使用刑杀才能叫他们害怕呢?

两者意思相差很大!究竟是今本《老子》是老子之原意,还是帛书《老子》是老子的原意。看来不仅要从当时的历史背景来看,还要从帛书《老子》与今本《老子》的差异及各章的相互联系上看。

一、今本《老子》的篡改

帛书《老子》与今本《老子》的差异,在七十二至七十九章表现得尤其集中、典型。它既有文字上的,更有分章与外来章插入的问题。

第一,今本《老子》七十二至七十九章是八个章。但帛书《老子》甲本的分章符号标明起码是十个章(应为十一个章)。比如七十二、七十五章,帛书《老子》就标明不是一个章,而是两个章,作一个章与作两个章的理解、诠释自然不同。

第二,关键性的文字,差异不小。上面引的"民不畏死,奈何以死惧之"即是明证。又如:

> 帛本:民之不畏威,则大威将至矣!
> 今本:民不畏威,则大威至矣!

帛书《老子》不仅比今本《老子》多"之"、"将"两个字,而且这两句话在帛书《老子》中就是一个独立之章。这说明老子非常看重这个问题,后面各章都是为此而发的。

再如今本《老子》七十五章,帛书《老子》甲本不仅标明是两个章。而且其后一个章有个关键字异于今本:

> 民之轻死,以其求生之厚也。

这"其",显然接前句,指"民";所谓"求生之厚",用今天的话说,是追求生活的温饱。《左传·成公十六年》:"民生厚而德正",即人民生活丰厚,德行就端正。因此,帛书《老子》这两句的意思是:人民之所以轻生冒死,是因为要求得到温饱的生活。但是我们推测,唐宋以来,由于傅奕本妄加了一个"上"字,致使文义大变。

> 民之轻死者,以其上求生之厚也。

这就成了统治者"求生之厚",即"统治者拼命地保养他们自己,所以逼得人民去冒险。"

第三，今本除文字失真外，更出人意料的是：外来之章突然插入。今本《老子》在七十九章之后，尚有"小国寡民"的八十章、"信言不美，美言不信"的八十一章。而这两章，与前面各章毫无关系，不伦不类。帛书《老子》则没有这两个章。除了这两章，再单独看七十二至七十九章，就可以发现这几个章不仅是互相联系层层展开的，而且都是为了解决七十二章的"民之不畏威"——人民已经到了再也不怕统治者的权威——这一问题而展开的。同时，还需强调：七十九章作为七十二章以来的总结章，不仅天衣无缝，而且作为"德"篇的结尾章，也恰到好处。

所以要以帛书《老子》为基础，才能弄清《老子》之本意。

二、"民之不畏威"的历史背景

《荀子·强国》对秦民曾有句评语："甚畏有司而顺，古之民也。"就连一般官吏，古时的老百姓也是非常敬畏、顺从的。但是《老子》之时，却出现了"民之不畏威"，不仅不怕下级官吏，而且对于统治阶级的政令、权威、刑杀也不怕了，甚至敢于犯上作乱。这是为什么呢？

《老子》形成于春秋战国时期，正是礼崩乐坏、社会剧烈动荡、战乱不已的时期。周王室早已无力号令诸侯，齐晋楚秦的争霸与接下来的七国争雄，愈演愈烈。春秋时各小国夹在"诛求无时"的大国中间，"无岁不聘，无役不从，以大国之政令无常，国家疲病，不虞荐至。"①齐景公据说是位不算坏的君主。但"民三其力，二入于公，公聚朽蠹而三老冻馁。国之诸市，屦贱踊贵，民人痛疾。"②而到了战国，兼并战争的灾难，更是有增无已。大国与小国的人民早已陷入极大的困苦之中。但是各国统治者，却"宫室日更，淫乐不违"，"楚为章台之宫"③，晋为"铜鞮之宫数里"，而又"筑哉祈之宫"④，郑"为窟室而夜饮酒，击钟焉，朝至未已"⑤，所以弄得"民力凋尽，怨言并作，莫保其性命"，以至"道殣相望，而女富溢尤，民逃公命，如

---

① 《左传·襄公二十二年》。
② 《左传·昭公二年》。
③ 《左传·昭公七年》。
④ 《左传·襄公三十一年》。
⑤ 《左传·襄公三十年》。

逃寇仇"①。到了战国此种情况并无改善。一部分人被迫铤而走险,因此"鲁多盗","郑国多盗","盗贼公行"……而《老子》则用一句话来概括:"民之不畏威",人民到了再也不怕统治者的权威了。用今天的话说,也许可以称之为出现了政治危机。那么,如何处理呢?

三、处理"民之不畏威"的方案

照《老子》七十二至七十九章,就是处理这种政治危机的一套方案。

1. 大威至

老子首先的回答就极果断:"大威将至矣!"河上公注曰:"威,害也,人不畏小害,则大害至,畏死亡也。"严遵本注"民不畏威"曰:"易为非也",注"大威至"曰:"身分离也"。也就是说,更大更为恐怖的镇压将要到来。《老子》似乎在总结历史经验,也似乎在出谋划策,还似乎是在提醒不知厉害的百姓。不过从后面的文字看,《老子》的主要意思在于告诫统治者,最好不要造成这种"民之不畏威"的局面,如若事已至此,那就不得不断然道:"大威至矣!"但是,"大威"绝不是唯一的办法,更不是根本的办法。

2. 关键在使人民安居乐业

在"大威至"之后,老子马上提出了如何安民的问题,即不要打断人民安居的生活("无闸其所居","其"指民),不要堵塞人民的生路("无厌其所生",今本七十二章后半部分,在帛书《老子》中是一独立之章)。人民本来胆小怕事,驯服听话,之所以变得"不畏威",乃至反抗政令,是因为人民实在是走投无路,活不下去了。尽管统治者采取更严厉的镇压手段,那也只能救燃眉之急,并不能从根本上解决政治危机。要从根本上稳固政治统治,最重要的是让百姓安居乐业,生存下去。这样人民自然会承天顺地,安分守己,不再厌恶统治者("夫惟天厌,是以不厌")。要做到这一点也不难,那就是君上必须自知自爱,别再干那些自我标榜、自高自大("自知而不自见,自爱而不自贵")、使人民不得安生的事。

3. 勇于敢者则杀,勇于不敢者则活

《老子》七十三章跟着就提出这个问题,即将那些"勇于敢者"杀掉。后来严遵

---

① 《左传·昭公八年》。

本的谷神子之注疏深得老旨。他批判了知生不知杀的片面行为,认为必须"喜怒有分,生杀有节","当怒不怒,子为豺狼,弟为兕虎;当斗不斗,妻为敌国,妾为大寇。"① 前面说的"大威至",主要是针对"民"而言的"大威",而这里的"勇于敢者则杀",已经是指向上层了。为什么呢?因为"民之不畏威",往往有它的上层背景,如王室宗亲,甚至后妃的幕后策动、推波助澜,即《管子》所说的"王室之乱"、"宫中之乱"等。所以此时之杀,就不只是对民而言了。对那些敢于为非作歹、图谋不轨的宗亲大臣,乃至妻妾子弟,当斗则斗,该杀必杀,不可手软。否则"妻为敌国,妾为大寇"等情况就有可能出现。但是《老子》又说:"勇于敢者则杀,勇于不敢者则活",并不总是对的、有利的,有时它又是有害的,就连圣人也难以把握"此两者或利或害","圣人犹难之"。可见在刑罚上,老子也不失其辩证思想。

4. 天网恢恢,疏而不失

老子、孔子都是罕言鬼神天帝的。但是这并不妨碍他们有时候谈天命、言天道,借助天上虚无缥缈的力量来解决人间之危机。在提出"勇于敢者则杀"之后,马上请出神秘的"天"来。《老子》说,冥冥之中有张广大无边、疏而不漏的网,它"不战而善胜,不言而善应,不召而自来,默然而善谋",善恶必报,千万小心。这说明,《老子》企图用精神上的"天网"来弥补肉体刑罚之不足。

5. 为奇者吾得执而杀之

如果采用了上述各项措施之后,人民依然"不畏威"、不怕死,又怎么办呢?这就是流传千古的名言"民不畏死,奈何以死惧之"的原本之处。因为它十分有趣、十分重要,所以直接将此章帛书《老子》乙本之释文译意,一并抄写于后:

若民恒且不畏死,	如果人民还是那样的坚持不怕死,
若何以杀惧之也?	怎样用刑杀使他们害怕呢?
若民恒且畏死,	要使人民还是像往常那样怕死,
而为奇者吾得而杀之。	就将那些诡诈的人抓来杀掉。
夫孰敢矣?	那谁还敢[犯上作乱]呢?
若民恒且必畏死,	如果要使人民留恋生活,必然怕死,
则恒有司杀者[杀]。	就必须由专管刑杀的官员去杀。

---

① 严遵:《道德真经指归》。

夫代司杀者杀，	凡代替刑官杀人的，
是代大匠斫，	就像代替木匠去砍木头，
夫代大匠斫，	代替木匠砍木头的人，
则希不伤其手。	那是很少不弄伤自己手的。

可见这不是指责杀人，而是研究杀哪些人，由谁来杀，以继续解决"民之不畏威"的问题。只杀有心智的诡诈之人，这样绝大多数人就有了活的希望，因而他们就宁愿选择活下去的路，而不至于顽抗到底。由专管刑杀的官员去施行刑杀，不是由君王或其他人任意杀人，这就增强了刑罚的严肃性，从而增强人民守法畏威的心理定势。因此，这是有利于稳定局势、巩固统治的。"民不畏死，奈何以死惧之"，是修改文饰后的文字。而人们对它的理解运用，不过是一种善良的愿望或一厢情愿的改造罢了。

6. 薄赋税，少些出于私心的有为

《老子》七十五章又转到更根本的问题上来。不过，已如前述，七十五章不是一个章，而是两个章。其前一个章说："民之饥也，以其[上]取食税之多也，是以饥；百姓之不治也，以其上有以为也（今本《老子》为'以其上之有为也'），是以不治。"人民不畏威，犯上作乱，是因为赋税太重，食不果腹，实在活不下去了。而赋税重，又与统治者的"有以为"有关。这些"有以为"，无不是君上为了满足自己的私欲——物欲、权欲、名望欲。所以结论不言自明，少赋税，去掉私欲之为，勿夺农时。

7. 让人民有个温饱的生活

《老子》七十五章的后一章提出另一个根本问题，如何让人民生活富足。人民为什么"轻死"呢？用严遵的话说：人们为什么"触重禁，赴白刃，冒流矢，不顾其身"？用《鹖冠子·天权》的话说："人之轻生，生之故也，人之轻安，危之故也。"而《老子》的回答极明白："求生之厚"。所谓"生之厚"，即厚生。《尚书·大禹谟》有"三事"，那就是："正德、厚生、利用"。疏曰："厚生，谓薄征赋，轻赋税，不夺农时，令民生计温厚，衣食丰足。"如果统治者能够薄赋税，不夺农时，人民能日出而作，日入而息，衣暖食饱，他们怎么会用生命去冒险呢？这不比统治者只顾自己养奉过度要好上千百倍吗（"夫无以生为者，是贤贵生"）？所以，统治者不能只顾自己养尊处优，还要让人民有个温饱的生活，不再为活下去而轻生冒死。

8. 柔克

《老子》七十六章用人和草木的生死说明一个道理：凡是活着的，总是柔软的。一旦死亡了，就僵硬、枯槁了。因而，"刚强者，死之徒；柔弱者，生之徒"。徒，类也。这句话比喻如果一味用强硬的办法去处理"民不畏威"，是自取灭亡一类的，而用怀柔的办法，才是近于生存一类的。

9. 损有余以补不足

极少数人衣锦绣、食美味、穷奢极欲，却对多数挣扎在死亡线上的人尽搜括之能事。这样的历史背景，形成了《老子》七十七章对"损不足以奉有余"的揭露。老子也幻想能有圣君圣者出，"损有余，以奉不足于天下"；并且他们不敢因此而居功，不敢占有，不显其能（"为而弗恃，功成弗居，不欲见贤"），这该多好啊！也许《老子》认为这才是解决"民之不畏威"之最上策吧？

10. "受国之诟"与"不祥"

进入七十八章，老子又以水的柔下为鉴，劝告君上承担对国家的诟骂屈辱及一切不吉之事的责任。即："受国之诟"，"受国之不祥"。把人民背后的责难咒骂与国家遭到的不吉不利都看成是君王、统治阶级自己的不德不慎与失误造成的。如此，君上才能从自身找出原因，那么克服和纠正就不难了。如此才能真正成为"社稷主"、"天下王"，人民自会归从。反之，透过于天，移过于臣于民，那就不配为主为王，老百姓也不会心悦诚服。然而，老子深知这太难做到，由于君上难以接受这个主张，"莫之能行也"。

11. 正话反听

君王如若罪己，总会有那么一批臣下奉迎讨好，找出种种理由，为君王透过于人、归罪于天，证明君王是对的。老百姓又何尝敢归罪于君？既不知情，更无其胆，或缄口不言，或只言好事，或歌功颂德盈耳、盈廷、盈国。所以，对于君上来说，最上策莫过于正话反听，反求诸己。

12. 不要向人民逼债

《老子》七十九章是老子处理政治危机方案中的最后一条了，老子说："和大怨，必有余怨"，此前所提种种，无非是调和由来已久的怨愤。杀也好，抚也罢，轻赋税，少私欲之为，承担责任……尽管如此，仍然会留有遗怨的。那么，"焉可以为善？"还有最妥善之方策吗？老子说：让借据、税单、契约放置一旁吧，或者免去他们的债务吧（"圣人执右契而不责于人"）。如此，余怨犹存的人，也能活下去，并会活得好些。如能这样,怨可消,"威"又成为可畏可敬的了。《老子》说:要知道"天道无亲,常与善人"啊!

可见,《老子》七十二至七十九章,乃是一套处理"民不畏威"这一政治危机的方略。

刊于台湾《历史月刊》1992年第二期,2007年修订

第二十二章

防止片面、上当、僵化的"见知之道"

黄老之学有所谓"见知之道"(《黄帝四经·道法》),用今天的话来说可以称之为"认识论"吧!这种"见知之道"的基本思想属《老子》,黄学发展深化了《老子》思想。下面我们以解析《老子》的认识方法为主,兼及黄学的发展,看看它是不是防片面、防上当、防僵化的"见知之道"。

一、见知其美,又见知其恶

《老子》对现存事物的肯定中,总是同时又包含着否定。本来曲就是不全,枉就是不直,洼就是不满,敝就是不新,而《老子》却说:"曲则全,枉则直,洼则盈,敝则新。"(二十二章)在人们眼里,有是有,无是无,难为难,易为易……而《老子》却说:"有无之相生,难易之相成,长短之相形,高下之相倾,恒也。"(二章)这说明《老子》已认识到肯定与否定的相互依存、互为条件。同时《老子》还指出矛盾双方会各向其相反的方向转化,如"正复为奇,善复为妖"。

《老子》对于事物的高下、贵贱、多少、余缺、强弱、刚柔、新敝、益损、荣辱、先后、动静、有为无为……这种种矛盾,总是强调后者,侧重后者。从后见先,从小见大,自反求正,这种认识方法,恰恰容易为人们所忽视。比如:"必贵矣,而(尔)以贱为本;必高矣,而(尔)以下为基"(帛书《老子》文字),这是人们所熟知的。另试举一例:《老子》十一章:"三十辐同一毂(三十根辐条集中在同一个毂轮上),当其无(相称的空间),有车之用也(起到车轮的作用)。燃埴以为器(烧制黏土,做成器具),当其无,有器之用也。凿户牖以为室(开凿门窗,建造房屋),当其无,有室之用也。故有之以为利,无之以为用。"事实上对于车轮、器皿、房屋,人们往往只注意实有部分,而老子则突出人们容易忽视的或视而不见的"无"——虚的部分。并且十分强调"当"——相称、相当,一连用了三个"当其无"——相称的虚与无。这在美学上也是一条不能忽视的原理。这既不是颠倒有和无的关系,也不是说起决定作用的是虚与无,而是意在强调易为人们所忽视的部分。从这一点看,不能不说是防止思想片面性的一条途径。

《老子》还说:"正言若反。"(七十八章)这也许是《老子》"听言之道"的核心吧。不仅正面的话,而且一切正面的事物,无不包含其反面。"见知"不能仅仅停留在正面,还必须了解其反面,有时还得正话反听,这样的认识才是比较全面的。

《尚书》中已有不少"居安思危"的教导了。《老子》并没有到此为止,而是加以深化和扩展。如名句"祸兮福之所倚,福兮祸之所伏",这似乎不只是居安思危,还要居危求安。自然比"居安思危"深入了一层。然而《老子》思考的远不止于此,虽然他所侧重的依然是居安思危方面:

> 天下皆知美为美,恶已。皆知善,訾(斯)不善矣。(今本《老子》二章,帛书《老子》甲本文字)

这是不是相倚相伏的另一种辩证思想呢?美中有丑,或将变丑;善中有不善,或将变成不善。如果天下只知道美是美的,那么就放纵不美了;都知道善是善的,那就放纵不善了。美与善还包含着、埋伏着它的反面。而且美与善也是发展变化着的,并非永恒不变。只有知道美中之不足,善中之不善,时时改进之、完善之,美与善才有可能常驻。《邓析子·无厚》有段话,看来可以搬来这里作注:"夫言荣不若辱,非诚辞也;言得不若失,非实谈也。不进则退,不喜则忧,不存则亡,此世人之常,真人危斯十者,而为一也。"如果只言荣、得、进、喜、存,而不谈辱、失、退、忧、亡,不仅非诚辞实谈,而且必然会走向反面的。不过,正如《大学》所说的:"好而知其恶,恶而知其美,天下鲜矣。"[①]

《老子》同样的思想还表现在第二十八章的"三知三守"上:"知其雄,守其雌";"知其白,守其黑";"知其荣,守其辱"。其意为,虽自知雄强,却思守雌柔;虽

[①] 《荀子·解蔽》:"传曰:天下有二,是察非,非察是。"这"传曰"说明此种思想由来已久。

自知光明,却思守暗昧;虽自知荣耀,却思守卑辱。《老子》说这样才能"复归于朴,朴散则为器,圣人用之则为官长,故大制无割。"即守雌、守黑、守辱的结果是重新回到质朴无饰上来。质朴的美德扩充开来,就会造就各种人才器才,圣人任用为官长,天下归服,不再你争我夺。

对于《老子》时代的平民百姓来说,还谈不上什么"雄"与"荣"的问题。所以《老子》的话主要是对侯王等君人者而发,因为他们常常想雄上加雄,荣上加荣,欲望无穷。所以《老子》说,该知足了:知其雄,知其荣,知其白。真想守住他的话,那不是守雄、守荣、守白的问题,而是相反,唯有保持住自己的雌柔、暗昧、卑辱,才能保持住雄、明、荣,进而增强它们,达到"大制无割",天下归服的境地。

如果平民百姓、士人小吏能照此办理,知其福,守其祸;知其进,守其退;知其长,守其短;知其富,守其贫……不也会生活美满,少些波折吗?

老子的上述辩证思想,被黄老之学引申得更趋完善了。如《尹文子·大道上》,就把它全面引向政治:

> 仁者所以博施于物,亦所以生偏私;
> 义者所以立节行,亦所以成伪华;
> 礼者所以成公谨,亦所以生惰慢;
> 乐者所以和情志,亦所以生淫放;
> 名者所以正尊卑,亦所以生矜篡;
> 法者所以齐众异,亦所以生乖分(违反常理);
> 刑者所以威不服,亦所以生凌暴;
> 赏者所以劝忠能,亦所以生争鄙。
> 凡此八术,无隐于人,而常存于世。

这就是说,既要看到仁、义、礼、乐、名、法、刑、赏之用,也要同时深知其弊。这才是全面的"见知之道"。

《慎子·外篇》又将上述思想引用到智士、辩士、勇士上:

> 智之极者,知智果不足以周物,故愚。辩之极者,知辩不足以喻物,故讷。勇之极者,知勇果不足以胜物,故怯。

大智不智，大谋不谋，大勇不勇，大利不利。

虽聪明圣智，自守以愚；功被天下，自守以让；勇力拒世，自守以怯；富有天下，自守以俭(?)。此所谓高而不危，满而不溢之道也。

这已经不只是见知了，而是人生处世之道了。

二、见知吹嘘、巧言、过分与差别

孔子、《老子》都很看重"知人"。"知人者智"这是《老子》的千古名言。孔子对于何谓"智"的回答只两字："知人"（《论语·颜渊》）。他还说"患不知人"（《学而》）；而且巧的是《论语》最后一句话竟是"不知言，无以知人也"（《尧曰》）。尽管孔子深恶"巧言令色"、"巧言乱德"，但是他又深有感叹，如果仅仅有"美"，而没有"佞"，"难免于今世矣"（《雍也》）。这"佞"，虽可解释为才智、口才，但它往往是通过花言巧语和谄媚、吹捧来实现的。所以孔子说要"观其志，观其行"，"视其所以，观其所由，察其所安"（《学而》）。这可谓孔子知言、知人的基本办法。

老子对于知言、知学、知人(或知德)，总地看可概括为"美言不信，信言不美；知者不博，博者不知；善者不多，多者不善"。这种见知其言、其学、其德、其人的观点，是永远保持清醒认识，防止上当受骗的最基本方法。

此外，老子还有两条独特的逆反"见知"方法：

明道如费(拂)，进道如退，夷(痍)道如类。

这是帛书《老子》居于前几章的文字，需要稍加解释。费通拂，违背、乖戾也。夷通痍，《尔雅·释言》："夷，伤也"。类，善也，法也。因此这段话是说：懂得道的好像违背道，接近道的好像在远离道，伤害道的好像在捍卫道、遵行道。历史上常常有大叫大嚷的卫道者、爱民者，实际上他们在践踏道、扰民害民。另外，《老子》的"下士闻道大笑之，弗笑不足以为道"，这岂不也是一种逆反的认识方法？

《老子》同时还告诫"吹(嘘)者"："吹者不立。"另一方面也说明必须认识到吹嘘的水分，必须看到"自是者"、"自见者"、"自伐者"、"自矜者"之不实之处。

另一个常见病是认识上的"一刀切"，忽视事物的千差万别。《老子》二十九章就是谈这个问题：

> 物或行或随（事物有的行前有的随后），或热或吹（有的热有的冷），或强或羸（有的强大有的弱小），或培或堕（有的正在成长，有的渐趋衰亡）。是以圣人去甚（去掉过分）、去大（去掉夸大）、去奢（去掉极端）。

事物不可能是整齐划一的，差异是必然的。如果强求一律，否认差别，必然出现"甚"、"大"、"奢"——过分、夸大、极端。因此认识上要因人因时因情而异，不能一刀切，承认事物的差异性与特殊性。要防止见知上的过分与夸大，用《老子》的话说，就是承认"或"——差别。也许《老子》的话并不那么清楚，用《孟子》的话说也许再清楚不过："物之不齐，物之情也，或相倍蓰（相差一倍、五倍），或相什百，或相千万，比而同之，是乱天下也"（《孟子·尽心下》）。不承认事物的差别，"比而同之"，不仅难以见知其全其真，还会乱天下。

三、防僵化：道可道，非恒道

凡提起《老子》，人们总会想起这句名言。它是一个非常重要的思想方法、认识方法。或者说是《老子》见知之道的基石与主体。所以有必要将全文抄录于后，并先将译文附之。至于是否理解得正确，下面再作分析。

道可道也，	道，可以说得出来的道，
非恒道也。	并不是永远普遍适用的道。
名可名也，	名，可以叫得出来的名，
非恒名也。	也不是永远与实际相符的名。
无名，万物之始也，	始初，万物并没有什么名称，
有名，万物之母也。	后来有了名称，就成为人们认识万物的根据了。
故恒无欲也，	所以，要经常保持无私心杂念，
以观其妙；	去观察道的奥妙；
恒有欲也，	也要经常带有目的，
以观其所徼。	去观察道适用的界限与范围。

两者同出，	两种观察同出于一人，
异名同谓，	不同的称谓同出于一人之口，
玄之又玄，	真是玄妙又玄妙，
众妙之门。	这就是认识种种微妙事物的途径。

孔子的"道"局限于人伦法则、社会规律、自然规律以及正直、理义的范围。而《老子》"道"的含义就比较广泛，有时是指根本性的，统摄宇宙、万物、人生的最高本源和本体。但就《老子》"道"的主体而言，依然是君道、政道、治道。尤其是此章之"可道"，照河上公的说法，乃"经术政教之道"。如果是指天道、自然之道，那么"道可道，非恒道"就有问题，难以成立，因为大者如春夏秋冬、天体运行，小者如某种具体的定律，这些应该说是"恒道"。如果指治道，老子的论点极为辩证。黄老之学与庄子发挥了这种思想。

1.《文子·上礼》曰：

> 五帝异道而德覆天下，三王殊事而名后世，因时而变也。

时变道变，道因时而异。今天的话，可谓之"与时俱进"吧？

2.《列子·说符》曰：

> 天下理无常是，事无常非。先日所用，今或弃之；今之所弃，后或用之。此用与不用，无定是非也。投隙抵时，应事无方，属乎智。

3.《庄子·知北游》曰：

> 道不可闻，闻而非也；道不可见，见而非也；道不可言，言而非也。

庄子之言，未免陷入相对主义。但其相对的合理性又是不可否定的。马克思在《哲学的贫困》中的一段话是否可以借来用作此章之参考与注释呢？

人们按照自己的物质生活的发展,建立自己相应的社会关系,正是这些人们按照自己的关系,创造了相应的原理、观念和范畴。所以这些观念、范畴,也同他们所表达的关系一样,都不是永恒的。它们是历史的暂时的产物。

所谓"历史的暂时的产物",即在一定时间、地点、条件下产生出的"经术政教之道"与"毁誉"、"善恶、贵贱、贤愚、爱憎"、"富贵尊荣、高世之名"(尹文子语及河上公注语)虽然是可道可名的,但它却不是永恒的。随着时间、地点、条件的转移,道与名必将有所变化、发展;或者走向它的反面,变为谬误。所谓"可道"、"可名",就是要承认人的认识和观念的可知性、可靠性;而"非常道"、"非常名",就是要承认认识和观念的局限性、相对性。"无永远不变之道,无永远不变之名"。从而不断地发展、变易,更新对道、对事物的认识。用今天的话来说,这样才能不僵化、不保守、不犯教条主义,才能历史地对待道与名。但是,非恒道、非恒名之中,也有恒的成分,相对真理中包含着某种绝对真理。《淮南子·汜论训》就在肯定了"非常道"之后接着说:

治国有常,利民为本,苟利于民,不必法古,不必循旧。诵先王之言,不若得其所以言。

这里,"利民"就应该是治国之恒道。"得其所以言"的这种方法,既是"恒名",也是恒道。

《老子》认为观察道和名的奥妙与其适应的界限应有两种态度、两种方法:"有欲"之观与"无欲"之观。无欲之观,即"恒无欲也,以观其妙"。这是什么意思呢?《庄子·庚桑楚》曰:

富、贵、显、名、严、利,六者勃志也。容、动、色、理、气、意,六者谬心也。恶、欲、喜、怒、哀、乐,六者累德也。去、就、取、与、知、能,六者塞道也。

这四个六者都属于欲望之类,而所谓"勃志"、"谬心"、"累德"、"塞道",无不妨碍人的观察与认识。要使观察客观公正,需要去掉这些欲念,不为这些欲念所左右和影响。只有如此这般的"恒无欲也",才能观察到道与名的深奥与玄妙。以私欲为转移的观察,只能歪曲(或夸大或缩小或美化或丑化)观察客体①。这是无疑的。再看什么叫"恒有欲也,以观其徼"。《老子》的基调之一是"无欲",这里却说"有欲",这就需要注意分辨了。这里先得弄清"徼"作何解。前人释"徼"颇不一致。释"归终"者有之(王弼),作"窍"者有之,作"曒"——光明者有之。陆德明、董思靖、吴澄等人作"边际"解,认为"徼"与孟子之"端"义近。看来这种解释才是深得老旨的。《史记·司马相如传》:"南至牂柯(今贵州)为徼",即边界。观察道的深奥与玄妙是不能附加自己的爱憎、喜怒、善恶的,但是观察道与名的适用范围、界限、条件,那就需要观察者抱有一定的目的、一定的打算。不然,岂不成了盲目观察了吗?因而这就成了"恒有欲也,以观其徼"。这个"欲",不是"心必乱"之欲,而是有目的之欲。可见有欲,并非只有一种私欲,也有其他之欲。但是总的说来,还是以无私欲之观为前提、为基础。舍弃了这个前提,那么这种观察就是不公正、不客观、添有个人附加物的。

　　这一章是不是《老子》认识论的基本篇章呢?它使人想起孔子在认识论上的"绝四"——毋意,毋必,毋固,毋我。即不臆断,不绝对,不固执己见,不带私心。楚简《老子》无此章,也许此章就是孔子"绝四"的深化与发挥?起码,有某种相通点是可以肯定的。同时它又不能不使人想起《庄子·则阳》的话:"行年六十而六十化,未尝不始于是之而卒之以非也,未知今之所谓是之,非五十九非也。"活六十岁,就会有六十年认知上的变化,也许岁初以为是对的,到岁尾时便认为是错的了。谁知到六十岁所认为是对的,是不是五十九岁以前认为是错的呢?对于"道"与"名"的认识不是很需要这种"化"吗?

刊于《贵州文史论丛》1993年第三期,2007年修订

---

① 《黄帝四经》对于"无欲"的见知之道说得很清楚:首先,《名理》曰:"唯公无私、见之不惑。"其次,《称》曰:"正则静,静则平,平则宁,宁则素,素则精,精则神,见知不惑。"其三,《道法》曰:"见知之道,唯虚无有。""执道以观天下也,无执也,无处也,无为也,无欲也,无私也。"可见,无欲之见知,即无私,唯公、正、静、平、宁,不固执、不抱成见也。

第二十三章

"绝学无忧"与"稀言自然"

"绝学无忧"与"稀言自然"这是《老子》的两句名言,它们与其上下文并不相干,尤其是"绝学无忧"句在楚简《老子》中更证明为独立之章,是独立的论断。因此它的含义是什么?老子提倡什么?为什么?就值得考证研究了。

一、绝什么学

《老子》说:"知者不博,博者不知"。又说:"知不知,尚矣,不知不知,病矣","不行而知,不见而名"……这说明《老子》并不是一概反对知识、提倡禁绝一切学问的。但是,这"绝学无忧",绝的什么学?绝哪一家的学?是否包括官学、君国之学呢?当时不仅"学在官府"被突破,而且官学已步入私学,"士竞以教"(《左传·襄公九年》)。即一些士人竞相以学以教为务,不仅在形式上,而且就实际内容而言,大有私学取代官学的趋势。因为简本已有"绝学无忧"句,即老聃已经提出了这一点,所以有必要弄清楚《老子》对此持什么态度。先看黄老学派的理论能不能弄清这个问题?

> 故所言者,极于儒墨是非之辩,所为者极于坚伪偏抗之行,求名而已,故明主诛之。(《尹文子·大道上》)

这里不是"绝"而是"诛",这"诛"是否类似韩非的"去其身而息其端"(《韩非子·显学》)、"禁其行,破其群,散其党"(《韩非子·诡使》)呢?不清楚。但它起码是要"诛"灭那些"求名而已"的儒者、墨者的言行。

如果说,尹文子只是提出"任务",而未阐明理论的话,那么严遵的《道德真经指归》则解答了这个理论:

> 俗学尊辩贵知,群居党议,吉人得之以益,凶人得之以损。天地之内吉人寡而凶人众,故学之为利也浅而为害也深。夫凶人之为学也,犹虎之得于羽翼,翱游于四海,择肉而食。圣人绝之,天下休息,不教而自化,不令而自伏也。([唐]强思齐:《道德真经玄德纂疏》引)

这个理论(包括老、尹等道家及法家)的出发点在哪里呢?"善者不多,多者不善",即上引"吉人寡而凶人众"。实际上道家将儒墨等多数学者,视为"不肖者"、"不善者",甚至"凶人"。正是在这个哲学理论基础上,他们认为私学、俗学中的绝大多数人,是把求知当作谋求名利、官职、炫耀聪明的手段而已。他们这样做的社会后果必然是引起民心竞,乃至民心乱、社会动荡。所以,必须绝而后已,方能解除忧患。用范应元注的话说:"绝外学之伪,循自然之真。"所谓"外学",即官学之外的沽名钓誉之学。老子"绝学"的主张是不是基于此? 它与"绝圣弃智"、"绝仁弃义"的历史背景、思想渊源当是相同的。

再看,官学、君国之学是否在所"绝"之列。下面这条史料,也许能说明这一问题。

> 秋,葬曹平公。往者见周原伯鲁焉。与之语,不说(悦)学。归以语闵子马。闵子马曰:"周其乱乎? 夫必多有是说,而后及其大人。大人患失而惑,又曰,可以无学,无学不害,不害而不学,则苟而可(皆怀苟且),于是乎下陵上替,能无乱乎? 夫学,殖也(生长也,学之进德,日新日益),不学将落,原氏其亡乎?"(《左传·昭公十八年》)

从这条言论看,"官学"是不能绝的,它在当时是关系到国之治乱、安危、存亡的大事,即"将落"、"亡乎"的事。从"知不知,尚矣!"等言论看,《老子》也有类似思想。不过,如果全社会又回到浑浑沌沌,返璞归真,那时官学也将淡化。但在春秋时代,官学是不能"绝"的。

"绝学"是否还有某种尊君的意向呢？孔子、墨翟"无地而为君，无官而为长"，声望远在侯王之上，这是否也是某种"民争"、不宁的因素？而这种现象由来已久。传说周穆王对士"敬之若神，事之如君"。如果这些士一不忠君，二不爱国，三有野心，不用说，这是乱源祸根，自然要绝之而后君尊国安的。就算是忠君爱国者，总的说也是难与《老子》的"不上贤"、愚民等主张相容的。楚简《老子》说："国中有四大，王居其一安"。王之大，仅居于天、地、道之后，这是否意味着难容与王争大之辈呢？

所以说，《老子》坚决主张对不利于国家、社会稳定的私学应予禁绝，只有这样国家才没有忧患。而从历史实际看，这不过是《老子》的一厢情愿罢了。

二、何谓"稀言自然"

今本《老子》二十三章有：

稀言自然。飘风不终朝，暴雨不终日……

这一章由于"稀言"与暴风骤雨联在一起，所以林语堂译"稀言自然"为："无言才能合于自然的道体。"任继愈译为："少说话是合乎自然的。"陈鼓应、张松如译为："不言教令，合乎自然。"但是，人之嘘嘘之声，并且还是唏唏的一点点声音，居然能与雷声隆隆和狂风暴雨相提并论。这令人费解。所以张舜徽说：稀言自然"与上下文均不相属也"。"窃疑原文本以偶句相联，传写有误，脱其一语矣"（《先秦道论发微》）。而姚鼐则说："稀言自然宜连上读。"其实，这也难与"曲则全"章相联系。这两种相反的看法，都说明用狂风暴雨比拟稀言，是风马牛不相及的。

帛书《老子》为解答这个疑案提供了证据：第一，古今注家疑有脱简。帛书《老子》文字即如此，无脱简征兆。第二，最重要的是帛书《老子》"飘风"前无今本《老子》承转下文之"故"字。第三，楚简与帛书《老子》的分章点证明今本《老子》一些章是多章合成的，也有一句或两句话组成一个章的，而《论语》、《孟子》、《中庸》、《黄老帛书》都有一句话一个章的。既然"稀言自然"与上下文都不相属相联，为什么不能将其当作一个独立的论断来理解呢？

先看"稀言"。帛书《老子》及一些古本"稀"作"希"，古通。河上公注曰："无声曰希。"这是不对的。希、稀,少也、罕也。老子的"知我者希";《论语·先进》:"鼓瑟希";即是明证。再看"自然"。自然就是《老子》二十五章之"法天、法地、法自然"之"自然"——日月星辰、风雨雷电、日蚀月蚀、天崩地裂、水旱虫害……各种自然界的现象。因此,"稀言自然",即罕言自然。它既是《老子》之自白,又是他的说教。这与《论语》中"子罕言利与命与仁"(《子罕》),"夫子之言性与天道不得而闻也"(《公冶长》),岂不是一回事?孔子对鬼神存而不论,重人事。因为"天道远,人道迩",不敢妄谈玄远的天道,还是人事更为实际些,而人事也是谈生不谈死,事人不事鬼。这是不是与"稀言自然",乃至整个《老子》思想相通呢?

春秋时代,尚未摆脱巫术宗教的束缚,所以每逢自然灾异,人们总是将其与政治、人类的吉凶福祸联系起来:

日有食之,天子不举(去盛馔),伐鼓于社(责群阴),诸侯用币于社,伐鼓于朝,以昭事神,训民事君,示有等威,古之道也。(《左传·文公十五年》)

又日蚀与月蚀之"礼":

故夏书曰:"长不集于房(指日月不安其舍,则蚀),瞽奏鼓,啬夫驰,庶人走(乐师鼓,吏员奔走,呼救日月蚀),此月朔之谓也。"(《左传·昭公十七年》)

从今天来看,自然现象与人和政治的吉凶是没有联系的。而春秋时代,还不可能认识到这是一种迷信。就是认识了,也不可能公之于众。正确的态度是置而不论,罕言或希言。

且看《左传》的记录:

昭公十八年冬,彗星在大火星旁出现,郑国之裨灶据此断定宋、卫、陈、蔡四国将要在同一天发生火灾,建议祭神。子产不同意。第二年夏天,四国果然发生了火灾。裨灶说:不采纳我的话,郑国还要发生火灾。子产说:"天道远,人道迩,非所及也,何以知之?灶焉知天道?是亦多言矣。岂不或信?"仍然不听那偶然言中的话。后来也就没有再发生火灾。

昭公二十六年,"齐有彗星,齐侯使禳之。晏子曰:'无益也,只取诬焉。天道不谄,不二其命,若之何禳之?'"

哀公六年:"有云如众赤鸟,夹日以飞",楚王派人询问成周的太史。太史回答说:恐怕要应在君王的身上,如果禳祭,可以移到令尹、司马身上。楚王说:"把腹心的疾病,移到大腿胳膊上,何益?"不去禳祭。还有一次,楚昭王有病,占卜的人说,河神作祟。昭王没有到黄河去祭祀,也没有应大夫的请求,到郊外祭祀。孔子说:"楚昭王知大道矣,其不失国也,宜哉!"

子产、孔子、晏婴为同时代人。《老子》成书略晚一些。他们不把自然现象和人与社会的吉凶联系起来,在当时自然科学极不发达的情况下,这是难能可贵的。他们致力于政治、历史、典籍的研究,而于自然方面则罕言、稀言、慎言、不言。这种态度是严谨审慎的。用《庄子》的话说:"能无卜筮而知吉凶乎?"《老子》六十章在谈鬼,但是他说:"以道莅天下",那鬼就不灵了、不伤人了。既存疑不论,又将道置于鬼神之上。孔子谈"仁",可算得比比皆是,而子贡还说孔子"罕言仁"。《老子》谈天道,较之孔子谈仁,不知要少若干倍,自然更是"稀言"了。何况《老子》谈天道、宇宙万物之道,并非完全是对自然现象的概括,而更多的是借自然明人事。而在人性上,老子更是稀言。这不就是"稀言自然"吗?

总之,由于春秋时代,对自然的观察,仅限于肉眼所及,看不到肉眼以外的领域,宏观、微观都有极大局限性。在这种历史条件下产生了"稀言自然"的思想家。以致《荀子》说:"圣人为不求知天"(《天论》),这是必然的、符合逻辑的。没有这种严谨的态度,那就很难成为一个伟大的思想家。

可见,从文义上看,"绝学无忧"与"稀言自然"也是独立成章的。并且由此可以看出,"绝学"乃是老子方术中的一项,是治国安民的一个手段。"稀言自然"虽然不过是一种认识方法、为言态度,但对于尚未跳出卜筮影响的时代,也不失为一种为政的方法。

楚简《老子》无"稀言自然"的文句,也没有"以道莅天下,其鬼不神"句,帛书《老子》则有了这两句。这是不是帛书《老子》对子产、孔子、晏婴思想的概括与总结呢?看来不应排除这种可能。

刊于《中华道学》1996年第一期,2007年修订

第二十四章

老子术的实践与认定

以上老子术各章,几乎包括了《老子》的全部政治思想。除了四个章是谈治国方略及认识方法和些许权谋外,其它章全部是政治道德、政治哲学、为政者的品德情操的修养。而谈治国方略的四个章照先秦的看法,也是另一种道德修养。可见"老子术"者,是一种净化、静化、淡化的政治道德与领导术。目前把老子的"道"多视之为宇宙本体之道,似乎在顾左右而言他。"道"字在《老子》全书中共出现了72次,上篇(德)下篇(道)各有18个章提到"道"。其中明显属于谈宇宙本体论之道的,只有四个章(今本《老子》四、二十五、三十四、四十二章),其他32个章谈的"道",都是属于三代以来政治哲学之道。用《老子》的话讲:"圣人之道"、"人之道"、"天下有道"、"天下无道"、"有道者"、"善为道者"、"以道莅天下"、"长生久视之道"、"闻道"、"明道"、"夷道"、"以道辅人主"、"同于道"、"几于道"、"天之道"、"天道"、"天道无亲,常与善人"、"天之道利而不害,圣人之道为而不争"。这些与其说是"天道"论,不如说是政治哲学之道论。比如今本二十五章是典型的宇宙本体论章,但结语却有"国中有四大安,而王居其一安"、"人法地,地法天,天法道,道法自然"。天、地、道尚且顺应自然,况乎王之为政?人们完全能从《老子》谈天道中,悟出《老子》所倡导但往往不明言的"道术"。因此,《老子》"道"的主体,是一种客观规律,一种存亡治乱、成败兴衰的客观规律之道。用河上公之注语来说:乃"经术政教之道也"。作为史官,主要职司之一就是向君王、执政者提供历史经验教训。它除了记言行、献典籍、备咨谋之外,就是进箴谏了。思想博大精深的史官老聃、太史儋自然会把进箴谏放在首位。所以《老子》是一部为了君王、写给君王、让君王看的书,是一部给君王与"佐人主"者的献言。但是,征战不息的春秋战国时代,君王、统治阶级怎么能看中《老子》呢?《老子》的思想只是为庄子、庄子学派、黄老学派,乃至法家思想的形成提供了温床。秦灭六国,统一天下,秦始皇的多欲政治把人民投入了苦海。至西汉初,民亡十之七八,"米至石万钱,马一匹则百金。"历史的教训才使统治阶级意识到除了与民休息外,别无他途。从而发现老子思想的真谛,它不仅具有历史价值,而且具有实用价值。但是在专制主义的社会,《老子》的"实用",还必须有"黄学"作为它的基石与保护神,老学是不能单行的。因此老学早已与黄学结合,被合称为"黄老之学"或"黄老术"。黄老学派的理论来源于老学,黄老结合的核心,依然是老学。黄学的主旨是"顺道"、"尊君卑臣"、"尚法"。这就克服了老学轻蔑法治及忽视强调"尊君卑臣"的弱点,还吸取了战国以来的法治思想。这种"黄老之术"被付诸于西汉前期的政治实践中。汉文帝的所作所为,几乎与《老子》所倡导的一模一样。"孝文帝本好刑名之言"①,景帝也是"不任儒"、"好黄老术"②,结果出现了文景盛世,家给人足,国泰民安,"京师之钱累巨万,贯朽而不可校。"③汉武帝罢黜百家,多欲政治又一次降临人间,它的最终结果便是"人口减半","人复相食"④,时代又一次提供佐证。武帝晚年下罪己昭,昭、宣之际,复行无为政治,与民休息,社会又呈兴盛。宣帝之时,石谷之价已降至五钱,这就是"昭、宣中兴"。通过历史现实的反复验证,《汉书·艺文志》才认定:

> 道家者流,盖出于史官,历记成败存亡祸福之道,然后知秉本执要,清虚以自守,卑弱以自恃,"此君人⑤南面术也。合于尧之克让,易之谦谦。一谦而四益,此其所长也。"

为什么司马迁、班固要给道家、给老子如此之殊荣?说明老子的领导哲学经历了时代的考验,证明它是该时代的精华,与时代相适应。因为一旦《老子》被帝王

---

① 《汉书·儒林传》。
② 《汉书·儒林传》。
③ 《史记·平淮书》。
④ 《汉书·食货志》。
⑤ 有人说"君人"乃"人君"之误。不对。"君人"即君临人民,这就不只帝王一人之事。《说文》:"君,尊也。从尹,发号,故从口。"一切有权有威能发号施令之人,古代皆以君称之。因此凡君临,即领导人民之人;亦有参照模仿之意。"君人"二字,用心良苦。

看中,并且真正作为指导自己的"南面术",那么,它能节制帝王及统治阶级的纵欲行为,它对生产力发展起着保护作用。道理很简单:在我国封建社会,一是以自然经济为主,二是封建专制主义,帝王权力无边。但是,毕竟像汉文帝那样看中《老子》并身体力行的帝王不多。随着君主专制制度的完善与强化,随着道教的形成,老子成了教主,《老子》一书一变而为宗教经典《道德真经》,《老子》被蒙上一层厚厚的神秘面纱,它的实际说教内容,它的主要进说对象,变得模糊不清了。加之《老子》一书由于篇次的颠倒、章次的调整、文字的篡改,注疏上避祸的需要,使《老子》政治哲学的面目也含糊了。它由约束侯王的道德说教,渐渐变为约束臣民的诫条,它成了某种儒家社会伦理道德的补充,也成了某种人生哲学。"让"与"不争"成了臣民的格言,士大夫用"不敢为天下先"的诫条,保乌纱保平安。百姓用"枪打出头鸟"、"出头椽子先烂"来保身,国家则用愚民、控制知识阶层来控制社会。因循守旧、安于现状、闭目塞听、委曲求全、谨小慎微、唯唯诺诺、柔弱自卑、知足安贫、智者难言、言者难智,"上善如水"变得"民善如水",一切超出水平线的人与事将会受到怀疑、蔑视、抑制……中国近代的落后挨打,也许与此不无关系吧?但是,作为我国最早的政治哲学、最古的领导学,它与《孙子兵法》一样,也有它万古长青,为"百世师",为世界各国为政者借鉴的一面。不过,那是在《老子》之文本与理论本来面目恢复以后的事了。

第四篇

老子术之源流

第二十五章

《尚书》是《老子》的源头

在转入此章正题前,需要先谈谈篇题。

这个篇题太大,实不符题,尤其是《老子》思想之"流"。庄子是《老子》思想的一个"流",但又与《老子》有所不同;黄老思想也是《老子》思想的一个"流",但它是条"主流",与《老子》思想较为贴近;而法家,虽不能说完全是《老子》之"流",但却与《老子》有相通之处,受《老子》某些思想的影响;而《老子》与道教,我们将在下一篇《老子与〈老子〉之演变》中去作些探讨。因此,从"源"来说,这里仅从《尚书》、《易经》、《孙子兵法》作某些探索。过去以为《孙子兵法》比《老子》成书晚,实际上《孙子兵法》要比《老子》早几十年。所以《孙》、《老》的关系需要专题研究。而"流",由于《老子》语焉不详的"无为"论,为黄老学派发扬光大,可谓道家理论中最精彩的部分,故而专辟一章。而对诸子的影响,仅就某些方面作一些简单的剖析,并且大多局限于先秦,至多不过西汉。由"源"及"流"这两头,映证《老子》的主题:老子术。同时也可以进一步考证帛书《老子》的某些文字、论断。由此也可以看看《老子》是不是世界上最早、最为系统的政治道德与领导学。

下面就先分析《尚书》之于《老子》的影响,看《老子》是不是《尚书》的继续。

笔者认为《尚书》、《易经》,还有《诗经》是老子思想的源头,而《尚书》则是主要源头,《易经》不过是个小源头。

孔子整理删定《尚书》,必然要熟读与研究它。《尚书》的基本内容是君臣谈话记录、君王文诰,而作者则是史官。作为史官的老子,研读《尚书》是本职,用的功夫自然不少。《荀子·劝学》说:"《书》者,政事之纪也。"《老子》不也主要是言治道吗?把《尚书》与《老子》作一比较,即可看出两者之相通及后者对前者的继承、改造与发挥。也许能够这样说：《老子》是《尚书》的春秋战国部分，只是它没有可献之君，当然也未经君王认可，后来只得流传民间。下面对两者作一简单比较（尽量避免各章已谈过的），看能否得出这一看法。

一、稽于众，舍己从人

《老子》不谈"仁"，更不谈"泛爱众"、"兼爱"，而只是向君人者提出一个简单的要求："圣人恒无心，以百姓之心为心。"（今本《老子》四十九章。此处系引帛书《老子》文字，下引同）即要以百姓之意愿为意愿，以百姓之是非为是非。其实这思想源于《尚书》。从《尚书》今文看，最主要有下面两篇：

> 天聪明，自我民聪明。天明畏、自我民明威。达于上下，敬哉有土。（《皋陶谟》）

老天的聪明，来自老百姓的聪明；而老天的显善惩恶，也是从老百姓之所喜所恶中得来的。天与民是相通的。谨慎啊！有国土之君。

> 古人有言云：人无水监，当于民监。（《酒诰》）

当时还没有发明镜子。所以以水为镜——"监"也，照也。即不要在水中察看自己，应当在民意中照自己，要上畏天下畏民。

而古文《尚书》中类似的思想就更详细了。但是能否引用和比较这"伪书"、"晚书"呢？经反复考虑，笔者认为可以。第一，即便全系伪书，作为晚于《老子》的思想，不也是可以比较的吗？只不过它不再是《老子》思想之源了。第二，"有从古籍中辑出的部分，则应该认为是真的"（金景芳、吕绍纲《孔子新传》第179页），或者"不妨看作古文《尚书》的西晋辑佚本"（钱宗武《今古文尚书全译》序）。第三，东晋也有个孔安国（《晋书·孔愉传》附载）。陈梦家的《尚书通论》（商务印书馆1957年版）反复论证《尚书·孔传》，乃东晋孔安国书，初非伪作，后人因其名而误认为西汉孔安国撰，世遂以为伪书。第四，即便是"伪书"，也应该是有所据的。既然承认尧、舜、皋陶的思想能流传下来，那么禹、伊尹等人的思想也有可能保留至今。所以,我们将古文《尚书》的基本思想,依然视为《老子》前的思想①。

在古文《尚书》中,《大禹谟》的"稽于众,舍己从人",与"以百姓之心为心"是一回事。考虑众人的意愿以为己愿,这并不是件轻松的事,很难。从《大禹谟》看,要从多方面做,才有可能舍己从人。(1)"惠(顺)迪(道理)吉,从逆凶,惟影响",即顺从道理就吉,顺从邪恶必凶,这是立竿见影的事;(2)"疑谋勿用,百志惟熙",不做可疑的事,各种思虑应该宽广;(3)"毋违道以干百姓之誉,罔弗百姓以从己欲",不要违背正道去谋求百姓的赞誉,不要违反百姓的愿望去顺从自己的欲望;(4)"无怠无荒",不懈怠、不荒废;(5)"儆戒无虞,罔失法度",防备没有预料的事,不违法度;(6)"野无遗贤","任贤勿贰,去邪勿疑";(7)"无稽之言勿听,弗询之谋勿庸(用)";(8)"正德、利用、厚生、惟和",端正德行、便利用物、富足人们的生活,凡此三事配合进行;(9)"不矜"、"不伐",不骄傲、不夸耀;(10)"畏民"、"可畏非民"。对于君人者来说,有什么比人民更为可敬可怕的呢?有了这些才能"稽于众,舍己从人"。

怎样以百姓之心为心,《老子》说得不多。一是要在"天下歙歙焉",或"欲欲焉"。歙歙与欲,都是吸、喝之意。吸喝些什么?自然是百姓之意愿了。再就是"为天下浑心"。这不是要人民浑浑沌沌,而是请"为天下"的人"浑心"。出于私心地为天下,如果是符合民愿的,问题不大,一旦逆民愿违背自然,那就害天下了。还有就是润物细无声还是大喊大嚷地"为天下"?前者就是"浑心"的,后者必然变味。"为天下"的人,他们身居高位,他们好逞才斗气,往往践踏人民之意愿,搞顺我者昌,逆我者亡,若此心不浑,也难以以百姓之心为心的。

从《大禹谟》之论要详于《老子》看,晚出是实。但我们又相信,这里也有大禹的思想。即使全系伪托,不也可以看出《老子》是一位舍己从民的倡导者吗?

二、"明德"与"玄德"

老子最大的贡献是德。他看到在位的统治者未必有德,有德的未必在位,同时

---

① 可惜明清之时人们不可能看到出土的《孙子兵法》、《战国策》、帛书与楚简《老子》,乃至近几十年出土的大量简帛佚籍。如果他们看到的话,那么对《古文尚书》的"伪"的程度,将不会认识得这么严重。正如帛书《老子》与传世本《老子》不仅文字,而且篇次、分章章序差别之处达百余处,但不能据此否定今本《老子》完全不是老子思想。

在位而又有德者,其德未必纯,未必一以贯之。同时《老子》试图将《尚书》中的"明德",引向无名之德——玄德。

今文《尚书·皋陶谟》,是舜与大臣讨论如何实行德政治理国家的记录。皋陶提出了"九德",即:"宽而栗,柔而立,愿而恭,乱(《尔雅·释诂》:"治也")而敬,扰而毅(扰,《孔传》:"顺也"),直而温,简而廉,刚而塞,强而义。彰厥有常吉哉!"译为白话即是:宽厚而又谨慎,柔和而又坚定,忠实而又恭敬,有治才而又认真,顺从而又刚毅,耿直而又和气,坚强而又符合道义。发扬这"九德",必然永保吉祥。

《老子》自然熟知"九德"。根据历史的反复,他认识到这"九德",虽然很好,但还缺乏一种作为内心约束的德,如果出乎钓名,或者为了利与权而"德"的话,那么必然生伪,引起争乱。所以,《老子》好像想把"明"德变为"暗"德、"玄德"。这也许可以概括为"七而"、"十如"之德吧?

什么叫"玄德"?《尚书·舜典》即有"玄德升闻"。这"玄"即潜行、潜修、不宣。《老子》许多章实际上都在谈玄德,而公开提出"玄德"的只有三个章,细加体味,就知这"玄"非指玄妙,而是指隐而不宣。一是六十五章专谈愚民的"玄德"。因为愚民是不能公而开之的,必须隐而不宣地进行,这才叫"玄德"。二是五十一章谈天道的"玄德",即天的隐而不宣之德。老天何曾宣显夸耀它的生、畜、长、养之德呢?三是十章谈"爱民活国"的"玄德"。这"玄德"是指爱民活国者之德要隐而不宣。另外老子曾在四个章中反复地提到"为而弗恃(或"弗志")也,生而弗有也,长而弗宰也",所以我们将其称为理想的、高标准的"三而"之"玄德"。

再就是五十七章"四而"之德——方而不割,谦而不刺,直而不绁,光而不胱。

老子在四十一章的后半部分,又设计了一种谦下、内敛、自隐无名之德。

  上德如谷,大白如辱,广德如不足,建德如渝,质真如输。

结论是:

  道褒无名,夫唯道善始且善成。

德行高尚却虚怀若谷,洁白光彩而好似卑辱,恩德广布而好似不足,建立功德而好似怠惰,质真纯朴而好似混浊。道,总是褒奖安于无名的,像道那样安于无名,才能善始善成。

再就是今本《老子》四十五章之"五如"之德了：

> 大成若缺,其用不弊(最成功的好似有缺有毁的,它的作用才不会败坏);大盈若盅,其用不穷(丰满充盈的却好似细小的,它的作用才不致穷尽);大直如屈。大巧如拙,大赢如绌(最充裕的好似不足)。(简本还多了一句:"大成如诎":大成功之后,言语反而显得笨拙迟钝了。)

老子之时已先后出现了拓地千里、并国数十的侯国了。但是他们总是好景不长,"其兴也勃,其亡也忽"。如果大成之为君、为政者,在大成之后看到与"成"俱生之"缺"、"弊"、"毁",做到若缺、若盅、如屈、如绌,自然会"不弊"、"不穷"的。显然这"五如"之德不是对已经诚惶诚恐的小民的说教。

可见《老子》大大扩展了"九德"。他担心有意之"明德"会变味,因此用无名、自敛、谦下加以调补,使"明德"进入一个高深的层次——"玄德"。

三、左右惟其人

"左右惟其人"是《尚书·咸有一德》中伊尹告诫太甲的话,但没有展开。而《太甲下》(古文)则说细了：

> 与治同道,罔不兴;与乱同事,罔不亡。终始慎厥与,惟明明后。

采取与治世同样的做法,没有不兴盛的;采取与乱世同样的做法,没有不败亡的。自始至终谨慎结交人。才能成为英明之"后"——君王。

到了《周书》,这种认识又进了一步。可能作于周穆王之《囧命》(古文)说：

> 惟一人无良,实赖左右前后有位之士。匡其不及,绳愆纠谬,格其非心。仆臣正,厥后克正;仆臣谀,厥后自圣。后德惟臣,不德惟臣。

这是说君王("后")侍从、左右臣下对君王影响很大。匡救君王的不及、错谬,克服他的邪心,很大程度要靠君王左右的人。群仆近臣正,他们的君王才能正;群仆近臣谄媚,他们的君王就会自以为圣哲。君有德在臣下,无德也在臣下。这些话似乎有点过分,但很有道理。

《老子》是否也有类似言论?有。二十三章曰:

> 故从事而道者同于道,德者同于德,失者同于失。同于德者,道亦得之;同于失者。道亦失之。

可惜今本《老子》这段文字是与"稀言自然"、"飘风暴雨不终朝"这些不同的论断混为一章的,因此文义模糊。所谓"同",即同志同友协同之意。《易·文言》:"同声相应,同气相求。"《国语·晋四》:"同德则同心,同心则同志。"因此这段文字也是讲慎同慎交的。孔子说过:"莫友不如己者",这是对弟子而言的。对于国君同样有友同的问题。《吕氏春秋·观世》有:"不如吾者吾不与处,累我者也;与吾齐者,吾不与处,无益我者也。惟贤者必与贤于己者处。"据说,这是所谓周公旦的话。因此《老子》上面那段文字的意思是:凡是志事于行道的人同于道者,德者志同于德者,失道之人同于失道之人。同于德者,可能得到道;与失道之人相协同,必然失道。

四、向谁进言

《尚书》对谁讲话,一清二楚。《老子》是对谁的进言,应该也说得极明白。但是,"《老子》乃人生哲学"、"处世智慧",以至"兵书"诸论,把本来毫无疑义的问题弄得莫衷一是了。看来,《尚书》与《老子》的比较,即可澄清此事。

1."图难于易,为大于细"以及"多易必多难,是以圣人犹难之,故终无难矣"

这些可谓无人不宜之理,老子最初似乎只是想对圣人、人主说说这个最简单的道理的。

《大禹谟》:"后克艰厥艰,臣克艰其臣,政乃乂(治也),黎民惠德。"即君王要把当好君王看得很难,臣也把做臣看得艰难,国家才可能治理得好,黎民百姓才能得到恩惠。

《太甲下》:"天位艰哉!"在天子这个位置上真是难啊! 又说:"无轻民事惟艰。

无安厥位,惟危。"即别看轻老百姓的劳事,要时时想到它的艰难。不要认为天子之位安稳,要时时看到它的危险。

《君陈》(古文):"图其政,莫或不艰!"
《君牙》(古文):"厥惟艰哉!思其艰以图其易,民乃宁。"

这些统统是说,要把为君、为政及民事看得"莫或不艰"!唯其如此,才能"政乃治,民乃宁"。《老子》的话则是"成其大"、"终无难"。如果把自己看得无所不能,把天下事看得轻而易举,异想天开,那可糟了。

2. "民之从事也,恒于其成事而败之,故慎终若始,则无败事矣"

今本《老子》六十四章一开头即为"民"字,似乎对民而言,其实不然。今文《尚书·君奭》有周公的一段话:"惟乃知民德亦罔不能厥初,惟厥终。祗若兹,往敬用治。"这就是说:只有你召公知道人民中开始时没有不好好干的,我们不仅开始时要好好干,而且还要一直做到善终。我们一定要认真搞好这件事,要自始至终地恭敬地把它治理好。

而古文《尚书》这方面的言论就更多了:

《太甲下》:"慎终于始。"(《老子》言"慎终若始",与其只差一字)
《蔡仲之命》:"慎厥初,惟其终,终以不困;不惟其终,终以困穷。"

即谨慎事物的开始,也谨慎它的结尾,最后不会困迫。到了最后不再谨慎了,那终局必定困迫。

由此可见《老子》理论的源头以及进言的对象都与《尚书》是一致的。

3. 老子"无欲"的说教是对谁进言

《尚书》的"无欲"二字,可能最早出现于今文《皋陶谟》:"无教逸欲,有邦兢兢业业,一日二日万机。"治理国家的人不要贪图安逸,不要有私欲。要兢兢业业,因为情况一天天千变万化。"政事懋哉!懋哉!"政事要勤勉啊!勤勉啊!而对于老百姓之欲,既肯定又节制。《仲虺之诰》说:"惟天生民有欲,无主乃乱。"天生下老百姓就有七情六欲,如果天下没有君主,天下就会乱起来。对于君主来说,自然也有七情六欲,但他的权、利、名、色,无不超标准地充分满足,如果他再欲求不已,那更会使天下乱得一塌糊涂,又有谁来制止君王的多欲呢?所以《老子》提出了"无欲",用来遏制君王的欲望膨胀。

4.《老子》二十四章首句就是"吹者不立"

所谓"吹者不立",即吹嘘夸大是站不住的。而"吹"的表现是自以为是("自是")、自我标榜("自见")、自我夸耀("自伐")、自高自大("自矜")。它的结果将是是非不清,耳目不明,反而无功,难以长久。这些话固然也适用于一般人,但从《尚书》来看,它首先是对国君的训诫。《大禹谟》:"不自满假",即不自满于虚假夸大之中。这与"吹者不立"岂不是一码事?《大禹谟》又说:"汝惟不矜,天下莫能与之争能;汝惟不伐,天下莫能与汝争功。"这里连行文也与《老子》相同!

5.修身

《尚书》中的修身主要指君王而言。《皋陶谟》认为德政的三件大事是:"慎身"、"知人"、"安民"。而"慎厥身,修思永"是首位的。皋陶建议大禹谨慎自身,将自身的修练坚持终生,坚持永久。那"惇叙九族,庶明励翼,迩可远,在兹",使九族淳厚顺从,使贤人勉力辅佐,由近及远,完全在于君王从自我的慎身、修身做起。所以《太甲上》也有"修其身"、永不懈怠之教,希望太甲勉之。可见《老子》中修之身、修之家的言论也是对侯王、为政者而言的。

总之,《老子》与《尚书》性质相同——言治道,进言对象一致——君上、圣者。但是东汉以后,老子成了"教主",《老子》变为宗教经典,加之避祸的需要,它的主要进说对象变模糊了,逐渐使它成为约束人民的诫条,成了儒家社会伦理道德的补充,这当是《老子》所始料不及的吧!

五、《尚书》可断《老子》之疑

今本《老子》有许多千古之谜,单靠帛书《老子》尚不能破谜,但《尚书》可以决疑。

1."善者不多"论

帛书《老子》有两句话:"善者不多,多者不善",这是今本《老子》所没有的。虽然孔子、文子、墨子、庄子、尹文子……均有类似观点[1],但没有《老子》之前令人信服的史料,而《尚书》中却有。今文《尚书·无逸》有一段周公旦对殷商三十一位

---

[1] 详见本书第十六章。

君王的评论。他说:除了中宗、高宗、祖甲三位商王恭敬谨慎地治理政事,不贪图安逸,"能保惠于庶民"外,其他的君王"生则逸,不知稼穑之艰难,不闻小人之劳,惟耽乐之从。"因此,不要说治国惠民了,连自身也没有长寿的。这是不是"善者不多"论的来源?

可见,《老子》确有"善者不多,多者不善"之论,它是《老子》政治哲学的基础。第一,是"无为"的出发点。"生则逸"、"惟耽乐之从"的君主,昏庸得够可以了。他要"有为",社会怎么受得了?最好"无为"、"不言"吧!第二,与"绝学无忧"、"绝仁弃义"、"绝圣弃智"有关。"善者不多"群,恐会以仁义圣智谋私害民的。第三,为了"自知"、"知人"、修己、治世。如果每一个人都已善良贤能,何需再修?

2. 不是啬其精神

过去将"治人事天莫若啬",释之为"统治人民,事奉上天,没有比吝啬精神更好的"。其实这是个大误会。它不仅与《老子》同时代人如子产、孔子、孙子等人的主张大相径庭,而且也与《尚书》的大量记载相背离。如:

《太甲》有关于成汤"昧爽丕显(天未亮),坐以待旦"的记载。

《康诰》有"恫瘝乃身,尽乃心",即是要劳身苦形,尽心尽力之教。

《旅獒》有周武王"夙夜罔不勤"——从早到晚,无不勤奋的记载。

《周官》记载周成王的话"今予小子,祗勤于德,夙夜不逮"。

《君陈》追述周公,"惟日孜孜,无敢逸豫"。而《囧命》有段周穆王的话:我"怵怵维厉,中夜以兴,思勉其愆"——我很恐惧,以至半夜起来,思虑怎样避免过错与失误。

可见治人事天者要吝啬精神,根本不是《老子》本意。楚简《老子》证明"治人事天莫若啬"乃"给人事天莫若穑"之误,即治理人民、事奉上天,没有比务农更重要的。《老子》重农思想重见天日,而《尚书》的为政要谨慎勤奋的主张,更使《老子》的疑案大白。

3. 多闻数穷,不如守于中

今本《老子》为"多言",不是"多闻",而"中"则被释为"虚静"。是不是如此?值得研究。《论语·尧曰》:"尧曰:咨尔舜,天之历数在尔躬,允执其中……"不仅尧,而且舜、禹也以此相传,别的不讲,惟独一个中字,而且还得牢牢掌握——"允执"。今文《尚书·吕刑》凡八用"中"字,公正适当也。这也不是"虚静"。如果再比较一下与《老子》相通的《管子·白心》:"若左若右,正中而已。""有中有中,孰得乎中之衷乎?"这更说明《老子》之中与"中庸"之中是一回事的。

还有不少。比如今本《老子》七十二至七十九章,如果以帛书《老子》的分章文字为准,再对照《尚书·康诰》。就可以看出《老子》是在新的历史条件下,发挥了《康诰》的思想①,企图用以解决春秋战国的政治危机,并且也是"慎罚"思想的发挥。这我们已在前文第二十一章作了论证,这里从略。

六、《老子》对《尚书》的发展

《老子》较之《尚书》的政治思想,增添了哪些内容呢?

第一,大大发展了"德"。看到"德"的不纯、不一、变质,从而提出内敛无名之"玄德"。

第二,在"道"——规律法则上,提出宇宙本体、万物本源,《老子》有开创奠基之功。

第三,佚失之《尚书》多于现存之《尚书》,其中当有不少关于仁、义、礼等方面的东西,这才会有《老子》对仁、义、礼的怀疑、忧虑、否定。

第四,提出世袭君主及卿大夫的"无为"与"安守无名"的主张及顺应自然的倡导。

第五,《老子》首倡愚民,返璞归真;提出一套对待智者的方略,如"不上贤"、"使夫智者不敢弗为而已。"

第六,在军事、战争、外交方面,《老子》的思想较之《尚书》有了大发展。

第七,开创了我国古代的"见知之道"(认识论),提出一系列辩证思想。

第八,提出一系列净化、静化、淡化统治的领导术。就是在为政的方略方面、权谋方面,《老子》也增添了不少新内容。

在养生养性等方面,老子亦有所贡献。

如果说"孔子成《春秋》,而乱臣贼子惧"(《孟子·滕文公下》),那么,《老子》著书上下篇,则是侯王圣者鉴。《老子》与《春秋》一样,皆"天子事也"(《孟子·离娄下》),都是出于"绳当世"的政治需要。原想献给堪当其献的为君、为政者的《老

---

① 本书二十章专门分析这一点。

子》,但是东周之颓丧,使《老子》不能找到这样一个可以呈献的为政者。后又想西入秦,藏之深山,留待其人,孰知出关逢关令尹喜索著,于是付诸其人,流传民间,竟成了一部民间私人著作。是否如此? 但求聊备一说。

    刊于《中国文化研究》1997 年秋之卷,2007 年修订

第二十六章

《易经》对《老子》的影响

《老子》主要的政治思想均能在《易经》中找到雏形。《易经》的变易观也影响到《老子》。而《易经》、《老子》的写作目的、进言对象也有其相通点。帛书《易之义》更能说明这些问题。

孔子老而好《易》,"居则在席,行则在囊"。子贡十分困惑,问孔子,夫子教导弟子:"德行亡者,神灵之趋;智谋远者,卜筮之蔡(占卜)。"弟子问孔子:现在您何以老来好《易》？孔子回答的要点是:(1)"前祥而致者,弗祥而好也。察其要者,不诡其德"。(2)"《尚书》多阙矣。《周易》未失也,且有古之遗言"。(3)"求其德而已矣,吾与史筮同途而殊归者"。(4)《易》"有君道焉"(见帛书《要》,《道家文化研究》第三辑,下同)。这与孔子"不语怪力乱神"的态度以及《论语》、《史记·孔子世家》的记载相吻合,也说明孔子在年老之前并不好《易》。《老子》也是"不语怪力乱神",不信帝神创造说的。但不同于孔子的是《老子》的史官身份。这决定了他必须研究了解《易》。因为史、卜、筮、祝这几种人"每每是相兼相通的"(李学勤语),甚至"《周易》这个典籍的编纂出于史官"(朱伯崑语)。而孔子所说的那几条理由,无一不完全适用于《老子》。因此《老子》当比孔子更早更多地接触与研究过《易》,并从中吸取营养。所以早就有人指出:"老子思想的渊源,有不少出于《易》。"此章拟分析一下《易经》可能在哪些方面影响到《老子》。

一、《易经》、《老子》的写作目的

如果说《老子》只是对君人者的进言,目的在"无为"而治,那么《易》的对象及目的就宽得多:一切卜筮的人与事。但是《易》的主要(或重要)对象、目的,依然是君人者与为治的人。

《易》有16次提到"王",如"或从王事"、"王三锡命"、"王有三驱"、"王用享于西山"……它在强调王的重要性;有三次提到"大君",如"大君有命"(《师》卦)、"武人为于大君"(《履》卦)、"大君之宜"(《临》卦),显而易见,"大君"与"王"同义;13次提到"大人":"利见大人"、"用见大人"、"大人否"……在《易》中,"大人"与"王"似乎同义,也是一种统治人民的人。除此而外,即是大量之"君子",这"君子"自然不是平常人,也是君人者甚至往往也指"王"。如果再加上以"龙"喻君之处,那就更多了。这些尽管不像《老子》中大量的"侯王"、"社稷主"、"天子"、"三公"、"圣人"那样清楚,但考虑到《易》源于远古,非出自一朝一代一人之手,且是一种筮史文化,它的对象要广泛得多,所以就难免有这样模糊的词句了。但是人们仍不难看出,它的写作目的往往是针对王,从利于治出发的。如果说《老子》乃"历记成败存亡祸福之道,然后知秉本执要,清虚以自守,卑弱以自持"的结果,那么,《易》虽属筮史文化,但在神秘色彩下,同样融入了各种各样的吉、凶、得、失、祥、灾、进、退、刚、柔的变易之道。或者说,卦辞爻辞之中也包含着"成败存亡祸福"之道。帛书《易之义》及《要》的两段话,大概可以说明这一点:

> 子曰:《易》之用也,殷之无道,周之盛德,恐以守功,敬以承事,智以避患……(《易之义》)
> 故《易》,刚者使知惧,柔者使知刚,愚人为而不妄,毂(觳)人为之去诈。文王仁,不得其志以成其虑,纣乃无道,文王作,讳而避咎,然后《易》始兴也。(《要》)

这岂不说明《易》与《老》的出发点是相通的吗?后者撩开前者迷信和神秘的纱缦,从中吸取自己的思想资料。

二、"夬夬"与"其邦夬夬"

这里先从帛书《老子》的一句话谈起。

今本《老子》五十八章有句"其民缺缺",但是帛书《老子》此句却是"其邦夬夬"。一是"民"成了"邦",二是"夬"取代了"缺"。究竟孰是孰非呢?"夬夬"又是什么意思呢?如果用《易》来释疑,即可迎刃而解,一则可以证明帛书《老子》正确;再则还可说明今本《老子》的妄改,掩盖了《老子》一个重要思想——它也是源于《易》的。

帛书《老子》之"夬夬",看来出自《夬》卦,或许还有《履》卦。

先看《夬》卦。照《系辞下》的说法:"上古结绳而治,后世圣人易之以书契。百官以治,万民以察,盖取诸《夬》。"也就是说,治理政事,察明事理,往往得取自《夬》。那么这"取诸《夬》",是取正面之经验,还是取负面之教训?看来是吸取教训。因为:第一,《象》曰:"夬,决也,刚决柔也。"第二,从爻象看,清人陈梦雷的《周易浅述》说:"以爻䷪论之,五阳在下,长而将极,一阴消而将尽。五阳决一阴,故名夬也……以五阳去一阴,其势似易,而圣人戒备之词,无所不至……"第三,再看爻辞,从初九、九三到九四,大都是不吉有伤之象,而上六则干脆是:"无号,终有凶。"即君王的号令无法行之于国,其国终于破亡。总而言之,这一卦只指出凶的一面,没有指出成功和吉来。显而易见,这"取诸《夬》"是什么意思就很明白了。

再看《履》卦。履者,行也,履行也。"九五:夬履,贞厉"。王弼注曰:"得位处尊,以刚决正。故曰'夬履,贞厉'也。履道恶盈,而五处尊,是以危。"这也许简单了点。孔颖达之《周易正义》曰:"夬履者,夬者,决也。得位处尊,以刚决正,履道行正,故夬履也,贞厉者,厉危也。履道恶盈,而五以阳居尊,故危厉也。"所谓"五",即九五,指居帝位。可见如将"夬履,贞厉"译成白话,那就是刚愎过分地履行它,占问有危险。《老子》的"夬夬"是不是这个意思呢?

不过上面的引证与解释都是单个"夬"字,而作为"夬夬"这个复合词来看,在《夬》卦中出现了两次:其一,"九三:……君子夬夬独行"。这"夬夬",高亨释为"行事果决又果决",周振甫译为"急急的样子"。其二,"九五:苋陆夬夬中行……"苋,当作"莧",即细角山羊。高亨释为:"山羊在路中间跳得很欢很欢"(《周易大传今注》,下引同)。所以,《老子》也可能是从这个意义上去使用"夬夬"这个词的。

至此,我们大致弄清了《老子》"其邦夬夬"的出处和含义了,即"他的邦国会果断又果断,匆忙又匆忙"。

这样我们就回到帛书《老子》这句话的上下文上,来看看《老子》究竟想说什么:

其正闵闵,其民屯屯;其正察察,其邦夬夬。祸,福之所倚;福,祸之所伏……

这里帛书《老子》之"正"、"闵",不是今本《老子》之"政"、"闷",含义不一样(对此笔者已在上面第二十章专门作了分析),按照帛书《老子》的文字以及上面对"夬夬"的分析,那么上面这段引文,是不是在说:

(对能否)以正临国,常怀忧虑,人民就谨慎仁厚;对正道治国一味标榜,他的国家就会果断又果断,匆忙又匆忙。祸,依傍着福;福,藏伏着祸……

如果再联系《老子》之上章(今本《老子》五十七章)与此章的下文来看,那意思更完善了。前章提出"以正治国",此章之"正"即接此而来。前章之"正"指的是无(私)为,无事(不以己事扰民)、无欲、好静。此章之"正"是后面的方、廉、直、光。对这些"正",必须常怀忧虑,唯恐不正,如此这样,"正"才能保持,并且不变味;如果一味标榜,大吹特吹,那么君王就会刚愎自用,急急忙忙。祸福是相联的,它是没个定准的。治国本该以正不以奇,但一旦刚决又刚决,又往往会"正复为奇,善复为妖,人之迷也,其日固久矣"。所以结论是:"方而不割,廉而不刺,直而不肆,光而不眺。"可见,帛书《老子》是正确的。老子某些思想源于《易》,却又高于《易》。

三、"潜龙勿用"与"无为"

《周易》的首卦是《乾》。卦名就是指天。其卦辞、爻辞总共才七十余字,几乎都在说"龙":"潜龙勿用"、"见龙在田"、"或跃在渊"、"飞龙在天"、"亢龙有悔"、"见群龙无首"……其他文字也大都关系到"龙"。那么这"龙"究竟指喻什么?难道它仅仅指一种神异的动物,而没有任何隐喻么?显然这是不可能的。

也许是知而不言,或不便、不能明言,《彖》、《象》、《文言》都含糊其辞。因此,闻一多认为"龙"是天上的"龙星"(《周易义证类纂》)。马融曰:"借龙以喻天之阳气也。"(《周易集解》)而更多的是不作引申,龙即是龙。值得庆幸的是:帛书《易之义》、《二三子问》……出土并公布了。它也许可以使《彖》、《象》、《文言》、《系辞》中"龙"的含糊之义变得清晰,即"龙"是喻君王的。而"潜龙勿用"、"或跃在渊"、"亢龙有悔",似乎是"无为"、"好静"、"不争"的雏形。下面我们将帛书有关理解,分别抄录分析如后。

1. 初九:潜龙勿用

在帛书《二三子问》中,此作"寝龙勿用"。

孔子曰:"龙寝矣而不阳,时至矣而不出,可谓寝矣。大人安失(佚)矣而不朝,言苟在廷,亦犹龙之寝矣,其行或不可用也。故曰寝龙勿用。"

改"潜"为"寝",似乎有其用意。"不朝"、"在廷",自然是指朝廷的"不朝"、"勿用",这是否有点"无为"的意思?帛书《易之义》对"潜龙勿用"有两种解释:其一是"匿也";其二是"言其过也"。看来之所以潜、匿,是因龙容易产生过错,即"龙"之用的过错。它比喻人君自用、有为之过。所以高亨说:"潜龙比喻人(君?)隐居不出,静处不动……不可有所作为。"这些岂不类似"无为"?

如此再看《文言》下面的论述,就清楚了。

潜龙勿用,何谓也?子曰:龙,德而隐者也,不易世(不为世俗所转移),不成名,遁世无闷,乐而行之,忧则违之,确乎其不可拔,潜龙也。

这不仅看清了"无为"的含义,而那"不成名"、"遁世无闷",还是一种"无名"(不求名)的思想。

2. 见龙在田,利以见大人

帛书《二三子问》:"卦曰:'见龙在田,利以见大人。'""孔子曰:'□□□□□□□嗛(谦)易告也,就民易遇也。圣人君子之贞也,度民宜之,故曰,利以见大人。'"可惜有九字掩损,但仍可看出,龙与圣人、君子有关。

帛书《易之义》:"'见龙在田',德也。"这与《象》所说的"德普施也"意思相同,只是范围有别罢了。而高亨的解释就更通俗了:"龙出现于田中,比喻王侯、大夫活动于民间……"在这里"龙"直接是指王侯大夫了。

3. 或跃在渊,无咎

《易之义》的解释是:"隐[而]能静也。"

《象》则说:"'或跃在渊',进无咎也。"

"在渊"之龙,自然是潜隐静处的。人君的潜隐与静处,或在潜隐静处中的"进",当然也是无害的。这岂不像老子的"好静"、"无事"吗?

4. 亢龙有悔

《二三子问》:"易曰:'抗(亢)龙有悔。'孔子曰:'此言为上而骄下,骄下而不殆者,未之有也。圣人之立正也,若遁(循)木,愈高愈畏下。故曰:亢龙有悔。'"这虽说是进行勿骄与谦下的说教,但可见"龙"已经是"为上"、"圣人"了。

《易之义》:"亢龙有悔,高而争也。"此其一。其二,"亢龙有悔,言其过也。"

《象》曰:"亢龙有悔,盈不可久也。"

《文言》:"亢龙有悔,穷之灾也。""亢之为言也,知进而不知退,知存而不知亡,知得而不知丧,其唯圣人乎? 知进退存亡而不失其正者,其唯圣人乎?"

这里讲"龙"用之害,而且讲一当"龙"变得"亢"、"高而争",那么因其过错而带来的穷困与灾害以及认识上的片面性错误就会接踵而至。

上述种种,不能不使人们想起《老子》之名言:"我无为而民自化,我好静而民自正,我无事而民自富,我无欲而民自朴。"(五十七章)这也许受到"龙"之"勿用"、"在渊"、"有悔"的某些影响吧?

四、临民之术:恩、威、慎、谦

老子虽说"处无为之事",但五千言《老子》,主要还是言治言君临臣民的。在这方面,它同样受到《易》的影响。

1. 临之以恩,临之以威

《临》卦的"临"与《尚书·顾命》中的"临君用邦"之"临"是一个意思,是讲国君君临统治臣民之"临"。

> 初九:咸(感)临,贞吉。
> 九二:咸(威)临,吉,无不利。
> 九三:甘临,无攸利;既居之,无咎。

前一个"咸临",即感临,以恩德感化之道临民;后一个"咸临",乃威临之误,或者就是以"刑威"临民①,因为《象》接着的解释是:"未顺命民也",即人民不顺从君上的命令,敢于违抗,所以要临之以威刑。这两项相辅相成,所以都是"吉",甚至"无不利"。而"甘临"之"甘",读钳,即用钳制的办法临民,是无所利的,但是如果担心人民疾苦,则没有害。这几点与《老子》是相通的。"民之饥也,以其上取食税之多也","民之难治也,以其上之有以(私)为也","实其腹,强其骨","毋厌其所生。毋闸其所居",不堵塞其生路,不要打断人民安居乐业……如此等等,不就是一种"感临"、"恩临"吗?而"大威至"、"勇于敢者则杀","为奇者吾得执而杀之"……不就是一种"威临"吗?

顺便提一下,老子的愚民主张,是否多少受一点《蒙》卦的影响?"六五:童蒙。吉"。《象》曰:"童蒙之吉,顺以巽也。"不懂事的孩童总是那样纯朴、柔和、百依百顺。人民愚昧无知不也一样柔顺听话吗?

2. 如临虎尾,如履薄冰

为政临民,如临深渊,如履薄冰,这是老话题。《易》与《老子》都用不同的语言比喻、告诫君人者。

《履》卦之"履",就是指行动、践履、为政。如果每办一件事,都像要踩到老虎尾巴那样战战兢兢,小心谨慎,虽危无害("履虎尾,不咥人,亨")。而如果心襟坦白,无私无欲("素履往"),而又行为谨慎,考虑周详,则大吉("履虎尾,愬愬,终吉")。如果瞎了一只眼,跛了一条腿,还想去踩老虎尾巴("眇能视,跛能履,履虎尾"),那非被虎咬不可:"咥人,终凶。"比如,"武人为于大君",就是这样。《老子》的"古之善为道者",他们"豫啊,其若冬涉水;犹啊,其若畏四邻;涣啊,其若冰将释……"不也是一种"履虎尾"或临渊履冰那样的谨慎为政临民的说教吗?

3. 谦以自牧,尊而光,万民服

《谦》卦,䷎艮下坤上,"艮为山,坤为地,山体高,今在地下,其于人道,高能下,下谦之象"(《周易集解》)。所以卦辞是:"谦,亨。君子有终。"有终者,好结果也。而爻辞则统统是吉利的。无论是谦而又谦的君人者("谦谦君子"),还是有名望而谦("鸣谦");无论是有功而谦("劳谦"),还是明智而谦("执谦"),都是吉的。即便是用"谦"的态度进行"征伐","行师征邑国",也是"无不利"的。为什么呢?《象》似乎作了回答:第一,"中心得也";第二,"万民服也";第三,"不违则也";第

---

① 以上两点均取高亨说。"成,杀戮也。"见《周易大传今注》。

四,"征无不服也"。真是吉莫大焉。而《彖》则有一个总结性的论述:

> 《谦》,亨。天道下济而光明,地道卑而上行。天道亏盈而益谦,地道变盈而流谦,鬼神害盈而福谦,人道恶盈而好谦。谦,尊而光,卑而不可逾,君子之终也。

《老子》自然不可能知道《彖》、《象》是怎样说的。但是《老子》对《谦》卦自然烂熟于心,可能也知道天地鬼神人,绝不会喜欢自高自大,而是助益那谦下的。《老子》一书虽未提"谦",但谦下却贯串全书。从"不德"、"若缺"、"若盅"、"若讪"、"若讷"、"以下为基,以贱为本",自称孤、寡、不穀、不自伐、不自矜……到比较高深的"无为"、"不争"、"无名"、"绝圣弃智"、"绝仁弃义"……无不包含谦下的精神,《老子》的主旋律就是君主的谦下、侯王的谦下。他已把谦下发挥到了极致。

可见,在临民为政的最主要点上:恩、威、慎、谦,《尚书》、《易》、《老子》完全相通,而且《老子》是受到《尚书》与《易》之影响的。

五、明晰的政治思想

《易》的许多政治思想,由于卦辞爻辞的过于简单,所以含糊不清,更何况还有神秘与迷信的掩盖。而在《老子》,则是明晰的,可以看到《易》对它的影响?

1. 俭

《老子》三宝之一的"俭",其雏形也似乎在《易》。《节》卦卦辞曰:"节,亨。苦节,不可贞。"节,俭也。"苦节",以节俭为苦,所占之事不可行。而《彖》则加以发挥:"'苦节,不可贞',其道穷也。天地节而四时成,节以制度,不伤财,不害民。"节俭乃是防穷、不伤财,不害民之道。因此,"六四:安节,吉;九五:甘节,吉"。那些安于节俭、视节俭为甘甜的,都是遵行不害民之道的,所以都是"吉"的。可见《老子》很可能是由"节"发展到"俭"的。

2. 功成身退

帛书《老子》甲本这句为"功述身退",帛书《老子》乙本作"功遂身退",《文子》等作"功成名遂身退"。《老子》这个倡导似乎也与《易·遁》有关。遁者,退也,隐也。看来这个卦是赞美某种退隐的,主张观察时势,及时退隐。"初六:遁尾,厉。"

即做退隐的尾巴,隐退得太迟,有危险。"九四:好遁,君子吉;九五:嘉遁,贞吉。"无论是功成名就之时的"好遁",还是受到嘉奖庆贺之时的"嘉退",都是"吉"的。而"上九:肥(飞)遁,无不利"。即退隐一如鸟飞之速,见机而去,不俟终日,那是"无不利"的。《老子》是否用"功述身退,天之道",来概括发展了《易》的上述思想呢?

3. 行不言之教

《坤》卦卦名即"地"。地何言哉?"六四:括囊,无咎无誉。"扎住口袋叫"括囊",比喻不说话。不说话,自然不会招来祸害,但也不会招来什么赞誉。而《易之义》则有两种不同的解释:

> "括囊,无咎",语无声也。
>
> 有口能敛之,无舌罪。言不当其时则闭慎而观。易曰:"括囊,无咎。"子曰,不言之谓也。

显然,这深化了《易》的思想。一是都不再提"无誉"了;二是前者指言而无声,后者则是不语。前者似乎是对君上而言,而后者所指对象似乎太宽泛了。语而无声是说,话不外扬,尤其是不成熟的话;而不言则是干脆不说,免得生出过错。一般人用此护身处世,而对君人者则是告诫。由于《老子》是对侯王的说教,所以直接提出了"行不言之教"。因为对绝大多数侯王来说,生长于深宫,不知稼穑之难,不知小民之苦,以致见少识浅,所以最好是"不言"。如此方能少出差错,少闹笑话,也免得有人奉迎讨好惹是非。

4. 损益之道

帛书《要》中特别强调损益之道:

> 孔子搯(诵读)《易》,至于损益二卦,未尝不废书而叹。戒门弟子曰:二三子!夫损益之道,不可不审察也,吉凶之□(门?)也。益之为卦也,春以授夏之时,万物之所出也,长日之所至也,产之(?)宣也。故曰益。损者,秋以授冬之时也,万物之所以老衰也,长夕之所至也,故曰产。道穷□□□□□□□。[益之]始也吉,其终也凶。损之始凶,其终也吉。损益之道,是以观天地之变,而君者之事也。

损益之道,是以观得失矣。

这是用四时变化来深化《易》中两卦的思想。《损》卦是取损下益上之义,即如《彖》说的:减损下面,增益上面,这是上面推行的道理。虽说必要,但是有时又得"损刚益柔"、"损盈益虚"。《象》则补充道:损下益上要"惩忿窒欲",即制止任意,堵塞贪欲。而《益》卦则说,筮遇此卦,"利有攸往,利涉大川",即有所往有利,渡大江大河有利。为什么呢?《彖》说:"益,损上益下,民悦无疆;自上下下,其道光大。"真是极力鼓吹益下。因为这样做,所损者小,所得者大,小损得大益,虽损实益。《易》的上述思想,可能也反映在《老子》七十七章中,它批判"损不足奉有余",希望那有道的人,能"损有余以奉不足于天下",并且这些有道的人,"为而弗有,功成而弗居也,若此,其不欲见贤也"。可见,这似乎补充了《易》的损益之道。

5."同人"与"以百姓之心为心"

《同人》卦之卦名,即赞同应和他人。其卦辞曰:"同人于野,亨。利涉大川,利君子贞。"赞同应和的人一直达到乡野,自然是大大有利的。而其爻辞则比较了不同之"同":

初九:同人于门,无咎。
六二:同人于宗,吝。
上九:同人于郊,无悔。

同于门外之人、城郊之人,只是无咎、无悔,而仅仅同于宗庙之人,就有困难了。这就表明邦国大事只靠宗族的力量是不成的,还要同邦国乃至天下人民的意志相通相同,才是有利的。这是否有点与"以百姓之心为心"的意思相通呢?

6."大壮"与"天下皆谓我大"

《大壮》卦的卦辞曰:"大壮,利贞。"大者,强壮也。贞者,正也。"正"是"大"的条件,只有正之大,才有利;不正之大则无利。《彖》曰:"大者,正也,而天地之情可见矣。"这是否意味着,不正之"大"非"大"也。《象》曰:"雷在天上,君子以非礼弗履。"这又给"大"加了条限制:"礼"。《老子》的六十七章似乎又作了补充:"天下皆谓我大,似不肖。夫唯大,故似不肖。若肖,久矣其细也夫。"要是天下都说我壮大、伟大,恐怕不像,因为唯有我伟大(或因为人们唯唯诺诺地说伟大)所以不像。如果像的话，那早已渺小了。

六、通反、弱之变

孔颖达说："《易》者变易之总名，改换之殊称。"此乃至理。六十四卦，无不是动与变，对立的动与变。这些深深地影响《老子》的辩证思想。

《泰》卦："无平不陂，无往不复。"宇宙间没有只平不陂者，也没有只往不复者。而《象》则补充道：这是天地之法则。这是否与老子强调事物"反"、"弱"的一面有关？

《否》卦："九五：休否，大人吉。其亡其亡，系于苞桑。"高亨训"休"为"怵"，或是"怵"之误；"系"借为"繫"，坚固之意；苞，茂也。这段爻辞的意思是："常恐惧否运之到来，则能勤勉谨慎，君人者吉。那些说我将亡我将亡的人，其人其国坚固一如茂桑。"所以，《系辞下》才说：

> 危者，安其位者也；亡者，保其存者也；乱者，有其治者也。是故君子安而不忘危，存而不忘亡，治而不忘乱，是以身安国家可保也。《易》曰："其亡其亡，系于苞桑。"

《老子》没有重复《易》的话，却有许多类似的思想。"祸莫大于无敌"（非"轻敌"），也许是最好的概括。"天下皆知美为美，恶已；皆知善[为善]，訾（恣）不善矣。"如果只知美而不知美中之不美，只知其善而不知善中之不善，或不知美、善可能向不美不善转化，那就是放纵不美不善了。只知伟大而不知渺小，只知胜利而不知失败，只知正确而不知错误，只知光荣而不知耻辱，那么伟大、胜利、正确、光荣将会向反面转化。

又如《蹇》卦。蹇，难也，跛足，难行。一方面正如《象》所说的："蹇，难也，险在前也，见险而能止，知矣哉！"但这只是一方面。另一方面，"初六：往蹇来誉"，去时难来时易。"九五：大蹇朋来"。朋，钱币也。极端困难之后，钱财来了。这又指出了先难而后获，由难变易，《老子》的"难易之相成也"，也许是在概括这种思想吧？

再看《困》卦，其卦辞曰："亨，贞大人吉，无咎，有言不信。"即通顺。占问大人吉，无害。不过这个时候有话要说别人也不信。当然这"亨"是有条件的。《象》

曰:"险以说,困而不失其所,亨。"即处险不惧反以喜悦待之,虽困却不失其所,这样才能通顺。如果不乐观,又失其所以,就难以"亨"了。而《象》又说:"泽无水,困。君子以致命遂志。"也就是说,虽遇其困,但从困中看出它的通与变,舍命完成其志愿,如此方"亨"方"吉"。

以上种种对于《老子》的"反也者,道之动也;弱也者,道之用也"的思想形成,显然是不无助益的吧?

最后,有必要谈谈《易》之全面与《老子》之"片面"。帛书《易之义》有两段论刚柔动静的"子曰":

万物之义,不刚则不能动,不动则无功,恒动而弗中则□,此刚之失也。不柔则不静。不静则不安。久静不动则沉,此柔之失也。

子曰:易之要,可得而知矣。乾坤也者,易之门户也。乾,阳物也。坤,阴物也。阴阳合德而刚柔有体,以体天地之化。

这两段"子曰",讲动也讲静,讲刚也讲柔,何等全面!而《老子》似乎只讲柔、静,几乎不提刚、动;即便提到也是间接的。比如谈天道,他说:"道生之、畜之、长之、遂之、亭之、毒之、覆之。生而弗有也,为而弗恃也,长而弗宰也。"这里虽有动与刚,却不明言,而结论只是"弗有"、"弗恃"、"弗宰"。可见《老子》在这里根本不可能谈什么"自强不息",而只讲类似"厚德载物"的话。这岂不是"片面"、"非辩证"吗?但是,如果看到"老子著书上下篇",是对王侯君人者的进言,而王侯已居于刚、动、盈、阳、高之位了,所以对他们只说柔、静、虚、阴、下,也就是可以理解的了。那不是片面,同样是辩证的。之所以如此,对象不同也。如果对于八月骄阳,还要他们"自强不息",岂不赤地万里吗?

可见,《老子》承《易》,通"反""弱"之变,示"反""弱"之变。

刊于《贵州社会科学》1997年第五期,2007年修订

第二十七章

《老子》对《孙子兵法》的借鉴

1997年第五期《历史研究》，发表了何炳棣先生的《中国最古私家著述：〈孙子兵法〉》，该文经过多方面考证，得出结论《孙子兵法》早于《论语》、《老子》。过了三年，何炳棣又发表了《〈老子〉辩证思维源于〈孙子兵法〉的论证》[1]，更明确论断："《孙》为《老》祖。"两篇大作发聋振聩。对于先秦思想史来说，是个"地震"。如果此说成立，会引发先秦思想史"板块"顺序的重新组合、重新认识。可惜这两篇文章并未引起足够的关注，"目前，《孙子兵法》的春秋属性尚未引起国际上足够的注意和研究"[2]，拙文接着何院士的话题，比较《孙》、《老》之思想相通处，看《孙》、《老》的孰先孰后。

一、"兵家圣典"是否先于"政家圣典"？

如果细查《史记》，会发现那里确有某些《孙》早于《老》的记载：

第一，成书时间记载确凿。《孙子列传》："孙子武者，齐人也，以兵法见于吴王阖庐，阖庐曰：'子之十三篇，吾尽观之矣。'"可见，孙子见阖庐之前，《孙子兵法》十三篇已经撰就。孙武见阖庐，事在公元前512年。如果孙武与孔子年龄相差不大，那么其时孙武不过四十岁左右。第二，家学渊源基础深厚。孙武出身将门。其祖为将军，伐莒有功；其庶祖田穰苴更是大名顶顶的大将与著名军事理论家，令晋、燕

---

[1] 有关《〈孙子〉〈老子〉的三篇考证》，台湾天翼电脑排版印刷公司2002年版，第67页。
[2] 同上书，第37页。

师闻风丧胆;其战术列入《司马穰苴兵法》中①。第三,有著书的充裕时间和经济条件。公元前532年,孙武为避难由齐逃到南方吴国,曾身为贵族,无生活之忧虑。孙武在吴国深居达20年之久,直到512年他才见到吴王阖庐。十三篇当是他20年闲居心血的结晶。也是他先祖庶祖及前人成果的发展。所以《孙子兵法》乃"孙武之手定",不像诸子之文"皆出没世之后,门人小子撰述成书"。当然十三篇在进呈之后,孙武自己及后人会对其有所损益。第四,"君人南面术"决定了必须研究军事理论。《史记·老子列传》虽然没有说明白老子其人是谁,《老子》成书于何时,但从出土不久的楚简《老子》看,今、帛本《老子》,并非出于一人成于一时,再从《史记》详记老子之世系族谱看,尤其从"老子之子名宗为魏将看",《老子》成书于战国,也就是成书晚于《孙子兵法》一百多年。而《论语》成书于公元前420年左右,已成共识。可见孙武根本不可能去研究尚未问世的孔、老著述。更谈不上孔、老对《孙子兵法》的影响,那么,孔、老有无可能受《孙子兵法》的影响呢? 孔子是不屑于研究军旅之事的。《论语·卫灵公》曰:"卫灵公问阵于孔子。孔子答曰:'……军旅之事,未之学也。'明日遂行。"但作为史官的老聃或太史儋,则另当别论,史官的职务决定了他们必须记载并且研究军旅方面的事,何况春秋战国以来,战争越来越频繁,治国与治军本来就密不可分。再说作为一代思想家、宗师,作为"君人南面术"的设计者,岂有不研究《孙子兵法》之理? 细读与仔细比较《孙》、《老》,不难发现《孙》对《老》的影响,《老子》对《孙子》有借鉴、有改造,并且还有某些移植。这里又有这样一个问题:上面说的《老子》是指五千言的帛、今本《老子》,而二千言的楚简《老子》是否也同样如此呢? 楚简《老子》下葬年代在战国中期偏晚,它有无可能是春秋时老聃传下来的作品呢? 它有无可能影响到《孙子兵法》呢? 孙武的军事哲学,有无可能受楚简《老子》政治哲学的启发呢? 看来不可能,楚简《老子》之成书,不可能早于孙武见阖庐时的《孙子兵法》,此其一;其二,"老子修道德,其学以自隐无名为务","老子隐君子也",他不可能很早就著书立说,即使有著述也不可能广为传播。正像很难从《论语》,从新近出土的简帛佚籍中看到孔子读《老子》,受到《老子》的影响一样,孙武也是不可能从楚简《老子》中吸取营养的。不过,这个结论能否成立,还要对《孙》、《老》加以比较。

---

① 皆见《史记·司马穰苴列传》。

二、从基本战略相通看《孙子》与《老子》

为政与用兵,政治辩证法与军事辩证法的某种相通、相似、相合,在《孙子兵法》、《老子》中表现得很充分。这种相通,有直接的启发,也有间接的影响,还有的是不谋而合。所以在基本战略问题上,我们只提相通,还不敢说死谁影响谁。

《孙子兵法》强调用兵要自身先立于不败之地。"先为不可胜,以待敌之可胜。不可胜在己,可胜在敌"(《计》)。所以必须首先致力于使自身"不可胜",立于不败之地。同样为政治国也有"先为不可胜"的问题。今本五十四章(下只注章数)称:"善建者不拔,善抱者不脱,子孙祭祀不绝。"因为当时的国家是一姓一族以宗法血缘关系为基础的国家,"子孙祭祀不绝"就不只是子孙继嗣的问题,而是国家存亡的问题,国家不亡,就必须解决"不拔"、"不脱"的问题,而首先是国君的"不拔"、"不脱"之建。如果国君多病多灾、性情乖僻、自身难保,就谈不上为政治国,保持(抱)国家了。其次是国君家庭宗室的"不拔"、"不脱"之建。如果宗室不和乃至谋篡逆,还有"妻为敌国,妾为大寇",也难谈国之"不拔"、"不脱"、"不绝"了。所以《老子》说,"善建"、"善抱"的原则,首先要"修(治)之身"、"修之家",然后再"修之乡"、"修之邦"、"修之天下",使自身立于不败之地。

《孙子兵法·计》又说:"道者,令民与上同意也,故可与之生,与之死,而不畏危。"为政治国也有"令民与上同意"的问题:"圣人无恒心,以百姓之心为心。"(《老子》十九章)即有道之国君、执政者,没有自己固定的意愿,而以百姓的意愿为意愿。这比起"令民与上同意"之"令",自然更会"与上同意"的。从这一点看,《老子》尤胜于《孙子》,似可证明《老》之后出。

《孙子兵法·地形》曰:"视卒如婴儿,故可与之赴深渊,视民如爱子,故可与之俱死。"孙子没有提"仁",只提视卒视民如子,而且兵民连提。同样,治国也要视民如亲。《老子》说:"我恒有(囿)三宝之,一曰慈,二曰俭,三曰不敢为天下先。"《老子》还说:"夫慈,以战则胜,以守则固。"(皆帛本文字,下同,今本六十七章)战与守,既是军事,也是政治。看来老子、孙子在一唱一和。"慈"即"视民如爱子",它是发自自然天性,没有社会政治性,它是一种对民、对卒、对下属有如慈母之于儿女一般的理解与爱护。唯有如此,国君、为政者才能"俭",才不敢争先恐后地拿人民去建功立业、争名夺利。这样人民才会与为政者同生死共患难。

水,是孙子借以比喻用兵制敌的理想物。《孙子兵法·虚实》曰:"夫兵形像水,水之形,避高而趋下;兵之形,避实而击虚。水因地而制流,兵因敌而制胜。故兵无常势,水无常形。能因敌变化而取胜者,谓之神。"同样,水也是老子借以喻政说教的理想物。"上善若水。水善利万物而有静(帛本),居众人之所恶,故几于道矣。"(今本八章)孙子只是以水比喻用兵之无常势、无常形。而《老子》则是在更深的层次、用水喻政、喻君。水对于人、对于万物之恩惠何其深重啊,但水却默默无声,从不显示自己的恩德,更不索取任何回报。在这一问题上,《老》也对《孙》的主张有所发展?

"知彼知己,百战不殆",这已是众所周知的名言了。《孙子兵法·攻谋》接着说:"不知彼而知己,一胜一负;不知彼,不知己,每战必殆。"《老子》强调"知人者智,自知者明,胜人者有力,自胜者强"(今本三十三章)。这里"知人"虽先"自知",并不是说"自知"次于"知人",实际上《老子》仍然是强调"自知"的。比如他一再倡导侯王以孤、寡、不穀即无德之人、少德之人、不善之人"自称"、"自名";又如他的"善者不多,多者不善",就是提醒侯王、为政者、为学者"自知"的。如果王公真的以此自知自识自省自律,国家岂不少去许多过失与灾难吗?如果《老子》之"自知"源于《孙子》之知己,或有感于《孙子》,岂不是青出于蓝而胜于蓝吗?

更重要的是孙子、老子都重视从全局来观察、考虑用兵与为政。孙子对于用兵,是统观全局,从整体出发的。《孙子兵法·计》:"兵者,国之大事,死生之地,存亡之道,不可不察也。故经以五事,校之以计而索其情:一曰道,二曰天,三曰地,四曰将,五曰法。"这里"道、天、地"是基本的、决定性的,"将"与"法"必须遵从。而"将"与"法"在军事上的重要性同"王"在政治上的重要性同样是关乎全局的。《老子》说:"道大、天大、地大、王大。国中有四大,而王居一安。人法地,地法天,天法道,道法自然。"(二十五章)显然老子将道与自然看作是最基本的,是决定天、地、人、王的。这里《老子》在抬高王,但是意思很清楚,王必须以天、地、道、自然为效法的榜样,服从天、地、道,更服从自然。同时《老子》将王列为国中"四大"之一,也是自然经济位居压倒优势的封建国家的一种需要、一种必然,这正如将之于军一样。这就是从全局考虑为政。这里可以看出,《孙子》这种思想是与《老子》相通的,而且似乎《老子》站得更高。

三、从战术、策略相通看《孙子》与《老子》

《孙子兵法·军争》说:"善用兵者,避其锐气,击其惰归,此治其气者也,以治待乱,以静待哗,此治心者也。以近待远,以逸待劳,以饱待饥,此治力者也。""待哗"固然要"以静",避其锐,待其乱,待其远、劳、饥,也都需要通过"静"来实现。也就是说,用兵常常通过坚守吾方之"静",然后伺机打击敌方之惰、乱、哗、远、劳、饥。在你死我活,瞬息万变的战争条件下还强调"静"。在和平环境中的治国也有类似问题吗?《老子》再三强调"好静"、"清静可以为天下正"、"静为躁君"……因为静可安、可定。对于自然经济为主的古代,这太重要了。同时还可以以静观动、以暗观明、以静观变;又可以静治心、遏欲、治身、治家。静在为政中的重要性,比用兵要逾出百倍。

《孙子兵法·九变》说:"无恃其不来,恃我有以待之;无恃其不攻,恃吾有所不可攻也。"《老子》则说:"祸莫大于无敌。"(六十九章)思想与行动上处于无敌状态,初则失去警惕与戒备,进而"近亡吾宝",必然削弱乃至丢弃慈、俭等法宝,这就距国亡身灭不远了。这与孟子所说的:"无敌国外患者,国恒亡"是一个意思,也与孙子上述思想相通。《老子》在同一章里说:"吾不敢为主而为客,不敢进寸而退尺。"即我不敢挑起战争,而宁愿作应战的准备。不敢打敌不来、敌不攻、我主动的如意算盘,而作敌来、敌攻、我被动的防备。这样才能"两军相若,则哀者胜"。《老子》谈政治,一如谈军事。

《孙子兵法·作战》说:"兵贵胜,不贵久。""兵久而国利者未之有也"。久,必然"百姓之费十去其七",公家之费"十去其六"。同样,《老子》一再说:"兵者,不祥之器也,非君子之器",只有"不得已而用之"(三十一章)。不得已用兵时还要"铦袭为上",铦,锐利也;袭,轻装地突然袭击。锐利且又轻装袭击,自然也会得到"速"与"胜"之效果的。

《孙子兵法·军争》说:"军无辎重则亡。"同样,"君子终日行不离其辎重"(二十六章),君子者,君王也,军队的最高统帅,不论走到哪里,不论白天夜晚,都不能离开辎重、警卫。《孙子兵法·火攻》曰:"主不可以怒与师,将不可以愠(生气)致战。"《老子》曰:"善战者不怒。"老子之弟子文子说:"忿无怒言,怒无作色,是谓计得。"(《文子·上德》)义气用事、个人英雄主义、一触即发、火冒三丈,对于用兵是致命的弊端,同样对于君主专制主义条件下的为君为政也是个自杀式的弱点。

不仅如此,《孙子兵法·军争》所说的"军争之难者,以迂为直,以患为利"。《老子》说:"曲则全,枉则正,洼则盈,敝则新……"也是说的同一道理。同时老子用在为政为君上,可谓登峰造极:"欲上民也,必以其言下之;欲先民也,必以其身后之"(六十六章),"圣人退其身而身先,外其身而身存,无私而能成其私"(七章),"圣人之能成大也,以其不为大也"(三十四章)。圣人之所以能够变得伟大,是因为他不自以为伟大……如此等等,不就是"以迂为直"的极致吗？难道不是胜于《孙子》的地方？

《孙子兵法·行军》对于识别敌军外交辞令有两条精彩的结论:"卑辞益备者,进也;辞强而进驱者,退也。"译为白话就是:敌军使者言辞谦下而部队却加紧备战的,是企图向我进攻;敌军使者言辞强硬而部队又向前逼进的,那是在准备后退。《老子》则说"正言若反"——正话反听,或正面的话含有反面的意思。毫无疑义,这两种论断相通,但后者之所指、后者之精练,都超越了前者。

以上很难说一定就是《孙》影响了《老》,如果说《老子》的作者,比孙武经历过更多更大的历史教训的结果,但《老》有所借鉴于《孙》,则是大致无误的。

四、从"诡道"的移植看《孙子》与《老子》

何炳棣的两篇论《孙子兵法》的文章,提到老子之愚民与欲擒故纵之权谋,乃出自《孙子兵法》。其一,何文说:"《老子》把《孙子》愚兵的理论和实践提升扩大到愚民"。《孙子·九地篇》曰:"将军之事,静以幽,正以治。能愚士卒之耳目,使之无知;易其事,革其谋,使人无识;易其居,迂其途,使人不得虑。帅舆之期,如登高而去其梯;帅与之深入诸侯之地而发其机,焚舟破釜,若驱群羊,驱而往,驱而来,莫知所之。整聚三军之众,投之于险,此谓将军之事也。"《老子》则说:"故曰:为道者,非以明民也,将以愚之也。夫民之难治也,以其智也。故以智知邦,邦之贼也;以不智知邦,邦之德也。恒知此两者,亦稽式也。恒知稽式,此谓玄德。玄德深矣、远矣! 与物反矣,乃至大顺。"(六十五章)不仅如此,《老子》更提出:"不上贤,使民不争;不贵难得之货,使民不为盗;不见可欲,使民不乱。是以圣人之治也,虚其心,实其腹,弱其志,强其骨,恒使民无知无欲也;使夫智〔者〕不敢弗为而已。则无不治矣!"(三章)军事机密与战争取胜的需要,使孙武提出"愚士卒之耳目"、"若驱群羊"。《老子》的愚民理论，显系事后的发展。《老子》明确指出愚民的关键第一在不尚贤，第二在使那群智者不敢胡来。真是抓住了要害！由此也可以看出《老子》乃为后出吧！

其二，欲擒故纵。《孙子·计篇》曰："兵者，诡道也。故能，而示之不能；用，而示之不用；近，而示之远；远，而示之近；利而诱之，乱而取之，实而备之，强而避之，卑而骄之，佚而劳之，亲而离之，攻其无备，出其不意。此兵家之胜，不可先传也。"《老子》三十六章的："将欲拾之，必姑张之；将欲弱之，必姑强之；将欲去之，必姑兴之；将欲夺之，必姑予之……"岂不与《孙》同出一辙而略高一筹？

那"为无为，事无事，味无味"，套用上面孙武的话说，岂不就是"为而示之无为，事而示之无事，味而示之无味"？要不然，臣下的逢迎讨好，闻风而起，"上有所好，下必甚焉"，"上一下十"的规律发挥作用，岂不会把事情弄糟？何况还必须瞒过敌国的窥探呢？《孙子兵法·虚实篇》曰："形兵之极，至于无形。无形，则深间不能窥，智者不能谋"，即用兵的极致在于迷惑敌人，不露一点真迹，连埋藏得很深的间谍也不能窥测到实情，即使很有智谋的人也无法设谋。《老子》的"为无为，事无事，味无味"，不也有类似的考虑吗？《老子》说的：国家的权道机制运行是不可以昭示于众的，更不可假借于人，即"国之利器不可以示人"，它已经大大超过《孙子》的战争谋略了。

五、从防止"奇正之变"看《老子》对《孙子》的改造

从楚简《老子》看，老子承认"势大象，天下往"，即权势盛大，实力雄厚，能够使天下归从。但老子并没有任何兵家法家的任势、造势、"执柄以处势"的主张。《孙子兵法·势篇》："凡战者，以正合，以奇胜，故善出奇者，无穷如天地，不竭如江河。""战事不过奇正，奇正之变，不可胜穷也。"《老子》哪里会不知道这些理论？同时也必定会承认和肯定"以奇用兵"，而且还肯定对待政敌也会用奇。但总的却是力主"以正治国"，反对"奇正之变"，以及把任势、造势用在为君治国上，这对于本来就是战争体制与军国一体下的各国显然是十分正确又十分艰巨的。那么《老子》所谓的"以正治国"是什么呢？它不是什么仁义、兼爱、泛爱众等，而是极简单的几条：

> 以正之邦,以奇用兵,以无事取天下。吾何以知其然也哉?夫天下多忌讳而民弥贫;民多利器而邦家滋昏;人多智而奇物滋起;法物滋彰而盗贼多有。是以圣人之言曰:我无为而民自化;我好静而民自正;我无事而民自富;我欲不欲而民自朴。(五十七章)

什么是"正"?正即是为君和统治阶级的治国不为私而为(无为),不为私事而事(无事),不为私欲而欲(无欲),不为一己权力功名扰民动天下(好静)。药方很简单,真能办到,必定能避免以奇治国临民的。《老子》说了上面这段话后,紧接着就提出防止"正复为奇,善复为妖"的一套方略,可惜它被今本《老子》严重模糊。按照帛本的文字,非今本的文字,其原文如后:

> 其正闵闵,其民屯屯;其正察察,其邦夬夬。祸,福之所依;福,祸之所伏。孰知其极?其无正也?正复为奇,善复为妖,人之迷也,其日固久矣。是以方而不割,谦(非"廉")而不刺,直而不肆,光而不朓(非"耀")。(五十八章)

人们熟悉"祸,福之所依;福,祸之所伏"。其实这个论断是为下面的"正复为奇,善复为妖"的论断作铺垫的。《说文》:"复,行故道也。"所以这两句话的译意是:"正道复归于权诈,善良复归于邪恶。"祸福是相依相伏的,同样,正与奇、善与妖也是会相互转化的。《老子》的这个论断正是接着上面"以正之国,以奇用兵"而来的。怎样"以正之邦"呢?即为国为民,不从私利出发,这即"正"。而所谓"以奇用兵",用今天的话来说,就是善于创造作战方式,善于选择敌人想不到的攻击时间,善于选择敌人想不到的主攻方向,善于使敌以奇为正,以正为奇。能否"以奇之国"呢?显然不能使用对付敌人的办法来对待自己的人民,而是要"以正之邦"。但是祸福相通,福祸转化,为国以正不以奇,但为国者出于私心私欲的作为,又往往会以奇不以正,借用兵诡奇之术,正复为奇,善复为妖,也就是将兵不厌诈,变为政不厌诈;将兵以诈立,变为政以诈立。这样,就会把正确变为谬误,善良变为邪恶,正道变为诡诈,伟大变为渺小,光明变为黑暗。"人之迷也,其日固久矣。"《老子》开出了防止正复为奇、善复为妖的方略有三:第一,就是上述的无为、无事、不欲、好静。第二,帛本的文字是:"方而不割,谦而不刺,直而不肆,光而不朓。"(今本为"廉而不刺"、"光而不耀",误)《说文》:"朓,晦而月见西方谓之朓。"夏历月底,本来见不到月亮,但此时月亮出现在西方,超常之意。与今本之"耀"字含义不同。译为白话即"方正而不生硬固执,谦虚而不伤害别人,直率而不肆无忌惮,光亮而不超常超前"。第三,按照今本《老子》的文字,"其政闷闷,其民淳淳,其政察察,其民缺缺",它被译释为:"政治宽厚,人民就淳朴;政治严苛,人民就狡黠。"(陈鼓应:《老子注译与评介》第293页)但是按照帛书《老子》的文字,"其正闵闵,其民屯屯;其正察察,其邦夬夬",译为白话就是:"[对能不能]以正为国,常怀忧虑,他的人民也就会谨慎仁厚;对以正为国一味标榜,他的国家就会刚愎自用。"显然帛本正确,应依帛本①。所以《老子》此章防止以正治国变为"以奇治国"的主药是:对以正治国常怀忧虑,唯恐不正,这样,"正"就能保持不变味。如果一味标榜,大吹特吹,那么,君国就会变得刚愎自用,超前超常,急急忙忙。《老子》说:福祸是相联的,它是没有定准的。治国必须以正不以奇,而一旦刚愎自用,又往往会"正复为奇,善复为妖"。所以这两句话,也可以理解为:"正,奇之所依;善,妖之所伏。"可见,作为军事哲学的《孙子兵法》,当然只能从用兵出发,强调"奇正之变,不可胜穷",而作为政治哲学的《老子》,主要谈的是为君、为政治国,虽然也承认"以奇用兵",但更强调的是"以正治国"。上述两章及其它有关的章说明《老子》为防止"正奇之变"可以说是殚精竭虑了。由此也可以看出《老子》是如何从《孙子兵法》那里汲取营养的,意在防止移军于政的种种弊端。总之,从防止奇正之变看,《老子》后出,而且是后来居上!

六、《孙子》先于《老子》倡导"无名"

王弼用"本在无为,母在无名"概括《老子》。极准确!因为无为必无名,无名方能无为。所谓"无名"之"名",它与"名可名,非恒名","无名,天地之始"的"名"不同。后者指认识、概念、称谓等,而《老子》更多的"无名"之名是指毁誉、荣辱、功名之名。无名即安于无名、不求名、更不争名。孔子曰:"君子疾没世而

---

① 帛、今本就有四个关键字不同:第一,帛书《老子》甲、乙本皆为"正"而非王弼本《老子》之"政","正"、"政"虽古通,但人主之"政"怎能等同人主之"正"?第二,帛书《老子》的"闵",与傅奕本同;但今本多为"闷",含义不同。《说文》:"闵,吊者在门也。"《孟子·公孙丑上》曰:"宋人有闵其苗之不长而揠之者。"因此,闵者,忧患、担心也。第三,今本《老子》为"缺缺",帛书《老子》则为"夬夬",虽然秦简、楚简有以夬作缺、作决之例,但这里"夬"乃本字。《易·夬·象》曰:"夬,决也,刚决柔也。"《说文》:"夬,分决也。"夬为本字,与"缺缺"意思大不相同。"夬夬"引申为刚愎自用。第四,今本《老子》为"其民",即指民、指下,而帛书《老子》的"其邦",即指国、指君上。所指完全不同。

名不称焉"(《论语·卫灵公》),还说"君子去仁,恶乎成名"。孟子也说"耻没世而无闻焉"。庄子、韩非子等都说过同样的话:"凡人之有为也,非名之则利之也。"这些说的是一般人。而对于侯王来说,则是另外一回事了:必须安守无名。是谁首倡无名?自然不是孔子,也不是老子的首创。首创权看来当属孙武。其《地形》篇曰:"进不求名,退不避罪,唯人是保,而利合于主,国之宝也。"说的是将帅在决定进与退、战与不战,不能以一己之名望为转移,而应唯人是保,国家利益至上。如果搞个人英雄主义,贪功冒进,死打硬拼,不顾人民与士卒的死活,那非吃败仗不可。而侯王的地位比将帅更特殊,更重要。将帅之上有国君,中有同僚,下有将士的牵制,而侯王则手握各项大权,几乎不受任何制约,而他的声誉与荣耀,地位与权力,已经至高至上。居此高位,不安守无名,不守朴守静存真,反而求名争名,好大喜功,急功近利,那会怎么样呢?"楚王好细腰,国人多饿死"。侯王好名,奉承、讨好、吹捧、加码的会蜂拥而上。不用说,它必然给侯王个人进而给国家带来困辱,结果又必然使人民遭灾受难。所以《老子》一书直接间接进行无名说教的多达四分之一。如帛本首章首句就是"上德不德,是以有德",有德而不以为德,自然也不以德钓名争名。并且按照帛书《老子》的排列,再按照帛本的文字,其最末一章就是将《老子》之说教总括为"侯王守无名":"道恒无名(道永远无名、更不求名),侯王若守之(侯王如果能像道那样安守无名),万物将自化(万物将会然归化)。化而欲作(万物归化之后贪欲又会再度发作),吾将镇之以无名之朴(我就用无名去镇静它,使它再回到质朴上来)。镇之以无名之朴(用无名去镇静贪欲,使它回到质朴上来),夫将不辱(那侯王就不会遭到困辱)。不辱以静(侯王不遭困辱就可以宁静),天下将自正(天下自然就会太平安定)。"这自然是无数君王求名求荣取辱、使国家人民遭灾受难的历史教训总结,也可以说是对孙武"进不求名,退不避罪"等军事思想的发展。

七、《孙子》与《老子》比较的启示

　　孙、老思想方法上的相通还表现在深刻的辩证思想上,他们都能同时把握事物对立的两个方面及其相互依存、互相转化的关系。一个是从军事方面提升战争的经验。一个侧重于政治、提炼政治历史经验。他们分别形成各自的军事哲学与政治哲学。对此,何炳棣已有深刻的分析。这里不再重复了。

《孙子兵法》现今已被译成数十种文字,成为中国和世界兵家的必读书,甚至还被国内外的企业家所运用,这说明军事哲学的某些东西是超时代、阶级、地域的。它所总结出的某些规律对于任何社会、任何阶级、任何国家,都有参考乃至实用价值。政治哲学、伦理道德的阶级性、时代性、地域性与军事哲学有所不同,但是也有许多精湛的思想超越时代、超越阶级、超越国度,像《孙子兵法》那样具有普遍意义。尽管《老子》的一些思想确属糟粕,或者早已过时,但大部分仍具有长久的生命力和借鉴价值。遗憾的是《老子》被人们认识和运用的程度远不如《孙子兵法》。当老子成为"太上老君",变成"教主"之后,《老子》被称之为《道德真经》,同时为了适应政治与宗教的需要,它的篇次遭颠倒、章次被调整、分章结构被压缩、某些文字被篡改了。《老子》本来就是"辞称微妙难读"的,这一来它的政治哲学面貌更模糊了。它需要根据简帛古本《老子》进行研究、复原、"破译"与"开发"。相信有一天,像兵家圣典《孙子兵法》那样,政家圣典《老子》也会以其本来面目再度重现于世,继续跨越国界,走向世界;同时也会为我国从政者所认识,所学习,成为中华民族古代灿烂文化的伟大见证之一。

刊于《学术月刊》2004 年第十一期,2007 年修订

第二十八章

道家的"无为"论

老子之"无为"观念，到战国时已发展为系统的"无为"论。在战国时代及其以后不仅道家竭力倡导"无为"，就连大儒家荀子、董仲舒也主张君道无为。但他们并没有把"无为"视为与"有为"势不两立的对立物，而是视为"有为"的重大条件与必要补充。固然在道家的"无为"理论中，有一些回到元荒时代的"无为"思想，但就其主体而言，"无为"论是与"治"的手段、方法紧密相联的。

一、"无为"论形成的历史文化背景

我国"无为"论的形成，有其特定的历史背景。

（一）世袭制的产物

"无为"论的产生与开展，是与君主世袭制和世卿世禄制弊病的暴露与展开紧密相关的。

夏、商实行家天下。王位的继承，或兄终弟及，或父死子继，到了西周，完善了分封制、嫡长子世袭制。至此，以宗法血缘关系为基础的家天下国家体制，已趋于完备。这种国家体制，是适应生产力低下、小国寡民时代的。不过它先天性的缺陷也是难以避免的。到了春秋时代，情况发生了变化。由于铁器及牛耕的推广，使大量垦殖成为可能，且有利可图。于是，争夺土地与劳动力的兼并战争逐渐升温。西周时"千八百国"，至春秋战国时只剩下百余、数十、十几个了。战争这块巨大无比的"验金石"，充分暴露了世袭制度下侯王公卿的无能与昏庸。不然何以"亡国相继，杀君不绝"呢？血缘关系承袭制下的侯王公卿，生于深宫，长于妇人之手，养尊处优,不仅很难贤明,而且大多"知识甚缺"、"见闻甚浅"、"体质甚弱",低能低智。比如春秋历二百四十余年,鲁国经历了隐、桓、庄、闵、僖、文、宣、成、襄、昭、定、哀十二君,其中三君是被弑或弑君即位的,昭公在位三十二年,八年出亡在外,最末之定、哀二君已徒具君名了。其他哪一君堪称贤明之君?就算鲁襄公吧。按照《谥法》:"因事有功曰襄,辟土有德曰襄",襄公四岁即位,三十四岁死,单看这两个年龄段,其功其德可想而知。如果再将君主世袭制与世卿制度作一点比较,那么,前者之弊病更甚于后者。世卿制上有国君,左右有同等的或体现君主意志的卿大夫,多少还有一定的机制促其向善向明,而世袭君主制连这一点可怜的机制都没有。师保制度及内忧外患只能对个别国君起到促进作用,而其他条件大都是使国君向惰、向奢、向骄、向昏、向淫,乃至向暴的。其言难违,其欲难逆。即便有某种礼制成规企图制约君王,但又往往被盈廷的唯诺与诌谀所抵消。因而大多数侯王皆沉溺于放恣与骄淫失道之中。不仅其道德、知识、能力低下,而且其体质差、寿命短、夭折者众。让他们去安国治民,岂不大成问题?在无可奈何的情况下,可靠而简便的办法就是请他们"无为"、"不言",因为他多言多做多错,少言少做少错,不言不做不错。这就是《老子》"行不言之教,处无为之事"(二章)以及"为者败之,执者失之。无为故无败,无执故无失"(六十四章)的来由。胡适说:"大凡无为的政治思想,本意只是说,人君的聪明有限,容易做错事情,倒不如装呆偷懒,少闹一些乱子吧!"(《中国古代哲学史》第二篇)这些应当是"无为"论形成的基本原因。

(二) 君道有为弊端丛生

进入战国时期,兼并战争愈演愈烈。世卿世禄制终于被战争冲击得支离破碎,随时可以任免官吏的县制、郡制、军功制以及君上的"卑辞厚币以招贤者"和来自下面的游说自荐,使得世卿制名存实亡,只留下尊荣的虚名,他们"食税不治民"。办实事的、有为的,是那些能者、勇者及贤者,而世袭君主制依然如故,它是不能用"尚贤"、"招贤"来取代的。如果用选贤任能的办法来取代君主世袭制,就会国家大乱,自取灭亡。因此君主世袭制得以维持并安然无恙。由于兼并战争的需要一再加强君主专制,需要由君主统一控制"文武威德",即控制行政权、军权、惩罚与赏赐权,只有这样才能使举国上下一致,也才能有效地对待内外之敌,适应频繁的战争需要。但是,这并不能改变世袭君主制下多数君主平庸无能的事实,同样存在着君道无为的客观需要。不仅平庸之君、幼君、昏君宜行"无为",即便是圣君明主也宜"无为",否则其弊端是无法避免的。这有两方面的原因。首先,人君的欲望无穷,而且他的欲望,他的作为,又往往是与人民的欲望和作为相对立的,是势难两全的。君主为了满足私欲的作为,就会损害人民的有为,牺牲百姓的利益,乃至不顾人民的死活。《管子·权修》说:"地之生财有时,民之用力有倦,而人君之欲无穷。以有时有倦养无穷之君,而度量不生其间,则上下相疾也。是以臣有杀其君,子有杀其父者。"其次,即便君民同欲之为,封建国君的有为,也会带来负作用,乃至带来祸害灾难。这里有必要将道家的主要论述列举如后:

1. 上有所好,下必甚焉。

《淮南子·说山训》:"上求材,臣残木;上求鱼,下干谷;上求楫,而下致船;上言若丝,下言若纶;上有一善,下有二誉;上有三衰,下有九杀。"

《管子·七臣七主》:"楚王好细腰,而美人省食;吴王好剑,而国士轻死……"

《淮南子·主术》:"上多故则下多诈,上多事则下多态,上烦扰则下不定,上多求则下交争。"

2. 君有为,臣以顺从保官、以阿主求幸。

《吕氏春秋·君守》①说:凡奸邪之人必"因主之为"。凡事顺从国君,"舍其职而阿主之为。阿主之为有过,主无以责之。人主日侵,而人臣日得。"《淮南子·主术》说:人主好自为,臣下便会用"无为持位,从君取容,藏智而不用。"出了问题"反以其事推委其上",君王智愈困,任愈大,数穷于下,行堕于国。何足以为治?

3. 有为则谗生,有好则谀起。

《文子·上仁》曰:"人君之道,无为而有就也,有立而无好也。有为即议,有好即谀。议之可夺,谀即可诱。"如"齐桓公好味,而易牙烹其子而饵之;虞君好宝,而晋献公以璧马钓之;胡王好音,而秦穆公以女乐诱之"。结果是国乱而亡。因此,所好外露,人则以好钓之,以致受制于人。

---

① 《淮南子》为道家著作,已为定论。《吕氏春秋》被《汉书·艺文志》列为杂家。但高诱曰:"以道德为标的,以无为为纲纪……"而顾颉刚说:"吕的作者,简直把《老子》五千言都吸取进去了。"因此视《吕》为黄老道家,应该说已成共识。

4. 主有所好,失之在好。

由于"上有所好,下必甚焉"。所以必然是君有所好,失之在好。人主好刑,则有功者废,无罪者诛;人主好仁,则无功者赏,有罪者释;主好智,则违背客观规律而任虑;君好勇,则简备轻敌自负;君好赏赐,则无定分(一定的分寸),上无定分,下之望不止,若多赋敛,则与民为仇,成来怨之道。

5. 不利掩愚藏拙,损神化。

人们心目中的君主,乃是天选神定,必是生民中聪明、睿智、出类拔萃者。国君好发议论,亲自动手,就不能藏拙,容易露出破绽,招致轻视,不利神化。还易于上当受骗。只有无为,才利于神化。

上述弊端的根源就在君主专制及其政治文化习俗。第一,照《管子·法法》的说法,人君操臣民之生、杀、富、贵、贫、贱之"六柄",主导一国之政治、经济、教化,它决定了臣民必须唯上是从。第二,用《管子·君臣上》的话说,人主之位,乃"独立无稽者",在封建法理上,国君独立,不受任何人稽查。臣民对于君王的所作所为,不能抱怨,不能指责,甚至连议论也往往招来杀身之祸。第三,由于臣民之政治生命、经济利益逐级操纵于上一级,因此承上为佳,忤下惹祸。造成层层绝对服从。第四,春秋战国时代忠孝传统观已深入人心,这也决定了人们的忠顺。何况忠顺与迎合又能趋利避害呢?因而,上述弊端是难以避免的。国君要有所作为,只有"无为"可为,"无为"才能保持清醒,减少失误,并将上述弊端置于可控的限度之内。

(三)无效的有为,有害的有为

君道有为,弊端丛生,不等于说臣道有为就没有弊病了。战国时代的为臣、为将者,大多是儒、墨、法、道、兵诸家的信徒或子弟,他们是随时可以任免的将相与各级官吏,不再是世袭之职了。为实现其抱负,他们倡导仁义、力行耕战、变法维新、著书立说、百家争鸣,使得战国的经济、政治、军事、文化生机勃勃,出现了我国少有的黄金时代。这自然是人们奋发有为、自强不息的结果。但是庄子和他的学派,看到了另一面:仁义的虚伪,有为的无效与有害,从而对当时的儒、墨极尽"剽剥"之能事。这个"剽剥",是从"天下之善人少,不善人多。圣人之利天下也少,而害天下也多"(《庄子·胠箧》)这样的认识出发的。因为道德完善的人是少数,所以"捐仁义者寡,利仁义者众"(《庄子·徐无鬼》),为仁义献身的少,而以仁义为手段从中谋私利的多,因而"仁义"成了"不善人"谋权、谋利、谋名的工具,圣人的"仁义"就成为无效的、有害的有为了。

1. 变成"骈拇"(脚趾相连)、"枝指"(六指)、肉瘤、疣子式的仁义

"连无用之肉,树无用之指",是一种非正常的累赘。(《骈拇》)

2. 名为人实利己的仁义

伯乐相马,天下闻名。但他剪毛削蹄,打烙印,带马笼头扎勒绳,是为了让马顺从他的主人。前有马嚼,后有马鞭,难道为马?有一种仁义,也相类似(《马蹄》)。所以往往"爱民者,害民之始也;为义偃兵,造兵之本也"(《徐无鬼》)。"无私焉,乃私也(《天道》)。仁义兼爱乱了质朴之人性。

3. 水行用车、陆行用舟式的有为

《庄子·天运》说:"夫水行莫如用舟,而陆行莫如用车。"如果把船放到陆地上推着走,那是不行的。古与今之差别,犹如水上与陆地,有人推行仁义,"蕲(求)行舟于鲁",幻想用西周的治理办法来治理当今社会,就像水行用车、陆行用舟一样行不通。

4. 为之仁义以矫之,则并与仁义而窃之

圣人之仁义本为治乱安民,矫枉扶正,但却常被人用以窃国。田成子杀齐君而盗其国,所盗者岂独齐国?并与圣法而盗之。小国不敢非,大国不敢诛,虽有盗贼之名,却安若尧、舜(《庄子·胠箧》)。所以"仁义,几且伪哉",近于虚伪,或者就是一种钓饵:"仁义者,钓饵也,投之于江,浮之于海,万物纷纷,孰非其有?"(《淮南子·淑贞训》)

5. 拔苗助长式的仁义

《庄子·在宥》说:"人皆喜之同乎己,而恶人之异于己也",并且还以"出乎众为心",极想超群出众才称心。于是揠苗助长发生了。用孟子的话说:"天下不助苗长者,寡矣。助之长者,揠苗长也。非徒无益,而又害之。"何不遵顺自然?

验之历史,此类无效、有害乃至灾难性之有为,屡见不鲜。但是庄子未免走得远了些。在他看来,圣智仁义兼爱等等有为,只能使"民心竞"使"民心变",变得相伪相争,无休无止,天下不得安宁,人们"莫得安其性命"。因此,只有绝圣弃智、绝仁弃义、绝巧弃利、绝学无忧,社会恢复到三皇五帝之前的元荒时代,天下遂获安宁。自然、历史不可能采纳这类因噎废食的主张,这种主张如果称之为反历史而动,也似无不可。但也应该承认,这种揭露,也是一剂清醒良药,它有益于治人者的道德修养,在某种程度上,利于真正推仁行义,而使"有为"不走样,不变质。

正是在上述历史文化背景下,"无为"的理论形成、展开、深化了,至西汉时则

成为比较系统完备之理论。

二、几种含义不同的"无为"

"无为"二字极简单,但是它的含义却很广泛:

1. 复古倒退式的"无为";
2. 无私欲、无私为、不妄为之"无为";
3. 君道无为,臣道有为;
4. 作为人君者的道德修养的"无为";
5. 长生养生式的"无为"。

这只是道家的几种"无为",还不包括法家式的"无为"(如韩非的"明君无为于上,群臣竦惧乎于下";"以暗见疵"——暗中窥视臣下忠奸的"无为")。因此章只谈及社会政治思想上的"无为",所以长生养生式的"无为"略而不论了。只谈前四种"无为"。

(一)复古倒退式的"无为"

《老子》幻想回到结绳而治、小国寡民的时代,这自然是消极的"无为"。但这不过是幻想,他并不想认真去实行,否则他就不至于认真详细地提出他的治术了。而《庄子》不少篇章的消极无为则是认真的、全面的。

"芒然彷徨于尘垢之外,逍遥于无事之业"。庄子的意思就是要抛弃社会、超脱于世俗之外,忘记得失利害。他把任何社会进步都当作机巧、诈为,一概拒绝,认为这些东西只会破坏"全德"。

在庄子看来,天地间充满杀机,人世间也极其险恶,何不"居无思,行无虑",不藏是非善恶,不尚贤,不使能,"上如枝标,民如野鹿"。而国君最好是"去国捐俗",离开国家,抛弃世俗。因为"国乃君之皮",由于这张诱人的"皮",引来多少麻烦,带来多少灾难,君王被蒙被骗、被篡被杀,"皮之为灾甚矣"!何不"去之乃泰"?

孔、墨之类,也请精神上"无为"吧,"绝学捐书"、"削迹捐势"、"去功与名,还与众人同"。辞其交游去其弟子,逃于大泽,衣裘褐,食芧栗,入兽不乱群,入鸟不乱行(《山木》)。

在《老子》及黄老学派那里,"无为"是一种达到有为的手段。而《庄子》的一些篇章,"无为"成了目的:舍弃一切文明与文化,回到原始状态。"居不知所为,行不知所之,生不知所以生",浑浑噩噩,逍遥自在,悠然自得。显然,这样的"无为"是巨大的倒退。在战争频仍的战国时代,自然有人要求对他们实行"务息其说,务灭其徒"的强硬措施。但是,庄子的愤懑与孤傲又是可以理解的。他的超脱,齐物我,同生死,一寿夭,超利害,哀乐不入,不厌贫困,不求荣达,全生保身,听其自然……对于淡化人们的名利欲、权欲、情欲,又不无清凉作用。身逢乱世时,也确有苟全性命的功效。

(二)无私心、无私为之"无为"

《老子》一方面说无为,另一方面又说"治大国"、"取天下"、"托天下"、"为天下"……这不就是最大之"有为"?且不管文子是不是老子的弟子,他对"无为"的解释,应该说是完全符合老旨的:

> 何谓无为者?非谓其引之不来,推之不去,謷尔不应,感而不动,坚滞而不流,卷握而不散。谓其私志不入公道,嗜欲不枉正术,循理而举事,因资而立功,推自然之势,曲故不得容,事成而身不伐,功立而名不有。(《文子·自然》)

如果可以浓缩一下,"无为"即在为中无私志、无嗜欲。《淮南子·诠言训》似乎点明私志、嗜欲的内容,并且把"无为"的范围扩大了:

> 何谓无为?智者不以位为事;勇者不以位为暴;仁者不以位为患,可谓无为矣。

在因循自然、顺势循理、从民之愿的作为中,不掺私志私欲、不图名、不谋官、不居功、不自大、不以己私害公道、枉正术,这就叫"无为"。这种"无为",主要指人臣、学子,自然也适用于国君,但对国君还有更高的要求。

(三)君道无为、臣道有为

人生而有欲,饮食男女,物质与精神的需要,无不要用"有为"去谋取,怎么能够"无为"?连《庄子·徐无鬼》也说知士、辩士、察士、"招世之士"、"中民之士"、"筋力之士"、"勇敢之士"、"礼教之士"、农夫、商贾、百工、庶人……统统不能"无为"也,并且其有为"终身不返",一辈子不可能收手,这是不能改变的。所以道家首先明确将"无为"界定在君道上。《管子·心术上》说国君殊形异势,他的地位太独特了,应该行"不言"、"无为"之道。《管子·明法解》说:"君臣共道,乱之本也。"就连《庄子·天道》也说君臣不能同德同道,此乃"不易之道"。

> 上无为也,下亦无为也,是上与下同德。上下同德则不臣。下有为也,上亦有为也,是上与下同道。上与下同道则不主。上必无为而用天下,下必有为为天下用,此不易之道也。

那么,君与臣怎样"异道"?

《管子·君臣上》:"道也者,上之所以导民也,是故道德出于君,制令传于相,事业程于官。……有道之君,正其德以莅民而不言智能聪明。智能聪明下职也,所以用智能聪明者,上之道也。"

《管子·明法解》:"人主者,擅生杀,处威势,操令行禁止之命,以御群臣,此主道也。人臣处卑贱,奉主令,守本任,治分职,此臣道也。"

《庄子·天道》:"本在于上,末在于下。要在上,详在于臣。"

《吕氏春秋·知度》:"无智、无能、无为,此君之所执也。"

《淮南子·要略》:"臣以自任为能,君以用人为能;臣以能言为能,君以听言为能;臣以能行为能,君以能赏罚为能。所能不同。"

如果将上述主张,用一简图加以对比,也许就能一目了然:

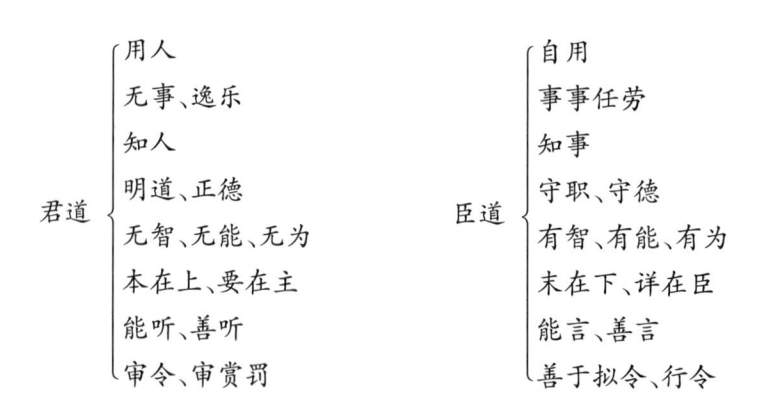

君道	臣道
用人	自用
无事、逸乐	事事任劳
知人	知事
明道、正德	守职、守德
无智、无能、无为	有智、有能、有为
本在上、要在主	末在下、详在臣
能听、善听	能言、善言
审令、审赏罚	善于拟令、行令

可见这样的君道、臣道,近似君臣分工了。如此之"无为",不过是以无为为。它是对臣下有为的制衡与补充。

(四)"无为"是君人者的道德修养与方法

"无为"还是一种道德说教,并且主要是对国君的说教。同时它还是一切君人者的方法,用句时髦话来说是领导艺术。其基本内容是:

1. 则天法地,效法自然

天地大自然是无为的,又是无所不为的。因此君人应该以天地大自然为宗准、为榜样。

《老子》五十一章:"道生之、畜之、长之、育之、亭之、毒之、盖之、覆之。生而弗有,为而弗恃,长而弗宰。"(帛书《老子》文字)高亨认为这是《老子》最高的政治思想。

> 《管子·心术下》:"若天然,无私覆;若地然,无私藏。私,乃乱天下之祸也。""圣人一言以解之,上察于天,下察于地。"
> 《庄子·天道》:"夫帝王之德,以天地为宗,以道德为主,以无为为常。"
> 《郭店楚简·语丛一》:"知天所为,知人所为,然后知道。"

天地大自然不仅是无为无不为的,还是均平与不均平、仁慈与暴戾的,更重要的是它是无私的、公正的。所以一切君人者首先必须学习它的公正无私、无偏无倚、无己无欲无恃。其次是服从客观规律,因时而动。其三,"功盖天下似不自己,整(碎)万物而不为戾,泽及万物不为仁"。功劳与暴戾都出于自然与无私,出于不得已。其四,"光耀天下,复反无名"。

2. 虚心谦下,宁静因循

只有如此才能做到"无为",才能获得真知,变得耳聪目明。

> 《管子·心术上》:"毋代马走,使尽其力;毋代鸟飞,使弊其羽翼;毋先物动,以观其则。动则失位,静乃自得。……虚其欲,神将入舍,扫除不洁(私欲,私念),神乃留处。""洁其宫,开其门,去私毋言,神明若存。纷乎其若乱,静之而自治。"

即不代臣劳,不干预其职能,扫除自己的私心及成见,不为主观好恶所左右;复杂混乱的事物,静而不扰,自会澄清,这样那神灵将会留驻。

3. 以不知为道,以奈何为宝;因而不为,责而不示

《管子·形势解》说:人主自智,"不因圣人之虑,矜奋自功,而不因众人之力",必然事败祸生。所以要因圣、用众,"而不自与焉"。或者如《吕氏春秋·分职》所说的:"令智者谋,令勇者怒,令辩者语。"如何做到这一点呢?那就是"以不知为道,以奈何为宝",群臣自会献计、献策、献勇、献力的。

4. 国君的道德修养是首要的、最重要的

《老子》的"我无为而民自化,我好静而民自正,我无事而民自富,我无欲而民自朴"(五十七章)中的"我"即国君,国君的无私为(无为)、沉静、不以私事私欲(无事无欲)扰民,这样人民自然就会化、正、富、朴的。不过《老子》之"我"太含糊,后来道家不再讳言他们设计的道德首先是为了国君。

《文子·上德》:"主者,国之心也,心治则百节皆安,心扰则百节皆乱。"
《管子·君臣上》:"主身者,正德之本也。""治官化民,要在上。"
《管子·心术下》:"心安则国安,心治则国治。"

所谓的"修齐治平",首位是"修"。而"修"的首位又是君、是帝王,如此才堪称"国之本"。因为在道家看来,真要发扬仁义道德,还必须从根本上着手,首先得保持国君、统治阶级在履行仁义道德上的诚朴、无私无欲,然后才能形成人民的纯朴无伪。《管子·七法》说:"实也,诚也,厚也,施也,度也,恕也,谓之心术。"心术者,主术、君术也。国君首先要在诚朴厚实上下工夫。如果君人者的"仁义"不是建立在纯朴诚实的基础上,而是私心重重,"内多欲而外施仁义",臣民就会变本加厉地为追求名利而履行仁义道德,结果会变得更虚伪。所以道家倡导君人者修身养性,正心诚意,则天法地,静心寡欲,见素抱朴。因臣下之为,用臣下之力,既可延年益寿,又可神通六合,德耀天下,何乐不为?劳心伤神,身荷重负,亲躬万机,祸害丛生,何苦耳?

三、"无为"的意义

中国历来政体单一，君主制度早熟。春秋战国时代，兼并战争规模之大，为时之长，是古代世界绝无仅有的。战争的结果，使得君主专制与专制主义的统治方法得以强化。所以看起来"无为"论的主要目的在于约束君权，防止滥用权力，避免暴君暴政，减少失误，杜绝国君的瞎指挥。但"无为"论毕竟只是一种说教、一种理论。国君可以听，也可以不听。"无为"论中也含有反历史而动的部分，不乏糟粕。但它的主体是专制君主的君道无为，它是企图减弱和避免集权利于一身的君主的种种失误。与其说"无为"论是想限制国君的独裁，不如说是为了限制国君的私欲膨胀，即约束国君的私欲、私事、私心、私为、私智。而"无为"论的另外一种企图是淡化和限制为臣者、为学者的功名权力欲，少些假公济私；不搞揠苗助长，更不要"藏仁以要人"。当然这也不过是一种曲折的道德说教。如果国君真能够这样"无为"，为臣、为学者也能够这样"无为"，那么对于国君是不难收到少犯错误、少上当受骗之益的；而对于为臣、为学者，也就会少些违反自然的无效的有为、有害的有为；而对于社会，则会避免灾难性的有为之害，从而有益于封建社会的稳定。而这种稳定又是有益于自然经济的恢复和发展的。文景与贞观之治，是再好不过的正证；秦皇、汉武的多欲政治，又是再好不过的反证。所以，对于无限制的君主制来说，"无为"是一种进步，也不失为封建国家长治久安之策。因此，《管子》把"无为"视为理想之治与道纪："无为者帝，为而无以为者王，为而不贵者霸"；"必知不言无为之事，然后知道之纪"（见《管子》之《乘马》、《势》、《心术上》）。苏轼、王安石认为："庄子盖助孔子也。"庄子尚且助孔子，何况道家其他人物？

刊于《中国史研究》1993年第四期，《新华文摘》
1994年第二期转载，2007年改定

附：虚君制与"无为"论

人们常常由近现代的"虚君制",联想到中国古代的"无为"论。显然这是因为它有相通之处,但是这两者的差别不小,一个是政体,一个是道德说教。尽管根源都在君主世袭制与君主专制上。但因时代、地域、政治文化传统的差异,虚君制是西方智慧的结晶,看起来似无花之果,因为它的花期太长;而"无为"论更是东方智慧的杰作,它繁花似锦,却少果、无果。前者是晚熟,后者是早产。把两者作点比较,当不无意义。

一、大权旁落之"虚君制"

像二战前的日本天皇制,一战前德国的君主制,当然不能算"虚君制",那只是一种二元制的君主制。真正的虚君制,如近现代的英国,二战后的日本,以及现代欧洲的一些君主制国家,才是货真价实的虚君制。比如英王、天皇虽然是国家元首,但实权却操纵在议会及首相、内阁手中,英王、天皇并无左右政治的实权。下面我们以英国为例,看虚君制的建立是经过何等漫长过程的。

虚君制,是种通俗的称谓,准确的称谓应该是议会制立宪君主制。

1295年,英王爱德华一世,就建立了议会(国会),但它是服从国王的,是国王用以调节矛盾、向臣民征收赋税的工具。国家主权在国王,而不在议会。议会并非政权组织机构中的必要组成部分。1640年英国革命,推翻了王权专制统治,使王权服从议会,议会成了政权组织的主体,这才能算作议会制度。为了做到这一点,英国大致经历了以下几个阶段:

1. 议会有权决定国王的废立。1688年政变,议会迎来荷兰执政的威廉二世入主英国,突破了王位世袭的传统,也就是从此可以按照议会的决定来选择英王了。这才改变了不受法律干涉的君主世袭原则。1701年议会又通过了《王位继承法》,明确规定,威廉死后无嗣,由玛丽之女安娜继承,安娜死后无嗣,由其旁系詹姆士一世之外孙女索菲亚及其后裔继承。从此,英国议会有权决定国王的废立。

2. 剥夺国王的立法权、财政权与军权。1689年,议会通过《权利法案》,规定不经议会同意,国王无权废止法律;不能释放由于现行法律逮捕的任何罪犯;议员有言论自由;国会必须定期召开;法官行为良好,国王不能免职;绝对禁止国王不经议会同意征收赋税;绝对禁止国王不经议会同意,在平时募集和维持军队。接着又颁布了一个《叛乱法》,非常紧急时期,国王可以征募和维持军队为一年,但也必须得到议会的同意。从而确保了议会的立法权、财权与军权。

3. 内阁大臣不由国王任命。1693—1696年,接受桑得兰的建议,大臣须在下院多数党中选任,这就改变了内阁大臣由国王任命的惯例,从而也改变了大臣只是国王奴仆、御用工具的现象。

4. 国王要按照议会决议办事。1701年,《王位继承法》规定国王一切上谕都须有关大臣签署才能生效。同时规定大臣对议会负责,不对国王负责,大臣去留由议会决定。这样,国王自然得按照议会决议办事了。

5. 首相领导内阁。1714年安娜女王逝世。根据《王位继承法》,德国汉诺威王室乔治一世(1714—1727)继承了王位。他是德国人,继位时54岁,因为他不懂英语,对英国国情毫无所知,所以讨厌议会喋喋不休的讨论,对内阁会议也索然无味,1718年他就不再出席内阁会议了。1727年,乔治二世即位,他英语还可以,但沉湎于酒色,懒理政事,一切交由财政大臣(后来的首相)办理,从此形成了财政大臣即首相领导内阁的制度。

6. 内阁与议会的制衡。1742年,沃尔波尔内阁由于西班牙战争失利,遭到下院多数党的攻击,于是沃尔波尔内阁便辞职了。这就形成了下院不信任内阁时,内阁须辞职的惯例。1783—1784年,小皮特内阁遭到下院多数党攻击,内阁不仅没有辞职,反而由内阁下令解散了下院。重新选出下院多数党。多数党支持小皮特内阁。从此形成了内阁也可以解散下院,并进行重新选举的制度。如果新选出的下院多数党议会对内阁表示信任,这个内阁就可以继续执政,如果表示不信任,内阁就必须辞职。

7. 国王不得影响议会表决。 乔治三世(1761—1782)破坏法制,玩弄权术,培植君王势力,建立听命君王的政府,企图恢复王权。1782年国会议决:下院议决问题,国王宣告其意见以影响表决,即犯下重罪。

8. 现代政党及政党制度的形成。 这也是确保虚君制的一个重要条件。1679年,英国虽然形成了托利党、辉格党,但直到19世纪30年代,政党分野仍然不明,政党没有自己明确的思想纲领,政党仅限于议会之内,且与派别名称混用。大选中也打不出政党旗号。随着议会的多次改革及议会制度渐趋完善,更重要的是工业革命后,形成了强大经济实力的工业阶级,同时随着交通、通讯条件的改善,出版发行物的扩大(1850年英格兰的报纸发行量达6600万份),至19世纪80年代,原托利党、辉格党才完成向现代政党的过渡:首先,具有统一固定的名称,1837年托利党正式称自己为保守党;20年后(1859年)自由党基本形成;其次,具有明确的思想纲领、行动纲领,并将纲领付诸政党行动;其三,具有完备的组织系统,议会外的政党组织大量建立;其四,具有明确的毫不含糊的目标,即通过议会选举,击败对手,上台执政。这样一来,英国执政党才逐渐具备了现代政党的四项职能:(1)代表选民,反映其意愿与利益;(2)竞选,击败竞选对手,获取多数选票;(3)在获得多数选票后,上台执政、组阁;(4)处理内外政事,制定政策。

所谓英国的"虚君制",就是这样一步步实现与完善的。但是,英国法律规定,英王是世袭国家元首,武装部队总司令和英国国教的世俗领袖,英王被看作"一切权力的源泉","国家的化身"。在法律上,英王拥有任免内阁首相、各部大臣、高级法官和各属地总督的大权,还有权召集、停止和解散议会,有权批准法律。不过,这些权力已不掌握在国王手里。所谓批准,不过形式而已,所谓否决权,三百多年没有一项被否决。相反按照传统,国王不得主动过问政治问题。英国法律还有"国王不得犯错误"的原则。由于不干预任何政治事务,不负实际政治责任,因而也就谈不上犯错误。那么,英王是不是毫无作用呢?也不。作为国家的象征,他超越于党派斗争之上,对于调和统治阶级内部与各政党的矛盾,能起一定的催化作用。比如,大选之后没有任何政党在议会中取得多数,或者在首相辞职、逝世的情况下,英王还掌握着由谁当首相的权力。尽管如此,他已经完全不可能视国会、视舆论于不顾。

二、不可比较之比较

　　春秋战国的无为论,不过是大权在握的"无为"罢了。正文中已经详加介绍,这里只作一点很难比较的比较。欧洲的君主制或君主专制终于走向议会制君主立宪制,或二元君主制,根本原因在于社会的逐渐多元化;教会、贵族、市民、领主势力强大,基督教把精神的权威牢牢控制在自己手中,从而客观上剥夺了世俗政权通过思想教化来树立绝对权威的可能性;战争少、规模小;还有着独特的西方历史文化背景。而中国则没有这些条件。中国社会几乎是单一的农业社会,政体也是一贯单一的君主专制制度模式,而且早熟,从春秋或更早,君王不仅牢牢控制政权、军权,而且还牢牢控制祭祀权,即神权,又通过"学在官府",牢牢地将思想教化的权力控制在王权、政权手中。春秋战国,兼并战争规模之大,持续时间之长,在世界古代史上是绝无仅有的。战争的结果使得君主专制与专制主义的统治方法得以强化,因而它只能产生"无为"的理论,而根本不可能走向所谓的"虚君制"。如果说,"无为"论与虚君制尚有相通之处的话,那么出发点都是企图约束君权,防止滥用,避免暴政,减少失误,杜绝国君的瞎指挥。但"无为"论是难以,甚至不能与虚君制比较的。一个发生在古代、一个发生在近现代;一个仅仅是内心的约束,一个是外在强制性的约束;一个是大权在握,却希望他不用、少用,叫臣下去用("君道无为,臣道有为")、君王加以监督,一个则是一步步限制和削弱其实权,最后大权转移于议会、内阁,君主只起象征性、礼仪性的作用……总之,一个是道德说教,另一个则是政治体制。而这一切,又是建立在不同的经济基础、不同的阶级基础、阶级实力之上的。"无为"论中固然也有些糟粕,比如,老子、庄子就幻想倒退到三皇五帝以前的"小国寡民"时代。但是,"无为"论的主体是专制君主的君道无为,它企图减少和避免集权于一身的君主的种种失误与祸害。与其说"无为"是想限制国君的独裁,不如说是想限制国君私欲的膨胀,即约束国君的私欲、私心、私事、私为、私智的。而"无为"论另外一种企图是:同时限制和淡化为臣、为学者的功名权利欲,少些假公济私,不搞揠苗助长,更不要"藏仁以要人"。自然这也不过是一种曲折的道德说教,但却是虚君制所没有的。如果国君真正能够这样"无为",那么,是会减少失误,减少上当受骗的,为臣、为学者能够如此"无为",也会少些违反自然的、过分自私的有为。至于对于社会,则会避免灾难性有为之害,从而有益于社会的稳定,有益于自然经济的恢复与发展。文景与贞观之治,是最好的明证,秦皇汉武的多欲有为之治,又是再好不过的反证。所以对于无限制的君主制来说,"无为"论是一种进步,也不失为封建国家长治久安之策。正因为如此,"无为"与"不言"才被《管子》视为君道之纲——"道纪"。

但是,真要从"无为"论走向虚君制,这是从夏至清历经了四十多个世纪,都未曾走完的路啊!

刊于《博览群书》2007年第二期,此作节选

第二十九章

发展改造了"善者不多"观

汉武帝独尊儒术、罢黜百家之后,尤其是宋明理学之后,孟子的性善论才"一统"了天下。但先秦时并非如此。那时居绝对优势的,一是"善者不多"观;二是《尚书·大禹谟》的"人心惟危,道心惟微"论,即人心是易私趋危的,道心是很微妙而难以为人们所了解和掌握的。这两种论点实质上是一回事,它对先秦诸子的人性论观点起到诱发引导的作用。

第一,《墨子》在《老子》看来是"善者不多"的首论者,是否由此诱发了性善、性恶论及无善无恶论的争论?

第二,庄子学派从出世方面发展了《老子》思想,进而对人心、人情、世态炎凉进行了淋漓尽致的揭露,由此得出回到三皇五帝以前的元荒时代的结论。

第三,黄老学派从治世方面发展了"善者不多"论,并且改造了它的立足点与目的。

第四,法家——主要是韩非在黄老学派及荀子性恶论的理论基础上,通过剖析君臣、父子、夫妇、主佣等关系,将"善者不多"论形象化、动态化,由此构筑他专制主义的理论。

事实上诸子都大大发展、深化、改造了"善者不多"观。这些思路历程,可否大致勾画一下呢?

一、"善者不多"观与人性的论争

战国时,战争白热化,"杀人盈野,杀人盈城"时常出现。这自然推动诸子对人的研究,以此扩大视角,从各方面"知人",而在认识上它与"善者不多"观是有着某种联系的。首先本书十五章已经说到了《墨子·法仪》认为为君、为学、为父母这三类人都是"仁者寡"的。显然这是"善者不多"观扩大了视角(为父母者),指出了道德属性(仁者)。其次,从人性的争论来看是否由此而发?如果说《墨子》之论还可以看到《老子》思想的某种印迹的话,那么人性的争论,似乎就与孔、老的思想无关了。其实不然。孔子对人性的看法"性相近,习相远"是中性双向的。既可近于善,亦可进于恶,既有善的因素,也有恶的可能。《老子》同样如此。尽管他没有明言,但是他的"赤子说",即赤子的无欲、无私、无为、无饰,自然也可能引向性善论;而他的"大道废"、"有大伪"、"六亲不和"、"不知足"……又可推向性恶论。可见性善性恶、可善可恶、无善无恶……诸论争,当与孔子、《老子》思想的某个环节相通。战国时,道家、法家有各种不同的"善者不多"论,证明老子的"善者不多"论已有所传播。但此论语焉不详,人们很难弄清它指的是什么。因此很容易引起怀疑与诘难。比如老子的"无欲"、"少私",是对为君、为政者的说教,如果以为是某种泛论,人们就会认为《老子》把私与欲一概认定为"不善"了。因而会问,对于为政者的私欲膨胀,损民利己,欲望无穷,固然是不善是恶。但对世人来说,生存之欲,饮食男女之欲,趋利避害之私,能否视为不善或恶呢?是否基于如此认识,告子提出了"生之谓性","食色,性也"。生存食欲这类欲求,无所谓善或不善,它没有这类道德属性。因此产生了"无善无不善"论。由于"文武兴则民好善,幽厉兴则民好暴",因而又产生了"可善可不善"论。世硕、密子贱、漆雕开、公孙龙子进而提出"人性有善有恶"论(《论衡·本性》)。孟子则从心理角度出发,认为每一个人都有"善端":恻隐之心,仁之端;羞恶之心,义之端;辞让之心,礼之端;是非之心,智之端。只要努力扩充善端,即可达于善,从而得出性善论。看起来,告子、世硕、孟子等是对"善者不多"论的怀疑与否定,而实际上是对"善者不多"观的补充与改进、发展与深化。比如孟子所谓的"善",只是善的萌芽、可能性。仁义礼智之"端",并不等于仁义礼智,不等于既成之善。要达到"善",还需要改进自身的修养,反复地教化,同时社会法制不断地予以督促与保障。在道德尚不完善方面,孔子、《老子》、孟子是一致的。总之,"善者不多"观,在知人方面,起到了诱发促进的作用。

二、庄子对"善者不多"观的发挥

庄子不仅继承了《老子》的思想,而且把"善者不多"论发展到愤世嫉俗、悲观出世的程度。这是与孔子、《老子》不同的。

一方面,庄子在许多篇章里追忆着、留恋着远古至德之世,他认为那时民性自然朴素,"彼民有常性,织而衣,耕而食,是谓同德。""一而不党,命曰天放。"哪里有什么善与不善?"夫至德之世,同与禽兽居,族与万物并,恶乎知君子、小人哉?同乎无知,其德不离;同乎无欲,是谓素朴,素朴而民性得矣。"(《庄子·马蹄》)自从有了利器,有了圣智仁义礼乐,世德愈衰,民德愈薄。因此,《庄子》的某些篇章,描画着人心、人情。另一方面,庄子把"善者不多"论发挥得淋漓尽致,无与伦比。《老子》的"善者不多",是希望统治者自知其不德少德,想促其向善向德。而庄子的"善者不多"结论,则是不与统治者及其出谋者合作,他"剽剥"儒墨圣智,"剽剥"为政者,暴露他们的心态私欲。下面只从几篇文章中摘选一二,即可说明。

其一,《庄子·胠箧》曰:由于"天下善人少,不善人多",所以"圣人之利天下也少,而害天下也多",因为"不善人"将圣人之仁义道德用以谋取私利,所以"害天下也多"。

其二,《庄子·徐无鬼》又说:"捐仁义者寡,利仁义者众,唯且无诚,假手禽贪者器。"为仁义献身者少,以仁义谋取私利者众。一旦无诚意,贪婪之徒就借用仁义这个工具,沽名求利钓天下。

其三,在《庄子·盗跖》看来,连孔子也是"矫言危行,以迷天下之主,欲求富贵"的盗首——"盗莫大于丘"。而黄帝也不是什么"全德"的人,其他更不在话下,"尧不慈,舜不孝,汤放其主,周公杀兄,齐桓公纳嫂……"至于世之所谓的贤士、忠臣,也是些看重名节而不能"全真"的人,其实他们与被杀的狗、乱跑的猪、讨饭的乞儿并无太大的区别。而"人之情"是什么呢?那就是"目欲视色,耳欲听声,口欲察味,志气欲盈"。庄子催生了荀子的性恶论。这些也正是"绝仁弃义"、"绝圣弃智",乃至"焚符破玺"、"掊斗折衡"、"钳杨墨之口"的理论根据。

其四,《庄子·列御寇》、《庄子·在宥》进而论人心——社会的心态。在《庄子·列御寇》中,有段借孔子之口说的话:

> 凡人心险于山川,难于知天;天犹有春秋冬夏旦暮之朝,人者厚貌深情。

层层伪装掩盖着真情,使得知人比知天还要难。这当然不会是孔子的话。《庄子·在宥》还有段借老子之口的话:

> 老聃曰:汝慎无撄人心。人心排下而进上,上下囚杀。绰约柔乎刚强,廉刿雕琢,其热焦火,其寒凝冰,其俯仰之间而再抚四海之外,其居也渊而静,其动也县(悬)而天,偾骄而不可系者,其唯人心乎?

真把抽象已极的人心给写活了:千万不要触犯人心。人心遭受压抑就低声下气,受了推崇就趾高气扬;有时像泥淖般柔弱,有时又如此克刚胜强;它热时猛于火,冷时寒于冰;人心变化之快,俯仰之间已及四海之外;平静时一如深渊,急切时像暴风。世间最难以捉摸的,莫过于人心。"世态炎凉,人心莫测"之语,莫不源于此。

其五,《盗跖》、《山木》揭露性情之另一面:"人卒未有不兴名就利者。彼富则人归之,归则下之,下则贵之。""人伦之传则不然。合则离,成则毁,廉则挫,尊则议,有为则亏,贤则谋。不肖则欺……"孟子只看到人有辞让、恻隐、羞耻、是非之心的一面;而庄子却看到人趋利、向名、趋炎附势、妒嫉、欺诈的另一面。

庄子的结论是悲观弃世的。在他看来,回到三皇五帝前的元荒时代才是出路。其荒唐与深刻并存!

三、转变了立足点及目的的"善者不多"观

其他道家法家也继承了"善者不多"观。

《管子·侈靡》:"贤者少,不肖者众。"

《韩非子》:"人之情性,贤者寡,不肖者众"(《难二》)。"今天下无一伯夷,而奸人不绝于世"(《守道》)。"贵仁者寡,能义者难"(《五蠹》)。

但是,他们的立足点、所指、目的,已大不同于孔子、《老子》,也不同于庄子。

试以《尹文子》为例,其《大道上》曰:

> 今天地之间,不肖者实众,仁贤者寡。趋利之情,不肖者特厚;廉耻之情,仁贤者偏多。今以仁义召仁贤,所得仁贤万不一焉。以名利召不肖,触地是焉。

因而引出一条重要的结论:

> 名利治小人,小人不可无名利。

如果说,孔子、《老子》主要是站在学者立场看待统治阶级,而《尹文子》却完全是站在统治阶级的立场上看待人民。"仁贤者寡"已将为国、为政者排除在外了。《逸文》还有一段对话,很生动:

> 宣王不言而叹。尹文子曰:"何叹?"王曰:"吾叹国中贤寡。"尹文子曰:"使国悉贤,孰处王下?"王曰:"国悉不肖可乎?"尹文子曰:"国悉不肖,孰理王朝?"王曰:"贤与不肖皆无,可乎?"尹文子曰:"不然。有贤有不肖,故王尊其上,臣卑于下,进贤退不肖,所以有上下也。"

不论善与不善,必定"尊于上",不论贤与不肖,必得"卑于下"。这说明尹文子完全是从国君出发的。他的"善者不多"观,已经完全没有国君自谦自知的含义,而只剩下尊君的意向了。《管子》、荀子、韩非子的"善者不多"观的含义也与尹文子一模一样:向统治者献上御臣治民之策。

四、"贤者寡"的种种常情

韩非的"贤者寡",即自觉的"贵仁"、"能义"之人少。他认为仁贤属于高层次的道德,不是每一个人都能办到的。对于绝大多数人来说,是利害决定他们的行为与善恶。所以他摒弃泛论人性,避开善恶之争。直接具体地剖析君臣、父子、夫妇、主佣等人与人的关系。下面只将《韩非子》的主要论点、史料、事例分三类抄录于后,不加任何分析,即可一目了然。

(一)人之常情——趋利避害,好逸恶劳

安利者就之,危害者去之,人之常情也。(《奸劫杀臣》)
利之所在,皆为贲、育(大力士)。(《说林下》)
凡人之有为也,非名之则利之也。
夫严刑者,民之所畏也。重罚者,民之所恶也。(《心度》)
好利恶害,夫人之所有也;喜利畏罪,人莫不然。(《难三》)
民之性,恶劳而乐佚。佚则荒,荒则不治。(《心度》)
民固服以于势,寡能怀于义。(《五蠹》)
赏足以劝善,威足以禁暴。(只要重赏重罚,)君子与小人俱正。(《守道》)

(二)人们总是服从自己的利益——"皆挟自为心"

人为婴儿也,父母养之简,子长而怨。子盛壮成人,其供养薄,父母怒而诮之。子父至亲也,而或诮或怨,皆挟相为而不周于己者。(《外储说上》)
舆人成舆则欲人富贵,匠人成棺则欲人夭死。非舆人仁而匠人贼也,人不贵则舆不售,人不死则棺不买,利之所在也。(《备内》)
父母之于子也,产男则相贺,产女则杀之,此俱出父母之怀妊。然男子相贺,女子杀之者,虑其后便,计之长利也。(《六反》)
有夫妻祷者,而祝曰:"使我无故而得百束布。"其夫曰:"何少也?"对曰:"益之,子将以买妾。"(《内储说下》)

这组事例说明不论至亲,或者路人,是利益决定着他们的喜恶与取舍。

(三)利他是以利己为出发点的

王良爱马,越王勾践爱人,为战与驰。医善吮人之伤,含人之血,非骨肉至亲也,利所加也。(《备内》)
父之所以欲有贤子者,家贫则富之,父苦则乐之;君之所以欲有贤臣者,国乱则治之,主卑则尊之。(《忠孝》)

雇佣耕耘,主人供美食,多付酬,"非爱佣客也",为的是深耕熟耘;佣客尽力干活,精工细做,也"非爱主人也",为的是多得酬,吃喝好。

  行事施予,以利之为心,则越人易和;以害之为心,则父子离且怨。(《外储说上》)
  君以计畜臣,臣以计事君,君臣之交,计也。(《饰邪》)
  欲利而(尔)身,先利尔君;欲富而家,先富而国。主卖官爵,臣卖智力。(《外储说下》)

庄子"剽剥"的是儒墨圣者,韩非似乎在"剽剥"人。剥去忠孝仁义等面纱,令人赤裸暴露于人前。虽令人难以接受,却也无法否认,誉之为善、贬之为恶均不妥。韩非置善恶于不论,只是面对事实。同时韩非高明和辩证的地方在于,他既看到一般,也看到个别;既看到常态,又看到变化,从而动态地、发展地看人知人。

人虽好利恶害,但也有人"破家而丧,服丧三年,大毁扶杖(消瘦,扶杖后起)"。民虽畏严刑,但也有那么些人,刑罚与奖赏都不能对他起作用。行为正直,"不目逃,不色挠",以致敢"怒于诸侯"。人虽然是贪生的,但亦不乏忠臣、义士、孝子,"轻犯矢石",尽忠尽孝尽义,献出生命亦在所不惜。所以,在一定的条件下,人是会变可变的。

1. 古之民与今之民在变

  古之民愚朴敦厚,故可以虚名取;今之民智慧狡诈,故自用不听上。(《忠孝》)
  古之易财,非仁也,财多也;今之争夺,非鄙也,财寡也。轻辞古之天子,难去今之县令,权、利、势、厚薄之实异也。(《五蠹》)

2. 丰年与饥年之民在变

  饥岁之春,幼弟不食;丰岁之秋,疏客必食。非疏骨肉而爱过客也,多少之食异也。(《五蠹》)

3. 安危情况之下人心在变

> 安则智廉生,危则争鄙起。奔车之上无仲尼,覆舟之下无伯夷。(《六反》)

4. 严威之下民心也在变

> 母之爱子也倍父,父令之行子者十母;吏之于民无爱,令之行于民也万父。母积爱而令穷,吏用威严而民听从。(《安危》)
> 严家无悍虏,而慈母有败子。(《显学》)

虽然韩非看到了个别、看到了变化,但是他主张应该从一般、从常态出发。《难二》曰:"孝子爱亲,百数一也。"《显学》又说:"自直之箭,自圆之木,百数一也。"固然有人舍生取义,但毕竟那种高尚的道德,只是极少数人所能办到的。绝不能把希望、把政策建立在没有几个人能办到的基础上。为治者必须"用众舍寡",从绝大多数人出发,以绝大多数人的"自为心"、趋利避害心为前提,制定自己的政策。

既然"人皆挟自为心","人皆喜利畏罪",因此必须利用"自为"之心,"正明法,陈严刑","明赏设利以劝之,严刑重罚以禁之。陈其所畏以禁其邪,设其所恶以防其奸"(《奸劫弑臣》)。

既然"民固服于势,寡能怀于义",那么就必须"赏莫如厚,使民利之;誉莫若美,使民荣之;诛莫若严,使民畏之;毁莫若恶,使民耻之"。这叫"赏誉同轨,非诛俱行"(《八经》)。

由于"刑胜而民静,赏繁而奸生","刑胜,治之道;赏繁,乱之本"。所以必须以严刑峻法为主,以赏辅之,"刑九赏一"(《心度》)。

而上述各点还必须遵行一条总的原则,即:

> 利所禁,禁所利,虽神不行;誉所罪,毁所誉,虽尧不治。(《外诸说下》)

凡令、禁、赏、罚,必须符合绝大多数人的利益,要是是而非非。倘若违背人们的利益,颠倒是非黑白,任你严刑再严刑,迟早也是"不行"、"不治"的。

如果说,"亡国相及,囚主相望"以及统治阶级与士子们易私难公的现实,形成了《老子》的"善者不多"观,那么由此推衍出的结论不过是劝说统治阶层少私寡欲、见素抱朴、克己复礼……而《韩非》所引出的结论,已经完全是封建专制主义的哲学基础了。真是青出于蓝而胜于蓝。《庄子·田子方》有这样的话:

> 吾闻中国之君子,明乎礼义而陋于知人心。

当然,这是不包括庄子在内的,而对韩非也当属例外。韩非子将先秦诸子的"知人"推向了一个崭新的高度,为先秦的知人作了总结,画了句号。

刊于《贵州社会科学》1996年第二期,2007年修订

第三十章

从"势大天下从"到"执柄以处势"

老子说:势大就能使天下归从。这是楚简《老子》出土前闻所未闻的事。就是楚简《老子》问世,也并未为人们所承认,所以这里首先考证《老子》是否有上述思想。如果确有其事,那么,先秦势治思想的发展脉络就更需要重新探讨了。尤其是韩非如何将兵家的"任势"、"造势"移植于为政的。

一、"非威不立,非势不行"

今本《老子》有个论断:"执大象,天下往。……"两千多年来它被理解为:"执守大道,天下人都来归往",并且从没有人怀疑过它。但是首先为《老子》定编分章的刘向就不这样理解,他曾发过感叹:"孔子虽论《诗》、《书》,定《礼》、《乐》,王道粲然分明,以匹夫无势,化之者七十二人而已,皆天下之俊也,时君莫尚之。是以王道遂(亡)用不兴。故曰:'非威不立,非势不行。'"(《战国策·刘向书录》)孔子可谓执守大道了吧,但因为"匹夫无势",哪里有什么"天下往"?果然楚简《老子》不是"執(执)大象",而是"埶(势)大象,天下往,往而不害,安坪大"。"埶"是什么呢?清段玉裁《说文解字》注:"《说文》无势字,盖古用埶为之。"即"埶"乃"势"之古字。那么"势"又是什么?《说文新附》:"势,盛力,权也,从力,埶声",势即权力、威力也。这一来,文义大变:"权势威力盛大的形态,能使天下人归往,归往之后不会受伤害,于是大地和平安泰。"岂不也是一种"非威不立,非势不行"的思想?真是差之一字,失之千里。

认"埶"为"势",而不是"執"(执)证据何在?裘锡圭说:"考释古文字的根据主要是字形和文例"①,所以先看字形。此处的"埶"与同书的"执之者失之","无执故无失"之执(执),只差左下方出头不出头。如下表：

这是从《战国文字编》(福建出版社2001年版)第187、690页以及《郭店楚简文字编》(文物出版社2000年版)第48页、《马王堆汉墓简帛文字编》(文物出版社2001年版)第99页、《银雀山汉墓文字编》(文物出版社2001年版)第113页摘出复印的字表,这一来可以看清战国、秦、汉的"埶"与"执"并不是一个字。楚简《老子》之句为"埶大象",而绝非"执大象",是有据可查的。以上几部字书,竟找不出一个"势"字来,也证明了上述观点。同时简本不是"平"而是本字"坪",虽可通假,但是不是平,值得推敲。

下面再从文例上看"埶"为"势"。此类字例数不胜数。清段玉裁《说文解字注》如上引。此外:(1)竹简《孙子兵法》、竹简《孙膑兵法》共有二十几个"势"字都写成"埶"。(2)《荀子·解蔽》："申子蔽于埶"也以"埶"为"势"。(3)至《史记》、《汉书》,仍多以"埶"为"势"。因此从字形、字例看,无疑"埶"为"势"之古体字。

但是考释古文字,除了裘先生说的两条外,还需要再加上一条:校之以史实,或谓之"以史证文"。看看是否符合事实、史实,于义理是否通顺。有此三条,方能做到确凿无疑。比如郭店楚简《老子释文》注"埶"为"设",这就成了"设大道,天下

---

① 《郭店简与儒学研究》,辽宁教育出版社2000年版,第180页。

往"。《说文》"埶,种也",这样"埶大象",就成了种下了大象,似乎比"设"好一点,但也不通。这些就像"执大道,天下往"一样,是不可能的。历朝历代,都有一些"执守大道"的人,如果无权无势,归从之徒寥寥可数,哪里有什么"天下往"?像孔、孟那样倡道守道,一生何曾得志?后来之所以能享配太庙、无比尊荣,也是由于权势中心的承认与吹捧。所以,只有权重势大、实力雄厚,才能威慑四方、天下归从,归从之后,如果能不伤害归从的人民,才能真正国泰民安、大地平定。可见"埶"字乃古之"势"字,方文从字顺。

但是,为了更万无一失,还必须验之简帛佚籍。郭店楚简《性自命出》:"好恶,性也。所好所恶,物也。善不善,性也,所善所不善,势也。"一则此"势"与楚简《老子》之势一样。二则是说性,有善有不善,但发展为善或不善,是由"势"决定的。"黜性者,势也。"对人的改变、人性的改造来说,势是决定性的东西。这使人想起了《韩非子·五蠹》中的一段话:"今有不才之子,父母怒之不改,乡人谯之弗为动,师长教之不为改,夫以父母之爱、乡人之行、师长之智,三美加焉,而终不动、不改。州部之吏操官兵、推公法而求索奸人,然后恐惧,变其节,易其行矣。"其结论是"父母之爱不足以教子",必待州部之严刑,这就是势之于人性。

所以《楚简老子》的"势大象,天下往。往而不害,安坪大",即"具有威力与权势的盛大形象,天下就会归附他。归附后不会受到伤害,国家与大地就会安宁、太平"。在"安坪大"之后,老聃似乎马上改变了话题。谈起什么"乐与饵"来了,这是为什么?道尊于势,圣在势上,有人说这是儒家的理想。老聃又何尝不如此想呢?可以说,他在大声疾呼:"唯道是从","尊道贵德"。又如"四大",道大于天、地、王。但他很清楚,普通老百姓看得到、摸得到、听得到的,而且无时不感觉到的是"势"与"权",权势决定着他们的归从,而"古道"说出来,淡而无味,不仅老百姓,就是侯王、圣人也看不见、听不到、摸不着,它的吸引力,连音乐和食物都不如。所谓"乐与饵过客止,古道之出言也,淡啊,其无味也,视之不足见也,听之不足闻也,用之,不可既也"就是说的这个。所以还是实际些吧!承认"势"能使天下归附。这正是《老子》辩证思想之伟大处。而那些"道义重、骄富贵、贱王公"之辈,认为道与圣应在势上的人,并不那么辩证,有的也不甘心仰仗于势,于是在文字上做了修改:将"埶"改为"执",何况这个字的改动并不明显(也许误传)。于是今本三十五章文义成了千古之谜。一直模糊了两千多年!

二、由任势造势,到"执柄以处势"

楚简《老子》下葬年代在公元前4世纪中期,它与帛书《老子》有很大的不同,如果说楚简《老子》是春秋末期老聃的作品,那么,关于"势大"的思想,也有可能影响到孙武等兵家。但又因为《老子》语焉不详,仅仅几个字,而且关键的"势"字是否早就被模糊了,也说不清。看来为政方面的"势"治思想,是兵家任势、造势的移植,可能性较大。

何炳棣撰文以大量确凿的史料证明"孙子武者,齐人也,以13篇兵法见于吴王阖庐"的记载(《史记·孙子列传》)完全属实。"现存的《孙子兵法》撰成于阖庐召见孙武之年——公元前512年"[1],也就是说:《孙子兵法》要早于《论语》、《墨子》、《列子》、《孟子》……诸子的言势,很可能是从兵家那里学来的。《孙子兵法》有专门的《势篇》:"善战者,求之于势",至于兼及论势之篇还有不少。按《吕氏春秋·不二》的说法,"孙膑贵势"。可惜的是上个世纪出土的银雀山汉墓《孙膑兵法》已残缺不堪,无法看出是怎样贵势的,好在还保留《势备》篇的一部分。什么叫"势"?孙武说:"激水之疾,至于漂石者,势也。"如"转圆石于千仞之山者,势也"(《孙子兵法·势》)。汹涌的激流能把大石头漂起来,高山之上可以将圆石头翻滚下去,这时有种迅猛、锐不可当的推动力,即所谓"势"。这势,既有自然因素,亦有人为因素,前者是基本的。人为因素起顺应、推动的作用。孙膑则进一步,他把势喻为引满之弓:"弓弩,势也"(《孙膑兵法·势备》),取势在必发之意。所以他又说:"势者,所以令士必斗也"(《威王问》)。这里人为因素增大了。这种"必斗","必胜之势",一则靠充分利用地形、地貌、气候诸自然之势,二则靠人心向背、饥荒、灾疫诸社会因素之势,三则是兵家所重视的从战略、战术、法令制度上造就强大的势和利用强大的势,有时还可从外交、后勤、宣传、舆论上促成一种势。至于小的如"置之死地而后生"的战术,也能造成必斗之势,即有意识设置人自为战、拼命取胜之势。

春秋战国时,君王同时是军队的最高统帅,卿相大夫也常带兵征战,而带兵之将又常成为某个地区临时地方长官。既然用兵讲求势,为政御臣制民又何尝不需

---

[1] 何炳棣:《中国现存最早的私家著述》,《历史研究》1995年第五期。

要恃势、造势、求之于势呢?

目前看,在政治上比较系统地提出"势"治的是慎到。但是比慎到还要早的是孔门弟子子夏,他提出过"持势"、"恃势"。他说:"《春秋》记臣杀君、子杀父数十矣,皆非一日之积也,有渐而以至矣。"因此,"善持势者绝奸于萌"(《韩非子·外储说上》)。这里所谓的"势"是指势位、权力,即要善于利用国君至高无上的地位,控制调动国家机器的专制权力,在问题尚处于萌芽状态时就把它掐死。这与老聃之"势大"似乎关系不大,但与老子的"为之于未有,治之于未乱"相通。为政言势的理论发源地在齐国。这既与孙武、孙膑是齐国人分不开,也与法家有名之"势"派慎到有关。慎到虽是赵人,但齐宣王时在稷下讲学,到齐湣王末年才离开,居齐约二三十年。除慎到外,《管子》里言势的部分也相当多,而《管子》乃"齐国法家汇集书①";韩非言势,除了继承兵家与齐法家外,再就是从秦法家商鞅那里师承而来。

我们就先看慎到怎样谈"势":

> 飞龙乘云,腾蛇游雾,云罢雾霁,而龙蛇与螾螘(蚓、蚁)同矣,则失其所乘也。贤人而诎于不肖者,则权轻位卑也;不肖而能服于贤者,则权重位尊也。尧为匹夫不能正三人,而桀为天子能乱天下,吾以此知势位之足恃,而贤者之不足慕也。(《韩非子·难势》)

慎到将"势位"并提,这很深刻。位,如同"千仞之山"的陡峭险峻一样,其地位越高,那居高临下之势就越令人望而生畏。势与位成正比。慎到所强调的就是在这个高位基础上的"权重位尊"。"重"者,大权独揽也,"尊"者,君王唯我独尊也。如此方能吞云吐雾,呼风唤雨,也才能产生出一种不可捉摸的神秘性。

再看《管子》言势:

> 《明法》曰:"夫尊君卑臣,非计亲也,以势胜也。"
> 《任法》曰:"凡人君之所以为君者,势也。故人君失势,则臣制之矣。势在下,则君制于臣也,势在上,则臣制于君矣,故君臣之易位,势在下也。在臣

---

① 胡家聪先生语,其文载《中国历史研究》1981年第一期,《社会科学战线》1981年第二期。

期年,臣虽不忠,君不能夺,在子期年,子虽不孝,父不能服也。"

没有什么神意天命,也不是什么忠孝仁义,维系君臣关系的实质是利害——"计",是"权势"。那么"势"是什么?"为其生杀,急于司命也。富人、贫人,使人相畜也;贵人、贱人,使人相臣也;人主操此六者以畜其臣,人臣亦望此六者以事其君"。换句话说,势就是权柄的运用,就是行使生、死、富、贵、贫、贱"六柄"之权。慎到将"势位"并提,势乃是高高在上之"位"的派生物;《管子》则是"权势"并提,"势"乃是权力运用之派生物。正如同虎生风,龙生云,势者,由权力和地位而产生出来的一股巨大的、人人都能察觉到的潜在力量。这力量使令行禁止,影响和左右人们之意向、情绪和心理。

而韩非所谓的"势",较之慎到、《管子》又更进了一步,它是一种威慑臣民,使人必须俯首就命的力量。它意味着君权的唯我独尊,森严可怖,意味着君主专制统治的强化。这些正是韩非对齐、秦法家"势"的理论的升华与发展。虽然韩非总是"处势"与"抱法"、"挟术"兼讲,但单独对"势"作番粗浅的分析,还是可以的。

韩非一方面简明地描画了势的作用、目的,不仅"制臣",而且"胜众":"势者,胜众之资也"(《八经》),"民者固服于势,寡能怀于义"(《五蠹》)。"民以制畏上,上以势卑下"(《八经》)。千钧虽重,有船就能升浮于上;锱铢虽轻,无船则沉;势就是人君升浮之船,胜众制臣之资。文字简明,说理透彻,再清楚不过。另一方面,也是韩非关于"势"的重大贡献,他不仅区分了政治上的"人为之势"与"自然之势",而且强调在自然之势基础上的"人设之势"。韩非说:"势治者,则不可乱;势乱者,则不可治也;此自然之势也,非人之所得而设也。"比如,已有的经济、政治条件所形成的"治世"和"乱世",或社会安定,或社会动乱,或风调雨顺,或大灾大疫……这些条件所形成的社会态势,就算尧舜之类再伟大的人物也得受此自然之势的制约,"势治则治,势乱则乱"。而韩非说:"若吾所言,谓人之所得设势而已矣"(《难势》)。无论尧舜,或桀纣,以及其他什么庸碌之君,一旦身居九尊,宰制天下,都可以设制出某种势,并被"人设之势"所烘托,腾云驾雾,叱咤风云。

神秘威严之"势"如何"人设"?总的来说无非是权柄的运用:"君执柄以处势"。"处",既是设置,也是控制,还是运用。《管子》只是提到使用赏罚(生、杀、富、贵、贫、贱)。韩非却看到单凭赏罚不行,除了厚赏重罚外,还必须扩充到宣传舆论上。总的是用七种办法"执柄以处势"。

第一,"美誉"与"恶毁"。"赏莫如厚","誉莫若美",另一方面则是"诛莫若重","毁莫若恶"(《八经》)。这是对《管子·禁藏》提到的"德莫若博厚,使民死之;赏罚莫若必成,使民信之"的改造。要想使它行于天下,就重赏美誉,尽可能地赞誉与美化它,使臣民看到确实是有利和光荣的;想禁止什么,就恶毁重罚,尽可能地诋毁丑化,使它一无是处,让臣民感到可耻和害怕。不断地用厚赏美誉与重诛恶毁作为推动力,这种"势"就可炮制出来。但主要炮制法是严惩恶毁。

第二,"势行教严,逆而不违;毁誉一行,(错)而不议"(《八经》)。作为"势"来说,令行于下,严其法教,哪怕它暂时违逆人们的愿望,天下也不能违;毁誉的决定一旦作出,哪怕人们一时不能接受它,人们也不敢议论,更不敢批评、指责它。虽然韩非主张"必因人情",不能逆人心违众愿,但是作为"势",就需要达到这样的程度,使那些不满,或者是痛恨的人也不能违、不敢议。否则就不成其为"势"了。

第三,"诛莫若重",即严刑重罚,都有它的历史渊源。我国严刑峻法由来已久。西周时就有了墨、劓、膑、宫、大辟,刑法三千条。据说商纣施"炮烙之法",将三公这样的辅弼,一个剁成肉酱,一个烤成肉干,一个囚(《史记·周本纪·殷本纪》)。李悝制法经,对周之刑法,当然有所发展。而商鞅"受之以相秦"增加了"相坐之法"、"参夷之诛"及"凿颠(头顶)、抽胁、镬烹、车裂之制"(《汉书·刑法志》)。单看这些名称,就足见其何等之野蛮。但是,从出土之《云梦秦律》看,战国后期之刑罚又趋多样化。比如"盗窃桑叶不值一钱,赀徭三旬"。宫奴损坏器物值一钱者鞭笞十下,极小的过失也会受到严厉的惩罚。而死刑则愈演愈烈,"戮、磔、弃市……"西周不过肉刑与死刑,战国时发展了徒刑(司冠、鬼薪、城旦……)、流刑(迁之)、罚款(赀)、赎刑(赀赎、役赎)。这样一来,岂不获得大量的劳动力与钱财?各级地方官吏,虽是统治阶级与政权的强大支柱,但秦律同样不放过他们。经济管理不善,为政和司法不力,战勤供应疏忽……都会受"渎职罪"有关条款的惩罚。人们动辄遭刑。这正是制造令人毛骨悚然,鸦雀无声,唯命是从之势的好法宝。法家竭力鼓吹严刑峻法的原因,就在于它的威慑作用。

第四,用一国之人的耳目。韩非曰:"吾所谓言势者,言人之所设……非一人之所得设也"(《难势》)。当然非少数人就可以成"势"的,它需要一种"群众性"的保证。"使天下不得不为己视,不得不为己听"(《奸劫弑臣》),借一国人之耳目组成一个大罗网(商、管亦有此主张,如《管子·九守》曰:"以天下之耳听,则无不闻。"甚至还有用密探的办法,"一曰长目,二曰飞耳……明知千里之外,隐微之中")。其具体办法就是"什伍连坐"——五家为一伍,十家为一什,进行户籍编制,"一人有奸,邻里告之,一人犯罪,邻里坐之"。这个办法最初产生于军队,因为战国不仅战争频繁,而且杀伤太剧,逃亡现象十分严重。为了减少逃亡,在军队编制基础上,实行了"五保连坐法"。"军中之制,五人为伍,伍相保也"(《尉缭子·伍制令》)。军队中这样办,自然也就逐渐推行到民间,甚至宫廷和官府。有违令犯禁知情不告者,同罪连坐。在秦国,"不告奸者腰斩,告奸者与斩敌首同赏"(《史记·商君列传》),并且照"商君之法,斩一首者爵一级。欲为官者,为五十石之官",斩二首者加一倍(《韩非子·定法》)。告奸,何等轻巧,与斩敌首享有同样的赏赐,何等诱人的甜头。被统治阶级要这么办,统治阶级内部也这么办。上之于下如此,下之于上同然。"贱得议贵,下坐上","臣无贵贱,皆听于君"(《韩非子·内储说上》)。虽贫贱,对于权贵的奸行,可议、可揭、可告,"小官尊主行主法,其权可达于卿相",而且"大臣不能尊主行主法,其势可屈于民萌"(《韩非子·难一》)。只要尊主行主法,小官可以告发卿相,百姓可以管大臣。在这种制度保证之下,人为之势是不难形成的。无怪商、韩等法家是如此不遗余力地鼓吹"什伍连坐","相窥其情"之制!

第五,变化无穷。韩非说:"夫势者,名一而变无数者"(《难势》),其"变无数"的人为之势,在《韩非子》各种《储说》中,有大量实例的说明,上述几点仅此一端。那没有提到的还不少。又如从国君到中央和地方官僚机构的封建等级,爵服节仪,国君之前朝与后宫的建筑,百官朝见的礼仪、威仪,以及君王所用的玺印,颁发的符节、诏书……都能够提高封建国君的威势。时至今日,一旦人们进入故宫,步入太和殿,就能感到这种人为之势。从战国和秦朝起,每一代皇帝都热衷于提升此种人为之势的。

第六,从大多数平庸之君出发。"吾所以言势者,中也。中者,上不及尧舜,而下不及桀纣,抱法处势则治,背法去势则乱"(《难势》),也就是说,韩非关于"势"的理论是为大多数平庸的君王设计的,他知道,历代国君,好的少,庸碌和坏的极多,"贤者寡,不肖者众"。而"人为之势"就能把这些"不肖者众"的帝王捧上天,成为真龙天子,神人同格。哪怕是襁褓小儿,臣民们亦得匍伏在地,三跪九拜。在"盛云浓雾之势"下,统治着天下。这是人们时刻都能感到的"势",它是法家理论指导下君主专制制度使然的"势"。

第七,不能随心所欲、违法违道制势。当然,"君执柄以处势",离不开"抱法",

即根据法来"处势"。如若随心所欲，违法背道的"处势"，就很难，甚至达不到胜众制臣之目的，反而造成覆亡之势。因而韩非总是"抱法处势"相提并论，同时"处势"与"挟术"兼讲。"国者，君之舆也，势者，君之马也，无术以御之，身虽劳犹不免于乱……"（《外储说下》），用术潜御群臣，了解真情，驾驭势态，严防夺柄失位。离开法与术，也不能成其为势。可见，韩非强调"人为之势"。就是用种种手段来强化君主唯我独尊的势位，使令能行，禁必止，推动整个封建官僚组成的国家机器正常运行，并加强对全社会的统治。在当时是为了增强经济实力（耕）和军事实力（战），以便在兼并战争中"争于力"，而在以后，就成了巩固专制统治、压榨广大人民的不可缺少的重要手段。历史证明那些诚惶诚恐、唯唯诺诺的人总是忍受最大的痛苦，作出最大的牺牲，是与摸不着但却感得到的"势"分不开的。它既能创造令世界震惊的人间奇迹，也经常"为虎傅翼"，变成天下之大患。

韩非对"势"描述得如此斩钉截铁，如此毫无疑义，它不过是历史地反映了当时的法律和刑制，当时的君主专制制度。而更重要的是战国后期，战乱频繁，战争规模之大超乎想象，生死存亡是每个国家、每个人面临的头等大事。严刑与实行集权，是客观形势的迫切需要。

《老子》所言："势大象，天下往，往而不害，安坪大"，这里势大是真理，不伤害归附的人民，也是真理，只有如此，才能国泰民安。势虽尊于道，但违道之势，是不可能长治的。但《老子》不能不感叹"道"的吸引力太差了，哪里赶得上美妙的音乐与美味的食物呢！《孙子》根据战争的需要与战争经验的总结，提出了"任势"、"造势"、"求之于势"，子夏、慎到把它们移植于为政："恃势"。《管子》提出"执柄处势"，进了一大步，而韩非则使势治思想趋于完备，这一来为政"求之于势"的理论与操作方法的设计，大功告成，并且与"法"、"术"相结合。因此，青出于蓝而胜于蓝，出于兵家的势治思想胜于兵家，控制着兵家。它的可操作性，为历代帝王、统治阶级提供了方便。

刊于《中州学刊》2006年第一期

第 五 篇

老子与《老子》之演变

第三十一章

帝王、帝王文化与《老子》

——唐玄宗变《老子》南面术为人生哲学

始初,《老子》是史官向侯王献上的"南面术"。汉文帝离古《老子》最近,而且离战乱最近,所以他不是用笔墨,而是用自己一生的言行为《老子》的"南面术"作注脚。后来的唐玄宗,生长于"贞观盛世"之后,他对《老子》的"南面术"虽然也有所理解,但更多是从东汉以来的重生、贵生、养生、修身方面来理解《老子》,所以他用笔墨为《道德经》作御注御疏就大不同于汉文帝了。下面比较一下汉文帝与唐玄宗两位帝王的注《老子》,看看《老子》与帝王文化之间的双向影响。

一、汉文帝用自己的言行为《老子》作注

汉文帝生于汉高祖三年(前204年),成长于初平战国之乱又入秦朝多欲政治苦海之际。秦亡与战乱带来不忍目睹的惨状,仍历历在目。"君臣俱欲无为,天下晏然"(《史记·孝文帝本纪》,下同)。所以汉文帝对于黄老之学,尤其是《老子》体会至深,不敢忘谦卑,亦不敢忘节俭,视民如伤。这就是汉文帝能以自己的言行为《老子》作注的历史大背景。

公元前179年,文帝初即位,向西面辞让三次,向南面辞让二次,四次称"寡人不佞","寡人不敢当"。如果只认为它是种礼让形式、含有作秀成分,那是不够的。它的确体现了《老子》"谦谦"之教。而在即位当年,做的第一件善事就是废除一人有罪、家人收为奴隶及其它连坐的法律,即废除"犯法已论,而使毋罪之父母妻子同产坐之,及收帑"。应该说,这是大快人心的事。

就在这一年十一月,接连发生了两次日食(一说月食)。文帝认为这是"人主不德,布政不均,则天示之以灾,以诫不治"的。他深知"天下治乱,在朕一人",所以引发了他的"自我批评":"下不能理育群生,上以累三光之明,其不德大矣"。他决定:一是令大家都来想想他有哪些"过失,及见、知思之所不及",原原本本告诉他;二是推举"贤良方正能极言谏者",以匡正他的不及;三是务必减轻徭役和费用,以便民众;四是虽然不能"罢边屯戍",但缩减某些军队,将多余的马匹装备拿给驿站。此外日食本不是他所能左右的事,汉文帝却把不祥的责任全揽到自己身上。可谓将《老子》的谦下以及"受邦之诟,是谓社稷主;受邦之不详,是谓天下王",做到了家。

第二年(前178年),汉文帝又做了两件大事,第一件,他认为农业是国家的根本,举行藉田典礼,亲自领导耕种,以供给宗庙祭祀。同时决定"今年田租之半",即三十税一(《汉书·文帝纪》)。第二件,废除诽谤妖言罪的法律。他的根据是"古之治天下,朝有进善之旌(设有进善言之旌),诽谤之术(下非上之木柱),所以通治道而来谏者",而诽谤妖言罪的恶果是"使群臣不敢尽情,而上无由以闻过失也,将何以来远方之贤良?"所以不仅这个"诽谤妖言罪"的拑口律要废除,同时对于百姓间或诅咒君上,后来又互相揭发,官吏以为大逆不道的,或者有其他下非上言论的,从此以后听由它去,不要治罪,也就是要彻底开放口禁。秦以来的以腹诽、巷议治罪不复存在了。比起秦始皇时的焚书坑儒,这件事可以说是划时代的大事,意义非同小可。

文帝十三年(前167年),又有三件事被彪炳史册。其一是废除"秘祝"之官制。这种官制的任务就是专门"移过于下,国家讳之"。文帝称:"盖闻道,祸自怨起,而福由德兴。百官之非,宜由朕躬",哪能嫁祸于下、于人?如此岂不彰显我的"不德"吗?其二是缇萦救父,上书欲"没入为官婢,赎父刑罪,使得自新。"书达汉文帝,天子怜悲其意。下诏说:听说有虞时代,是用有差异的衣服、冠巾等物饰来表示刑罚的,使民众知耻不犯法,现在却用断肢体、刻肌肤等各种各样的肉刑,使受罚终生不止,"何其痛楚不德也"!因而要"除肉刑"。在汉文帝时期,这个解除令是算数的、生效的。总之文帝时"断狱数百"几至于无(《汉书·文帝纪》)。虽然它没有妨碍对个别案例曾施"夷三族"之刑,但较之"秦断狱岁以千万计",则不可同日而语。其三,不再是以前两次"减田租之半",而是"除田之租税"。并且在这之前,文帝两次下诏,重申"农,天下之本,务莫大焉","道民之路,在于务本"。在中国古代,这也是极为罕见的事。

十四年(前166年)春,文帝又有一番话:我主持祭品以事奉上帝和宗庙以来,已经十四年了。以不敏不明之身的我而长久抚临天下,甚感自愧。"昔先王远施不求其报,望祀不祈其福"……听说祠官向神祈福,皆归福于我,而不为百姓祈福,我很感惭愧。以我这不德的人,躬享独美之福,百姓不在其内,是加重我的不德呀!不要这样祈福吧。又过了两年,因为匈奴为害边境,杀了许多官吏和民众,民生不安,文帝又再次责备自己"不明"、"不能远德"、"德薄"、"不德"。

公元前158年,天旱遇蝗灾。为此,文帝令诸侯不要入贡,废弛山林川泽的禁令以利百姓,减少自己的"服御狗马",裁减吏员,散发仓库之存粮以赈灾民。

文帝即位23年,"宫室、苑囿、狗马、服御,无所增益,有不便,辄弛以利民"。他经常穿粗糙的织物,命令宠幸的慎夫人,衣服不得拖至地面,用的帏帐不得文绣,以示敦朴,为天下先。更重要的是文帝"不治坟,欲为省,毋烦民",所修陵墓"皆以瓦器,不得以金银铜锡为饰",这些与秦始皇动用70万民力修骊山、穷奢极欲的装饰相比,可谓天上地下。这种种无为、无欲、无事(不生事扰民)、以德化民的结果是"海内殷富,兴于礼义"。粮价由战国时的"石三十钱",秦始皇的"米石千六百",汉初的"石粮万钱"降至"石十余钱",由此可以想见殷富的程度。

公元前157年,47岁的文帝驾崩。他的遗诏谴责"厚葬破业,重服以伤生",对如何薄葬,如何不要因为自己的身后之事而伤害百姓的生活、生产方面,以及让宫中夫人以下七个等级的宫女回家再嫁的事,都一一作了具体部署,嘱托臣下千万别"重我不德"(这之前,他也将惠帝、吕后时的宫女放回家)。同时依然承认"朕既不德",可谓死而不忘谦、不忘俭、不忘便民。

文帝对于匈奴的侵扰和个别侯王的叛乱,以及重大的欺诈行为,并非"无为",比如对匈奴,就三次发兵征讨,甚至决定亲自领兵出击匈奴,"群臣谏,皆不听。皇太后固要(坚决阻止),帝乃止"。十七年,新垣平诈令人献"人主延寿"之玉杯,文帝受骗更改年号,后来发觉,对新垣平施以"夷三族"的重刑。但总体而言,仍以怀柔为本。

可见,汉文帝一生遵行《老子》,是在为其重要思想作注的:

第一,"上德不德,是以有德",从不以德自居,更不以德自大、自利、自骄;

第二,关于德的纯一、无私与一贯,汉景帝谓之"不私其利也";

第三,时刻提醒自己"不德"、"薄德"、"不能远德"。即老子的"自谓""自名"

孤、寡、不榖；

第四，立于反弱，以愚自处。不自是、不自伐、不自见、不自矜，未见文帝固执己见、自以为是、自高自大、自我夸耀，而是以谦下为本；

第五，将"慈、俭、不敢为天下先"而又敢为天下先，做得恰到好处；

第六，重农。文帝多次言及重农，可能与他读到的《老子》是楚简《老子》中的"给人事天莫若啬（稿）"，而不是今本《老子》的"治人事天莫若啬"有关；

第七，开放口禁，以百姓之心为心；

第八，身体力行《老子》的我无为（无私为），我无欲（功名欲），我无事（不以一己私事扰民），我好静，而民自化、自正、自富、自朴；

第九，承担国家一切不吉不祥的责任，反求诸己。

总之，《老子》"南面术"中的谦柔、立于反弱等政治道德，约束王者权力的一系列说教，充分体现在汉文帝一生的言行中。不过，中国历史上又出现了几个这样的帝王呢？实属罕见。

二、唐玄宗对《老子》的两大负面贡献

唐玄宗是唐朝中期的帝王，虽然也是出身于帝王之家，但他生长于太平盛世，隋王朝的败亡已经过去近一百年，战乱和多欲政治祸害天下之苦他一点也没有亲身领教过。隋亡的教训他自然知道，但对于他来说印象更深的是宫闱政变。从其祖母"武则天"失权起，至先天元年（公元712年）玄宗即位，七年间，六次政变，五易皇位，帝后宫妃、公子王孙、将相大臣多有惨死。他即位之后，任命姚崇为首相，即着手协调统治阶级内部关系，稳定政局，改变武后时期的严刑苛法，以及唐太宗后期屡兴边功、滥用武力的弊端，与民休养生息。禁止外戚宦官干预政务，皇亲不任高官，近臣犯罪一概绳之以法，杜绝进献之风，停止大造寺观宫殿劳民伤财的作为，允许甚至鼓励谏臣犯逆鳞、进嘉言，从而拉开了"开元盛世"的大幕。接着唐玄宗将注意力转向意识形态方面。他开始为《孝经》作注，意图很明显，用意识形态的"孝"作为治理天下的一个重要手段。然后他的目光转向《老子》。唐代对《老子》的尊崇，始于唐太宗李世民，他自认是老子李耳之后。唐高宗乾封元年（666年），帝亲往亳州老君庙拜祭，追号老子为"太上玄元皇帝"，678年下诏尊《道德经》为上经。唐玄宗发现《老子》对于治国、安民、稳定统治阶级内部与被统治阶级

很有用。所以他比唐太宗、高宗对《老子》更情有独钟。开元十年(722年),玄宗诏曰:"《老子道德经》宜令士庶家藏一本。"开元二十三年(735年),玄宗亲自注疏《老子》后(名曰《太上老君道德经玄德纂疏》二十卷,见《道藏》十三卷,文物出版社1988年版,第357页),群臣奏请:"四海同文,一辞宁措","许之"。岂不知,这一来唐玄宗对于《老子》作出了两大负面"贡献":

第一,是用行政力量固定了《老子》颠倒的结构布局与一些错误的文字。天宝元年(742年)四月,唐玄宗专门下了《分道德经为上下经诏》。诏曰:

> 化之原者曰道,道之用者为德,其义至大,非圣人孰能章之?昔有周季年,代与道丧,我列祖元元皇帝,乃发明妙本,汲引生灵,遂著元经五千言,用救时弊,义高象系,理贯希夷,非百代之能铸,岂六经之所拟?承前袭业人等,以其卷数非多,列在小经之目,微言奥旨,称谓殊乖。自今以后,天下应举,除崇玄学士外,自余所式道德经宜并停,仍令有所司更详择一小经代之。其道经为上经,德经为下经,庶乎道尊德贵,是崇是奉。(《册府元龟·帝王部·尚黄老》或《全唐文》卷三十一)

此诏除了指出道为原、德为用及《道德经》在应举(试)中的地位外,还指出《道德经》的"称谓殊乖",所谓"殊乖",即《道德经》除了一种道上德下的本子外,还有另一种德上道下的本子(如古老的韩非所据本、严遵本、王弼本①等等。也是德上道下的篇次),所以唐玄宗认定为"称谓殊乖",这才专门下了一道《分道德经为上下经诏》,以统一道德经的篇次。帛书《老子》甲、乙本,它证明了古本原貌确实是德上道下的。虽然刘向定著《老子》的文字与篇章,也可能是道上德下的,但它只限于宫廷、国家藏书阁。民间还不可能统一,只能各行其是,唐太宗却用"圣旨"——最权威的行政力量,正式并彻底统一固定道上德下的篇次及某些错误分章,而且其

---

① 王弼注《老子》德为上的证明很多,难以一一列举。其中有力证据是其自证。他的三十八章之注特别长。一般说来,古时编注之书无序言,而序言放在首章之注之按语中。如司马光之《资治通鉴》,第一卷第一个"臣光曰",长达四百余字。他因如何编鉴全在此注中。就是近人编著的东西,也有类似现象。《中国农村的社会主义高潮》一书,第一篇《书记动手,全党办社》的"编者按",就长达千六百字,毛泽东编著该书之目的,就在这个按语中。王弼注《老子》三十八章(即德之首章),注长千二百字,远远超过第一章之注。王弼对老子思想总的理解就在此注中。可见,王弼《老子道德经注》是以德为上的。

"一辞宁措",也固定了许多尚有问题的错误文字。这一举措,似乎小事一桩,其实不然,仅从颠倒篇次来说,它大大模糊了《老子》的结构布局,改变了由浅入深的说教思路(从异常深奥的"道可道……"入手),淡化了说教的重头部分("德"的部分),更要命的是将《老子》的序言总结完全掩盖了,因为先秦之序与总结,置于书末,篇次颠倒,序言与总括的话就不见了。这是唐玄宗对《老子》的第一大负面贡献。如果唐玄宗不用"圣旨"统一《老子》的篇次、分章、文字,让民间各行其是,那么,《老子》恐怕不会遭到如此大的误解,对历史的贡献会是另一种样子。

第二大负面贡献。将《老子》进言对象由"侯王"转向臣民,由"南面术"转向"人生哲学"、"生命智慧"。应当说,唐玄宗为《道德经》所作的注疏,不乏对"南面术"的真知灼见。比如对"反者道之动",注曰:"此明权也。反者取其反经合义时者是圣人行权,行权者是道之运动,故云反者道之动也",对"弱者道之用",注曰:"此明实也。柔者取其柔弱雌静者,是圣人之道常用,故云弱者道之用。"(见《道藏》十三卷,第452页)唐玄宗所谓的"圣人"即君王,显而易见,他不仅把它理解为君道,而且指明人君要立于反弱,守雌守柔,这比今人认为它是"自然界事物的运动和变化不依循的规律"要正确百倍啊!又如对五十二章的"塞其兑,闭其门,终身不勤",注曰:"爱悦也,目悦色,耳悦声,六根各有所悦,纵则生患,是故塞之不纵六根爱欲,则祸患之门闭。"自然"开其悦,济其事",则是"开张六根,纵其欲,常有祸患,终身不救"。用高亨的话说,这是一种"圣人临民之术",玄宗的理解应该说超过许多今人。但是,作为御注御疏,难免有所讳,有所转移,替帝王增色之语。比如:"上德不德",玄宗注为"上古淳朴,德用不彰"。完全将上德推到"上古",绝口不提当今之君上如何"上德不德"。又如《老子》倡导侯王要"自称""自名"孤、寡、不穀,即称呼和认识到自己的为政对于人民的无德、少德、不善。唐玄宗之注也说它"非尊荣之称","当须谦卑,守柔弱",但这个称谓的含义究竟是什么,只好讳而不言了。这些是"有所讳"。又如《老子》的"国中有四大,王居其一",自然玄宗不能用"人居其一"来代替"王居其一",而且注曰:"王者人灵之主,万物系其兴亡",不仅是人主,而且是"人灵"和万物之主,而且将政治领域的"国中有四大",定格为"域中有四大",其疆域由政治之"国"扩大到政治以外的天上地下的自然界"域"。这些就是站在维护帝王利益立场上的"有所增益"。而更重要(或更要命)的是大大转移《老子》的进言对象,把《老子》的君人"南面术",改造成为人生哲学。

不过这里需要再次弄清楚《老子》究竟是对谁的进言?应该说《老子》进说对

象是"上"——"圣人"、"侯王"、"人主"、"天下王"、"社稷主"等为政者。五千言《老子》,"圣人"一词凡二十五见;"侯王"、"人主"指君上之"上"之类词句凡二十二见;只有圣人、圣君方敢当其称的"我"、"吾",凡二十四见;再就是"为天下"、"托天下"等"天下"之词,凡六十三见。这三项共计三百一十余字,占全书百分之六。可见《老子》的进言对象及所进何言了。他关心"天下"大事,幻想侯王之治变成圣人之治。下面再来看古今第一流学者的高见。其一,《汉书·艺文志》说:"道家者流,盖出于史官,历记成败祸福古今之道,然后知秉要执本",清虚的自守,卑弱的自持,"此君人南面术也。"后面的克己、能让、谦谦等,可以说完全是指《老子》之主张。这里班固一点也没有理会《庄子·天下篇》对于老聃学说的概括,因为《庄子》一书,根本没有"南面术",而班固则是根据入世干主来评价《老子》的,并且为历史实践所证实。其二,张舜徽说:"自汉以上学者悉知'道德'二字为主术,为君道,是以凡习帝王之术者,则谓之修道德,或谓之习道论。"甚至说:"周秦诸子以帝王术为中心。""道论二字,可说是道家理论的简称,它的具体内容便是君人南面术。"(《周秦道论发微》,人民出版社1982年版,第32页,第2页)这话深刻而精彩。其三,李泽厚的说法稍有不同:"先秦各派哲学基本上都是社会论的政治哲学。道家老学亦然,《老子》把兵家的军事斗争上升为政治层次的'君人南面术',以为统治者的侯王'圣人'服务,这便是它的基础含义。"(《中国古代思想史论》,人民出版社1985年版,第88页)可见古今学界泰斗认定《老子》是史官总结历史经验教训,向侯王献上一套"南面术"的。对此,玄宗也是心领神会的,比如不尚贤、愚民、抑智等等权谋方面,他的注疏非常精到。但他却将《老子》约束侯王的政治之道,尽力引向人臣与人民。比如他注《老子》的"不自见"为"人能不自见(显示)其德",注"不自是"为"人能不自以为是",注"不自伐"为"人能不自伐"(《道藏》十三卷,第410、411页)。这种完全转移到"人"上,也许是受《太平经》、《老子想尔注》的影响,根本不向帝王方面引,丝毫也不接触君王的自以为是、自夸、自大,未认识到会带来何等灾难性的后果。帛本证明古本《老子》序言章为今本三十七章。它说:"道恒无名,侯王若守之,万物将自化,化而欲作,吾将镇之无名之朴……夫将不辱。"也就是告诫侯王要安守无名、勿求名求辱,但是玄宗不取"道恒无名",而取"道常无为而无不为,侯王若能守……"这一来侯王不是安守无名了,而是守住像天、像大自然那样的"无为无不为"了。这已是荒唐的拔高。而接着对"化而欲作……"的注则是一个大转移:"人即从君上之化,以无为清静而复欲动作有为者,吾将以无名之朴而镇静之"。"人君以无名之朴镇静苍生"(《道藏》十三卷,第51、441、442页)。这一来完全转移到别的"人"和"苍生"上来了,而独独少了《老子》进言的主要对象:"侯王"。看来,在玄宗头脑里,是不存在《老子》约束君王的政治道德与政治权力这一说的。

唐玄宗如何把"南面术"的《老子》转移为人生哲学的《道德经》,集中体现在他的《通微道诀》。开元十年(722年),他下诏"《道德经》宜令士庶家藏一本"。看来这一条还难以完全办到。五千言《道德经》对于士庶之家,还是嫌长了,而且它也太难懂,更重要的是其中有许多不适宜"士庶"们知道之说。所以唐玄宗又撰写了不足三百字的、文字流畅、短小精悍的《通微道诀》(以下简称《道诀》),集中体现了他如何将"南面术"的《道德经》转化为人生哲学的。

首先,他首创了人与道的关系理论。《道诀》以母子关系为喻进行说明:"人者,道之子;道者,人之母。"把道比作母亲,把人比作道的孩子。又说:"念身何来,从道而有。"人身虽然是母亲所生,但从根本的意义上讲还是从道而生的,所以,人应该像亲近母亲那样尊重亲近道,反之,"子不知母,谓之不孝;人不识道,谓之至愚"。他还进一步用鱼水关系来形容人与道的关系,《道诀》中说:"鱼在水中,水为鱼命;人在道中,道为人生。道去则人亡,水竭则鱼困。"道成了人的生命要素,有没有道变成生死存亡的大事。这种结论不见于《老子》。自然属玄宗首创。他极力倡导臣民"守道、合道、履道、蕴道、体道"。至于帝王如何守道、履道,那人们就别操心了。

其次,他提出十一条修道之纲。第一,道的教义既不同于佛教,也不同于儒教、道教,《道诀》简括浓缩为所谓"无为之教"。"弃无为之教,别云修善"。"无为"是《老子》的一味重药,专治世袭侯王"有为"的,因为侯王有为会引发出种种祸患与灾难。在这里,唐玄宗将"无为"一股脑转移到臣民身上去了。全民族修炼"无为"能修出什么善果?可想而知。第二,修道的关键在于修心,而修心的关键在于静心,而静心就是使心空寂下来。《道诀》的最后又再次呼吁"尔当慎汝身,洗尔心"。"吾好静"、"吾无事"是《老子》针对侯王好折腾,因而扰民、害民、灾民才开出的另一重要方剂,这里原封未动又转送给臣民。第三,修道应该从人自身去修,即所谓"大道坦坦,去身不远。修之于身,其德乃真"。如果离开自身去寻觅道,那只能是"背道求道,从迷至迷"。他为此大声哀叹:"不知即身以求道,而乃徇福以丧真,何其误欤?"《老子》说的是要将善于建立、善于保持的原则修之于身、家、乡、天下,

《道诀》说的完全是另一码事。第四,修心必须建立在"去万恶,增万善"的基础之上,"诸恶莫作,众善奉行"。第五,唐玄宗还强调修道一定要勤奋努力,不能懈怠。他把勤奋努力者称为"上士",而把懈怠者称为"下士",认为"上士能勤行,下士惟大笑",他认为所有人都"可为勤行之士",并在《道诀》中三次呼吁"尔其勖(勉)哉"。其实,《老子》的上、中、下士,指三等知识分子,这里转移到一般人士了。第六,"不益己,不损物"。第七,对内知足,对外不贪,他大力提倡"少私寡欲,夷心注元"、"常取不足,勿求有余"。认为"物足者,非知足。心足者,乃知足。心若知足,此足则常足矣"。第八,"内保慈俭,外能和同"。把侯王慈、俭变为温饱不足之民众的慈与俭。第九,"善本破恶,不合邀名;施本济人,不合求报",唐玄宗以最高统治者的身份告诫众生:"今将告以元言之首,施勿求福,而福自至;斋勿贪功,是谓有欲。"这里又将《老子》告诫侯王的"无名"、"无欲"之教一股脑转让给臣民。第十,"柔弱为趋道之津,诚敬乃入真之驭。"意思是说,柔弱为趋向道的渡口,诚敬为进入真的车马。这里柔弱是从抑制臣民的角度来讲的,而诚敬则是让臣民推崇他人的角度来讲的。《老子》的"贵柔"是指君王,这里又变为臣民的事。第十一,"内养五神,外合一气"。"五神"指五种精神活动,即神、魂、魄、意、志与由此而生的喜、怒、思、忧、恐五志。这已是唐玄宗自己的发挥了。

其三,修道的最终目的是什么?其一,对修道者个人而言,最后要达到"长生久视,沐浴元波"的目标。他吹嘘自己的《道诀》为"真经之旨毕于是,不死之方尽于是"。所谓"长生久视"就是指长生长寿。其实,按照楚简《老子》的文字,是说的富足人民事奉上天没有比务农更重要了。这样才是"可以有国,有国之母,可以长久"的"长生久视之道"[①],说的是经济、重农,唐玄宗把它理解为养生问题了。其二,推行道法是为了形成一种"去万恶,增万善",尤其是忠和孝的社会风气,从而使统治阶级团结、社会秩序安定,正如《道诀》中所说的"忠者,臣之分;孝者,子之心"。忠孝是当时统治稳固、社会安定、经济发展的基本前提。"臣忠子孝",这才是唐玄宗最关心的修道目的。这里唐玄宗既用《老子》,也借用了儒教、佛教的全套修道劝善的方法,变《老子》为人生哲学,加之道教也把《道德经》引向养生、重生、贵生,《老子》的"南面术"终于完全变成了人生哲学、人生大智慧(以上《道诀》引文,出于李利安《唐玄宗〈通微道诀〉的人生和谐之道》一文。见《和谐世界以道

[①] 详拙著《楚简老子辨析》,中华书局2001年版,第272—275页。

相通》,宗教出版社 2007 年版,第 618—623 页)。

从此唐玄宗把尊崇《老子》一步步推到登峰造极的程度。开元二十五年(737年)诏两京及各州置玄元皇帝庙一座,崇玄学。天宝元年(742 年),诏《汉书·古今人物表》把玄元皇帝升入上圣(《旧唐书·礼仪志四》),743 年、749 年,又在"玄元皇帝"前追加了"大圣祖"、"大道"的字样。天宝十三年(754 年),玄宗朝献太清宫,再上玄元皇帝尊名曰:"大圣祖高上大道金阙玄元天皇大帝。"(《旧唐书·玄宗纪下》)可见贴金之厚、吹捧之高、令人惊倒。实际上是为自己增光添彩。同时与老子、《老子》相关的人物、著作也一定升天,尊庄子为南华真人,《庄子》升为《南华经》;尊列子为冲虚真人,《列子》升为《冲虚经》;文子为通玄真人,褒扬之至。这一来玄宗再也不会用《老子》约束自己了,陶醉于盛世太平,东封泰山,表示自己大功告成。政治上穷兵黩武,好立新功;生活上日益奢侈,"视金帛如粪土,赏赐贵宠无有极限",忘慈、忘俭、忘记不敢为天下先,自是、自见、自伐、自矜,放纵自己的享乐欲望,沉湎于声色世界,昔日由他革除的弊政,又变本加厉卷土重来。厌恶骨鲠之臣,使奸佞与昏庸当道,谏诤之路断,引发了安禄山之乱。不久被迫宣布退位,大唐盛世的辉煌,一去不复返。玄宗死后被谥为"至道大圣大明孝皇帝",不仅"大圣大明",而且"至道"——道的至高体现者。这使人联想到宋徽宗,他生前就自称为"教主道君皇帝",集人君、天神、教主于一身。还有那些历代帝王被赞为"法道"、"应道"、"继道"、"合道"、"循道"、"弘道"、"体道"、"隆道"……难道真是"君也者,道之所出也"(贾谊语)?任随人们把道捧上天,但一遇到"圣旨",那些真"道旨"也只能乖乖让路、乖乖听话。在帝王文化主导下,其他文化只能三呼万岁。

三、未被帝王改造的帛书《老子》

帝王文化对于全社会、全民族的影响,远远大于儒、释、道三大文化,是其他文化的主宰。它不仅体现在制度文化(专制主义中央集权、思想文化专制主义)上,而且深入社会的思想、心态、行为以及物态文化上。孔府孔庙有帝王气派,但那是钦定的,帝王赏赐的。有哪个道观、寺庙、佛塔能与故宫、帝王陵墓相比呢?自从内蒙古师范大学刘济生教授提出中国四大文化说后,笔者醒悟到还没有分析帝王文化对《老子》的淡化与篡改。这就是此文的由来。细想一下"上德不德"是与"皇恩浩荡,恩泽四海"相悖的,但是"上德不德"却是帛书《老子》的首篇首句,是否因为它有碍于帝王文化,这才被刘向、继而被唐玄宗颠倒篇次了呢？对生于深宫、长于妇人之手、未尝知忧知惧的世袭侯王,《老子》主张他们要时时自称、自名"孤、寡、不穀",即时时称呼和认识自己为"不德的我、少德的我,不善的我"。对绝大多数帝王来说,无德少德于民,应该是铁一般的事实,但帝王文化能允许它直白吗？"吹者不立"——吹嘘浮夸是站不住的,但对于帝王来说,时时都在吹嘘自己,"奉天承运"、"吾皇圣明"、"吾皇万岁、万万岁"[①]！怎么能承认"吹者不立"（帛本）呢？是否因此而改为"企者不立（道教想尔本改为"喘者不久"）、跨者不行"这样不痛不痒与下文无关（自以为是,固执己见,自我夸耀,自高自大都难以长久）的文字呢？帛本的"善者不多,多者不善"[②],主要指侯王当政者的私欲太重,能力太有限,有能力的又"内多欲",鲁迅的话叫"历代皇帝基本上没有好东西"。帝王能承认这一点吗？有一点可以肯定：帝王文化对战国时代《老子》的限制约束王者权力、约束其政治道德的部分,必定有改造、有隐讳、有转移,陕西省发现的不足三百字的唐玄宗的《通微道诀》碑,即充分地说明了这一点。而唐玄宗对于《老子》的负面贡献,又充分证明帝王干预学术,同样会造成学术停滞、窒息的灾难。诚然,《老子》给帝王开出的处方,把其中某些引向人生智慧、人生哲学,未尝不可,《庄子》、道教就是这么办的。但这不能成为改变《老子》初衷的理由,不能由此否定它的"南面术",尤其是"南面术"的正确部分。所以最值得庆幸的是：帛书《老子》出土了。它是一部尚未被帝王文化动手脚的书,而且道教也还不可能对它进行宗教处理,对于建立今天的领导学以及新的政治道德,不乏可资借鉴之处。想来这些会引起学人与读者的普遍关注。

作于 2007 年 1 月

[①] 见拙著《今本〈老子〉五十七个章中的模糊点——帛书老子今译》,贵州人民出版社 2006 年版,第 115—118 页,第 212 页。

[②] 见本书第二十九章。

第三十二章

《老子》的道教转变与老子的神化

《老子》一书作为史官向侯王呈献的"南面术",似乎提醒侯王:"想想你自己吧!"西汉初它一度成为官方哲学,主治世经国,到了东汉后期,在桓帝的带动下,《老子》成了追求长生的道术。公元2世纪时,经过张陵、张衡、张鲁三代的活动,老子、《老子》已被神化崇奉为道教的教祖和圣典。所以研究《老子》及老子如何实现由道家到道教的转化,就成了研究《老子》不可或缺的一项重要内容。原始道教的通俗经典,除了《太平经》之外,就要推《老子想尔注》了,而后者最能体现这种转化,它比《太平经》简短,而且更明白地告诉信徒:"想想你自己吧!"实现《老子》进言对象的转换。所以这里我们专门分析想尔本,看看它是如何实现《老子》的宗教转变的。此外,还要从《魏书·释老志》看老子其人的神化过程。当然这只是早期民间道教组织的一个小小的角落。

一、《想尔》:想想你自己吧

首先需要弄清楚什么是"想尔"?它不是人名,不像河上公本《老子》,王弼本《老子》那样,前面的字是指王弼、河上公这个人所注的《老子》。《想尔》是书名,正如《太平经》一样。那么,"想尔"是从哪里来的呢?含义是什么?下面简略摘引两则史料,大概说明"想尔"的最初来源与道教最初形成的历史:

其一,《三国志·魏书·张鲁传》所述概况:

张鲁,沛国丰人也。祖父陵,客蜀,学道鹄鸣山中,造作道书以惑百姓,从受道者出五斗米,故世号米贼。陵死,子衡行其道。衡死,鲁复行之。益州牧刘焉以鲁为督义司马,与别部司马张修将兵击汉中太守苏固,鲁遂袭修杀之,夺其众。焉死,子璋代立,以鲁不顺,尽杀鲁母家室。鲁遂据汉中,以鬼道教民,自号"师君"。其来学道者,初皆名"鬼卒"。受本道已信,号"祭酒"。各领部众,多者为治头大祭酒。皆教以诚信不欺诈,**有病自首其过**,大都与黄巾相似。诸祭酒皆作义舍,如今之亭传。又置义米肉,悬于义舍,行路者量腹取足;若过多,鬼道辄病之。犯法者,三原,然后乃行刑。不置长吏,皆以祭酒为治,民夷便乐之,雄据巴、汉垂三十年……

其二,《典略》有关记载:

熹平中(东汉末,约公元174年),妖贼大起,三辅有骆曜。光和中(约公元181年),东方有张角,汉中有张修。骆曜教民缅匿法,角为太平道,修为五斗米道,太平道者,师持九节杖为符祝,教病人**叩头思过**,因以符水饮之,得病或日浅而愈者,则云此人信道,其或不愈,则为不信道。修法略与角同,加施静室,**使病者处其中思过**。又使人为奸令祭酒,祭酒主以《老子》五千文,使都习,号为奸令。为鬼吏,主为病者请祈……

这两则史料说明了三点:
第一,道教的兴起,与农民起义有关,具有准军事性质。
第二,与起义的首领约束部众有关,张鲁的五斗米道组织,以教代政,主诚信,自治。
第三,《老子》五千文,利于统领部众与众生,又用以为病者祈生。

其中,"有病自首其过"、"叩头思过"、"思过"就是"想尔"的始初来源。另一来源是从"存思"、"存想"而来。边韶《老子铭》有所谓"**存想**丹田"。《太平经》卷七十八有"入室**存思**图诀",卷八十四又有"大人**存思**六甲图",张鲁还有所谓"入静室**存想**见神"。除此而外,也许还与曾子的"一日三省吾身"有关。所以"想尔"之"想",思也,考虑、反思、反省的意思;"尔",你也。"想尔"即想想你自己吧!那么,你应该想些什么呢?以下的"皆速思之"即可见一斑。

《云笈七签》四十三引《老君存思图》十八篇,其中"坐朝存思"第十云:

上最三行:行无为,行柔弱,行守雌勿先动。

中最三行:行无名,行清静,行诸善。

下最三行,行无欲,行知止足,行推让。

一者不杀,二者不盗,三者不淫。此三业者属身业。

一者不妄言,二者不绮语(花言巧语),三者不两舌,四者不恶口。此四属口业。

一者不嫉妒,二者不瞋恚(不怒、不怨恨),三者不邪疑。此三事属心业。

上九行,三业十事,存念惊恐,人思相干,皆速思之,危即安也。

可见《老子》的许多对侯王的说教,已经变成对信教众生的说教。上面所说的十九条,分别属于行为、修身、语言态度、思想、心志的事,在这些事中哪些与你相干?有无违犯?要抱着诚惶诚恐的态度,速速想来,只有如此才能转危为安。《想尔》就是将《老子》对侯王、圣人、当政者的献策,再加上自己的引申,创造性地转变为信徒的具体诫条。

二、想尔注还有哪些教诫

饶宗颐先生说:"敦煌莫高窟所出《老子道德经想尔注》残卷,卷末题《老子〈道经〉上》,下注"想尔"(请注意:这里只两字,无"注"字)二字分行。从《老子》三章之"则民不争"句起(上面的文句均已缺失),下至《老子》三十七章之最后一句:"天地自止(正)",凡五百八十行。注与经文连书,字体大小不分,过章又不起行。经文注文连成一体。"与唐写《道德经》之款式颇异"(饶宗颐《老子想尔本校证》,上海古籍出版社1991年版,第1页,下简称"饶著")。在这三十四个章中,可以看出《想尔》告诫信徒要注意些什么,要随时想些什么,而其总的目的是"奉道诫,积善成功,积精成神,神成仙寿",落脚在:"神成仙寿"。从饶著第6页至47页看,有如下劝诫:

1. 见可欲,勿令心动,若动,自诫(6页);
2. 虚去心中凶恶,道来归之(6页);
3. 勿知邪文,勿贪宝货(6页);

4. 心欲为恶,挫还之;怒欲发,宽解之,勿使五脏怒也。自威以道诫,自劝以长生,忌争激,忌弦声(弦外之音)(7页);

5. 喜怒不发,喜怒悉去(7页);

6. 守中和之道,学(长)生、全身(8页);

7. 求长生者,不劳精思以求财,不以无功劫禄以求荣,不食五味以恣,旧衣旧履,不与俗争(10页);

8. 人当以水为法为鉴,心常乐善仁(11页);

9. 人欲举动,勿违道诫,不可得伤王气(11页)。这有两方面的含义:其一,人在精神上必须保持王气,使它处于主宰地位。其二,对于政治、社会、大道之行,必资于王气。"故贵一人,制无二君"(44页),"国不可一日无君"(37页),这在政治上就站得住了,使帝王放心与喜爱。

10. 名与功,身之仇;功名就,身即灭。故道诫之(12页);

11. 不可乘权富贵而骄世(12页);

12. 不违道求荣,不贪宠爱(16页);

13. 求长生之人,予不谢,夺不恨,不随俗转移,真心志道,学知清静;

14. 为人行诫,辄能自反、自约持,还归道素(19页);

15. 凡办一事,先考虑道诫,安思其义不犯道,乃徐施之(19页);

16. 志意不盈溢,守道不盈溢(19页);

17. 不学邪文习权诈,不当面言善内心怀恶,不外是内非。至诚感天,专心信道诫(23页);

18. 绝诈圣邪智,不绝真圣道智(24页);

19. 行仁行义,自当至诚,天自赏之。绝不见人可欺诈为仁义(24页);

20. 绝与道相去甚远的邪学(25页);

21. 我是若非,勿与之争(29页);

22. 有功不自夸,不见德能,不自以为是,不自高自大(29页);

23. 守诚守信,不为贰过(31页);

24. 令雄如雌,即得天下之要(35页);

25. 不贪荣,志归于道,唯愿长生(36页);

26. 祸福同根。得福,慎祸来(37页);

27. 至诚守善,勿贪兵威,不得依兵图恶以自强(38、39页);

28. 不可以贵轻道(41页);

29. 自修身,行善胜恶(42页);

30. 天下有道,家家孝慈,人人真孝慈(23页);

31. 道人宁施人,勿为人所施;宁避人,勿为人所避;宁教人为善,勿为人所教;宁为人所怒,勿怒人;分均,宁与人多,勿为人所与多(46页)。

32. 勿与人争曲直,逢诤,先避之(孙思邈《摄养枕中方》引《想尔》曰:"勿与人争曲直",见饶著,116、117页)。

这些仅仅是八十一个章中不到三十四个章的道诫,如果《想尔》没有损失,集八十一个章之道诫,将会更多。

三、《想尔》是如何将《老子》改造为道教神学诫条的

道家与道教的理论基石与理论支柱都在一个"道"字。而道教要使它变成一种人们信仰的宗教,这就首先需要神化"道",并且这种神化又绝对不能离开人情人性,要与人们的利益息息相关。

首先看如何使"道"神化。在《想尔》中,道,固然是"道",而"我"、"吾"、"一"也都被注为"道"(12、16页),甚至"帝先,亦道也"(7页)。这一来,《老子》中的"道"就多了许多倍。因为道是万事万物之本,"道虽微小,为天下母,故不可得而臣"(40页),万事万物由道生,道在一切中。同时道知道世界一切事情,它能言善听,它有喜恶之情,全知全能;它赏善惩恶,世上一切由它掌握,"天地像道,仁诸善,不仁诸恶"(25页)。一切文明,伦理道德,社会秩序,无不与道有关。它可以告示孔丘,也可以遣使奚仲发明车,责成黄帝发明居室。而且"一者,亦道也……一散形为气,聚形为太上老君,常治崑崙,或言虚无,或言自然,或言无名,皆同一耳"(12页),"太上老君"就是这样被神化的,成了道教信徒顶礼膜拜的神圣偶像,他的《道德经》自然就成为道教的首要经典。道教就是这样利用《老子》的道,为信徒树立明确的信仰对象的。

那么,人与道又是什么关系呢?《想尔》把诫、道、水、人作了一番比喻:"诫如渊,道犹水,人如鱼,鱼失渊去水则死,人不行诫守道,道去则死"(49页)。谁又愿意死呢?因而"道"与人们最起码的利益——生,挂上了钩。"仙、王、士、俗与俗人",谁又不"畏死乐生"呢(25页)?

除了把"道"神化之外，还必须将"道"变为"生道"，吸引信徒祈求长生，进而成仙。简、帛本等《老子》皆为"国中有四大，王居其一"，《想尔》则改"国"为"域"、改"王"为"生"（或改"人"为"生"）。"域中有四大，生处其一"（33页）。将"生"抬到与道、天、地同样的高度，以标明道教是何等重视"生"，何等重视芸芸众生维持生命、延长生命之艰难。所以"生亦道"，"生，道之别体也"（33页），"道设生以赏善，设死以威恶"（25页），怎么能违道？"人法道意，便能长生"，将遵"道"、守"道"看成人的生存与长生成仙的必要条件与方法，而道诫则成为道教追求长生的根本教义。但毕竟死是不可能避免的，这又是人人都目见耳闻的事，那么对此该作何解释？《想尔》说，一种是"没身而不殆"之死，终身积善，"避世托死过太阴中，复一生像"（21页），"与道等寿"（43页），或者说"得仙寿"。另一种是不能积善行，死便是真死之死。而那些"仙士们"，就是"有谷则食之，无则食气"（27页）。千万记住："行道者生，失道者死"，"欲求仙寿天福，要在信道也"。

为了完善自己的理论，《想尔》不惜修改《老子》之原字，上面改"国"为"域"，改"王"为"生"，这个例子就很生动。还有将"公乃王"改为"公乃生"（20页），《老子》七章中"非以其无私邪，故能成其私"，改为"以其无尸，故能成其尸"，并注曰："不知长生之道，身皆尸行耳，非道所行，悉尸行也。道人所以得仙寿者，不行尸行，与俗别异，故能成其尸，令为仙士也"（10页）。二十四章之"企者不立"，被改为"喘者不久"，显然这又是从长生角度出发的修改。由此看《想尔》的一些注解与修改会令人发笑，但说明道教对"生"的高度重视，千方百计加以抬高。另一方面也证明饶宗颐先生下面的话是非常正确的："注语颇浅薄，复多异解，辄与《老子》本旨乖违"（183页）。

由于只有三十四个章的《想尔》注，所以我们不可能知道得更多更详细，不过这也足以说明《老子》在原始道教中的宗教转变。

四、老子其人的神化

《魏书·释老志》有这样的话：

> 道家之原，出于《老子》。其自言也，先天地生，以资万类。上处玉京，为神王之宗；下在紫微，为飞仙之主。千变万化，有德不德，随感应物，厥迹无常。

授轩辕于峨嵋，教帝喾于牧德，大禹闻长生之诀，尹喜受道德之旨。至于丹书紫字，升玄飞步之经；玉石金光，妙有灵洞之说……及张陵受道于鹄鸣，因传天官章本千有二百本，弟子相授，其事大行。……道士谦之守志嵩岳，精专不懈，以神瑞二年十月乙卯，忽遇大神，乘云驾龙，导从百灵，仙人玉女，左右侍卫，集止山顶，称太上老君。谓谦之曰："……授汝天师之位，赐汝云中音，诵新科之戒，号《并进》……"

由此看来，在《想尔》注《老子》之前，老子已被神化如《魏书》所说的这样了。太上老君居然教授过轩辕、帝喾，大禹还听过老子传授的长生诀，而且老子还乘云驾龙，有玉女侍卫，可谓超级"大神"。这与春秋战国的史官老聃、太史儋已没有一点相像了。早期道教如此神化老子与《道德经》，由此可见一斑。不过《史记·老子列传》也有些端倪："盖老子百有六十余岁、或言二百余岁，以其修道养寿也"。但这毕竟和神仙不同。东汉桓谭之《新论·袪蔽篇》，已经在加码："老子用恬淡养性，致寿数百岁"。由百六十余岁、二百余岁，进而到数百岁，这岂不是快成"仙人"了？而在理论上《老子道德经河上公章句》，又极力向养生益寿长生方面引。东汉桓帝时，朝廷几次派员祭祀老子，延熹九年（166 年），桓帝还亲自到濯龙宫祭祀老子（《后汉书·桓帝纪》）。不但民间设有老子祠，而且"宫中立黄老浮屠之祠"（《后汉书·襄楷传》）。黄帝、老子和佛同时受人们膜拜。帝王如此崇奉老子，意在"仰其永生"，"求长生福"。帝王的行动与帝王的文化大大影响到民间。而更重要的是东汉末，动荡不安，割据一方的军阀视民如草芥，想尔所注之教义，如此强调"生"，重生、贵生、养生，调动了老百姓的宗教感情，迎合民众求生、长生的渴望，这些都促使老子变形。公元 2 世纪时，"老子"的信徒已将老子崇奉为道教的教祖。呈献给汉桓帝的《太平经》，以及《老子想尔注》的诞生，就是战乱时代的局势造就，帝王促使。总之，老子多面目、多功能已由东汉后期始，到了汉晋之后，统治阶级越来越了解道教对于国泰民安和巩固自己的统治，大有好处。三教鼎盛，共襄太平。如果说老聃、太史儋的《老子》是想让侯王、帝王"想想你自己吧"！"想尔"本竟是把《老子》变成人民"思过"与"想想你自己"的教义了。

还要单独说说最终完成《老子想尔注》者张鲁的结果。他率领其五斗米道主动归降于曹操后，曹操予以抚慰厚待，"位尊上将，体极人臣，荣并爵均，童年婴稚，抱拜五人，命婚帝族，或尚或嫔"。张鲁一家都成了皇亲国戚。而对他的部众五斗米道徒,移民北迁,和平瓦解,"数万户实长安及三辅,充河北"(《三国志·魏志·张鲁传》),不久,张鲁及其僚属北迁至洛阳,客死他乡。五斗米道自然瓦解。

以上可见《老子》与老子宗教转化的一斑了。也可见中国的宗教最后都要降服于帝王和帝王文化的。

附 录：

四部最古本《老子》对照篇

（楚简《老子》、帛书《老子》甲、乙本与傅奕本《老子》之对照表）

对照表说明

为方便读者对楚简《老子》、帛书《老子》与今本《老子》文字异同的比较,特将楚简《老子》、帛书《老子》甲、乙本的释文,与今本《老子》(傅奕本《道德经古本篇》)的全文附录于后。

1. 篇次依帛书《老子》排列。
2. 章次亦依帛书《老子》,但另编以一、二、三……
3. 分章大多依今本《老子》之分章。
4. 楚简《老子》41章之文排在前,但附于相应的帛书章次之前。因为该本几乎都用古异体字,所以全部采用《楚简老子辨析》(中华书局2001年版)之订文。又因为每章文字较短,所以加了标点。
5. 帛书《老子》有19个较为正规的分章点,照录于文:●。另外还有十三个钩钩点点,虽不正规,但都标在两章之间或应该重新分章的地方,亦照录于文:∨∧·。另有82个显然系断句符号,一律省略。
6. 楚简《老子》分章点多于帛本,其分章点黑方块(■)一般标于每章之后,也有标于前,或者标其他符号如"∫"、空格等。有的章首写于竹简顶部,因此一律照录于前于后,空格于简首则无法标明。
7. 凡帛书《老子》标明应重新分章的,以及依据新增文字和文义,拟重新分章的,其章次下面标黑点。今本《老子》(傅奕本)则不动,但排于新分各章对应之处。
8. 楚简与帛书《老子》文字异于今本《老子》的,不再注明。详见《帛书老子再疏义》的注释与辨析及本书相应各章。

楚简《老子》、帛书《老子》甲、乙本与傅奕本《老子》之对照表

上 篇

【楚简本】	【帛书甲本】	【帛乙本】	【傅奕本】
	一		
□□□□□□□□	□□□□□□□□	上德不德是以有德	上德不德是以有德
□□□□□□□□	□□□□□□□□	下德不失德是以无	下德不失德是以无
德上德无□□无以	德上德无□□无以	德上德无为而无以	德上德无为而无不
为也上仁为之□□	为也上仁为之而无	为也上仁为之而无	为下德为之而无以
以为也上义为之而	以为也上义为之而	以为也上德为之而	为上仁为之而无以
有以为也上礼□□	有以为也上礼为之	有以为也上礼为之	为上义为之而有以
□□□□□□攘臂	而莫之应也则攘臂	而莫之应也则攘臂	为上礼为之而莫之
而乃之故失道失道	而乃之故失道而后	而乃之故失道而后	应则攘臂而仍之故
矣而后德失德而后	德失德而句仁失仁	德失德而句仁失仁	失道而后德失德而
仁失仁而后义□义	而句义失义而句礼	而句义失义而句礼	后仁失仁而后义失
而□□□□□□□	夫礼者忠信之泊也	夫礼者忠信之泊也	义而后礼夫礼者忠
□□□而乱之首也	而乿之首也前识者	而乿之首也前识者	信之薄而乱之首也
□□□道之华也而	道之华也而愚之首	道之华也而愚之首	前识者道之华而愚
愚之首也是以大丈	也是以大丈夫居□	也是以大丈夫居□	之始也是以大丈夫
夫居亓厚而不居亓	□□居亓泊居亓实	□□居亓泊居亓实	处其厚不处其薄处
泊居亓实不居亓华	而不居亓华故去罢	而不居亓华故去罢	其实不处其华故去
故去皮取此	而取此	而取此	彼取此
			上第三十八章
			一百三十一言[1]

---

[1] 古书乃竖排,即从右到左,从上到下,故称"右几章多少言",今改为横排,"右"应为"上"。

二

昔之得一者天得一以清地得□以宁神得一以霝浴得一以盈侯□□□而以为正亓至之也胃天毋已清将恐□胃地毋□□将恐□胃神毋已霝□恐歇胃浴毋已盈将恐渴胃侯王毋已贵□□□□□

昔得一者天得一以清地得一以宁神得一以霝浴得一以盈侯王得一以为天下正亓至也胃天毋已清将恐莲地毋已宁将恐发神毋□□□恐歇谷毋已□将渴侯王毋已贵以高将恐蹶

昔之得一者天得一以清地得一以宁神得一以灵谷得一以盈万物得一以生王侯得一以为天下贞其致之一也天无以清将恐裂地无以宁将恐发神无以灵将恐歇谷无以盈将恐竭万物无以生将恐灭王侯无以为贞而贵高将恐蹶故贵以贱为本高以下为基是以王侯自谓孤寡不穀是其以贱为本也非欤故致数誉无誉不欲碌碌若玉落落若石

上第三十九章 一百三十九言

三

故必贵而以贱为本必高矣而以下为坁夫是以侯王自胃□孤寡不豪此亓贱□□与非□故致数与无与是故不欲□若玉硌□□□

故必贵以贱为本必高矣而以下为坁夫是以侯王自胃孤寡不豪此亓贱之本与非也故至数舆无舆是故不欲禄禄若玉硌硌若石

四

■上士闻道勤行于其中。中士闻道，若存若亡。

□□□□□□□□
□□□□□□□□
□□□□□□□□

上□□道堇能行之中士闻道若存若亡下士闻道大笑之弗

上士闻道而勤行之中士闻道若存若亡下士闻道而大笑之

附录:四部最古本《老子》对照篇

| 下士闻道大笑之，弗大笑不足以为道。是以建言有之：明道如悖，夷道如类，进道如退，上德如谷。■ | □□□□□□□□□□□□□□□□□□□□□□□ | 笑□□以为道是以建言有之曰明道如费进道如退夷道如类上德如谷 | 不笑不足以为道故建言有之曰明道若昧夷道若类进道若退上德若谷大白若黩广德若不足建德若偷质真若输大方无隅大器晚成大音稀声大象无形道隐无名夫惟道善贷且成
上第四十一章九十七言 |

五

| 大白如辱，广德如不足，建德如输，质真如渝。大方亡隅。大器慢成。大音祗声。天象亡形。道…… | □□□□□□□□□□□□□□□□□□□□□□□□□□□□道善□□□□ | 大白如辱广德如不足建德如□质□□□大方无禺大器免成大音希声天象无刑道裦无名夫唯道善始且善成 | |

六

| 反也者，道动也，弱也者，道之用也。天下之物生于有，生于亡。■ | □□道之动也弱也者道之用也天□□□□□□□□□ | 反也者道之动也□□者道之用也天下之物生于有有□于无 | 反者道之动弱者道之用天下之物生于有有生于无
上第四十章二十一言 |

七

| □□□□□□□□□□□□□□□中气以为和 | 道生一一生二二生三三生□□□□□□□□□以为和 | 道生一一生二二生三三生万物万物负阴而裒阳冲气以为和人之所恶惟孤寡不穀而王侯以自称 |

　　　　　　　　　　　　　　　　　　　　也故物或损之而益
　　　　　　　　　　　　　　　　　　　　或益之而损人之所
　　　　　　　　　　　　　　　　　　　　以教我亦我之所以
　　　　　　　　　　　　　　　　　　　　教人强梁者不得其
　　　　　　　　　　　　　　　　　　　　死吾将以为学父
　　　　　　　　　　　　　　　　　　　　　　上第四十二章
　　　　　　　　　　　　　　　　　　　　七十九言

八

天下之所恶唯孤寡　　人之所亚□□寡不
不豰而王公以自名　　豰而王公以自□□
也勿或敗之□□□　　□□□□□云云之
之而敗故人□□□　　而益□□□□□□
夕议而教人故强良　　□□□□□□□□
者不得死我□以为　　□□吾将以□□父
学父

九

天下之至柔□骋于　天下之至□驰骋乎　天下之至柔驰骋天
天下之致坚无有人　天下□□□□□□　下之至坚出于无有
于无间五是以知无　□□□无间吾是以　入于无间吾是以知
为□□益也不□□　□□□□□□□□　无为之有益也不言
教无为之益□下希　□□□□□□□□　之教无为之益天下
能及之矣　　　　　□□□□□□□矣　稀及之矣
　　　　　　　　　　　　　　　　　　　　　上第四十三章
　　　　　　　　　　　　　　　　　　　　四十四言

十

名与身孰亲?身与　名与身孰亲身与货　名与□□□□□□　名与身孰亲身与货
货孰多?得与亡孰　孰多得与亡孰病甚　□□□□□□□□　孰多得与亡孰病是
病?甚爱必大费。　□□□□□□□□　□□□□□□□□　故甚爱必大费多藏
厚藏必多亡。故知　亡故知足不辱知止　□□□□□□□□　必厚亡知足不辱知
足不辱,知止不殆,　不殆可以长久　　　□□□□□□□□　止不殆可以长久
可以长久。■　　　　　　　　　　　　　　　　　　　　　　上第四十四章
　　　　　　　　　　　　　　　　　　　　三十九言

附录：四部最古本《老子》对照篇　345

十一

■大成若缺，其用不弊。■大盈若盅，其用不穷。■大巧若拙。大成若诎。■大直若屈。

大成若缺亓用不弊　大盈若浧亓用不䈞　大直如诎大巧如拙　大赢如炳

□□□□□□□□　□盈如冲亓□□□　□□□□□巧如拙　□□□□□□如拙　胜热知清靖以为天下正

大成若缺其用不敝　大满若盅其用不穷　大直若诎大巧若拙　大辩若讷躁胜寒靖

　　　上第四十五章　四十二言

十二

噪胜苍，青胜燃，清清为天下定。

趮胜寒靓胜炅请靓可以为天下正

趮朕寒□□□□　□□□□□□□

十三

●天下有道□走马以粪天下无道戎马生于郊

□□□道却走马粪无道戎马生于郊

天下有道却走马以播天下无道戎马生于郊罪莫大于可欲祸莫大于不知足咎莫憯于欲得故知足之足常足矣

　　　上第四十六章　四十五言

十四

罪莫厚乎甚欲，咎莫险乎欲得，祸莫大于不知足，知足之为足，此恒足矣！■

●罪莫大于可欲慁莫大于不知足咎莫憯于欲得□□□□□恒足矣

罪莫大可欲祸□□　□□□□□□□□　□□□□□□□□足矣

十五

不出于户以知天下不规于牖以知天道亓出也弥远亓□□□□□□□□□

不出于户以知天下不规于□□知天道亓出弥远者亓知弥□□□□□□□

不出户可以知天下不窥牖可以知天道其出弥远其知弥趚是以圣人不行而知

学者日益，为道者日损，损之又损，以至于无为而无不为。	□□□□□□为而□	□□而名弗为而成	不见而名不为而成 上第四十七章 四十言
	十六		
	为□□□□□ □□□□□□ □□□□□□ □	为学者日益闻道者日云云之有云以至于无□□□□□□□	为学者日益为道者日损损之又损之以至于无为无为则无不为将欲取天下者常以无事及其有事又不足以取天下矣 上第四十八章 四十八言
	十七		
	□□取天下也恒□ □□□□□□□ □□□□□	□□取天下恒无事及亓有事也□□足以取天□□	
	十八		
	□□□□□□以百□之心为□善者善之不善者亦善□□ □□□□□□□ □□□□□信也□ □之在天下歙歙焉为天下浑心百姓皆属耳目焉圣人皆□	□人恒无心以百省之心为心善□□□ □□□□□□善也信者信之不信者亦信之德信也耵人之在天下也欲欲焉□□□□□生皆注亓□□□□□□□	圣人无常心以百姓心为心善者吾善之不善者吾亦善之得善矣信者吾信之不信者吾亦信之得信矣圣人之在天下歙歙焉为天下浑浑焉百姓皆注其耳目圣人皆咳之 上第四十九章 六十八言
	十九		
	□生□□□□□ 有□□□徒十有三而民生生勤皆之死	□生入死生之□□ □□□之徒十又三而民生生僅皆之死	出生入死生之徒十有三死之徒十有三而民之生生而动动

附录：四部最古本《老子》对照篇　347

| | | | 皆之死地亦十有三
夫何故以其生生之
厚也盖闻善摄生者
陆行不遇兕虎入军
不被甲兵兕无所投
其角虎无所措其爪
兵无所容其刃夫何
故也以其无死地焉
　　上第五十章
八十八言 |

地之十有三夫何故　地之十有三□何故
也以亓生生也　　　也以亓生生

二十

盖□□执生者陵行　盖闻善执生者陵行
不□矢虎入军不被　不辟兕虎入军不被
甲兵矢无所椯亓角　兵革兕无□□□□
虎无所昔亓蚤兵无　□□□□亓蚤兵□
所容□□□何故也　□□□□□□□也
以亓无死地焉　　　以亓无□□□

二十一

●道生之而德畜之　道生之德畜之物刑　道生之德畜之物形
物刑之而器成之是　之而器成之是以万　之势成之是以万物
以万物尊道而贵□　物尊道而贵德道之　莫不尊道而贵德道
□之尊德之贵也夫　尊也德之贵也夫莫　之尊德之贵夫莫之
莫之时而恒自然也　之爵也而恒自然也　爵而常自然故道生
　　　　　　　　　　　　　　　　　　之德畜之长之育之
　　　　　　　　　　　　　　　　　　亭之毒之盖之覆之
　　　　　　　　　　　　　　　　　　生而不有为而不恃
　　　　　　　　　　　　　　　　　　长而不宰是谓玄德
　　　　　　　　　　　　　　　　　　　　上第五十一章
　　　　　　　　　　　　　　　　　　七十二言

二十二

●道生之畜之长之　道生之畜□□□□
遂之亭之□之□□　之亭之毒之养之复
□□□□弗有也为　□□□□□□□□

而弗寺也长而弗宰　□□弗宰是胃玄
也此之谓玄德　　　德

二十三

●天下有始以为天　天下有始以为天下　●天下有始可以为
下母懸得亓母以知　母既得亓母以知亓　天下母既得其母以
亓□复守亓母没身　子既○知亓子复守　知其子既知其子复
不殆　　　　　　　亓母没身不佁　　　守其母没身不殆塞
　　　　　　　　　　　　　　　　　其兑闭其门终身不
　　　　　　　　　　　　　　　　　勤开其兑济其事终
　　　　　　　　　　　　　　　　　身不救见小曰明守
　　　　　　　　　　　　　　　　　柔曰强用其光复归
　　　　　　　　　　　　　　　　　其明无遗身殃是谓
　　　　　　　　　　　　　　　　　袭常

　　　　　　　　　　　　　　　　　　上第五十二章
　　　　　　　　　　　　　　　　　七十三言

二十四

闭其门、塞其兑，　●塞亓闼闭亓门终　塞亓坑闭亓门冬身
终身不危。启其　　身不堇启亓闼济亓　不堇启亓坑齐亓□
兑、赛其事，终身　事终身□□□小曰　□□不棘见小曰明
不救。■　　　　　□守柔曰强用亓光　守□□强用□□□
　　　　　　　　　复归亓明毋道身央　□□□□遗身央是
　　　　　　　　　是胃袭常　　　　　胃□常

二十五

●使我挈有知也□　使我介有知行于大　使我介然有知行于
□大道唯□□□□　道唯他是畏大道甚　大道惟施是畏大道
□甚夷民甚好解朝　夷民甚好僻朝甚除　甚夷而民好径朝甚
甚除田甚芜仓甚虚　田甚芜仓甚虚服文　除田甚芜仓甚虚服
服文采带利□□食　采带利剑猒食而赍　文采带利剑猒饮食
货□□□□□□□　财□□□□盗□□　货财有余是谓盗夸
□□□□□　　　　□非□也　　　　　盗夸非道也哉

　　　　　　　　　　　　　　　　　　上第五十三章
　　　　　　　　　　　　　　　　　五十四言

二十六

善建者不拔,善保者不脱,子孙以祭祀不顿。修之身,其德乃真;修之家,其德有舍;修之乡,其德乃长;修之邦,其德乃丰;修之天下,其德乃溥。〔故以身观身〕,以家观家,以乡观乡,以邦观邦,以天下观天下。吾何以知天下以然?以此。

善建□□拔□□□□□子孙以祭祀□□□□□□□□□□□□余修之□□□□□□□□□□□□□以身□身以家观家以乡观乡以邦观邦以天□观□□□□□□□□□

善建者□□□□□□子孙以祭祀不绝脩之身亓德乃真脩之家亓德有余脩之乡亓德乃长脩之国亓德乃夆脩之天下亓德乃溥以身观身以家观□□□□国以天下观天下吾何□知天下之然兹以□

善建者不拔善寝者不脱子孙祭祀不辍修之身其德乃真修之家其德乃余修之乡其德乃长修之邦其德乃丰修之天下其德乃溥故以身观身以家观家以乡观乡以邦观邦以天下观天下吾奚以知天下之然哉以此

上第五十四章八十六言

二十七

含德之厚者,比于赤子。蛹蝎虫蛇不螫,攫鸟猛兽不扣。骨弱筋柔而捉固,未知牝牡之合然怒,精之至也;终日乎而不忧,和之至也。和曰常,知和曰明,益生曰祥,心使气曰强。物壮即老,是谓不道。

□□之厚□比于赤子逢俐蝛地弗螫攫鸟猛兽弗搏骨弱筋柔而握固未知牝□□□□□精□至也终日号而不发和之至也和曰常知和曰明益生曰祥心使气曰强□□即老胃之不道不□□□

含德之厚者比于赤子螽疠虫蛇弗赫据鸟孟兽弗捕骨筋弱柔而握固未知牝牡之会而朘怒精之至也冬日号而不嘎和□□□□□常知□明益生□祥心使气曰强物□则老胃之不道不道蚤已

含德之厚者比之于赤子也蜂虿不螫猛兽不据攫鸟不搏骨弱筋柔而握固未知牝牡之合而朘作精之至也终日号而嗌不嘎和之至也知和曰常知常曰明益生曰祥心使气则强物壮则老谓之不道不道早已

上第五十五章八十三言

二十八

智之者弗言,言

□□弗言言者弗知

知者弗言言者弗知

知者不言也言者不

之者弗智。闭其兑,塞其门,和其光,挫其锐,同其尘,解其纷,是谓玄同。故不可得而亲,亦不可得而疏;不可得而利,亦不可得而害;不可得而贵,亦不可得而贱。故为天下贵。■

塞亓闷闭亓□□其光同亓銎坐亓阅解亓纷是胃玄同故不可得而亲亦不可得而疏不可得而利亦不可得而害不可而贵亦不可得而浅故为天下贵

塞亓㙂闭亓门和亓光同亓尘锉亓兑而解亓纷是胃玄同故不可得而亲也亦□□得而□□得而○利□□□得而害不可得而贵亦不可得而贱故为天下贵

知也塞其兑闭其门挫其锐解其纷和其光同其尘是谓玄同不可得而亲亦不可得而疏不可得而利亦不可得而害不可得而贵亦不可得而贱故为天下贵

上第五十六章
七十言

二十九

以正之邦,以奇用兵,以无事取天下。吾何以知其然也哉?夫天下多忌讳而民弥畔。民多利器而邦家滋昏,人多智而奇物滋起。法物滋彰而盗贼。多有。是以圣人之言曰:我无事而民自富;我亡为而民自化;我好静而民自正;我欲不欲而民自朴。」

●以正之邦以畸用兵以无事取天下吾□□□□也哉夫天下□□讳而民弥贫民多利器而邦家兹昏人多知而何物兹□□□□□盗贼□□□□□□□□我无为也而民自化我好静而民自正我无事民□□□□□□□□□

以正之国以畸用兵以无事取天下吾何以知亓然也才夫天下多忌讳而民弥贫民多利器□□□昏□□□□物兹章而盗贼□□是以□人之言曰我无为而民自化我好静而民自正我无事而民自富我欲不欲而民自朴

以政治国以奇用兵以无事取天下吾奚以知天下其然哉以此夫天下多忌讳而民弥贫民多利器国家滋昏民多知慧而衺事滋起法令滋章盗贼多有故圣人云我无为而民自化我好靖而民自正我无事而民自富我无欲而民自朴

上第五十七章
九十二言

三十

□□□□□□□其正察察其邦夬夬䙼福之所倚福祸之

亓正阁阁亓民屯屯亓正察察亓□□福□之所伏孰知亓

其政闵闵其民偆偆其政督督其民缺缺祸兮福之所倚福兮

附录：四部最古本《老子》对照篇　351

所伏□□□□□ □□□□□□□ □□□□□□□ □□□□□□□ □□□□□	极□无正也正□ □善复为□□之恋 也亓日固久矣是以 方而不割兼而不刺 直而不绁光而不眺	祸之所伏孰知其极 其无正裹正复为奇 善复为祅人之迷也 其日固久矣是以圣 人方而不割廉而不 刿直而不肆光而不 耀
		上第五十八章 七十三言

三十一

给人事天莫若穑， 夫唯穑，是以早 □是以早备是谓 □□□□，□□ □□□□，□不 克则莫知其亟， 莫知其亟可以有 国，有国之母， 可以长□□□ □、□□、长生久 视之道。	□□□□□□□ □□□□□□□ □□□□□□□ □□□□□□□ 可以有国有国之母 可以长久是胃深槿 固氏长□□□□ 也	治人事天莫若啬夫 唯啬是以蚤服蚤服 是胃重积□重□□ □□□□□□□ 莫知亓□莫知亓□ □□有国有国之母 可□□久是胃□根 固氏长生久视之道 也	治人事天莫若啬夫 惟啬是以早服早服 谓之重积德重积德 则无不克无不克则 莫知其极莫知其极 可以有国有国之母 可以长久是谓深根 固柢长生久视之道 上第五十九章 六十四言

三十二

□□□□□□□	治大国若亨小鲜	治大国若烹小鲜以 道莅天下者其鬼不 神非其鬼不神其神 不伤人非其神不伤 人圣人亦不伤人夫 两不相伤故德交归 焉 上第六十章 四十九言

三十三

□□□天下亓鬼不	以道立天下亓鬼不

神非亓鬼不神也亓神不伤人也非亓申不伤人也圣人亦弗伤□□□不相□□德交归焉	神非亓鬼不神也亓神不伤人也非亓神不伤人也□□□弗伤也夫两□相伤故德交归焉	

三十四

大邦者下流也天下之牝天下之郊也牝恒以靓胜牡为亓靓□□宜为下大邦□下小□则取小邦小邦以下大邦则取于大邦故或下以取或下而取□大邦者不过欲兼畜人小邦者不过欲入事人夫皆得亓欲□□□□为下	大国□□□□□□牝也天下之交也牝恒以静朕牡为亓静也故宜为下也故大国以下□国则取小国小国以下大国则取于大国故或下□□□下而取故大国者不□欲并畜人小国不□欲入事人夫□□其欲则大者宜为下	大国者天下之下流天下之交天下之牝牝常以靖胜牡以其靖故为下也故大国以下小国则取于小国小国以下大国则取于大国或下以取或下而取大国不过欲兼畜人小国不过欲入事人两者各得其所欲故大者宜为下

上第六十一章
八十九言

三十五

□者万物之注也善人之葆也不善人之所葆也美言可以市尊行可以贺人人之不善也何弃□有故立天子置三卿虽有共之璧以先四马不善坐而进此古之所以贵此者何也不胃求□得有罪以免舆故为天下贵	道者万物之注也善人之葆也不善人之所保也美言可以市尊行可以贺人人之不善何□□□□立天子置三乡虽有□璧以先四马不若坐而进此古□□□□□□□□不胃求以得有罪以免与故为天下贵	道者万物之奥也善人之所宝不善人之所保美言可以于市尊言可以加于人人之不善何弃之有故立天子置三公虽有拱璧以先驷马不如进此道也古之所以贵此道者何也不曰求以得有罪以免邪故为天下贵

上第六十二章

附录：四部最古本《老子》对照篇　353

　　　　　　　　　　　　　　　　　　　　八十五言

　　　　　　　三十六

为亡为、事亡事、　●为无为事无事味　为无为□□□□　为无为事无事味无
味亡味，大小之。　无未大小多少报怨　□□□□□□　味大小多少报怨以
　　　　　　　　以德　　　　　　　□□　　　　　德图难乎于其易为
　　　　　　　　　　　　　　　　　　　　　　　　大乎于其细天下之
　　　　　　　　　　　　　　　　　　　　　　　　难事必作于易天下
　　　　　　　　　　　　　　　　　　　　　　　　之大事必作于细是
　　　　　　　　　　　　　　　　　　　　　　　　以圣人终不为大故
　　　　　　　　　　　　　　　　　　　　　　　　能成其大夫轻诺者
　　　　　　　　　　　　　　　　　　　　　　　　必寡信多易者必多
　　　　　　　　　　　　　　　　　　　　　　　　难是以圣人犹难之
　　　　　　　　　　　　　　　　　　　　　　　　故终无难矣
　　　　　　　　　　　　　　　　　　　　　　　　　上第六十三章
　　　　　　　　　　　　　　　　　　　　　　　　八十五言

　　　　　　　三十七
　　　　　　　∨图难乎□□□　□□□□□□□乎
　　　　　　　□□□□天下之　其细也天下之□□
　　　　　　　难作于易天下之大　□易天下之大□□
　　　　　　　作于细是以圣人冬　□□□□□□□□
　　　　　　　不为大故能□□□　□□□□□

　　　　　　　三十八
多惕必多难，是　□□□□□□□□　夫轻若□□信多易
以圣人犹难之，　□必多难是□□人　必多难是以耶人□
故终无难。■　　猷难之故冬于无难　□之故□□□□

　　　　　　　三十九
其安也，易持也。●丌安也易持也□　□□□□□□□□　其安易持其未兆易
其未兆也，易谋　□□□易谋□□□　□□□□□□□□　谋其脆易判其微易
也。其脆也，易　□□□□□□□□　□□□□□□□□　散为之乎其未有治
判也。其几也，　□□□□□□□□　□□□□□□□□　之乎其未乱合襃之

易剪也。为之于其亡有也，补之于其未乱。

□□□□□□□ □□□□□□

木生于毫末九成之台起于累土千里之行始于足下为者败之执者失之是以圣人无为故无败无执故无失民之从事常于其几成而败之慎终如始则无败事矣是以圣人欲不欲不贵难得之货学不学以复众人之所过以辅万物之自然而不敢为也

上第六十四章
一百三十一言

四十

合抱之木，生于毫末；九成之台，作于累土；百仞之高，始于足下。■

□□□□□□毫末九成之台作于赢土百仁之高台于足□

□□□□木作于毫末九成之台作于累土百千之高始于足下

四十一

为之者败之，执之者远之。是以圣人亡为故无败，无执故无失。

□□□□□□□□□□□□□也，无败□无执也故无失也

为之者败之执者失之是以耵人无为□□□□□□□□□

四十二

临事之纪，誓终如始，此无败事矣。■

民之从事也恒于亓成事而败之故慎终若始则□□□□

民之从事也恒于亓成而败之故曰慎冬若始则无败事矣

附录：四部最古本《老子》对照篇　355

四十三

圣人欲不欲,不贵难得之货,教不教,复众人之所过,是故圣人能辅万物之自然而弗敢为。■	□□欲不欲而不贵难得之胠学不学而复众人之所过能辅万物之自□□弗敢为	是以耵人欲不欲而不贵难得之货学不学复众人之所过能辅万物之自然而弗敢为	

四十四

	故曰为道者非以明民也将以愚之也民之难□也以亓知也故以知知邦邦之贼也以不知知邦□□德也恒知此两者亦稽式也恒知稽式此胃玄德玄德深矣远矣与物□矣乃□□□	古之为道者非以明□□□□之也夫民之难治也以亓知也故以知知国国之贼也以不知知国国之德也恒知此两者亦稽式也恒知稽式是胃玄德玄德深矣远矣□物反也乃至大顺	古之善为道者非以明民将以愚之民之难治以其多知也故以知治国国之贼也不以知治国国之福也常知此两者亦稽式也能知稽式是谓玄德玄德深矣远矣与物反矣乃复至于大顺
			上第六十五章七十四言

四十五

江海之所以为百谷王,以其能为百谷下,是以能为百谷王。圣人之在民前也,以向后之；其在民上也,以言下之。其在民上也,民弗厚也；其在民前也,民弗害也。天下乐进而弗厌,以其不争也,故	□海之所以能为百浴王者以亓善下之是以能为百浴王是以圣人之欲上民也必以亓言下之亓欲先□□必以亓身后之故居前而民弗害也居上而民弗重也天下乐隼而弗猒也非以亓无净与故□□□□□净	江海所以能为百浴□□□亓□下之也是以能为百浴王是以耵人之欲上民也必以亓言下之亓欲先民也必以亓言身后之故居上而民弗重也居前而民弗害也天下皆乐谁而弗猒也不□亓无争与故天下莫能与争	江海所以能为百谷王者以其善下之也故能为百谷王是以圣人欲上民必以其言下之欲先民必以其身后之是以圣人处之上而民弗重处之前而民不害也是以天下乐推而不猒不以其不争故天下莫能与之争
			上第六十六章

天下莫能与之争。

八十五言

四十六

●小邦寙民使十百人之器毋用使民重死而远送有车周无所乘之有甲兵无所陈□□□□□□用之甘亓食美亓服乐亓俗安亓居邻邦相望鸡狗之声相闻民□□□□□□

小国寡民使有十百人器而勿用使民重死而远徙又周车无所乘之有甲兵无所陈之使民复结绳而用之甘亓食美亓服乐亓俗安亓居叟国相望鸡犬之□□闻民至老死不相往来

小国寡民使民有什伯之器而不用也使民重死而不远徙虽有舟舆无所乘之虽有甲兵无所陈之使民复结绳而用之至治之极民各甘其食美其服安其俗乐其业邻国相望鸡犬之声相闻使民至老死不相与往来

　　上第八十章
八十五言

四十七

□□□□□□不□□者不博□者不知善□□□□者不善

信言不美美言不信知者不博博者不知善者不多多者不善

信言不美美言不信善言不辩辩言不善知者不博博者不知圣人无积既以为人己愈有既以与人己愈多天之道利而不害圣人之道为而不争

　　上第八十一章
五十七言

四十八

●圣人无□□以为□□□□□□□□□□□□□□□□□□□□□□□□□□□

耴人无积既以为人己俞有既以予人矣己俞多故天之道利而不害人之道为而弗争

四十九

□□□□□□□夫唯□故不宵若宵细久矣

天下□胃我大大而不宵夫唯不宵故能大若宵久矣亓细也夫

天下皆谓吾大似不肖夫惟大故似不肖若肖久矣其细也夫吾有三宝持而宝之一曰慈二曰俭三曰不敢为天下先夫慈故能勇俭故能广不敢为天下先故能成器长今舍其慈且勇舍其俭且广舍其后且先是谓入死门夫慈以战则胜以守则固天将救之以慈卫之

上第六十七章 一百〇五言

五十

我恒有三葆之一曰兹二曰检□□□□□□□□□□□故能广不敢为天下先故能为成事长今舍亓兹且勇舍亓后且先则必死矣夫兹□□则胜以守则固天将建之女以兹垣之

我恒有三琛市而琛之一曰兹二曰检三曰不敢为天下先夫慈故能勇检故能广不敢为天下先故能为成器长□舍亓兹且勇舍其检且广舍亓后且先则死矣夫兹以单则朕以守则固天将建之如以兹垣之

五十一

善为士者不武善战者不怒善胜敌者弗□善用人者为之下□胃不净之德是胃

故善为士者不武善单者不怒善朕敌者弗与善用人者为之下是胃不争□德是

古之善为士者不武也善战者不怒善胜敌者不争善用人者为之下是谓不争之

用人是胃天古之极也	胃用人是胃肥天古之极也	德是谓用人之力是谓配天古之极也
		上第六十八章 四十七言

五十二

●用兵有言曰吾不敢为主而为客吾不进寸而芮尺是胃行无行襄无臂执无兵乃无敌矣鰃莫于于无适无适斤亡吾葆矣故称兵相若则哀者胜矣	用兵又言曰吾不敢为主而为客不敢进寸而退尺是胃行无行攘无臂执无兵乃无敌祸莫大于无敌近○亡吾琛矣故抗兵相若而依者朕□	用兵有言曰吾不敢为主而为客不敢进寸而退尺是谓元行攘无臂执无兵仍无敌祸莫大于无敌则几亡吾宝故抗兵相若则哀者胜矣
		上第六十九章 五十七言

五十三

吾言甚易知也甚易行也而人莫之能知也而莫之能行也言有君事有宗亓唯无知也是以不□□□□□□□我贵矣是以圣人被褐而裹玉	吾言易知也易行也而天下莫之能知莫之能行也夫言又宗事又君夫唯无知也是以不我知知者希则我贵矣是以耵人被褐而裹玉	吾言甚易知甚易行而人莫之能知莫之能行言有宗事有主夫惟无知是以不吾知也知我者稀则我贵矣是以圣人被褐而怀玉
		上第七十章 五十一言

五十四

知不知尚矣不知不知病矣是以圣人之不病以亓□□□□□□	知不知尚矣不知知病矣是以耵人之不□也以亓病病也是以不病	知不知尚矣不知知病矣夫惟病病是以不病圣人之不病以其病病是以不吾病
		上第七十一章 三十二言

五十五

□□□畏畏则□□　　民之不畏畏则大畏　　民不畏威则大威至
□□矣　　　　　　将至矣　　　　　　矣无狎其所居无猒
　　　　　　　　　　　　　　　　　　其所生夫惟无猒是
　　　　　　　　　　　　　　　　　　以无猒是以圣人自
　　　　　　　　　　　　　　　　　　知而不自见自爱而
　　　　　　　　　　　　　　　　　　不自贵故去彼取此
　　　　　　　　　　　　　　　　　　　　上第七十二章
　　　　　　　　　　　　　　　　　　四十八言

五十六

●毋闸亓所居毋猒　　毋伸亓所居毋猒亓
亓所生夫唯弗猒是　　所生夫唯弗毋猒是以
□□□□□□□□　　不毋猒是以耴人自知
□□□□□□□□　　而不自见也自爱而
而不自贵也故去被　　不自贵也故去罢而
取此　　　　　　　　取此

五十七

●勇于敢者□□□　　勇于敢则杀勇于不　　勇于敢则杀勇于不
于不敢者则栝□□　　敢则栝□两者或利　　敢则活此两者或利
□□□□□□□□　　或害天之所亚孰知　　或害天之所恶孰知
□□□　　　　　　　亓故　　　　　　　　其故是以圣人犹难
　　　　　　　　　　　　　　　　　　之天之道不争而善
　　　　　　　　　　　　　　　　　　胜不言而善应不召
　　　　　　　　　　　　　　　　　　而自来默然而善谋
　　　　　　　　　　　　　　　　　　天网恢恢疏而不失
　　　　　　　　　　　　　　　　　　　　上第七十三章
　　　　　　　　　　　　　　　　　　六十四言

五十八

□□□□□□□　　天之道不单而善朕
□□□不言而善应　　不言而善应弗召而
不召而自来弹而善　　自来单而善谋天网
谋□□□□□□□　　袣袣疏而不失
□

五十九

□□□□□□□奈何以杀愳之也若民恒是死则而为者吾将得而杀之夫孰敢矣若民□□必畏死则恒有司杀者夫伐司杀者杀是伐大匠斲也夫伐大匠斲者则□不伤亓手矣	若民恒且○不畏死若何以杀瞿之也使民恒且畏死而为畸者□得而杀之夫孰敢矣若民恒且必畏死则恒又司杀者夫代司杀者杀是代大匠斲夫代大匠斲则希不伤亓手	民常不畏死如之何其以死惧之若使民常畏死而为奇者吾得执而杀之孰敢也常有司杀者杀而代司杀者杀是代大匠斲夫代大匠斲者稀不自伤其手矣 　　　上第七十四章 六十一言

六十

●人之饥也以亓取食䘒之多也是以饥百姓之不治也以亓上有以为□是以不治	人之饥也以亓取食跳之多是以饥百生之不治也以亓上之有以为也□以不治	民之饥者以其上食税之多也是以饥民之难治者以其上之有为也是以难治民之轻死者以其上求生生之厚也是以轻死夫惟无以生为贵者是贤于贵生也 　　　上第七十五章 六十三言

六十一

●民之圣死以亓求生之厚也是以圣死夫唯无以生为者是贤贵生	民之轻死也以亓求生之厚也是以轻死夫唯无以生为者是贤贵生	

六十二

●人之生也柔弱其死也薀仞贤强万物草木之生也柔脆亓死也棌蘽故曰坚强者死之徒也柔弱微	人之生也柔弱亓死也䐶信坚强万□□木之生也柔椊亓死也棌槁故曰坚强死之徒也柔弱生之徒	人之生也柔弱其死也坚强草木之生也柔脆其死也枯槁故坚强者死之徒也柔弱者生之徒也是以

附录：四部最古本《老子》对照篇　361

| 细生之徒也兵强则不胜木强则恒强大居下柔弱微细居上 | 也□以兵强则不朕木强则兢故强大居下柔弱居上 | 兵强者则不胜木强则共故坚强处下柔弱处上
　　上第七十六章
五十九言 |

六十三

| 天下□□□□□者也高者印之下者举之有余者敚之不足者补之故天之道敚有□□□□□□不然敚□□□奉有余孰能有余而有以取奉于天者乎□□□□□□□□□□□□□□□□□□见贤也 | 天之道酉张弓也高者印之下者举之有余者云之不足者□□□□□云有余而益不足人之道云不足而奉又余夫孰能又余而□□奉于天者唯又道者乎是以耶人为而弗又成功而弗居也若此亓不欲见贤也 | 天之道其犹张弓者欤高者抑之下者举之有余者损之不足者补之天之道损有余而补不足人之道则不然损不足以奉有余孰能损有余而奉不足于天下者其惟道者乎是以圣人为而不恃功成而不居其不欲见贤邪
　　上第七十七章
八十七言 |

六十四

| 天下莫柔□□□□坚强者莫之能□也以亓无□易□□□□□□胜强天□□□□□□行也故圣人之言云曰受邦之询是胃社稷之主受邦之不祥是胃天下之王 | 天下莫柔弱于水□□□□□□□以亓无以易之也水之朕刚也弱之朕强也天下莫弗知也而□□□□也是故耶人之言云曰受国之询是胃社稷之主受国之不祥是胃天下之王也 | 天下莫柔弱于水而攻坚强者莫之能先以其无以易之也柔之胜刚弱之胜强天下莫不知而莫之能行故圣人之言云受国之垢是谓社稷之主受国之不祥是谓天下之王正言若反
　　上第七十八章
七十三言 |

六十五

| □□若反 | 正言若反 | |

六十六

和大怨必有余怨焉可以为善是以圣右介而不以责于人故有德司介□德司彻夫天道无亲恒与善人

禾大□□□□□□□为善是以耴人执左芥而不以责于人故又德司芥无德司薄□□□□□□□德 三千卅一

和大怨必有余怨安可以为善是以圣人执左契而不责于人故有德司契无德司彻天道无亲常与善人

上第七十九章
四十一言

下 篇

【楚简本】	【帛书甲本】	【帛书乙本】	【傅奕本】
	六十七		
	●道可道也非恒道也名可名也非恒名也无名万物之始也有名万物之母也□恒无欲也以观其眇恒有欲也以观其所噭两者同出异名同胃玄之有玄众眇之□	道可道也□□□□□□□□恒名也无名万物之始也有名万物之母也故恒无欲也□□□□恒又欲也以观亓所噭两者同出异名同胃玄之又玄众眇之门	道可道非常道名可名非常名无名天地之始有名万物之母故常无欲以观其妙常有欲以观其徼此两者同出而异名同谓之玄玄之又玄众妙之门 上第一章五十九言
	六十八		
天下皆知美之为美也,恶已;皆知善(之为善),此其不善已。	天下皆知美为美恶已皆知善訾不善矣	天下皆知美之为美亚已皆知善斯不善矣	天下皆知美之为美斯恶已皆知善之为善斯不善已故有无之相生难易之相成长短之相形高下之相倾音声之相和前后之相随是以圣人处无为之事行不言之教万物作而不为始生而不有为而不恃功成不处夫惟不处是以不去 上第二章九十三言
	六十九		
有无之相生也,难易之相成也,	V有无之相生也难易之相成也长短之	□□□生也难易之相成也长短之相	

长短之相形也，高下之相盈也，音声之相和也，先后之相随也。	相刑也高下之相盈也意声之相和也先后之相隋恒也	刑也高下之相盈也音声之相和也先后之相隋恒也

七十

是以圣人居无为之事，行不言之教，万物作而弗始也，为而弗志也，成而弗居。夫唯弗居也；是以弗去。■	是以声人居无为之事行□□□□□□□□也为而弗志也成功而弗居也夫唯居是以弗去	是以耴人居无为之事行不言之教万物昔而弗始为而弗恃也成功而弗居也夫唯弗居是以弗去

七十一

不上贤□□□□□□□□□民不为□不□□□□民不仳是以声人之□□□□□□□□□强其骨恒使民无知无欲也使□□□□□□□□□□□	不上贤使民不争不贵难得之货使民不为盗不见可欲使民不仳是以耴人之治也虚亓心实亓腹弱亓志强亓骨恒使民无知无欲也使夫知不敢弗为而已则无不治矣	不尚贤使民不争不贵难得之货使民不为盗不见可欲使民心不乱是以圣人之治也虚其心实其腹弱其志强其骨常使民无知无欲使夫知者不敢为为无为则无不为矣 上第三章六十八言

七十二

□□□□□□盈也潚呵始万物之宗銼亓锐解其纷和其光同□□□□或存吾不知□□子也象帝之先	道冲而用之有弗盈也渊呵佁万物之宗銼亓兑解亓芬和其光同亓尘湛呵佁或存吾不知亓谁之子也象帝之先	道盅而用之又不满渊分似万物之宗挫其锐解其纷和其光同其尘湛分似或存吾不知谁之子象帝之先 上第四章四十

附录：四部最古本《老子》对照篇

二言

七十三

天地不仁以万物为刍狗圣人不仁以百姓为刍狗天地之间其犹橐籥乎虚而不诎动而俞出多言数穷不如守中

上第五章四十五言

V 天地不仁以万物为刍狗声人不仁以百省□□狗

天地不仁以万物为刍狗耶人不仁□百姓为刍狗

七十四

天地之间，其犹囝籥与？虚而不屈，动而愈出。

天地□间□犹橐籥与虚而不渥踵而俞出多闻数穷不若守于中

天地之间亓猷橐籥舆虚而不渥动而俞出多闻数穷不若守于中

七十五

浴神□死是胃玄牝玄牝之门是胃□地之根绵绵呵若存用之不堇

浴神不死是胃玄牝玄牝之门是胃天地之根绵绵呵亓若存用之不堇

谷神不死是谓玄牝玄牝之门是谓天地之根绵绵若存用之不勤

上第六章二十六言

七十六

天长地久天地之所以能□且久者以其不自生也故能长生是以声人芮其身而身先外其身而身存不以其无□舆故能成其□

天长地久天地之所以能长且久者以亓不自生也故能长生是以耶人退亓身而身先外亓身而身存不以亓无私舆故能成亓私

天长地久天地所以能长且久者以其不自生故能长生是以圣人后其身而身先外其身而身存不以其无私邪故能成其私

上第七章四十九言

七十七

上善治水水善利万物而有静居众之所恶故几于道矣居善地心善渊予善信正善治事善能蹱善时夫唯不静故无尤	上善如水水善利万物而有争居众人之所亚故几于道矣居善地心善渊予善天言善信正善治事善能动善时夫唯不争故无尤	上善若水水善利万物而不争居众人之所恶故几于道矣居善地心善渊与善人言善信政善治事善能动善时夫惟不争故无尤矣

　　上第八章五十二言

七十八

持而盈之，不若其已；揣而群之，不可长保也。金玉盈室，莫能守也。贵富而骄，自遗咎也，功述身退，天之道也！	揎而盈之不□□□□□□之□之□可长葆之金玉盈室莫之守也贵富而骄自遗咎也功述身芮天□□□	揎而盈之不若亓已掘而允之不可长葆也金玉□室莫之能守也贵富而骄自遗咎也功遂身退天之道也	持而盈之不如其已揣而锐之不可长保金玉满室莫之能守富贵而骄自遗其咎成名功遂身退天之道

　　上第九章四十一言

七十九

	□□□□□□□□□□□能婴儿乎脩除玄蓝能毋疵乎爱□□□□□□□□□□□□□□□生之畜之生而弗□□□□□□德	戴营袥抱一能毋离乎抟气至柔能婴儿乎脩除玄监能毋有疵乎爱民栝国能毋以知乎天门启阖能为雌乎明白四达能毋以知乎生之畜之生而弗有长而弗宰也是胃玄德	戴营魄裏一能无离乎专气致柔能如婴儿乎涤除玄览能无疵乎爱民治国能无以知乎天门开阖能为雌乎明白四达能无以为乎生之畜之生而不有为而不恃长而不宰是谓玄德

　　上第十章七十二言

八十

	卅□□□□□其无	卅楅同一毂当亓无	三十辐共一毂当其

附录：四部最古本《老子》对照篇

□□之用□然埴为器当其无有埴器□□□□□当其无有□之用也故有之以为利无之以为用

有车之用也燃埴而为器当亓无有埴器之用也凿户牖当亓无有室之用也故有之以为利无之以为用

无有车之用埏埴以为器当其无有埴器用凿户牖以为室当其无有室之用故有之以为利无之以为用

上第十一章四十九言

八十一

五色使人目明驰骋田腊使人□□□难得之赁使人之行方五味使人之口啪五音使人之耳聋是以声人之治也为腹不□□故去罢耳此

五色使人目盲驰骋田腊使人心发狂难得之货○使人之行仿五味使人之口爽五音使人之耳□是以耴人之治也为腹而不为目故去彼而取此

五色令人目盲五音令人耳聋五味令人口爽驰骋田猎令人心发狂难得之货令人行妨是以圣人为腹不为目故去彼取此

上第十二章四十九言

八十二

人，宠辱若惊，贵大患若身。何谓宠辱若惊？宠为下也。得之若惊，失之若惊。是谓宠辱若惊。何谓贵大患若身？吾所以有大患者，为吾有身。及吾亡身，有何患？故贵为身于为天下，若可以托天下矣。爱以身为天下，若可以寄天下。■

龙辱若惊贵大梡若身苟胃龙辱若惊龙之为下得之若惊失□若惊是胃龙辱若惊何胃贵大梡若身吾所以有大梡者为吾有身也及吾无身有何梡故贵为身于为天下若可以迲天下矣女何以寄天下

弄辱若惊贵大患若身何胃弄辱若惊弄之为下也得之若惊失之若惊是胃弄辱若惊何胃贵大患若身吾所以有大患者为吾有身也及吾无身有何患故贵为身于为天下若可以囊天下□爱以身为天下女可以寄天下矣

宠辱若惊贵大患若身何谓宠辱若惊宠为下得之若惊失之若惊是谓宠辱若惊何谓贵大患若身吾所以有大患者为吾有身苟吾无身吾有何患乎故贵以身为天下者则可以托天下矣爱以身为天下者则可以寄天下矣

上第十三章八十八言

八十三

V 视之而弗见名之曰微听之而弗闻名之曰希搢之而弗得名之曰夷三者不可至计故囷□□□一者其上不攸其下不惚寻寻呵不可名也复归于无物是胃无状之状无物之□□□□□□□□□而不见其首执今之道以御今之有以知古始是胃□□	视之而弗见□之曰微听之而弗闻命之曰希○搢之而弗得命之曰夷三者不可至计故绲而为一一者亓上不谬亓下不惚寻寻呵不可命也复归于无物是谓无状之状无物之象是胃沕望隋而不见亓后迎而不见亓首执今之道以御今之有以知古始是胃道纪	视之不见名曰夷听之不闻名曰希抟之不得名曰微此三者不可致诘故混而为一一者其上之不皦其下之不昧绳绳兮不可名复归于无物是谓无状之状无物之象是谓芴芒迎之不见其首随之无见其后执古之道可以御今之有能知古始是谓道纪 上第十四章一百言

八十四

长古之善为士者，必隐弱玄达，深不可识，是以为之容：豫乎，若冬涉川；犹乎，其若畏四邻；严乎，其若客；焕呵，其若释；屯乎；其若朴，沌乎；其若浊。孰能浊之以束者？将徐清；孰能庀之以往者？将徐生。保此道者不欲尚盈。	□□□□□□□□深不可志夫唯不可志故强为之容曰与呵其若冬□□□□□□畏四□□呵其若客涣呵其若凌泽□呵其若榩溚□□□□□□若浴浊而情之余清女以重之余生葆此道不欲盈夫唯不欲□以能□□□成	古之□为道者微眇玄达深不可志夫唯不可志故强为之容曰与呵亓若冬涉水猷呵亓若畏四叟严呵亓若客涣呵亓若凌泽沌呵亓若朴溚呵亓若浊莊呵亓若浴浊而静之徐清女以重之徐生葆此道□□欲盈是以能襞而不成	古之善为道者微妙玄通深不可识夫惟不可识故强为之容曰豫兮若冬涉川犹兮若畏四邻俨若客涣兮若冰将释敦兮其若朴旷兮其若谷混兮其若浊孰能浊以澄靖之而徐清孰能安以久动之而徐生保此道者不欲盈夫惟不盈是以能敝而不成 上第十五章九十八言

八十五

至虚，恒也；守中、笃也。万物方作，居以待复，天物员员，各复其根。■	至虚极也守情表也万物旁作吾以观其复也天物云云各复归于其□□□情是胃复命复命常也知常明也不知常帚帚作凶知常容容乃公公乃王王乃天天乃道□□□沕身不怠	至虚极也守静督也万物旁作吾以观亓复也天物祒祒各复归于亓根曰静静是胃复命复命常也知常明也不知常芒芒作凶知常容容乃公公乃王□□天天乃道道乃没身不殆	致虚极守靖笃万物并作吾以观其复凡物芸芸各归其根归根曰靖靖曰复命复命曰常知常曰明不知常妄作凶知常容容乃公公乃王王乃天天乃道道乃久没身不殆 上第十六章六十七言

八十六

太上下智。佑之其即，亲誉之其即，畏之其即。侮之。信不足，安有不信。犹乎，其贵言也。成事述功，而百姓曰我自然也。故大道废，安有仁义；智快出，安有大伪；六亲不和，安有孝慈；邦家昏乱，又有正臣。■	大上下知有之其次亲誉之其次畏之其下母之信不足案有不信□□其贵言也成功遂事而百省胃我自然	大上下知又□亓□亲誉之亓次畏之亓下母之信不足安有不信猷呵亓贵言也成功遂事而百姓胃我自然	太上下知有之其次亲之其次誉之其次畏之其次侮之故信不足焉有不信犹兮其贵言哉功成事遂百姓皆曰我自然 上第十七章四十七言
	故大道废案有仁义知快出案有大伪六亲不和案有畜兹邦家阅乱案有贞臣	故大道废安有仁义知慧出安有□□六亲不和安又孝兹国家阅乿安有贞臣	大道废焉有仁义智慧出焉有大伪六亲不和有孝慈国家昏乱有贞臣 上第十八章二十八言

八十七

绝智弃辩,民利百倍;绝巧弃利,盗贼亡有;绝伪弃虑,民复稚子。三言以为使不足,或令之、或乎豆;见索保仆,少私须欲。■	绝声弃知民利百负绝仁弃义民复畜兹绝巧弃利盗贼无有此三言也以为文未足故令之有所属见素抱□□□□	绝耶弃知而民利百倍绝仁弃义而民复孝兹绝巧弃利盗贼无有此三言也以为文未足故令之有所属见素抱朴少□而寡欲	绝圣弃知民利百倍绝仁弃义民复孝慈绝巧弃利盗贼无有此三者以为文而未足也故令有所属见素褒朴少私寡欲 上第十九章四十七言

八十八

■绝学无忧。	□□□□	绝学无忧	绝学无忧唯之与阿相去几何美之与恶相去何若人之所畏不可不畏荒兮其未央众人熙熙若享太牢若春登台我独魄兮其未兆若婴儿之未咳儡儡兮其不足以无所归众人皆有余我独若遗我愚人之心也哉沌沌兮俗人皆昭昭我独若昏俗人皆詧詧我独若闵闵淡兮其若海飘兮似无所止众人皆有以我独顽且鄙吾独欲异于人而贵食母 上第二十章一百三十七言

八十九

唯与呵,相去几何?美与恶,相	·唯与诃其相去几何美与恶其相去何	唯与呵亓相去几何美与亚亓相去几何若	

附录：四部最古本《老子》对照篇　371

去何若？人之所畏，亦不可不畏。■	若人之□□亦不□□□□□□□□□	人之所畏亦不可以不畏人望呵亓未央才

九十

| 众人熙熙若乡于大牢而春登台我泊焉未佻若□□□□累呵如□□□□皆有余我独遗我禺人之心也惷惷呵鬻□□□□□□闻呵鬻人蔡蔡我独闷闷呵忽呵其若□望呵亓若无所止□□□□□□□□以悝吾欲独异于人而贵食母 | 众人熙熙若乡于大牢而春登台我博焉未垗若婴儿未咳累呵佁无所归众人皆又余我愚人之心也湷湷呵鬻人昭昭我独若闷呵鬻人察察我独闽闽呵忽呵亓若海望呵若无所止众人皆有以我独门元以鄙吾欲独异于人而贵食母 | 孔德之容惟道是从道之为物惟芒惟芴芴兮芒兮其中有象芒兮芴兮其中有物幽兮冥兮其中有精其精甚真其中有信自今及古其名不去以阅众甫吾奚以知众甫之然哉以此
上第二十一章七十一言 |

九十一

| ∧孔德之容唯道是从道之物唯望唯忽□□□呵中有象呵望呵忽呵中有物潭呵鸣呵中有请也其请甚真其中□□自今及古其名不去以顺众仪吾何以知众仪之然以此 | 孔德之容惟道是从道之物唯望唯沕沕呵望呵中又象呵呵沕呵中有物呵幼呵冥呵亓中有请呵亓请甚真亓中有信自今及古其名不去以顺众父吾何以知众父之然也以此 | |

九十二

| ∨炊者不立自视不章□见者不明自伐者无功自矜者不长 | 炊者不立自视者不章自见者不明自伐者无功自矜者不长 | 企者不立跨者不行自见者不明自是者不彰自伐者无功自 |

其在道曰粽食赘行物或恶之故有欲者□居	亓在道也曰粽食赘行物或亚之故有欲者弗居	矜者不长其在道也曰余食赘行物或恶之故有道者不处也 上第二十四章 四十八言

九十三

V曲则金枉则定洼则盈敝则新少则得多则惑是以声人执一以为天下牧不□视故明不自见故章不自伐故有功弗矜故能长夫唯不争故莫能与之争古□□□□□□语才诚全归之	曲则全汪则正洼则盈襲则新少则得多则惑是以耶人执一以为天下牧不自视故章不自见也故明不自伐故有功弗矜故能长夫唯不争故莫能与之争古之所胃曲全者几语才诚全归之	曲则全枉则正洼则盈敝则新少则得多则惑圣人袌一以为天下式不自见故明不自是故彰不自伐故有功不自矜故长夫惟不争故天下莫能与之争古之所谓曲则全者岂虚言也哉诚全而归之 上第二十二章 七十八言

九十四

希言自然	希言自然	稀言自然故飘风不崇朝骤雨不崇日孰为此者天地也天地尚不能久而况于人乎故从事于道者道者同于道从事于得者得者同于得从事于失者失者同于失于道者道亦得之于得者得亦得之于失者失亦得之信不足焉有不信 上第二十三章 九十二言

九十五

飘风不冬朝暴雨不　蘮风不冬朝暴雨不
冬日孰为此天地□　冬日孰为此天地而
□□□□于人乎　　弗能久有况于人乎

九十六

故从事而道者同于　故从事而道者同于
道德者同于德者者　道德者同于德失者
同于失同于德□道　同于失同于德者道
亦德之同于□者道　亦德之同于失者道
亦失之　　　　　　亦失之

九十七

有状混成，先天　有物昆成先天地生　有物昆成先天地生　有物混成先天地生
地生。夺穆、独　绣呵缪呵独立□□　萧呵漻呵独立而不　寂兮寞兮独立而不
立、不垓，可以　□可以为天地母吾　孩可以为天地母吾　改周行而不殆可以
为天下母。未知　未知其名字之曰道　未知亓名也字之曰　为天下母吾不知其
其名，字之曰道，　吾强为之名曰大□　道吾强为之名曰大　名故强字之曰道强
吾强为之名曰大，　曰筮筮曰远□□　大曰筮筮曰远远曰　为之名曰大大曰逝
大曰逝，逝曰远，　□□□天大地大王　反道大天大地大王　逝曰远远曰返道大
远曰返。天大、　亦大国中有四大而　亦大国中有四大而　天大地大人亦大域
地大、道大、王　王居一焉人法地地　王居一焉人法地地　中有四大而王处其
亦大。国中有四　法□□法□□法□　法天天法道道法自　一尊人法地地法天
大安，王居其一　　　　　　　　　　然　　　　　　　　　天法道道法自然
安。人法地、地
法天、天法道。　　　　　　　　　　　　　　　　　　　　上第二十五章
道法自然。■　　　　　　　　　　　　　　　　　　　　八十七言

九十八

□为圣根清为趮君　重为轻根静为趮君　重为轻根靖为躁君
是以君子众日行不　是以君子冬日行不　是以君子终日行不
离其甾重唯有环官　远亓甾重虽有环官　离其辎重虽有荣观
燕处□□若若何万　燕处则昭若若何万　宴处超然如之何万
乘之王而以身圣于　乘之王而以身轻于　乘之主而以身轻天
天下圣则失本趮则　天下轻则失本趮则　下轻则失本躁则失
失君　　　　　　　失君　　　　　　　君

九十九

善行者无勶迹□言者无瑕适善数者不以梼筴善闭者无闗籥而不可启也善结者□□约而不可解也是以声人恒善怵人而无弃人物无弃财是胃忡明故善□□□之师不善人善人之赍也不贵其师不爱其赍唯知乎大眯是胃眇要

善行者无达迹善言者无瑕适善数者不用梼䇿善〇闭者无关龠而不可启也善结者无纆约而不可解也是以耵人恒善怵人而无弃人物无弃财是胃曳明故善人善人之师不善人善人之资也不贵亓师不爱亓资虽知乎大迷是胃眇要

善行者无辙迹善言者无瑕谪善数者无筹策善闭者无关键而不可开善结者无绳约而不可解是以圣人常善救人故人无弃人常善救物故物无弃物是谓袭明故善人者不善人之师不善人者善人之资不贵其师不爱其资虽知大迷此谓要妙

上第二十七章
九十七言

一百

知其雄□其雌为天下溪为天下溪恒德不鸡恒德不鸡复归婴儿知其白守其辱为天下浴为天下浴恒德乃□德乃□□□□□知其守其黑为天下式为天下式恒德不贰德不贰复归于无极楃散□□□□人用则为官长夫大制无割

知亓雄守亓雌为天下鸡为天下鸡恒德不离恒德不离复□□□□□亓白守亓辱为天下〇浴为天下浴恒德乃足恒德乃足复归于朴知其白守亓黑为天下式恒德不贷恒德不贷复归于无极朴散则为器耵人用则为官长夫大制无割

知其雄守其雌为天下豀为天下豀常德不离复归于婴儿知其白守其黑为天下式为天下式常德不忒复归于无极知其荣守其辱为天下谷为天下谷常德乃足复归于朴朴散则为器圣人用之则为官长大制无割

上第二十八章
八十五言

上第二十六章
四十九言

附录：四部最古本《老子》对照篇　375

一百零一

将欲取天下而为之　将欲取□□□□　将欲取天下而为之
吾见其弗□□□　□□□□得已夫天　者吾见其不得已夫
□器也非可为者也　下神器也非可为者　天下神器不可为也
为者败之执者失之　也为之者败之执之　为者败之执者失之
　　　　　　　　　者失之　　　　　凡物或行或随或噤
　　　　　　　　　　　　　　　　　或吹或强或剉或培
　　　　　　　　　　　　　　　　　或堕是以圣人去甚
　　　　　　　　　　　　　　　　　去奢去泰
　　　　　　　　　　　　　　　　　　　上第二十九章
　　　　　　　　　　　　　　　　　六十言

一百零二

物或行或随或炅或　物或行或隋或热或
□□□□□或坏或　硔或陪或堕是以圣
撱是以声人去甚去　人去甚去大去诸
大去楮

一百零三

以道佐人主，不　以道佐人主不以兵　以道佐人主不以兵　以道佐人主者不以
欲以兵强于天下，　强□天下□□□□　强于天下亓□□□　兵强天下其事好还
善者果而已，不　□□所居楚朸生之　□□□□□棘生之　师之所处荆棘生焉
以取强。果而弗　善者果而已矣毋以　善者果而已矣毋以　大军之后必有凶年
伐，果而弗骄，　取强焉果而毋骄果　取强焉果而毋骄果　故善者果而已矣不
果而弗矜，是谓　而勿矜果而□□果　而勿矜果□□伐果　敢以取强焉果而勿
果而不强。其事　而毋得已居是胃□　而毋得已居是胃果　矜果而勿伐果而勿
好。■　　　　　而不强物壮而老是　而强物壮而老胃之　骄果而不得已是果
　　　　　　　　胃之不道不道蚤已　不道不道蚤已　　而勿强物壮则老是
　　　　　　　　　　　　　　　　　　　　　　　　　谓非道非道早已
　　　　　　　　　　　　　　　　　　　　　　　　　　　上第三十章七
　　　　　　　　　　　　　　　　　　　　　　　　　十九言

一百零四

君子居则贵左，　夫兵者不祥之器□　夫兵者不祥之器也　夫美兵者不祥之器

用兵则贵右。故兵者非君子之器，不得已而用之。铦袭为上。弗美也，美之，是乐杀人。夫乐杀人，不可得志于天下。故吉事尚左，丧事尚右；是以偏将军居左，上将军居右。言以丧礼居之也。故杀人众，以悲哀莅之。战胜，以丧礼居之。

物或恶之故有欲者弗居君子居则贵左用兵则贵右故兵者非君子之器也□□不祥之器也不得已而用之铦袭为上勿美也若美之是乐杀人也夫乐杀人不可以得志于天下矣是以吉事上左丧事上右是以偏将军居左上将军居右言以丧礼居之也杀人众以悲依立之战胜以丧礼处之

物或亚□□□□□□□子居则贵左用兵则贵右故兵者非君子之器也兵者不祥□器也不得已而用之铦恢为上勿美也若美之是乐杀人也夫乐杀人不可以得志于天下矣是以吉事□□□□□是以偏将军居左而上将军居右言以丧礼居之也杀□□□□立□□朕而以丧礼处之

物或恶之故有道者不处是以君子居则贵左用兵则贵右兵者不祥之器非君子之器不得已而用之以恬憺为上故不美也若美必乐之乐之者是乐杀人也夫乐人杀人者不可以得志于天下矣故吉事尚左凶事尚右是以偏将军处左上将军处右言居上势则以丧礼处之杀人众多则以悲哀泣之战胜者则以丧礼处之

上第三十一章 一百三十五言

一百零五

道恒无名仆（朴），虽微天下弗敢臣，侯王如能守之，万物将自宾。■

道恒无名樧唯□□□□□□□王若能守之万物将自宾

道恒无名朴唯小而天下弗敢臣侯王若能守之万物将自宾

道常无名朴虽小天下莫能臣王侯若能守万物将自宾天地相合以降甘露民莫之令而自均焉始制有名名亦既有夫亦将知止知止所以不殆譬道之在天下犹川谷之与江海也

上第三十二章 七十一言

一百零六

天地相合，以俞甘露，民莫之命而自均安。始折

天地相谷以俞甘洛民莫之□□□□焉始制有□□□□有

天地相合以俞甘洛□□□令而自均焉始制有名名亦既有

附录：四部最古本《老子》对照篇　377

有名，名亦既有，夫亦将知止，知止所以不殆，譬道之在天下，犹川谷之于大海也。■	夫□□□□□所以不□俾道之在□□□□浴之与江海也	夫亦将知止知止所以不殆卑□□在天下也猷小浴之与江海也	

一百零七

	知人者知也自知□□□□□者有力也自胜者□□□□□也强行者有志也不失其所者久也死不忘者寿也	知人者知也自知明也朕人者有力也自朕者强也知足者富也强行者有志也不亓所者久也死而不忘者寿也	知人者智也自知者明也胜人者有力也自胜者强也知足者富也强行者有志也不失其所者久也死而不亡者寿也 上第三十三章 四十六言

一百零八

	道□□□□□□□□遂事而弗名有也万物归焉□□为主则恒无欲也可名于小万物归焉□□为主可名于大是□声人之能成大也以其不为大也故能成大	道汎呵亓可左右也成功遂□□弗名有也万物归焉而弗为主则恒无欲也可名于小万物归焉而弗为主可命于大是以职人之能成大也以亓不为大也故能成大	大道汎汎兮其可左右万物恃之以生而不辞功成而不居衣被万物而不为主故常无欲可名于小矣万物归之而不知主可名于大矣是以圣人能成其大也以其终不自大故能成其大 上第三十四章 七十三言

一百零九

执（势）大象，天下往，往而不害，安坪大。	执大象□□往往而不害安平大	执大象天下往往而不害安平大	执大象者天下往往而不害安平泰乐与饵过客止道之出言淡兮其无味视之不

足见听之不足闻用之不可既

上第三十五章四十四言

一百一十

乐与饵,过客止。古道之出言,淡呵,其无味,视之,不足见,听之,不足闻,(用之)而不可既也。■

乐与饵过格止故道之出言也曰谈呵其无味也□□不足见也听之不足闻也用之不可既也

乐与□过格止故道之出言也曰淡呵亓无味也视之不足见也听之不足闻也用之不可既也

一百一十一

将欲拾之必古张之将欲弱之□□强之将欲去之必古与之将欲夺之必古予之是胃微明友弱胜强鱼不脱于潚邦之利器不可以视人

将欲擒之必古张之将欲弱之必古○强之将欲去之必古与之将欲夺之必古予之□是胃微明柔弱朕强鱼不可说于渊国利器不可以示人

将欲翕之必固张之将欲弱之必固强之将欲废之必固兴之将欲夺之必固与之是谓微明柔之胜刚弱之胜强鱼不可侻于渊邦之利器不可以示人

上第三十六章五十九言

一百一十二

道恒亡为也,侯王能守之,而万物将自化,化而欲作,将镇之以忘名之朴,夫亦将知足,知足以束,万物将自定。■

●道恒无名侯王若守之万物将自恣忿而欲□□□□之以无名之椢□□□无名之椢夫将不辱辱以情天地将自正

道恒无名侯王若能守之万物将自化而欲作吾将闐之以无名之朴闐之以无名之朴夫将不辱辱以静天地将自正
道二千四百廿六

道常无为而无不为王侯若能守万物将自化化而欲作吾将镇之以无名之朴无名之朴夫亦将不欲不欲以靖天下将自正

上第三十七章四十九言

主要参考书目

一、简帛佚籍与简帛字书

马王堆汉墓帛书整理小组:《马王堆汉墓帛书》
荆门市博物馆:《郭店楚墓竹简》
睡虎地秦墓竹简整理小组:《睡虎地秦墓竹简》
马承源:《上海博物馆藏战国楚竹书》（一、二、三）
汤余惠:《战国文字汇编》
陈松长:《马王堆汉墓帛书文字汇编》
张守中:《包山楚简文字汇编》
曾宪通:《长沙楚帛书文字汇编》
张守中等:《郭店楚简文字编》
骈宇骞:《银雀山汉简文字编》
[汉]许　慎:《说文解字》

二、新近简帛研究著述

高　明:《帛书老子校注》
李学勤、谢桂华:《简帛研究2001》
李学勤:《简帛佚籍与学术史》
许抗生:《帛书老子注释与研究》
崔仁义:《荆门郭店楚简〈老子〉研究》
〔日〕池田知久夫:《郭店楚简老子研究》
廖名春:《郭店楚简老子校释》
魏启鹏:《郭店楚简老子柬释》
丁四新:《郭店竹简思想研究》
郭　沂:《郭店楚简与先秦学术史》
刘信芳:《荆门郭店老子解诂》
丁原植:《郭店竹简〈老子〉释析与研究》
〔美〕韩禄伯著,邢文改编:《简帛老子研究》
余明光:《黄帝四经与黄老思想》
辽宁教育出版社:《中国哲学》第20至21辑
三联书店:《道家文化研究》第1至20辑
湖北人民出版社:《郭店楚简国际学术研讨会论文集》

三、战国及西汉文献

《春秋左传》、《国语》、《史记》、《汉书》、《战国策》、《庄子》、《墨子》、《吕氏春秋》、《慎子》、《邓析子》、《鹖冠子》、《尹文子》、《孙武兵法》、《孙膑兵法》、《淮南子》、《晏子春秋》、《孔子集语》、《孔子家语》、《阴符经》、《关尹子》、《亢仓子》、《文子》、《新论》等。

四、古今注疏与研究著述

高　亨：《周易大传今注》
周振甫：《周易译注》
钱宗武、周秉钧：《今古文尚书》
[汉]河上公：《老子道德经章句》
[三国魏]王　弼：《道德真经注》
[汉]严遵、[唐]谷神子注：《道德真经指归》
[唐]陆德明：《老子音义》
[唐]傅　奕：《道德经古本篇》
高　亨：《老子正诂》
张松如：《老子说解》
张舜徽：《周秦道论发微》
李泽厚：《中国古代史论文集》
邢　文：《帛书周易研究》
任继愈：《老子今译》
任继愈：《老子新译》
朱谦之：《老子校释》
陈鼓应：《老子注译与评介》
詹剑峰：《老子其人其书其道论》
[宋]范应元：《老子道德经古本集注》
[唐]陆德明：《经典释文·老子》
胡　适：《中国哲学史大纲》

冯友兰：《中国哲学史新编》
吴　澄：《道德真经注》
[宋]王安石：《老子注》(辑本)
[唐]李隆基：《御制道德真经疏》
[明]朱元璋：《御制老子道德经疏》
[清]毕　沅：《老子道德经考异》
[清]王念孙：《读书杂志》
马叙伦：《老子校诂》
劳　健：《老子古本考》
蒋锡昌：《老子校诂》
[清]姚　鼐：《老子章义》
孙以揩：《老子通论》
金春峰：《汉代思想史》
严灵峰：《老子章句新编》
严灵峰：《道家四子新编》
严灵峰：《马王堆帛书老子试探》
郑良树：《老子新校》
刘殿爵：《马王堆汉墓帛书〈老子〉初探》
金春峰：《汉代思想史》
王　明：《道家和道教思想研究》
侯　才：《郭店楚墓竹简〈老子〉校读》

旧 版 后 记

贵州人民出版社出版的拙著《帛书老子释析》一书,言犹未尽。因为这本书还没有完全将老子术勾画清楚,它更需要一部专著;而且对于帛书《老子》的考释也要补充,并且应该集中写成专题,而不是零零碎碎地夹杂于校注、辨析之中。后来得知,台湾1976年就有帛书《老子》的专著,而大陆除了注释本及单篇论文外,迄今没有出版一本专题研究帛书《老子》的专著。这是我决心写出一本专著的原因。

一提到"术",尤其是帝王术、君人南面术,似乎专制主义的霉味扑鼻,令人毛骨悚然。其实也不尽然。比如"老子术",虽然也被人们视为"君人南面术",但它的最大特点是:企图约束一切君人者。借用今天的话说,它是政治道德、领导术,是世界上最早、最深刻的领导学。但是,它又是"权术"滋生的温床。

1976年我在"文化大革命"动乱中读到帛书《老子》,得出上述认识,历时近20年。

有人说,中国传统政治是伦理政治。儒家认为道德问题高于政治问题,是政治问题的根本。中国政治机器的运行,靠道德润滑。对于芸芸众生来说,固然如此。对于上层,尤其是最高层,未必完全如此。"老子著书上下篇",后人命之为《道德经》,实际上是道德之治。它是幻想君上也要建立道德约束。

如果说儒、道两家的道德有什么区别的话,那么前者侧重于下层,后者则侧重于君上——君人者;前者是一种有名之德,后者是一种无名之德。不过实力政治翻了脸色就不买它们的账了。而历史又一再证明,为政者的领导艺术、道德修养、自我约束,始终影响着政治的成败、国家的兴亡、人民的祸福。

政治的现代化,一是有外在的约束机制的建立,由人治进入法治,政治的客观化、程序化、有序化,用以代替政治的主观性、反常性、无序性;二是内在机制的建立,即政治道德的建立。这两种约束机制的建立不仅要把政治、领导变为一种"学"、一种科学,而且必然会从传统文化中吸取营养、摒弃毒素。这个思路使我迷上《老子》。窃以为《老子》的领导学、政治道德,比孔子的政治道德要高、要深,它是更高层次的东西，虽然毒素也不少。

我从1976年开始"啃"帛书《老子》，至今二十多年了，先后发表了四五十篇有关文章，这才使我渐渐理清了老子的政治道德、领导术。这次成书没有走简单汇集成册的路，而是拟出专题一再改写而成。专题与专题之间有交叉重叠，虽想避免，但有时仍难免重复。

这里我要深深致谢我的老师胡家聪先生及《复旦学报》、台湾《中华文化月刊》、《大陆杂志》等刊物，没有其指教与支持，是不可能有这本小书的。1994年6月，酷热难当，拙稿又蒙安徽大学哲学系系主任孙以楷教授、山东大学周立昇教授审阅。他们不仅对本书作了推荐，而且也提了不少意见，甚至连笔误也一一指出。后来，蒙贵州大学中文系主任张启成教授审阅书稿，又提出了许多宝贵的意见，为拙著增色不少。而贵州人民出版社顾庆荣先生在审读书稿后，极力推荐、介绍。总之，没有他们的指教、帮助，拙著是难以问世的。对此我由衷感激，铭感终生。

尽管有师长前辈的指教以及个人的一再修改，但本书谬误难免。若能得到师友长少订正谬误，那是求之不得的。我深信本书还会再版，我将还有修正谬误的机会。

尹振环
1997年5月30日

新版后记

《帛书老子再疏义》是逐字、逐句、逐章的注疏。它还需要分专题地对帛书《老子》与"老子术"进行研究。并且必须是用楚简《老子》、新近出土的简本佚籍、简、帛文字字书,重新校订考证帛书《老子》。同时由于楚简《老子》的问世,使得老子其人,《老子》是否成于一时、出于一人,不得不重新进行认识。美国艺文科学院院士何炳棣先生,在研究老子其人,以及《孙子兵法》早于《老子》方面,作出了突破性的贡献,这一切带来一个无法回避的问题,即必须对老子其人、其书,以及《老子》与《孙子兵法》等兵家理论的关系,重新进行认识。这就要把拙著《帛书老子与老子术》重新改写为《重识老子与〈老子〉》的来由。本书是由各篇独立的论文组成,所以前后又有所重复。如果删除重叠、重复,既会有损文义,又会伤害一本书的完整性。故而经再三考虑,姑且留之。

《帛书老子再疏义》后记谈到的"三改"。"三改"的成果由贵州省社会科学规划办公室请了三位省内专家审阅,提了些修改意见,同时他们不同意我不规范的打印,于是我和老伴飞往厦门进行"四改":由我的长子尹彦、葛亚莎夫妇为我扫描、打字、排版、复印,我和老伴则负责再修改与校对,次子尹辰、崔梅夫妇也参与校对,女儿尹雨、陈涛夫妇则负责做些后勤工作,假期也忙得不亦乐乎。经过"四改",两书成了这样的"精装本"。它由省呈报北京,用电脑抽签办法,从全国抽出省外五位专家审阅,作出鉴定,提修改意见,然后再作"五改"。有两位专家审阅之认真细致,几乎达到逐字审改的程度,令人赞叹不已。他们提出的肯定与修改意见达五六千字,可想其负责认真态度何等感人了。但是因为保密,迄今为止我还不知道系何方人士,无法表达我的敬意谢意。总地说,五位素不相识之省外专家给予了充分的肯定。我又根据专家修改意见,作"五改"。最后经全国社会科学规划办公室同意将《帛书老子再疏义》与此书都列入"国家社科基金成果文库",并呈请中共中央宣传部一位副部长审批后,交由商务印书馆出版。2007年7月《帛书老子再疏义》已经出版,而且这本书的缩写本——《今本〈老子〉五十七个章中的模糊点——帛书老子今译》，也由贵州人民出版社于 2007 年上半年出版。

缩写本寄呈何炳棣院士，他赞扬缩写本"本头大方，印刷也好"，"至于影响广大读者，恐怕短期内不易"。

因为拙书与何炳棣院士的激励分不开，所以这里不得不再谈谈这位大师。

何院士年逾九旬（今年 4 月 6 日满 90 岁），而且数年前动过心脏手术，安置了起搏器。但是不知哪来的如此惊人的毅力与神力，仍奋力笔耕不辍。远隔重洋，我知之甚少。但仅据我所知道的何老 80 岁之后就出版了两部必将传诸后世的杰作。(1)《有关〈孙子兵法〉〈老子〉的三篇考证》，(2) 最重要的是 2004 年出版的《读史阅世六十年》，这本 494 页的广义学术回忆录，对在南开、清华、北大、西南联合大学的求学、教学的历史娓娓道来；对国外留学、深造、教学、研究以及他与学界名流泰斗的交往，治学心得与成果，逐一加以叙述并深入浅出地剖析，不仅极具史料价值，而且对于今天、明天大学的教学与科研教育体制极富启迪作用。何老的同学杨振宁先生说：此书"极精彩"。广西师范大学出版社已经出版了大陆版。耄耋之年，竟能如此勤奋治学，著述宏丰，怎能不让人叹为观止。

何炳棣院士，年近九旬，依然笔耕不辍，想到何老耄耋之年，不敢呈书求序，但拙书重要文章，常呈寄求教。何老往往予以指教鼓励，如《〈老子〉从〈孙子兵法〉中借鉴了些什么？》，何老就肯定"很好，很好"。何老还有一系列开导的来信。我能在兵家与《老子》思想的关系上作出许多新的开掘，是与何老的思想与指教分不开的。请允许我在这里深深感谢何老。

我始初研究帛书《老子》，曾得到四位大师的鼓励：他们是任继愈、高亨、张松如、胡曲园四位先生。尤其是任老，上世纪 80 年代初，曾复长信予以指教，并审发拙文。但是后来在一些文字诠译上因底本不同，与任老的观点产生了某些分歧，不敢寄呈拙著给任老。这次考虑再三，终于将缩写本寄呈任老，大出所料的是，先生迅速赐复："利用新材料，条分缕析，嘉惠学林，厥功甚伟"。并且赐赠他新近出版的《老子绎读》。任老的宽容大度，今天实为罕见，使我感慨万千，铭感永久。

由于收入"国家社科基金成果文库"的书，每年只出版十本，所以看来这本《重识老子与〈老子〉》要到 2008 年出版。这里还需要谈谈我的"六改"。去年读到内蒙古师范大学刘济生教授的"中国四大文化传统说"：帝王文化系儒、佛、道三大传统文化的主宰文化，后者必须唯"圣旨"之命是从。此话深深地触动了我。帝王文化之于《老子》，不能不研究，同时道教如何将老子神化，并将《老子》转化为道教的圣典的,也不能不研究,否则会成为此书一大缺陷,也会使自己遗恨此生。于是产生了"六改",拙书增加了一个篇:《老子与〈老子〉之演变》,虽然简略,但大致轮廓已呈现。这样书名只能改成《重识老子与〈老子〉》。这一来又重新校读了拙著,删去一些重复章节,对个别章的文字作了修改,绝大部分依然如旧,这是需要交待的。

最后,对全国社会科学规划办公室与省社会科学规划办公室,贵州省委党校的领导,批准与支持我如期完成这两本书,也表示深深地谢意与敬意。多病的老妻颜扫云,又陪我耕耘了两年,除这两本书外,还完成了另两本书的初稿打印工作。多么不容易啊!

尹 振 环

2005 年 3 月 12 日初稿

2007 年 8 月 4 日改定

图书在版编目(CIP)数据

重识老子与《老子》：其人其书其术其演变/尹振环著.—北京：商务印书馆，2008（2016.12重印）
（国家社科基金成果文库）
ISBN 978-7-100-05725-7

Ⅰ.重… Ⅱ.尹… Ⅲ.①老子—思想评论②老子—研究 Ⅳ.B223.15

中国版本图书馆 CIP 数据核字（2008）第 002425 号

所有权利保留。
未经许可，不得以任何方式使用。

重识老子与《老子》
—— 其人其书其术其演变
CHONG SHI LAOZI YU LAOZI

尹振环　著

商务印书馆出版发行
（北京王府井大街36号　邮政编码100710）
北京新华印刷有限公司印刷
开本 710×1000 1/16　印张 25　插页 1
2008年2月第1版　2016年12月北京第2次印刷
ISBN 978-7-100-05725-7
定价：76.00元